中國社會科學引文索引（CSSCI）來源集刊

簡帛研究

二〇一七·秋冬卷·

中國社會科學院簡帛研究中心
中國社科院歷史所戰國秦漢室
出土文獻與中國古代文明研究協同創新中心
鄔文玲 主編

廣西師範大學出版社
·桂林·

簡帛研究
JIANBO YANJIU

圖書在版編目（CIP）數據

簡帛研究．2017．秋冬卷 / 鄔文玲主編．—桂林：廣西師範大學出版社，2018.1
ISBN 978-7-5598-0935-3

Ⅰ.①簡… Ⅱ.①鄔… Ⅲ.①竹簡—中國—文集②帛書—中國—文集 Ⅳ.①K877.54-53

中國版本圖書館 CIP 數據核字（2018）第 118183 號

廣西師範大學出版社出版發行
（廣西桂林市五里店路 9 號　郵政編碼：541004
網址：http://www.bbtpress.com）
出版人：張藝兵
全國新華書店經銷
衡陽順地印務有限公司印刷
（湖南省衡陽市雁峰區園藝村 9 號　郵政編碼：421008）
開本：889 mm × 1 194 mm　1/16
印張：22.25　　字數：500 千字
2018 年 1 月第 1 版　　2018 年 1 月第 1 次印刷
印數：0 001～1 200 册　　定價：100.00 元

目　錄

康侯與周初殷都地區的形勢*

河北大學歷史學院　張海

内容提要　西周早期成王時，王朝在今安陽附近的康地建有康侯。周代的康侯祇有一代，即典籍中的衛康叔封。康叔封亦是周文王之子，西周王朝建其人爲康侯，體現了其"封建親戚以藩屏周"的政治軍事目的。王朝建康侯的具體意圖就是讓康叔封統治和監視殷遺民，以穩定"三監"之亂後的殷都地區的局勢。康叔封的繼承者連續幾代稱"康伯"，已無王朝的"侯"職。此是因西周王朝在平定殷都地區的局勢後，繼續向東、向北擴張，其地變成相對的後方，不再有設"侯"的必要。這也反映了西周早期，王朝的東方政治地理形勢的變化。

關鍵詞　三監　康侯　沬司土　康丘　淇衛

據成王時期的康侯丰(封)鼎(《集成》[①]02153)及沬司土遙簋(《集成》04059)等器，西周王朝在其早期建有"康侯"。[②] 器銘中的"康侯丰(封)"、"康侯"應是指典籍中的"康叔封"。

＊本文爲國家社科基金項目(一般項目)《兩周合葬與社會結構變遷研究》(15BZS033)階段性成果。

① 中國社會科學院考古研究所編:《殷周金文集成》(修訂增補本)，北京:中華書局，2007。本文簡稱《集成》。

② 《尚書·顧命》:"乃命建侯樹屏在我後之人。"僞孔傳:"立諸侯，樹以爲蕃屏。"《尚書正義》卷一九《康王之誥》，[清]阮元校刻《十三經注疏》(清嘉慶刊本)，北京:中華書局，2009，519頁(《康王之誥》本屬《顧命》，乃後世之人分出，參見[清]崔述撰著，顧頡剛編訂《崔東壁遺書》，《豐鎬考信録》卷之六《成、康之際》，上海古籍出版社，2013，229頁)。下文所引"十三經"的内容皆出自此版本。又四十二年逨鼎(《銘圖》吴鎮烽編著:《商周青銅器銘文暨圖像集成》，上海古籍出版社，2012。本文簡稱《銘圖》02501)銘文有"余肇建長父，侯於楊"一句，《易·屯卦》云"勿用有攸往，利建侯"(《周易正義》卷一《屯》[清]阮元校刻《十三經注疏》(清嘉慶刊本)，北京:中華書局，2009，34頁)，是西周王朝封"侯"時，一般用"建"字。

西周早期的“康侯”之地望、康叔封受封所涉及到的相關史實,反映出周初“三監”之亂及其後王朝在殷都地區面臨的態勢與“侯”的某些作用。下面便結合相關材料,試論其要,以求時賢斧正。

一 康侯之前的“三監”

西周王朝於殷都地區建康侯之前,先設有“三監”。“三監”是周武王爲監視以武庚爲首之殷遺而設。“監”是一種與“侯”不同的職官,[①]它在西周王朝正式大規模建“侯”之前出現,故“三監”可能是周人控制新被征服的殷都地區的過渡性安排。

“三監”之人物自古有兩種説法。一種説法爲,“三監”包括武庚、管叔、蔡叔;另一種説法則以管叔、蔡叔、霍叔爲“三監”。以武庚、管叔、蔡叔爲“三監”,見於《漢書・地理志》,其文曰:

> 河内本殷之舊都,周既滅殷,分其畿内爲三國,《詩・風》邶、庸、衛國是也。鄁,以封紂子武庚;庸,管叔尹之;衛,蔡叔尹之:以監殷民,謂之三監。[②]

是班固首倡此説,而後多有學者支持其説。[③] 而以管叔、蔡叔、霍叔爲“三監”,見於《逸周書・作雒解》:

> 武王克殷,乃立王子禄父,俾守商祀。建管叔於東,建蔡叔、霍叔於殷,俾監殷臣。[④]

此記載自鄭玄始亦多有學者支持。[⑤] 這兩種説法至今仍争論不定。

---

① 相關問題參見任偉《從“應監”諸器銘文看西周的監國制度》,《社會科學輯刊》2002 年第 5 期;田率《新見鄂監簋與西周監國制度》,《江漢考古》2015 年第 1 期。

② 《漢書》卷二八下《地理志下》,北京:中華書局,1962,1647 頁。

③ 孔穎達在《毛詩正義》中云:“則三監者,武庚爲其一,無霍叔矣。王肅、服虔皆依《志》爲説。”見《毛詩正義》卷二《邶風・邶庸衛譜》,[清]阮元校刻《十三經注疏》(清嘉慶刊本),622-623 頁;崔述云霍叔乃是《僞古文尚書》所增出,見《豐鎬考信録》,收入崔述撰著,顧頡剛編訂《崔東壁遺書》,205-206 頁;王引之則云“三監”之中必有武庚和管叔,而蔡叔、霍叔二人不并提,且《逸周書・作雒》中之“三監”并無蔡叔,見《經義述聞》,南京:江蘇古籍出版社,2000,89-91 頁;朱大韶認爲《逸周書・作雒》中之“囚霍叔”爲竄改,即“改蔡爲霍”,見《實事求是之齋經義》,清光緒九年(1883)冬十月刊;劉起釪先生則與朱大韶之意見一致,見《周初的“三監”與邶、鄘、衛三國及衛康叔封地問題》,《歷史地理》第 2 輯,1982;顧頡剛先生認爲以管、蔡、霍三叔爲監武庚的“三監”是後起的傳説而不可信,見《“三監”人物及其疆地——周公東征史事考證之一》,《文史》第 22 輯,北京:中華書局,1984。

④ 黄懷信、張懋鎔、田旭東撰,黄懷信修訂,李學勤審定:《逸周書匯校集注(修訂本)》卷五《作雒解》,上海古籍出版社,2007,510-511 頁。

⑤ 鄭玄云:“庶殷頑民被紂化日久,未可以建諸侯。乃三分其地置三監,使管叔、蔡叔、霍叔尹而教之。”見《毛詩正義》卷二《邶風・邶庸衛譜》,622 頁;孫毓亦主此説,見《毛詩正義》卷二《邶風・邶庸衛譜》,622 頁;近世,有王玉哲先生力主此説,參見《周初的三監及其地望問題》,收入其著《古史集林》,北京:中華書局,2002,245-255 頁。

班固所云者,可能與《史記》對“三監”的記載有關。《史記》中對“三監”的論述幾見,可資比較:

封商紂子禄父殷之余民。武王爲殷初定未集,乃使其弟管叔鮮、蔡叔度相禄父治殷……管叔、蔡叔群弟疑周公,與武庚作亂,畔周。周公奉成王命,伐誅武庚、管叔,放蔡叔。[①] (《周本紀》)

封紂子武庚禄父,以續殷祀,令修行盤庚之政。[②] (《殷本紀》)

封紂子武庚禄父,使管叔、蔡叔傅之,以續殷祀……管叔及其群弟流言於國曰:“周公將不利於成王”……管、蔡、武庚等果率淮夷而反。周公乃奉成王命,興師東伐,作《大誥》。遂誅管叔,殺武庚,放蔡叔。[③] (《魯周公世家》)

於是封叔鮮於管,封叔度於蔡:二人相紂子武庚禄父,治殷遺民……封叔處於霍。[④] (《管蔡世家》)

武王已克殷紂,復以殷餘民封紂子武庚禄父,比諸侯,以奉其先祀勿絶。爲武庚未集,恐其有賊心,武王乃令其弟管叔、蔡叔傅相武庚禄父,以和其民……管叔、蔡叔疑周公,乃與武庚禄父作亂,欲攻成周。周公旦以成王命興師伐殷,殺武庚禄父、管叔,放蔡叔……[⑤](《衛康叔世家》)

武王封紂子武庚禄父以續殷祀,使管叔、蔡叔傅相之。[⑥] (《宋微子世家》)

《史記》所言皆是周武王封武庚禄父領殷之餘民“以續殷祀”,并以管、蔡二叔“相之”或“傅之”。這是周人推翻商人“天下共主”之地位後,存續王族并承認其仍是商人首領的懷柔政策。周人因懼怕商人之心未完全服臣,於是將管叔和蔡叔留在武庚身邊,名義是“相”或“傅”,實際是就近監控新被征服的商人。而霍叔衹是在《管蔡世家》中一筆帶過,似與管、蔡二叔并無關聯。且記所謂“三監”之事較詳細者,衹《衛康叔世家》一篇,言周公起兵再次伐殷,將武庚禄父和管叔殺掉,把蔡叔處以流放之刑,也没有言及霍叔。可見,依司馬遷之説,武王伐紂後的殷都地方政局之主角是武庚、管叔、蔡叔三人,是一君二“傅、相”的格局,即武庚領有殷餘民而周人之管叔和蔡叔監臨之。這可以説是“二監”之制,與《逸周書·作雒解》中“三監”之記載有异。又《左傳》定公四年所記“管、蔡啓商,惎間王室,王於是乎殺管叔而

① 《史記》卷四《周本紀》,北京:中華書局,1959,126、132 頁。
② 《史記》卷三《殷本紀》,108 頁。
③ 《史記》卷三三《魯周公世家》,1515、1518 頁。
④ 《史記》卷三五《管蔡世家》,1564 頁。
⑤ 《史記》卷三七《衛康叔世家》,1589 頁。
⑥ 《史記》卷三八《宋微子世家》,1611 頁。

放蔡叔",[1]云管、蔡二叔聯合商人陰謀侵犯周王室,反被周王鎮壓,一遭誅殺,一被流放,[2]也没有提及霍叔。

《史記》相比於《作雒解》,對周初舊殷都地方政局有不同的闡述,説明不管司馬遷當初有没有參考過《作雒解》,他也看到了另外的史料并采用之。在人物記載上,其與《漢書·地理志》相同,但我們應該注意到《史記》并未明言有"三監"。《漢書·地理志》以"三監"之人物爲武庚、管叔、蔡叔,有可能就是本自司馬遷的記述。班固也可能同時看到了關於"三監"的其他史料,故亦提出"三監"這一稱謂,然其以武庚爲"三監"之一,則有着情理上的不合。武庚本身即爲殷遺,雖被周武王命爲殷餘民之長,却對商人舊勢力甚或一些原先臣屬於商王朝的异族仍有號召力,因此,他才是最應被周人監視的人物。再者,"三監"作爲一種監察制度,用來初定新征服的舊王朝中心地區,周人定不會以殷遺監殷遺,[3]武庚應非"三監"之一。

又清華簡《繫年》第三章云:"周武王既克殷,乃設三監於殷。武王陟,商邑興反,殺三監而立彔子耿。"[4]是説周武王確曾於克商後在殷都設有"三監",惟其人物爲誰則未提。然"彔子耿"即爲武庚禄父,[5]則"三監"不包括武庚禄父,應皆是武王所任命的周人貴族。[6]《繫年》應不晚於戰國中晚期,早於鄭玄對《詩譜》的箋注。鄭玄認爲管、蔡、霍三叔分尹於殷都周圍的邶、鄘、衛,[7]其"三監"皆爲周人貴族之見與《繫年》相同。至於《繫年》説"三監"爲造反的商人所殺,其與傳世文獻皆不相符,應該不可取。[8]

"三監"不包括武庚,則《漢書·地理志》的説法爲非。然除《逸周書》外,包括《左傳》在内,皆衹將管叔、蔡叔并提,并無霍叔之事,因此,有學者認爲"三監"乃是"二監"之訛,[9]然"二監"之説畢竟不見於史籍,故未必可信。《尚書·大誥序》云:"武王崩,三監及淮夷叛。周公相成王,將黜殷,作《大誥》。"[10]可見東晉以前治《尚書》者認爲周初是有"三監"的,惟對"三監"之人物則没給後人以明示。

---

① 《春秋左傳正義》卷五四,定公四年,[清]阮元校刻《十三經注疏》(清嘉慶刊本),4637頁。

② 楊伯峻編著:《春秋左傳注》,北京:中華書局,1990,1540頁。

③ 王玉哲:《周初的三監及其地望問題》,收入其著《古史集林》,248頁。

④ 清華大學出土文獻研究與保護中心編,李學勤主編《清華大學藏戰國竹簡(貳)》,上海:中西書局,2011,簡一三。

⑤ 參見清華大學出土文獻研究與保護中心編,李學勤主編《清華大學藏戰國竹簡(貳)》下册,142頁。

⑥ 朱鳳瀚:《清華簡〈繫年〉所記西周史事考》,李宗焜主編《第四届國際漢學會議論文集——出土材料與新視野》,臺北:中研院歷史語言研究所,2013。

⑦ 《毛詩正義》卷二《邶風·邶鄘衛譜》,622頁。

⑧ 李學勤先生認爲此"殺三監"不是殺了三叔,所指大約是參預監管的周人吏軍士,參見李學勤《清華簡〈繫年〉及有關古史問題》,《文物》2011年第3期。

⑨ 王引之:《經義述聞》,南京:江蘇古籍出版社,2000,91頁。

⑩ 《尚書正義》卷一三《大誥》,419頁。

《逸周書》除《作雒解》外，尚有《克殷解》《大匡解》《文政解》等篇記有"三監"之事：

> 立王子武庚，命管叔相。[①]（《克殷解》）
>
> 惟十有三祀，王在管，管叔自作殷之監。[②]（《大匡解》）
>
> 惟十有三祀，王在管，管、蔡開宗循王。[③]（《文政解》）

同爲《逸周書》的篇章，[④]此三篇却不若《作雒解》般提及霍叔，且《克殷解》和《大匡》第三十七兩篇衹有管叔，連蔡叔亦未出現。這應是各篇所記之事以其人物側重點不同，表述各异而已。[⑤]《克殷解》之表述與《史記》類似，以管叔"相"武庚，孔晁注云"爲三監，監殷人"，潘振曰"相，助也"，[⑥]是言管叔在爲"監"的同時，也要襄助武庚治理殷遺民。

"惟十有三祀"與商末周初銅器銘文之語氣相仿，"王"是指周武王，然《大匡解》第三十七云"管叔自作殷之監"則恐爲傳抄編纂之誤。孫詒讓就説"案管叔作監武王所命，此云自作，於義難通"，[⑦]其説是也。《文政解》中的"開宗循王"，學者認爲是管、蔡二叔曉諭開導殷餘民要順從周王的教化。[⑧]《説文》："開，張也。""循，行順也。"[⑨]"開"也有"開發""開導"之意，故學者之理解得其要領，衹是其語氣有戰國以後的特點。

《作雒解》和《克殷解》爲西周時期的文獻，[⑩]此二篇所記之史實應較爲可靠。故周初是存在"三監"的，且其人物構成應以《作雒解》爲准，即管叔、蔡叔、霍叔三位周人近親貴族。[⑪]"三監"之設，不僅是以周人貴族監視舊王朝餘民的開始，也是周人自己分割勝利果實的最初嘗試。周武王對三叔的任命，使得西周王朝最初的東土邊域形成，同時也造就了殷都周圍以武庚和管、蔡、霍三叔爲核心的政治軍事格局。

---

① 黄懷信、張懋鎔、田旭東撰，黄懷信修訂，李學勤審定：《逸周書匯校集注（修訂本）》卷四《克殷解》，356 頁。

② 黄懷信、張懋鎔、田旭東撰，黄懷信修訂，李學勤審定：《逸周書匯校集注（修訂本）》卷四《大匡解》，361 頁。

③ 黄懷信、張懋鎔、田旭東撰，黄懷信修訂，李學勤審定：《逸周書匯校集注（修訂本）》卷四《文政解》，373 頁。

④ 《大匡解》和《文政》兩篇，據張懷通先生的研究，其内容有西周到戰國時期的特點，不能確切知道究竟初始成於哪個年代，但裏面戰國時代的特徵相當明顯。參見張懷通《〈逸周書〉新研》，北京：中華書局，2013，99-237 頁。

⑤ 張懷通：《"三監"人物及其結局》，《管子學刊》2013 年第 1 期。

⑥ 黄懷信、張懋鎔、田旭東撰，黄懷信修訂，李學勤審定：《逸周書匯校集注（修訂本）》卷四《克殷解》，356 頁。

⑦ 黄懷信、張懋鎔、田旭東撰，黄懷信修訂，李學勤審定：《逸周書匯校集注（修訂本）》卷四《大匡解》，361 頁。

⑧ 黄懷信、張懋鎔、田旭東撰，黄懷信修訂，李學勤審定：《逸周書匯校集注（修訂本）》卷四《文政解》，373 頁。

⑨ ［漢］許慎撰，［宋］徐鉉校定：《説文解字》，北京：中華書局，2013，249 頁上、37 頁上。

⑩ 朱鳳瀚、徐勇編著：《先秦史研究概要》，天津教育出版社，1996，43 頁；張懷通：《〈逸周書〉新研》，北京：中華書局，2013。

⑪ 路懿菡先生認爲"三監"應是武王克商後爲監管封於商邑之内的以武庚爲首的商人貴族而設，而管、蔡、霍三叔是武王派駐在其周邊戰略要地的戍守長官，其職責是實現周人對新征服的原商屬地的軍事占領和控制，與"三監"的性質不同，參見路懿菡《從清華簡〈繫年〉看周初的"三監"》，《遼寧師範大學學報（社會科學版）》2013 年第 6 期。

二 《康誥》與康侯丰(封)鼎、沬司土遙簋所涉史事

周武王死後,武庚及"三監"發動叛亂,迫使周公率軍東征,進行第二次伐商。傳統認爲康侯建於周公平叛之後,《康誥序》云"成王既伐管叔、蔡叔,以殷餘民封康叔,作《康誥》",[①]這在其他傳世文獻和古文字材料中皆有證據。《尚書·康誥》:

> 周公初基,作新大邑於東國洛,四方民大和會。侯甸男邦采衛,百工播,民和,見士於周……王若曰:"孟侯,朕其弟,小子封!……肆汝小子封,在兹東土"……王若曰:"往哉,封!勿替敬典聽朕告,汝乃以殷民世享。"[②]

《説文》:"基,牆始也。"[③]又《玉篇》:"基,始也。""址,基也。"[④]是"基"爲房屋建築或圍牆的"基礎""基址"之意。孔穎達否定鄭玄以"基"爲"謀"之見,其"初基者,謂始營建基址"之言乃確論。[⑤] 周公營建東都洛邑,在剛開始奠基的時候,召集了一次盛大的和會,因文中有"見士於周"之語,故和會之地點應在宗周。"東國洛",是《康誥》稱洛邑位於東國,而從𣄰尊銘文之"余其宅兹中國"來看,洛邑所在地爲"中國"地區。[⑥]《康誥》之所以如此稱呼,想必似是沿用了克商前的習慣稱呼,目宗周地區以東皆爲"東國"。直到周人建成洛邑,政權穩定,并向東擴張之後,"東國"之稱才指東土以外更遠的地區。另"肆汝小子封,在兹東土",是指康叔封乃侯於"東土",此"東土"即指舊殷都及其周圍地區。而《康誥》應是成於周公東征以後,此時"東土"已抵齊、魯。可注意的是,《康誥》中的"國"與"土"之分尚不明確,尚没有細緻具體的界限。

孟侯,鄭玄以之指周成王,而孔穎達認爲其説既没有禮制上的記載,也不符合義理,不可信。[⑦] 而顏師古以"孟侯"爲"諸侯之長"。[⑧] 除孔穎達之外,後世的清儒也指出鄭説乃誤,但都不逃"諸侯之長"的窠臼。日本學者加藤常賢認爲,康叔封地衛當時又稱妹邦(即沬邑),妹音轉爲孟,所以稱爲孟侯。[⑨] 此説想必是依沬司土遙簋(《集成》04059)銘文所云。然妹與沬皆是明母物部字,孟爲明母陽部字,聲紐雖同,韻部却相差太遠,不可通,故孟侯即妹侯或

① 《尚書正義》卷一四《康誥》,430頁。

② 《尚書正義》卷一四《康誥》,431-436頁。

③ [漢]許慎撰,[宋]徐鉉校定:《説文解字》,288頁下。

④ [梁]顧野王:《大廣益會玉篇》,北京:中華書局,1987,7頁上右。

⑤ 《尚書正義》卷一四《康誥》,430頁。

⑥ "中國"地區主要指以洛陽爲中心的河南地區,參見于省吾《釋中國》,收入胡曉明、傅傑主編《釋中國》第三卷,上海文藝出版社,1998,1515-1524頁。

⑦ 參見《尚書正義》卷一四《康誥》,431頁。

⑧ 參見《漢書》卷二八下《地理志下》,1648頁。

⑨ 轉引自顧頡剛、劉起釪《尚書校釋譯論》,北京:中華書局,2005,1301頁。

沬侯之説不可從。

清人王樹枬曾云:“盂,明也……明侯猶明辟、明君之誼。”[①]其認爲盂是一種美稱。《玉篇》:“明,察也、清也、審也、發也。”[②]又盂與明上古音皆在陽部,聲紐同爲明母,音近可通。且後世亦有“明公”“明君”等稱,故周公於此稱康侯封爲“明侯”是有可能的。

康侯丰(封)鼎(《集成》02153),現藏臺北故宫博物院,爲成王早期器,其銘文曰:

康侯丰(封)作寶尊。

“封”作“”,可隶作“丰”,甲骨卜辭亦有類似寫法,應是“封”之初文。鼎銘中之“康侯丰”應即典籍中的康叔封。[③] 康叔封稱“康侯”,是其人被王朝授予“侯”職,爲康地周圍一帶地區的軍事長官。[④]

沬司土疑簋(《集成》04059)是有關康侯的重要銅器,其銘云:

王朿(刺)伐商邑,誕令康侯啚(鄙)於衛,沬司土疑眔啚(鄙),作厥考尊彝,䀠。

此簋亦是成王早期器,銘文中之“康侯”也應指康叔封。“王刺伐商邑”應是指針對武庚叛亂的二次滅商,説明康侯在周公東征時及其後皆有活動,則康侯可能被建於平叛期間。

“”字之解釋向來有异議。[⑤]《説文》:“朿,木芒也,象形。凡朿之屬皆从朿。讀若刺。”[⑥]而“”字也爲木芒之形,甲骨卜辭中有“”字,有學者即指其爲“刺”之古字,[⑦]乃得其形。又西周早期的朿卣(《集成》05333)銘中之“”正像“”“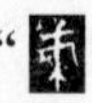”中間之形,故“”釋爲“朿”或“刺”似爲最妥。《説文》:“刺,直傷也。”[⑧]“刺”字内含有“直接”“親自”之意。“王刺伐商邑”就是周王親征反叛的商邑。然史籍皆曰周公東征,并没有提及成王隨軍前往,以此

① 王樹枬:《尚書商誼》,《續修四庫全書》編纂委員會編《續修四庫全書》第53册,上海古籍出版社,2002,8頁。

② [梁]顧野王:《大廣益會玉篇》,96頁下右。

③ 唐蘭:《西周青銅器銘文分代史徵》,北京:中華書局,1986,33頁。

④ “侯”爲商周王朝邊地的軍事職官,參見裘錫圭《甲骨卜辭中所見的“田”、“牧”、“衛”等官職的研究——兼論“侯”、“甸”、“男”、“衛”等幾種諸侯的起源》,《文史》第19輯,北京:中華書局,1983;朱鳳瀚《殷墟卜辭中“侯”的身份補正——兼論“侯”、“伯”之异同》,《古文字與古代史》第4輯,臺北:中研院歷史語言研究所,2015。

⑤ 郭沫若、孫海波、陳夢家三位先生釋爲“朿”,郭沫若:《兩周金文辭大系圖録考釋(二)》,郭沫若著作編輯出版委員會編:《郭沫若全集·考古編》第八卷,北京:科學出版社,2002,83-84頁;孫海波:《周金地名小記》,《禹貢》第七卷六、七合期,1937;陳夢家:《西周銅器斷代(一)》,中國科學院考古研究所編《考古學報》第九册,北京:科學出版社,1955,161頁。于省吾、楊樹達、周永珍三位先生釋爲“來”,于省吾:《〈尊古齋所見吉金圖〉序》,黄濬編著《尊古齋所見吉金圖(初集)》,北平彩華珂羅版印刷局,1936;楊樹達:《積微居金文説》,上海古籍出版社,2007,380頁;周永珍:《釋康侯簋》,《古文字研究》第9輯,北京:中華書局,1984,295頁。

⑥ [漢]許慎撰,[宋]徐鉉校定:《説文解字》,139頁下。

⑦ 于省吾主編:《甲骨文字詁林》,北京:中華書局,1996,2565頁。

⑧ [漢]許慎撰,[宋]徐鉉校定:《説文解字》,87頁上。

器看來,年少之成王抑或曾隨周公出征。[①]

又大保簋(《集成》04140),梁山七器之一,西周早期成王時器,其銘文爲:

> 王伐彔子聖,𠭯厥反。王降征命於大保,大保克敬亡譴。王衎(侃、衎)大保,賜休余土,用兹彝對令。

銘文中之人物有“王”“彔子聖”以及“大保”,大保即是召公奭。清華簡《繫年》第三章云“成王屎伐商邑,殺彔子耿,飛廉東逃於商蓋氏。成王伐商蓋殺飛廉”,[②]是説成王征伐商邑,并將彔子耿(“耿”即“聖”,二字音近可通)誅殺。此二則材料不但證明周人稱武庚禄父爲“彔子聖”,還證明成王確曾親臨東征前綫。另作册大鼎(《集成》02758)銘有“公束鑄武王、成王异鼎”、卿盤(《銘圖》14432)銘有“周公束伐商”,其中的“束”皆與沬司土迭簋之“束”意義相同。

啚,曾有學者以之爲康侯封之字,[③]非是。楊樹達先生認爲此字即經傳中之“鄙”,於此爲動詞,意爲“封康叔於衛”。[④]《説文》:“啚,嗇也。”[⑤]“鄙,五鄼爲鄙。”[⑥]都不合字之原義。啚在甲骨卜辭中已有,陳夢家先生以之爲“鄙”,是都城之外居住的地區,由若干小邑組成。[⑦] 然卜辭中,如“……土方𢓊(征)於我東啚(鄙)……𢀛方亦𠬝(侵)我西啚(鄙)田……”(《合集》6057 正)之類,其中的“啚”理解爲“邊鄙”“邊域”似更爲貼切。西周銅器銘文中之“啚”承自甲骨卜辭。恒簋蓋(《集成》04199)銘有“司直啚(鄙)”、楚簋(《集成》04246)銘有“司弇啚(鄙)官”、殷簋(《銘圖》05305)銘有“司東啚(鄙)五邑”、史密簋(《銘圖》05327)銘有“乃執啚(鄙)寡亞”,此四器皆爲西周中期器,其銘中之“啚”便如陳夢家先生所言,爲城外的居住區或幾個小邑。但“啚”在這幾器中明顯爲名詞用法,與沬司土迭簋中之動詞義不同。

西周早期器雍伯鼎(《集成》02531)銘有“王令雍伯啚(鄙)於㞢爲宫”,西周晚期器敔簋(《集成》04323)銘有“王令敔追𨒅於上洛、𤈞谷,至於伊班……啚(鄙)於㷀伯之所”,此二器中“啚”之用法與沬司土迭簋相類。由雍伯鼎,周王曾令雍伯到㞢地修築宫殿,在之前用了“啚”這個動詞,而敔簋中,敔在奉周王命追擊南淮夷時,經過上洛、𤈞谷、伊班等地,最後到達㷀伯的駐地并在那裏留駐,故“啚”亦有“駐扎”之意。故康侯及沬司土迭“啚於衛”,似是於

---

① 李學勤先生將此簋銘文與清華簡《繫年》第三章簡文相對照,認爲此“王”確是成王,參見李學勤《由清華簡〈繫年〉重釋沬司徒疑簋》,《中國高校社會科學》2013 年第 3 期。

② 清華大學出土文獻研究與保護中心編,李學勤主編:《清華大學藏戰國竹簡(貳)》,簡一三、簡一四。

③ 參見周永珍《釋康侯簋》。

④ 楊樹達:《積微居金文説》,上海古籍出版社,2007,380 頁。

⑤ [漢]許慎撰,[宋]徐鉉校定:《説文解字》,106 頁下。

⑥ [漢]許慎撰,[宋]徐鉉校定:《説文解字》,127 頁下。

⑦ 陳夢家:《殷墟卜辭綜述》,北京:中華書局,1988,323 頁。

衛地的邊緣之地修築城邑之舉。[①] 關於衛地,《逸周書·世俘解》有"甲申,百弇以虎賁誓,命伐衛,告以馘俘",[②]以虎賁伐衛,説明商人在衛地駐有重兵,周人衹得派出自己的精鋭才能攻克,也襯托出衛地乃軍事重地。又《作雒解》言周公"二年,又作師旅,臨衛政殷,殷大震潰。"[③]是説周公駕臨衛地進攻殷都,似又是衛地爲平叛前綫指揮所的一證。因此,"啚"有動詞和名詞兩種用法,"啚於衛"似是周人在殷墟附近的一次重要軍事部署。

至於與康侯"眔啚"之沬司土疑,其器除一簋外,尚有沬伯疑鼎(《集成》02344)、沬伯疑卣(《集成》05363)和沬伯疑尊(《集成》05954)等器。"某伯"是周人貴族的普遍性稱謂,"沬司土"又稱"沬伯",明此沬氏貴族之官職爲"司土",且其采邑爲沬地,[④]又器銘有族徽,其亦有可能是殷遺,可作爲康叔受有"殷民七族"的一個佐證。沬伯疑卣(《集成》05364)於1931年出土於河南濬縣(今鶴壁市淇濱區)辛村衛國墓地,且沬伯疑尊也傳出土於濬縣,故沬伯死後應是葬於康侯封墓地的附近,故沬伯與康侯應是下級與上級的關係,他是康侯的"司土"官,這對研究西周早期的職官制度具有重要意義。

三 "侯殷之餘民"及"遷於淇衛"所涉史事

清華簡《繫年》第四章云:

> 周成王、周公既遷殷民於洛邑,乃追念夏商之亡由,旁設出宗子以作周厚屏。乃先建衛叔封於庚(康)丘,以侯殷之餘民。衛人自庚(康)丘遷於淇衛。[⑤]

從文中可以看出,西周王朝建侯的目的,就是設立藩屏,令其戍守邊域。《尚書·康誥》:"乃命建侯樹屏。"[⑥]《左傳》定公四年:"昔武王克商,成王定之,選建明德以藩屏周。"[⑦]皆可與之對照。"以侯殷之餘民"則説到康侯的具體職責,是統治和監視當地的殷商遺民。這也從側

① 朱鳳瀚:《清華簡〈繫年〉所記西周史事考》,李宗焜主編《出土材料與新視野——第四屆國際漢學會議論文集》,449-450頁。

② 黄懷信、張懋鎔、田旭東撰,黄懷信修訂,李學勤審定:《逸周書匯校集注(修訂本)》卷四《世俘解》,420頁。

③ 黄懷信、張懋鎔、田旭東撰,黄懷信修訂,李學勤審定:《逸周書匯校集注(修訂本)》卷五《作雒解》,517頁。

④ 西周早期之時,貴族多以封地爲氏,即"胙之土而命之氏",見《春秋左傳正義》卷四,隱公八年,3764頁;陳絜:《商周姓氏制度研究》,北京:商務印書館,2007,296頁。又此地之地望,錢穆先生以爲在淇縣治,參見錢穆《史記地名考》,北京:九州出版社,2011,751頁;陳夢家先生認爲即典籍記載中的妹或沬,亦即紂居之朝歌,參見陳夢家《西周銅器斷代》,北京:中華書局,2004,11頁。李學勤先生在陳夢家先生説法的基礎上,認爲此地雖曾爲商王所居,但可能因戰争破壞的原因而一時難於修復,故不是康侯初封的都邑,《繫年》中的"淇衛"就是濱於淇水的朝歌,但衛人遷都的時間或許晚一些,參見李學勤《由清華簡〈繫年〉重釋沬司徒疑簋》。

⑤ 清華大學出土文獻研究與保護中心編,李學勤主編:《清華大學藏戰國竹簡(貳)》,簡一七、簡一八。

⑥ 《尚書正義》卷一九《康王之誥》,519頁。

⑦ 《春秋左傳正義》卷五四,定公四年,4635頁。

面反映出西周"某侯"的封地,具有王朝軍鎮的性質。

庚丘即康丘,乃康叔初建侯之地,其地應在殷之故土境内。[①] 按《繫年》所記,康侯應是建在周公東征、遷殷遺民等一系列重大軍事政治行動之後。王朝令康叔"侯殷之餘民",是以近親貴族統治和監視殷都地區未被遷走的商人餘族。且康叔受命將其族屬、部衆由康丘遷於衛地之内,所遷之地就是沬司土疑簋銘文中的"啚於衛"之所在地,位於衛地的邊緣地帶。[②] 而康叔下屬的"殷之餘民",應是康侯在協助王朝平定叛亂後分得的殷遺民,就是《左傳》中所記之"殷民七族:陶氏、施氏、繁氏、錡氏、樊氏、饑氏、終葵氏"。[③]

《史記·衛康叔世家》:

> 成王長,用事,舉康叔爲周司寇,賜衛寶祭器,以章有德。康叔卒,子康伯代立。康伯卒,子考伯立。考伯卒,子嗣伯立。嗣伯卒,子疌伯立。疌伯卒,子靖伯立。靖伯卒,子貞伯立。貞伯卒,子頃侯立。[④]

從第二代起,康氏有六位稱"伯",直到頃侯時才又稱"侯"。而"頃侯厚賂周夷王,夷王命衛爲侯",[⑤]即康叔後人在西周晚期偏早時才又被王朝命爲"侯"。"康伯"被命爲"衛侯",表明新"侯"的治所在衛地,故衛人亦有在此時才由康丘遷往淇衛的可能。

周成王成年親政後,調康叔入朝爲司寇,其身份變爲王朝之卿士,已不再爲"侯"。而此時西周王朝的疆域也大爲擴展,康丘由邊域之地變成王朝的腹地,已無有設侯之必要,故王朝將"康侯"之"侯"職收回。因此,康叔的繼承者衹能被以周代貴族的一般性稱謂"伯"稱之,爲"康伯"。《史記索隱》:"《系本》康伯名髡。宋忠曰:'即王孫牟也,事周康王爲大夫。'按:《左傳》所稱王孫牟父是也。牟髡聲相近,故不同耳。"[⑥]唐代時,司馬貞已考定康伯其人即是王孫牟。《左傳》昭公十二年載楚靈王語曰:"昔我先王熊繹,與吕級、王孫牟、燮父、禽父并事康王。"[⑦]杜預亦對王孫牟注曰:"衛康叔子康伯。"[⑧]又《史記·楚世家》:"楚子熊繹與魯公伯禽、衛康叔子牟、晋侯燮、齊太公子吕伋俱事成王。"[⑨]康伯爲文王之孫,理應被稱作"王孫",雖然没有了"侯"職,但繼承了其父王朝卿士之地位,爲成王、康王時期的重要大臣之一。

---

① 李學勤:《清華簡〈繫年〉解答封衛疑謎》,《文史知識》2012年第3期。

② 朱鳳瀚:《清華簡〈繫年〉所記西周史事考》,李宗焜主編《出土材料與新視野——第四届國際漢學會議論文集》,449-450頁。

③ 《春秋左傳正義》卷五四,定公四年,4636頁。

④ 《史記》卷三七《衛康叔世家》,1590頁。

⑤ 《史記》卷三七《衛康叔世家》,1591頁。

⑥ 《史記》卷三七《衛康叔世家》,1590頁。

⑦ 《春秋左傳正義》卷四五,昭公十二年,4482頁。

⑧ 《春秋左傳正義》卷四五,昭公十二年,4482頁。

⑨ 《史記》卷四〇《楚世家》,1692頁。

康伯在西周銅器銘文中稱“伯懋父”,[①]1964年河南洛陽市北窯村龐家溝(今屬老城區邙山鎮)西周墓地出土有伯懋父簋(《銘圖》03888)。據小臣謎簋(《集成》04238,傳出土於汲縣)銘“伯懋父以殷八師征東夷”及吕壺(《集成》09689)銘“伯懋父北征”,康伯懋父與其父康叔所任之職不同,其主要執掌王朝的軍事方面,爲王朝軍隊的統帥。此外,還有康伯簋(《集成》03720)、康伯壺蓋(《銘圖》12145)等器傳世,皆爲西周中期偏早之器,應爲康伯懋父子孫所鑄。

康伯懋父雖爲第一代“康伯”,其謚號却於史籍缺載,今已無從查考,從其子考伯開始之後的五位“康伯”之事迹於史籍和出土材料中亦闕如。直到西周晚期的周夷王時,衛地擴張,且面臨來自太行山内异族的威脅,王朝已有必要在衛地重新建“侯”,以防衛入侵的戎狄之屬,衛頃侯故此由“康伯”被王朝命爲“衛侯”。[②] 另據《詩經》之《邶》《鄘》《衛》三《風》可知殷墟及其周圍區域皆是衛侯之轄區。

清華簡《繫年》稱“淇衛”,可見衛地臨近古淇水。今河南浚縣辛村墓地,時代爲西周早期至春秋早期,因出土銘有“衛師昜”的銅泡,故學界公認其爲衛國墓地。[③] 可見幾代“康伯”及其後的幾位“衛侯”應葬於此地,因此,康丘、衛兩地皆離此不遠,都在今河南省鶴壁市周圍地區,衹不過是一西一東之分。

結語

武王翦商的成功,使得“大邑商”失去了原來其凌駕於其他邦方的至高地位,商人的首領應不再稱“王”,其人降爲周人在東方地區的一邦之首領,其地亦降爲在政治上臣服於周王的衆多邦方之一。惟商人因是新被推翻的前王朝的統治者,周人對之采取懷柔與監控的雙重政策。武王既立武庚爲商人的新首領,又留下管叔、蔡叔、霍叔三位近親貴族分别駐扎在殷都附近的三處要地加以軍事震懾和監控,三叔手下應有足够鎮壓商人復辟的軍事力量。故西周王朝建立伊始,并無在東方立即建“侯”之舉,衹於殷都周圍設“監”,且是一種擁有實際軍權和統有一定數量軍隊的“軍監”,亦可看作類似於“侯”的一種“軍鎮”。而此時的殷都和周邊地區爲西周王朝的東土,其最初的東土邊域應在今河南安陽以東一綫。周人於當時并没有向東繼續推進,故商人在經營更遠的東方地區所遺留下的力量應未隨着商王朝的滅亡而主動臣服於周人,是有周公平叛之後周人東進攻伐舊商之“蓋侯”之舉。

---

① 郭沫若:《兩周金文辭大系圖録考釋(二)》,郭沫若著作編輯出版委員會編《郭沫若全集·考古編》第八卷,64頁。

② 朱鳳瀚:《關於西周封國君主稱謂的幾點認識》,陝西省考古研究院、上海博物館編《兩周封國論衡——陝西韓城出土芮國文物暨周代封國考古學研究國際學術研討會論文集》,上海古籍出版社,2014,275頁。

③ 中國社會科學院考古研究所編:《中國考古學·兩周卷》,北京:中國社會科學出版社,2004,108—110頁。

武庚及“三監”的反叛,致使武王翦商的成果危在旦夕,即西周王朝最初脆弱的東土邊域面臨着崩潰和商王朝可能復辟的危險局面。康侯大概建於西周王朝平定叛亂期間。所謂“周公東征”,其實際軍事統帥是周公旦,然成王亦隨軍前往,亦算是周王御駕親征。根據相關材料,西周時期王朝遇有重大軍事行動,周王多有親征之舉。周公東征之後,西周王朝的東土邊域轉危爲安,此時的康侯由平叛前綫的將領轉變爲未被遷走的商遺民的監臨者,這體現了“侯”爲王朝戍守疆土,戰時配合王朝軍隊作戰,以武力鎮壓反叛者、反擊入侵者方面的職能。“侯殷之餘民”既表明康侯有統治和監視部分殷遺民的職責,亦體現周人建“侯”時要賜予任“侯”者以民人,即一定的人力資源。

而後,王朝的東土邊域和北土邊域已擴至更遠的地區,原殷都地區已無設“侯”之必要,康侯之“侯”職由此被取消,康叔之後及衛頃侯之前的幾代邦君皆稱“康伯”,爲周人貴族宗子或無王朝“侯”職邦君的普遍稱謂,其地的軍事性已大爲減弱。衛頃侯雖是厚賂夷王而被命爲“侯”,但王朝復將康君任命爲“衛侯”,表明其地於西周晚期偏早之時面臨着來自太行山西麓的异族的威脅,又成爲王朝邊域地帶的邦,軍事防禦性有所提高。故“侯”是隨着王朝邊域的變化及相應的軍事形勢而設立和裁撤,亦可見西周王朝所建諸“侯”起初并不是所謂“國”或“國家”。“侯”的駐地乃是王朝新征服土地上的軍事據點,其防區具有某種軍事行政區(或曰軍鎮)的性質。

試論《左傳》與清華簡《繫年》的文獻關係

温州大學人文學院　陳鴻超

内容提要　清華簡《繫年》不是抄撮自《左傳》的《鐸氏微》,且與《左傳》屬於兩個系統的史著。但《繫年》與《左傳》在編纂取材上關聯密切,有着諸多相同的史料來源。同時,二者敘史思想有着顯著不同。通過《繫年》與《左傳》的文獻對比,不僅有益於了解《左傳》的成書過程,同時也加深對《左傳》於楚地流傳狀況的認識。

關鍵詞　清華簡《繫年》　《左傳》　成書　史料編纂

清華大學藏戰國楚竹簡《繫年》是一部經系統編撰的戰國史著,分章記載了周初至戰國初的重大史實,内容多見於《左傳》。[①] 自公布以來,時賢多以二者互證來辨明史實,取得了頗豐的成果。在此基礎上,厘清《左傳》與《繫年》的文獻關係,并以此增進對《左傳》成書、流傳方面的認識無疑具有十分重要的意義。本文即從文獻編撰角度試分析《繫年》與《左傳》之异同,以期窺看《左傳》的史料來源及其編纂理路。現略陳一二,望求教於方家。

一　《繫年》非《鐸氏微》

初讀《繫年》,很容易讓人聯想到與《左傳》密切相關的《鐸氏微》。[②] 其根據源於漢人對

① 李學勤主編:《清華大學藏戰國竹簡(貳)》,上海:中西書局,2011。

② 最早推測《繫年》可能是《鐸氏微》是陳偉先生,見陳偉《不禁想起〈鐸氏微〉——讀清華簡〈繫年〉隨想》,簡帛網,2011年12月19日;後其觀點又見於《清華大學藏竹書〈繫年〉的文獻學考查》,《史林》2013年第1期。

《鐸氏微》的介紹:

《漢書·藝文志·春秋》記云:"鐸氏微,三篇。"班固自注:"楚太傅鐸椒也。"①

《〈春秋經傳集解〉序》孔疏引劉向《别録》云:"左丘明授曾申,申授吴起,起授其子期,期授楚人鐸椒,鐸椒作'抄撮'八卷,授虞卿,虞卿作'抄撮'九卷,授荀卿。"②

《史記·十二諸侯年表》:"鐸椒爲楚威王傅,爲王不能盡觀《春秋》,采取成敗,卒四十章,爲《鐸氏微》。"③

從漢人的著録來看,將《繫年》推測爲《鐸氏微》確有一定道理。第一,鐸椒爲楚太傅,《繫年》爲楚地簡,二者的創作背景相合。第二,從整體來看,《繫年》頗似教學或資政用的教材,④這與《鐸氏微》的性質和鐸椒的身份相合。第三,《繫年》分章簡述各國歷史,内容多見於《左傳》,且篇幅比之簡略,又與《鐸氏微》敘史特點相合。然而,將二者内容詳加比較後可以發現,這一觀點恐難成立。由於《鐸氏微》是"抄撮"於《左傳》,那麽以此推測,其基本史事應與《左傳》相同。然而,細究《繫年》,雖内容多見於《左傳》,但恐與其不存在"抄撮"關係。其一,《繫年》中有部分史事未見於《左傳》;其二,《繫年》中的一些史事脈絡與《左傳》相异;其三,《繫年》中的一些時間紀年與《左傳》不同,爲便於清晰表述,兹統計列表如下:

表1:《繫年》所記史事未見於《左傳》之處

《繫年》章節	未載《左傳》史實
第一章	《左傳》未載共伯和
第二章	《左傳》未載西周滅亡經過。
第三章	《左傳》未載秦國先祖之記述
第四章	《左傳》未載衛康叔首封地。
第五章	《左傳》未載楚文王北出方城威懾陳國之事
第十一章	《左傳》載"宋及楚平"時衹云"華元爲質",未書"以女子與兵車百乘"
第十二章	《左傳》未載楚莊王會諸侯於厲之事
第十五章	《左傳》未提伍之雞
第十八章	1.《繫年》:"許人亂,許公佗出奔晋,晋人羅,城汝陽,居許公佗於容城"之事《左傳》未載 2.《繫年》"晋與吴會爲一,以伐楚,閔方城"之事《左傳》未提及 3.《繫年》"晋師大疫且飢,食人"之事《左傳》未記

① 《漢書》,北京:中華書局,2009,1713頁。

② [晋]杜預注,[唐]孔穎達疏:《春秋左傳正義》,[清]阮元校刻:《十三經注疏》,北京:中華書局,1980,1703頁。

③ 《史記》,北京:中華書局,2010,510頁。

④ 李守奎:《楚簡文獻中的教育與清華簡〈繫年〉性質初探》,復旦大學出土文獻與古文字研究中心編《出土文獻與古文字研究》第6輯,上海古籍出版社,2014,289頁。

續表

《繫年》章節	未載《左傳》史實
第二十章	《左傳》未載晋越會盟伐齊。
二十一章	此三章時代在《左傳》哀公二十七年之後,故《左傳》缺載
二十二章	
二十三章	

表 2:《繫年》記述與《左傳》相异之處①

《繫年》章節	與《左傳》相异之處
第二章	《繫年》記載"莊公即世,昭公即位",《左傳》則記莊公之後,厲公曾一度繼位。
第三章	《繫年》記述商邑殺三監立子庚,《左傳》則記周公殺管叔而放蔡叔。
第四章	《繫年》與《左傳》對諸侯城楚丘封衛經過的記載有异。
第五章	《繫年》載楚文王親見息嬀不忘而滅息,《左傳》記楚文王聽蔡哀侯一面之詞而滅息。
第六章	晋文公重耳流亡過程中途徑的國家及先後順序《左傳》與《繫年》記載有别。
第七章	《繫年》載楚王舍圍歸,居方城。《左傳》載楚子入居於申。
第十一章	《左傳》:宋公爲右盂,鄭伯爲左盂。《繫年》與此相反。(此處也有可能是傳抄訛誤)
第十四章	《繫年》和《左傳》記載郤克之言不同。
第十五章	1.《繫年》説徵舒是夏姬的丈夫,《左傳》説是夏姬的兒子。 2.《繫年》説楚莊王取其室以予申公,連尹襄老與之争,後連尹死後司馬子反又與申公争夏姬;而《左傳》則言楚莊王、子反開始均欲娶夏姬,被申公以利害勸止,才嫁予連尹,似乎他們之間未發生争執。

表 3:《繫年》與《左傳》紀年差异

《繫年》			《左傳》	
章節	紀年	内容	紀年	内容
第十一章	楚穆王八年	楚穆王立八年,王會諸侯於厥貉,將以伐宋。	文公十年(楚穆王九年)	陳侯、鄭伯會楚子於息。冬,遂及蔡侯次於厥貉。將以伐宋。
第十六章	楚共王立七年	令尹子重伐鄭,爲汜之師。	成公六年(楚共王六年)	楚子重伐鄭,鄭從晋故也。

① 《左傳》與《繫年》的記史内容差异也曾引起一些學者關注,參見魏慈德《清華簡〈繫年〉與〈左傳〉中的楚史异同》,《東華漢學》第 17 期;朱曉海《清華簡所謂〈繫年〉的書籍性質》,《中正漢學研究》2012 年第 2 期;劉全志《論清華簡〈繫年〉的性質》,《中原文物》2013 年第 6 期。

續表

章節	紀年	内容	紀年	内容
第十七章	(晋)平公立五年	晋亂,欒盈出奔齊	襄公二十一年(晋平公六年)、襄公二十二年(晋平公七年)	襄公二十一年:秋,欒盈出奔楚。 襄公二十二年:秋,欒盈自楚適齊。
第十九章	獻惠王立十又一年	蔡昭侯申懼,自歸於吴,吴洩庸以師逆蔡昭侯,居於州來,是下蔡。	哀公二年(楚昭王二十三年)	吴洩庸如蔡納聘,而稍納師。師畢入,衆知之。蔡侯告大夫,殺公子駟以説。哭而遷墓。冬,蔡遷於州來。

由上可知,《繫年》與《左傳》存在諸多差异,絶非單純抄自《左傳》,因而不大可能爲《鐸氏微》之類的著作。除列表所舉之外,還有兩點頗值得注意,第一,比之《左傳》,《繫年》雖然整體敘史簡短,但是在某些地方,《繫年》則記述了更多的細節。例如《左傳·宣公十七年》載郤克聘齊之事:

> 十七年春,晋侯使郤克徵會於齊。齊頃公帷婦人使觀之。郤子登,婦人笑於房。獻子怒,出而誓曰:"所不此報,無能涉河!"獻子先歸。[①]

與之相對應的《繫年》十四章記載此事如下(爲方便引述及閱讀,本文所引《繫年》原文均采用已厘定出的現代字,并不再標注簡號):

> 晋景公立八年,隨會率師,會諸侯於斷道,公命駒之克先聘於齊,且召高之固曰:"今春其會諸侯,子其與臨之。"齊頃公使其女子自房中觀駒之克,駒之克將受齊侯幣,女子笑於房中,駒之克降堂而誓曰:"所不復訽於齊,毋能涉白水。"[②]

從上引材料比對中我們可以發現,二者記述基本相同,語句也極爲相似。不過《繫年》比《左傳》多了晋景公召高之固"今春其會諸侯,子其與臨之"的話,使我們明白齊侯後來派高固參加盟會的直接原因。因此,《繫年》在此事細節上反而比《左傳》更爲豐富,這顯然是摘抄所不能做到的。

其次,《漢書·藝文志》中《鐸氏微》書名中"微"的含義,顔師古注曰"微爲釋其微指"。[③]對此,張舜徽先生言《鐸氏微》道:

> 《左傳》文繁事富,楚王不能盡觀,故鐸椒先爲節删之本,後又爲釋其微旨以授之,此

① [晋]杜預注,[唐]孔穎達疏:《春秋左傳正義》,[清]阮元校刻:《十三經注疏》,1889頁。

② 李學勤主編:《清華大學藏戰國竹簡(貳)》,167頁。

③ 《漢書》,1715頁。

本兩事也。抄撮者必取之原書,不能多割棄;解説者但申明己意,取辭達而止。[①]

張先生的説法是很有道理的。也就是説,《鐸氏微》的内容,不僅有抄撮自《左傳》的史料,很可能也包含一些鐸椒的解説。通觀《係年》,只是單純敘史,并没有任何説解,這顯然與《鐸氏微》的特徵是相矛盾的。

再有,倘若《繫年》就是摘録自《左傳》的《鐸氏微》,奇怪的是它却很少記録魯國之事。我們知道,《左傳》記史是以魯國作爲核心的,雖然晋楚争霸占了絶大篇幅,但魯國的史料也絶不在少數。然而,《繫年》中甚至詳細記載了鄭、衛、宋之事,却没有重視《左傳》中的魯國史事。[②] 這不得不讓人懷疑以《左傳》爲底本、"采取成敗"的《鐸氏微》會弃史料豐富的魯國史實於不顧。因此我們認爲,《繫年》和《左傳》應屬於不同系統的史著。[③]

二　《繫年》與《左傳》的史料關聯

以上我們衹是説明《繫年》不是《鐸氏微》。事實上,二者絶非毫無關聯,相反,在某些歷史敘述上有着驚人的相似性。首先是用詞相似,例如《繫年》首章載周厲王:

> ……至於厲王,厲王大虐於周,卿士、諸正、萬民弗忍於厥心,乃歸厲王於彘……[④]

而對應《左傳·昭公二十六年》記載王子朝使告於諸侯:

> ……至於厲王,王心戾虐,萬民弗忍,居王於彘……[⑤]

《左傳》在描述厲王時所用"王心戾虐,萬民弗忍,居王於彘"這些用詞與《繫年》極爲相似,甚至該段在敘述周王室時的句式結構也幾近相同。

其次是段落結構相類,例如《繫年》第五章記載楚文王滅息緣由:

> 蔡哀侯取妻於陳,息侯亦取妻於陳,是息嬀。息嬀將歸於息,過蔡,蔡哀侯命止之,曰:"以同姓之故,必入。"息嬀乃入於蔡,蔡哀侯妻之。息侯弗順,乃使人於楚文王曰:

---

① 張舜徽:《漢書藝文志通釋》,武漢:華中師範大學出版社,2004,225頁。

② 《繫年》衹在第十四章、第二十二章、第二十三章提到魯國,其中十四章衹是簡單提及"齊頃公圍魯,魯臧孫許適晋求援",而敘事的重點在於駒之克受辱復仇,而第二十二章和二十三章已超出《左傳》記史時代下限,所以可以説,《繫年》對《左傳》中的魯史涉及甚少。

③ 沈建華先生亦認爲《繫年》與《左傳》屬於兩個系統,但她以爲《繫年》與《左傳》屬於"异本共存"的關係,雖然在史料資源上有共用的地方,但史料來源屬於不同系統。而筆者則認爲《左傳》與《繫年》記史固然屬於兩個系統,但不能否認,他們之間有一部分史料來源是相同的,因而存在緊密的聯繫。見沈建華《試説清華〈繫年〉楚簡與〈春秋左傳〉成書》,陳致主編《簡帛·經典·古史》,165-171頁。

④ 李學勤主編:《清華大學藏戰國竹簡(貳)》,136頁。

⑤ [晋]杜預注,[唐]孔穎達疏:《春秋左傳正義》,[清]阮元校刻:《十三經注疏》,2114頁。

"君來伐我,我將求救於蔡,君焉敗之。"文王起師伐息,息侯求救於蔡,蔡哀侯率師以救息,文王敗之於莘,獲哀侯以歸。[①]

《左傳·莊公十年》載有同一件事:

蔡哀侯娶於陳,息侯亦娶焉。息嬀將歸,過蔡。蔡侯曰:"吾姨也。"止而見之,弗賓。息侯聞之,怒,使謂楚文王曰:"伐我,吾求救於蔡而伐之。"楚子從之。秋九月,楚敗蔡師於莘,以蔡侯獻舞歸。[②]

對上述兩處材料進行比較,我們可以發現,《繫年》從"蔡哀侯取妻於陳,息侯亦取妻"到"文王起師伐息",除了個别詞外,[③]文句和敘事脈絡與《左傳》極爲相似。

又如《繫年》第九章記晉靈公之立:

晉襄公卒,靈公高幼,大夫聚謀曰:"君幼,未可奉承也,毋乃不能邦?"猷求强君,乃命左行蔑與隨會召襄公之弟雍也於秦。襄夫人聞之,乃抱靈公以號於廷,曰:"死人何罪?生人何辜?舍其君之子弗立,而召人於外,而焉將寘此子也?"大夫閔,乃皆背之曰:"我莫命招之。"乃立靈公,焉葬襄公。[④]

與之相對應的《左傳·文公七年》:

穆嬴日抱大子以啼於朝,曰:"先君何罪?其嗣亦何罪?捨適嗣不立,而外求君,將焉寘此?"[⑤]

《左傳》敘述穆嬴的言行與《繫年》極其相似。首先二者均記載了穆嬴抱靈公號於廷的行爲。其次,其質問大臣之言,雖個别用詞有别,但詞義并無二致,且句意相同,結構驚人相似,皆是連用三個反問句,如果《左傳》《繫年》這段材料不是出自同一源頭,是很難解釋這一記述手法的相似性的。

以上所舉這些詞句、段落結構的相似性暗示《繫年》和《左傳》在這些地方很可能有相同的史料來源。因爲不同的人即便記載相同的事,也不可能做到連詞句、段落結構都雷同。[⑥]

---

① 李學勤主編:《清華大學藏戰國竹簡(貳)》,147頁。

② [晋]杜預注,[唐]孔穎達疏:《春秋左傳正義》,[清]阮元校刻:《十三經注疏》,1767頁。

③ 即便有用詞差异,這些詞彙在句子中也屬於同意替换或是有補充關係,如息嬀過蔡,《繫年》中蔡侯説:"以同姓之故",《左傳》云:"吾姨也";息嬀入蔡後,《繫年》説蔡侯"妻之",《左傳》用"弗賓"。從古書的流傳情况來看,《繫傳》或許存在不同的流傳版本,且在流傳過程中也會存在某些詞句的改變,也許先前某個版本的《左傳》會與《繫年》用詞一致。但是即使拿現存世的《左傳》與《繫年》此段稍加比對,也能看出整體段落結構的相似性。

④ 李學勤主編:《清華大學藏戰國竹簡(貳)》,157頁。

⑤ [晋]杜預注,[唐]孔穎達疏:《春秋左傳正義》,[清]阮元校刻:《十三經注疏》,1845頁。

⑥ 更多的相似性可參見孫飛燕《清華簡繫年初探》第三章《繫年對左傳的印證》,上海:中西書局,2015。

另外,《繫年》與《左傳》在周人東遷紀年上也可能暗合。先來看《左傳・僖公二十二年》的一則預言:

初,平王之東遷也,辛有適伊川,見被髪而祭於野者,曰:"不及百年,此其戎乎!其禮先亡矣。"秋,秦、晋遷陸渾之戎於伊川。①

歷代學者依《史記》紀年對辛有所述"不及百年"頗有懷疑,如杜注曰:"計此去辛有過百年,而云不及百年者,傳舉其事驗,不必其年信。"楊伯峻《春秋左傳注》:"平王元年距此一百三十三年,而此言不及百年者,或辛有之言説於中葉。"②竹添光鴻《左氏會箋》則從伊川之地聚戎日久加以調和:"自平王元年至今百三十三年矣。伊川之爲戎聚已久,今又遷陸渾之戎,而遂爲被髮之藪澤,故以是驗之。伊川之有戎,了然可知,傳既書伊洛之戎同伐京師於十一年,彼此相照而益明了。"③但這樣的解釋似過於迂曲,不符合《左傳》編排預言的習慣。《左傳》中的預言往往與上下的文句有直接關聯,④也就是説,辛有所述"不及百年,此其戎乎"針對的就是"秦、晋遷陸渾之戎於伊川"之事。那麼造成超三十三年的原因應是采不同的紀年造成的。這或許可以通過《繫年》第二章尋得答案:

周幽王取妻於西申,生平王,王又取褒人之女,是褒姒,生伯盤。褒姒嬖於王,王與伯盤逐平王,平王走西申。幽王起師,圍平王於西申,申人弗畀,繒人乃降西戎,以攻幽王,幽王及伯盤乃滅,周乃亡。邦君、諸正乃立幽王之弟余臣於虢,是攜惠王。立廿又一年,晋文侯仇乃殺惠王於虢。周亡王九年,邦君諸侯焉始不朝於周,晋文侯乃逆平王於少鄂,立之於京師。三年,乃東徙,止於成周……⑤

學者對上述材料的理解多存不同意見。⑥ 其中,值得重視的是,劉國忠先生指出,如果《繫年》該段可以理解爲周平王是在攜王二十一年被殺,周無王九年之後平王被擁戴爲王,三年後東遷洛邑(前737),那麽到魯僖公二十二年(前638),剛好應驗辛有"不及百年"的預言。⑦ 雖然這一紀年與許多傳世文獻存在牴牾,歷史準確性仍待考,但這一暗合似乎可説明《繫年》此

---

① [晋]杜預注,[唐]孔穎達疏:《春秋左傳正義》,[清]阮元校刻:《十三經注疏》,1813頁。

② 楊伯峻:《春秋左傳注》,北京:中華書局,1995,394頁。

③ 竹添光鴻:《左氏會箋》,成都:巴蜀書社,2008,517頁。

④ 即便是帶有"初"倒敘預言,也與上下文所述史實直接相關,例如《左傳・莊公二十二年》載:初,懿氏卜妻敬仲,其妻占之,曰:"吉,是謂'鳳皇于飛,和鳴鏘鏘,有嬀之後,將育于姜。五世其昌,并於正卿。八世之後,莫之與京!'"即與上文"二十二年春,陳人殺其大子御寇,陳公子完與顓孫奔齊。顓孫自齊來奔"直接相關。因此,若按竹添光鴻所言,那麼辛有的預言不應編於僖公二十二年處。猜測"秦、晋遷陸渾之戎於伊川"之前,伊川雖已有戎人雜居期間,但尚未遍及,直到僖公二十二年後,陸渾之戎入居,才真正"此其戎乎"。

⑤ 李學勤主編:《清華大學藏戰國竹簡(貳)》,138頁。

⑥ 可參見蘇建洲、吴雯雯、賴怡璇《清華簡二〈繫年〉集解》,臺北:萬卷樓圖書公司,2013,37-139頁。

⑦ 劉國忠:《從清華簡〈繫年〉看周平王東遷的相關史實》,陳致主編《簡帛・經典・古史》,178頁。

章與《左傳·僖公二十二年》的預言所采的紀年相同。

除此之外,雖然《左傳》在某些史事記述上與《繫年》有出入,但在其他地方却可尋得與《繫年》相合的迹象,例如《繫年》第十五章:

> 陳公子徵舒取妻於鄭穆公,是少盐。莊王立十又五年,陳公子徵舒殺其君靈公,莊王率師圍陳。王命申公屈巫適秦求師,得師以來。王入陳,殺徵舒,取其室以予申公。連尹襄老與之争,敓之少盐。連尹止於河澭,其子黑要也又室少盐。莊王即世,共王即位。黑要也死,司馬子反與申公争少盐……①

此事對照《左傳·成公二年》:

> 楚之討陳夏氏也,莊王欲納夏姬。申公巫臣曰:"不可。君召諸侯,以討罪也;今納夏姬,貪其色也。貪色爲淫。淫爲大罰。《周書》曰,'明德慎罰',文王所以造周也。明德,務崇之之謂也;慎罰,務去之之謂也。若興諸侯,以取大罰,非慎之也。君其圖之!"王乃止。子反欲取之,巫臣曰:"是不祥人也。是夭子蠻,殺御叔,弒靈侯,戮夏南,出孔、儀,喪陳國,何不祥如是?人生實難,其有不獲死乎!天下多美婦人,何必是?"子反乃止。王以予連尹襄老。②

從《繫年》中可知,莊王原本將夏姬予以申公,但連尹襄老與之争,奪得了夏姬。在連尹及其子黑要死後,子反又與申公争夏姬。然而,在《左傳》中却是記申公先後勸服莊王、子反勿娶夏姬,最後夏姬才歸於連尹,他們之中并未引起争端。不過,在《左傳·襄公二十六年》所記聲子勸子木讓伍舉回國之言中,曾提及申公争夏姬之事:

> 子反與子靈争夏姬,而雍害其事,子靈奔晋……③

這段記載明確提到了子反與子靈争奪夏姬,這與成公二年的記載似有所出入,但却與《繫年》相應合。從中我們明確兩點:一是《左傳》所記聲子之言確實有所依據,應是取自與《繫年》相同或相似之史料;二是《左傳》對一些事件的記述確實是采自不同的史料編撰而成。根據《繫年》這些綫索,我們推斷,《左傳》中有些异文可能雖非歷史真相,但也絕非憑空杜撰,而可能是取自不同史料所致,於文獻上應是信而有徵的。

綜上,《繫年》雖然不是《鐸氏微》,但其與《左傳》存在諸多的相似性,這或是因爲它們借鑒過相同或相關的史料,故而在編纂與流傳上存在非常緊密的聯繫。

---

① 李學勤主編:《清華大學藏戰國竹簡(貳)》,170 頁。
② [晋]杜預注,[唐]孔穎達疏:《春秋左傳正義》,[清]阮元校刻:《十三經注疏》,1896 頁。
③ [晋]杜預注,[唐]孔穎達疏:《春秋左傳正義》,[清]阮元校刻:《十三經注疏》,1991 頁。

三 《繫年》與《左傳》作史的思想差异

《左傳》與《繫年》中的諸多史料雖頗有關聯,但即便曾面對過一批相同之史料,在敘史中也體現出不同的思想傾向。

首先,《繫年》作爲楚地書寫的史書,雖也可能采自多處史料,①但經過了作者統一編纂,記史通常站於楚人立場。這首先體現在詞句上,例如《繫年》通篇稱楚國國君爲楚王,即便是《左傳》中所記的郟敖,在《繫年》第十八章中也被稱爲孺子王。② 而《左傳》則對楚國國君有時依《春秋》稱楚子,有時稱楚王,似乎還保留着不同史料的原貌。此外,陳偉先生指出,《繫年》在楚國國君交替方面,通常寫作某王"既殜",某王"即位",對晋國國君去世則多稱"卒",這應是作者楚人立場自覺或不自覺的表露。③ 而我們可以發現,《左傳》對一些人物去世也用"即世":④

《左傳·成公十三年》:夏四月戊午,晋侯使吕相絶秦,曰:"昔逮我獻公,及穆公相好,戮力同心……獻公即世,穆公不忘舊德……文公即世,穆爲不吊,蔑死我君,寡我襄公……穆、襄即世,康、靈即位……言誓未就,景公即世,我寡君是以有令狐之會。"

《左傳·襄公二十九年》:裨諶曰:"……子西即世,將焉闢之?天禍鄭久矣,其必使子産息之,乃猶可以戾。不然,將亡矣……"

《左傳·昭公十九年》:子産不待而對客曰:"……平丘之會,君尋舊盟曰:'無或失職。'若寡君之二三臣,其即世者,晋大夫而專制其位,是晋之縣鄙也,何國之爲?"

《左傳·昭公二十六年》:王子朝使告於諸侯曰:"……昔先王之命曰:'王後無適,

---

① 《繫年》不止用楚國紀年,共有六章采用晋國紀年。即第七章、第八章、第十四章、第十七章、第十八章、第二十章。此外,對楚國國君稱謂之前也帶"楚",而以魯國爲立場的《左傳》對魯君的稱謂省去國名,稱魯國時稱"我",如《左傳·隱公元年》即有:"仲子生而有文在其手,曰爲魯夫人,故仲子歸於我"。這些迹象暗示《繫年》非楚人創作,而可能是采自不同史料彙編而來。

② 在周人觀念裏,楚君往往被稱爲楚子,如周原甲骨 H11·83:曰今秋楚子來告父後哉。見曹瑋《周原甲骨文》,北京:世界圖書出版公司,2002,63 頁。周初也有楚人自稱楚子的現象,如 2011 年於隨州葉家山出土的荆子鼎(見湖北省文物考古研究所、隨州市博物館《湖北隨州葉家山西周墓地發掘簡報》,《文物》2011 年第 11 期),這可能是楚人還處於文明未發展的階段,也可能楚人受賞後爲取悦周人所作。但自西周晚期,可能爲昭王南征之後,楚國國君便不再自稱子,或稱公,如楚公逆鎛、楚公豪鍾、楚豪公戈等,而自文王後,楚君便僭越稱王,如楚王領鍾,楚王酓章鐘等,均稱楚王,另外楚簡中也均稱國君爲王,如望山簡中的"柬(簡)大王""聖(聲)王",包山簡中的"荆王""武王",皆如此。從這些出土文獻的印證來看,楚人在春秋戰國時確實不會自稱國君爲楚子。

③ 見陳偉《清華大學藏竹書〈繫年〉的文獻學考查》。華東師範大學中文系戰國簡讀書小組將《繫年》"即殜"之"即"讀爲"既",見華東師範大學中文系戰國簡讀書小組《讀〈清華大學藏戰國竹簡(貳)·繫年〉書後(一)》,簡帛網,2011 年 12 月 29 日。隨後廖名春先生又指出《繫年》中的"殜"當爲《左傳》"即世"之"世"的本字,見廖名春《清華簡〈繫年〉管窺》,《深圳大學學報(人文社會科學版)》2012 年第 3 期。

④ [晋]杜預注,[唐]孔穎達疏:《春秋左傳正義》,[清]阮元校刻:《十三經注疏》,1911、2009、2088、2114 頁。

則擇立長。年鈞以德,德鈞以卜。'王不立愛,公卿無私,古之制也。穆後及大子壽早夭即世,單、劉贊私立少,以間先王,亦唯伯仲叔季圖之!"

從上下的語境來看,《左傳》中的"即世"和《繫年》一樣,是一個褒義的稱法,這很可能是當時歷史書寫的一種慣例。然而《左傳》却没有一處用於楚王,相反,對楚王逝世則往往用"卒":①

《左傳·宣公十八年》:楚莊王卒。楚師不出,既而用晋師,楚於是乎有蜀之役。

《左傳·成公二年》:宣公使求好於楚。莊王卒,宣公薨,不克作好。

《左傳·襄公十三年》:秋,楚共王卒。

《左傳·襄公二十八年》:及漢,楚康王卒。

《左傳·昭公二十六年》:九月,楚平王卒。

以上可見,《左傳》在此事立場上是與《繫年》不同的,且這不僅反映在詞彙上,有時也體現在整體的敘事中。如先看《繫年》第十六章:

楚共王立七年,令尹子重伐鄭,爲汜之師。晋景公會諸侯以救鄭,鄭人止鄖公儀,獻諸景公,景公以歸。一年,景公欲與楚人爲好,乃脱鄖公,使歸求成,共王使鄖公聘於晋,且許成。景公使糴之茷聘於楚,且修成,未還,景公卒,厲公即位。共王使王子辰聘於晋,又修成,王又使宋右師華孫元行晋楚之成。明歲,楚王子罷會晋公子燮及諸侯之大夫,盟於宋,曰:"弭天下之甲兵。"明歲,厲公先起兵,率師會諸侯以伐秦,至於涇。共王亦率師圍鄭,厲公救鄭,敗楚師於鄢。厲公亦見禍以死,亡後。②

此章主要記載晋楚弭兵之會,從《繫年》的敘述來看,從楚共王先使鄖公許成,再使王子辰又修成,最後使宋右師華孫元行晋楚之成。這一過程都着重體現楚國對召開弭兵之會的不竭努力,其後又記述:"明歲,厲公先起兵,率師會諸侯以伐秦,至於涇。共王亦率師圍鄭,厲公救鄭,敗楚師於鄢。厲公亦見禍以死,亡後。"這給人感覺是,作者把弭兵之會的毁盟歸罪於晋,且晋君最後也嚐到了惡果。但在《左傳》的記述中却無此傾向,成公十一年陳述晋楚之合則是爲突出宋國華元的貢獻:

宋華元善於令尹子重,又善於欒武子。聞楚人既許晋糴茷成,而使歸復命矣。冬,華元如楚,遂如晋,合晋、楚之成。③

而且,《左傳》把晋國先起師的責任歸咎於秦,見同年傳:

① [晋]杜預注,[唐]孔穎達疏:《春秋左傳正義》,[清]阮元校刻:《十三經注疏》,1890、1897、1954、2001、2113頁。
② 李學勤主編:《清華大學藏戰國竹簡(貳)》,第174頁。
③ [晋]杜預注,[唐]孔穎達疏:《春秋左傳正義》,[清]阮元校刻:《十三經注疏》,1910頁。

秦、晋爲成，將會於令狐。晋侯先至焉。秦伯不肯涉河，次於王城，使史顆盟晋侯於河東。晋郤犨盟秦伯於河西。范文子曰："是盟也何益？齊盟，所以質信也。會所，信之始也。始之不從，其可質乎？"秦伯歸而背晋成。①

隨後，《左傳·成公十三年》記載了衆所周知的吕相絶秦之言，這更是站在晋國的立場歷數秦之罪責。從對該事的記述可見，《繫年》與《左傳》的立場迥然有别。

第二，除晋楚史事外，《左傳》與《繫年》在兩周之交的認識上也存在思想差异。如對攜王的態度，《繫年》主要爲史實鋪陳，并未直接對攜王有直接褒貶：

周幽王取妻於西申，生平王，王又取褒人之女，是褒姒，生伯盤。褒姒嬖於王，王與伯盤逐平王，平王走西申。幽王起師，圍平王於西申，申人弗畀，繒人乃降西戎，以攻幽王，幽王及伯盤乃滅，周乃亡。邦君、諸正乃立幽王之弟余臣於虢，是攜惠王。立廿又一年，晋文侯仇乃殺惠王於虢。周亡王九年，邦君諸侯焉始不朝於周，晋文侯乃逆平王於少鄂，立之於京師。②

不過，從《繫年》的字裏行間透露出邦君、諸正所立的攜王也并非得位不正。然而，在《左傳·昭公二十六年》裏，藉王子朝之言，對攜王的描述不僅隱去了邦君、諸正擁立這樣的重要信息，而且還帶有明顯的貶義色彩：

王子朝使告於諸侯曰："昔武王克殷……攜王姦命，諸侯替之，而建王嗣，用遷郟鄏……"③

從上述比對可見，與《繫年》不同，《左傳》對攜王的貶低是爲了宣揚平王爲正統的觀念。

第三，《左傳》與《繫年》的思想差异還體現在對人物形象的刻畫上，即《左傳》比《繫年》更具褒貶評論。如前文所引，《左傳》對申公的描繪非常具有傳奇色彩。莊王伐陳獲夏姬，申公巫臣先以德行説服莊王，再以利害勸服子反，皆在着重刻畫其睿智的形象，但這之中却片言不提申公與他人的争鬥。而《繫年》則不然，直言巫臣先與連尹襄老争，之後又與子反争。若從現實人性而言，《繫年》所記史實似更具可信性。而《左傳》則刻意塑造申公獨特的形象，顯然與《繫年》的筆法有相當大的差别。

此外，我們注意到，《繫年》與《左傳》均載有一些與女子相關的禍亂事件，不過，從《繫年》的敘述來看，這些禍亂的發生完全是由當權者引起，并未看重這些女子的作用。然而，《左傳》的傾向則明顯與之相反，突出女子對歷史進程的影響。如《左傳·成公二年》以巫臣

① [晋]杜預注，[唐]孔穎達疏：《春秋左傳正義》，[清]阮元校刻：《十三經注疏》，1910頁。
② 李學勤主編：《清華大學藏戰國竹簡（貳）》，138頁。
③ [晋]杜預注，[唐]孔穎達疏：《春秋左傳正義》，[清]阮元校刻：《十三經注疏》，2114頁。

之言描述夏姬:

是不祥人也。是夭子蠻,殺御叔,弒靈侯,戮夏南,出孔、儀,喪陳國,何不祥如是?①

上述言論從表面上看,是巫臣勸説子反的説辭,實際上,《左傳》正是通過對夏姬的評價,表明其對一系列歷史事件的推動作用。

又如郤克伐齊之事。有關事情的起因,如前文所述,《繫年》與《左傳》幾乎完全相同,但在結論上,《繫年》中的郤克之言衹是單純誇耀自己的功績:

明歲,齊頃公朝於晋景公,駒之克走援齊侯之帶,獻之景公,曰:"齊侯之來也,老夫之力也。"②

而《左傳》則是强調婦人挑起事端:

齊侯朝於晋,將授玉。郤克趨進曰:"此行也,君爲婦人之笑辱也,寡君未之敢任。"③

以上可見,《左傳》通過郤克之口把齊國朝晋的結局直接歸咎爲先前婦人之辱。

綜上可知,雖然《左傳》與《繫年》有相當一部分内容取材於相同史料,但敘史筆法的不同使它們形成了不同的思想體系。同時,《左傳》對史事細節的記述及對人物褒貶比《繫年》更加豐滿,這不僅使《左傳》成爲一部成熟之史著,而且使之具有同時期史著没有的經學内涵。④

四 《左傳》與楚國之關係

以上簡要分析了《左傳》與《繫年》在史料采集與編纂上存在的關聯與异同。而從這一比對視角中,有利於加深我們對《左傳》成書及流傳的認識。

關於《左傳》的成書作者,傳統觀點認爲爲左丘明所作。但自唐代趙匡開始,不斷有學者懷疑《左傳》非魯人左丘明所作。這其中,有一種觀點頗值得關注,即有不少學者認爲《左傳》爲楚人所作。如南宋鄭樵認爲作者是戰國時的楚國人;朱熹認爲是楚左史倚相之後。這些説法雖不能言之鑿鑿,但都道出了《左傳》與楚國的密切聯繫。

其實,《左傳》與楚國的關係,若我們仔細分析劉向《别録》的記載便可初見端倪:

---

① [晋]杜預注,[唐]孔穎達疏:《春秋左傳正義》,[清]阮元校刻:《十三經注疏》,1896頁。

② 李學勤主編:《清華大學藏戰國竹簡(貳)》,167頁。

③ [晋]杜預注,[唐]孔穎達疏:《春秋左傳正義》,[清]阮元校刻:《十三經注疏》,1901頁。

④ 與《繫年》相較,《左傳》擁有除史學之外獨特的經學内涵,可參見拙作《從清華簡〈繫年〉看《左傳》的傳書性質及特徵》,《出土文獻》第8輯,上海:中西書局,2016。

《〈春秋經傳集解〉序》孔疏引劉向《别録》云:“左丘明授曾申,申授吴起,起授其子期,期授楚人鐸椒,鐸椒作‘抄撮’八卷,授虞卿,虞卿作‘抄撮’九卷,授荀卿。”

上述流傳世系有一點很值得尋味,從左丘明、吴起、子期、鐸椒到荀卿,這五個人中至少有三個人有明文記載與楚國密切相關。[①] 當然,對於這個世系,一些學者是有异議的。不過,首先需肯定,唐時劉向《别録》尚在流行,[②]所以孔疏所引的《别録》應不假。否則,以當時《五經正義》官方推廣的普及程度,不可能没有學者提出异議。[③] 那麽,對於這個世系的源頭就有兩種可能,或是劉向實有根據所書,或是出於他的推測,但即便出自後種情况,可能也是有所理據。因爲劉向校中秘書,曾親眼見過《鐸氏微》,看到二者繁簡抄撮的關係,即便以此妄測鐸椒傳《左傳》并將其編入譜系,也至少能够説明,在鐸椒時代,《左傳》或《左傳》中的原始素材已於楚地流行。

如今,清華簡《繫年》的公布使得我們對《左傳》於楚國流傳的了解更爲明晰。《繫年》雖主體由楚文字書寫而成,但其創作很可能和吴起傳《左傳》入楚有關。

首先,《繫年》的文字與語言特點,表明它可能是從晋地傳來。文字方面,雖然《繫年》整體由楚文字書寫,但是李守奎先生進行了細緻的分析,指出《繫年》中存在不少三晋文字。[④] 在語言方面,陳民鎮認爲,《繫年》的用詞風格不同於一般的楚地文獻。據他統計,楚簡罕見的連詞“及”在《繫年》中出現 11 次,而《出土戰國文獻虚詞研究》中全部楚簡資料衹出現了 6 次。[⑤]

其次,李學勤先生指出,《繫年》與後來魏國史書《紀年》在“二王并立”事件記載上史實輪廓基本一致,甚至有些語句都很相似。[⑥]

以上這些推測都指向《繫年》的源頭很可能來自晋地或出自與晋地有密切關係的人之手。我們知道,吴起是衛國人,曾仕魏,後又仕楚。其生活經歷與《繫年》傳播的路徑吻合。此外,吴起出生的衛國和所仕的魏國,兩國文字皆屬晋系文字,[⑦]也符合《繫年》中存在晋系文字的特性。

而且,《繫年》文字中殘留一些晋文字,表明該文本的書寫還未完全楚化。借此推測,《繫

① 鐸椒是楚太傅自不必説。吴起自魏奔楚,爲楚悼王變法强兵,荀子晚年居蘭陵講學,於楚政治學術均有巨大影響。

② 《隋書·經籍志》尚載有《七略别録》存本。同時,除孔穎達外,衆多唐人注疏多引《别録》,如司馬貞注《史記》,顏師古注《漢書》,李賢注《後漢書》,李善注《文選》,此外,徐堅《初學記》、白居易《六帖》、歐陽詢《藝文類聚》等對《别録》也多有徵引。可見《别録》在唐代頗爲流行,所以孔穎達於此徵引不應出自杜撰。

③ 關於《别録》所記《左傳》先秦傳授世系的真僞,可參見拙作《〈左傳〉先秦傳授世系再議》,《中國典籍與文化》2016 年第 2 期。

④ 李守奎、肖攀:《清華簡〈繫年〉文字考釋與構形研究》,上海:中西書局,2015,294-299 頁。

⑤ 陳民鎮:《〈繫年〉“故志”説——清華簡〈繫年〉性質及撰作背景芻議》,《邯鄲學院學報》2012 年第 2 期。

⑥ 李學勤:《從〈繫年〉看〈紀年〉》,《光明日報》2012 年 2 月 27 日。

⑦ 可參見湯志彪《三晋文字編》,北京:作家出版社,2013。

年》創作之後,被楚人抄寫的次數不是很多,流傳的時間不會太長。陳偉指出《繫年》最後兩章記楚國以外的國君多無謚稱,推斷《繫年》成文早於這些國君定謚,因此最有可能寫作於楚肅王之世。[①] 郭永秉先生根據《繫年》文字的字形特徵,指出"清華簡本《繫年》最可能抄成於楚肅王時代到楚宣王前期之間(從字形特徵看,以肅王時代的可能性更大),是《繫年》定型之後的一個早期謄録本。"[②]而比《繫年》抄寫年代稍早的時間段剛好是吴起時期。

再者,前文我們已論述,《繫年》有相當部分内容與《左傳》幾乎完全相同,甚至連所用詞句段落也極爲相似,這些内容應與《左傳》有着共同的史料來源。

另外,《繫年》雖和晋地有關,但它與《左傳》思想有别,很多地方又是以楚國立場敘史的。這意味着《繫年》很可能是於楚地創作。

綜合上述綫索,《繫年》的創作很可能與《左傳》流傳至楚有關。同時,順着這一思路,可以説明,以《繫年》爲代表,伴隨着《左傳》傳入楚國,在楚國誕生了一批与《左傳》有共同史料來源的史類文獻。

總之,《左傳》《繫年》屬於兩個體系的史著,但《繫年》與《左傳》在編纂上有着緊密的聯繫,有着共同的史料來源,甚至《繫年》有可能曾參考過《左傳》。厘清它們之間的文獻關係,對於我們瞭解《左傳》成書的過程以及於楚地的流傳情況有着重大意義,這無疑值得我們日後作進一步探究。

---

① 陳偉:《清華大學藏竹書〈繫年〉的文獻學考察》。

② 郭永秉:《清華簡〈繫年〉抄寫時代之估測——兼從文字形體角度看戰國楚文字區域性特徵形成的複雜過程》,《文史》2016 年第 3 期。

清華簡“夏”字補説*

淮南師範學院文學與傳播學院　孫合肥

内容提要　清華簡中“夏”字形體多變,目前所見有七種書寫形式,其中作“**[足頁]**”形,楚文字多見,其他六種寫法則在以往楚文字中未見,有的甚至爲戰國文字首見。清華簡中所見“夏”字的特殊形體,爲戰國文字研究提供了新材料。

關鍵詞　清華簡　夏　戰國文字

“夏”字商代文字作(殷周金文集成[①] 3312.1),[②]從日從頁,像太陽當頭之形,一年四季唯夏季太陽在高天,人仰之如在頭上,其本義爲夏季之“夏”。[③] 西周文字“夏”作(集成719)、(集成2584),從日從頁,於人形下部加足止形。春秋文字“夏”作(集成668),從日從頁,亦於人形下部加足止形;或作(集成4315.1),省“日”;或作(文物1989年第4期·遷邟鐘),“頁”旁上部手臂形與下部足趾形同“頁”分離置於“日”下。戰國文字“夏”仍或從日從頁作(集成10007),但其异體頗多。

* 本文係安徽省哲學社會科學規劃項目“商周文字字際關係研究”(AHSKYG2017D174)、安徽省高校人文社會科學研究重點項目“戰國文字繁化現象研究”(SK2017A0029)階段性成果。

① 中國社會科學院考古研究所編:《殷周金文集成》(修訂增補本),北京:中華書局,2007。以下簡稱“集成”。

② 劉釗:《〈金文編〉附録存疑字考釋(十篇)》,《人文雜志》1995年第2期。

③ 董蓮池:《説文解字考正》,北京:作家出版社,2005,216頁。

“夏”在楚文字形體中有作“頙”,此形楚文字多見,亦見於清華簡[1]伍《殷高宗問於三壽》(簡 23)、清華壹《尹至》(簡 1、3、4、5 凡五見)、《尹誥》(簡 1、2、3 凡四見)、《祭公》(簡 14)、清華貳《繫年》(簡 17)。此類形體本文稱爲 A 形。簡文如下:

殷高宗問於三壽 23:我畓(寅)晨共(降)䔉(在)九厇(宅),䀝(診)頙(夏)之逯(歸)商,方曼(般)於𦯬(路),甬(用)肖(孽)卲(昭)句(后)成湯,弋(代)傑(桀)尃(敷)又(佑)下方。

尹至 1:隹(惟)尹自頙(夏)𦿁(徂)白(亳),彔(逯)至才(在)湯。

尹至 3:頙(夏)又(有)恙(祥),才(在)西才(在)東,見章於天。

尹至 4:湯曰:“女(汝)告我頙(夏)䀝(隱)衒(率)若寺(時)?”

尹至 5:自西戠(捷)西邑,䢦(戎)亓(其)又(有)頙(夏)。

尹誥 1:尹念天之敱(敗)西邑頙(夏)。

尹誥 1:頙(夏)自𢇁(絶)亓(其)又(有)民。

尹誥 2:我戠(捷)减(滅)頙(夏)。

尹誥 3:執(摯)曰:“句(后)亓(其)𧶘(賚)之,亓(其)又(有)頙(夏)之“金”玉日(實)邑,舍之吉言。”

祭公 14:於(嗚)虎(呼),天子,藍(監)於頙(夏)商之既敱(敗),不(丕)則無遺逡(後),至於萬啻₌(億)年₌,參舒(敘)之。

繫年 17:乃峕(追)念頙(夏)商之亡由。

此外,清華簡還爲我們呈現了以往楚文字未見的“夏”字形體。包含如下諸形:

B

清華柒·趙簡子 9:各(冬)不衮(衣裘),頙(夏)不張箑(箑)。

C

清華肆·筮法 18:頙(夏)見五,乃亦㝵(得)。

清華肆·筮法 30:亡曺(春)頙(夏)䆃(秋)各(冬)。

清華肆·筮法 31:亡曺(春)頙(夏)䆃(秋)各(冬)。

清華肆·筮法 37:頙(夏):裳(勞)大吉,𡍮(來)巽小吉,艮羅(離)訫₌(小凶),兑大凶。

清華伍·厚父 2:乃降之民,建頙(夏)邦。

---

① 李學勤主編、清華大學出土文獻研究與保護中心編:《清華大學藏戰國竹簡》(壹—柒),上海:中西書局,2010—2017。以下簡稱“清華”。

清華伍·厚父 3:隹(惟)天乃永保頣(夏)邑。

清華伍·厚父 3:才頣(夏)之(哲)王,廼嚴稹畏皇天上帝之命。

清華伍·厚父 4:天則弗臭(斁),永保頣(夏)邦。

D1

清華伍·湯處於湯丘 12:又(有)顕(夏)之悳(德),吏(使)貨(過)以惑,菁(春)秌(秋)改則。

D2

清華伍·湯處於湯丘 12:又(有)顕(夏)之悳(德)可(何)若才(哉)?

清華伍·湯在啻門 20:少(小)臣畣曰:“唯皮(彼)九神,是胃(謂)九宏,六以行之,晝、夜、芚(春)、顕(夏)、秌(秋)、各(冬),各時(司)不解,此隹(惟)事首,亦隹(惟)天道。”

E1

清華伍·湯處於湯丘 13:虽(夏)王不(得)亓(其)煮(圖)。

清華伍·湯處於湯丘 13:湯或(又)䎽(問)於少(小)臣:“虐(吾)戏(戡)虽(夏)女(如)訠(台)?”

清華伍·湯處於湯丘 14:傑(桀)之疾,句(后)牐(將)君又(有)虽(夏)才(哉)?

F

清華伍·湯處於湯丘 3:乃與少(小)臣惎(基)悬(謀)郻(夏)邦,未成,少(小)臣又(有)疾,三月不出。

以上“夏”字在簡文中的意義有兩個方面,即夏季之夏和夏邦(邑)之夏。以上 C 形基本相同,唯有第二形左下部筆劃與其他三形相比曲筆處没有那麽弧曲,變成了折筆,這應是書寫上的差异。這些“夏”字形體由三部分組成:日、又、頁。其中《筮法》篇中的四形,整理者隸定作“頣”,釋爲“夏”。[①] 整理者的釋讀是正確的,但這幾處“夏”字的形體應隸定作“頣”,其左下部爲“又”。[②] 在《厚父》篇中整理者即隸定作“頣”。[③]

C 形左下部“又”的形體在楚文字中不是常見寫法。楚文字中的“又”通常作(筮法 61),在偏旁中亦多如此作,如“及”作(筮法 38)、“支”作(筮法 5)、“事”作(筮法 32)、“取”作(筮法 16)。但 C 形中的“又”的寫法在清華簡其他篇中也出現。如“又”或作

① 李學勤主編、清華大學出土文獻研究與保護中心編:《清華大學藏戰國竹簡(肆)》,上海:中西書局,2013,84、98、99、107 頁。

② 孫合肥:《清華簡〈筮法〉札記一則》,復旦大學出土文獻與古文字研究中心網,2014 年 1 月 25 日。

③ 李學勤主編、清華大學出土文獻研究與保護中心編:《清華大學藏戰國竹簡(伍)》,上海:中西書局,2015,205 頁。

(保訓 10),見於清華簡《保訓》篇。清華簡《保訓》篇中"又"作偏旁也如此作,如"及"作(保訓 2)、"寺"作(保訓 9)、"叓"作(保訓 4)、"攺"作(保訓 5)、"救"作(保訓 4)、"受"作(保訓 11)、"㝵(皃)"作(保訓 6)、"旻(得)"作(保訓 6)。而"又"的此種形體在其他簡文中也曾出現過,如"曼"作(清華壹·祭公 6),或作(上海博物館藏戰國楚竹書[①]七·武王踐阼 2),"叡(肩)"作(清華叁·周公之琴舞 3),或作(上博六·天子建州甲 7)。

D1、D2 形整理者隸定作"題",E1 形整理者隸定作"虽",[②]F 形整理者隸定作"鄮"。[③]

除以上形體之外,楚文字中"夏"字形體還有如下幾類:

G 新蔡葛陵楚墓竹簡[④]零 200

H 上博二·容成氏 22

I 新蔡零 360

J 新蔡乙一 18、新蔡甲三 243、新蔡乙一 19

D3 包山楚墓竹簡[⑤] 115、包山 200

E2 郭店楚墓竹簡[⑥]·緇衣 35、郭店·唐虞之道 13、上博一·緇衣 18

E3 上博一·緇衣 18

E4 上博二·民之父母 9、上博二·民之父母 5

K1 包山 224[⑦]、新蔡甲三 209、新蔡零 584

K2 包山 225[⑧]

D3、E2 類形體,魏宜輝先生曾對其做過詳細論述,并就相關形體進行了分析。[⑨]

此外,戰國文字"夏"還有如下形體:

L1 古璽彙編[⑩] 3988(燕)

L2 璽彙 0015(燕)　陶文圖録[⑪] 2·653·4(齊)

---

① 馬承源主編:《上海博物館藏戰國楚竹書》(一一九),上海古籍出版社,2001—2012。以下簡稱"上博"。

② 李學勤主編、清華大學出土文獻研究與保護中心編:《清華大學藏戰國竹簡(伍)》,205 頁。

③ 李學勤主編、清華大學出土文獻研究與保護中心編:《清華大學藏戰國竹簡(伍)》,197 頁。

④ 河南省文物考古研究所編:《新蔡葛陵楚墓》,鄭州:大象出版社,2003。以下簡稱"新蔡"。

⑤ 湖北省荆沙鐵路考古隊編:《包山楚簡》,北京:文物出版社,1991。以下簡稱"包山"。

⑥ 荆門市博物館編:《郭店楚墓竹簡》,北京:文物出版社,1998。以下簡稱"郭店"。

⑦ 黄錫全:《楚簡續貂》,《簡帛研究》第 3 輯,南寧:廣西教育出版社,1998,80 頁。

⑧ 黄錫全:《楚簡續貂》,《簡帛研究》第 3 輯,80 頁。

⑨ 魏宜輝:《釋析楚簡文字中的"題""虽"字》,《江漢考古》2002 年第 2 期。

⑩ 羅福頤主編:《古璽彙編》,北京:文物出版社,1981。以下簡稱"璽彙"。

⑪ 王恩田:《陶文圖録》,濟南:濟魯書社,2006。以下簡稱"陶録"。

L3 　璽彙 2724(燕)

此類形體是 A 形的訛變。A 形中的"止"竪劃與"日"相連作 L1 形;L1 形省去"日"形内的筆劃作 L2 形,訛變作從頁從疋;L1 形中"日"形訛作"目"作 L3 形。L2 形因訛變缺少了"日"旁,又增"日"作如下之形:

璽彙 0266(齊)　　古璽彙考[①] 301(齊)

此類形體也可能是由 A 類形體偏旁替换而來,其形體中的"止""疋"偏旁替换。

以上形體中,C 形中的"又",趙平安先生指出是西周金文、中的手形訛變,[②]D3 形中的"虫"形,魏宜輝先生指出是從人的形體上分離出來的手臂之形的訛變,[③]他們的觀點很有啓發性。

戰國文字"夏"承襲前代文字形體,又多有變化。其承襲西周金文形,從日從頁作,"頁"旁上部有手臂形、下部有足趾形。省去手臂形,足趾形從"頁"旁分離,作、,"日"旁省去字形中部筆劃作,"日"旁訛作"目"作,"止"旁與"疋"替换作。或手臂形從"頁"旁分離,省去足趾形作或,進一步增横劃作、,省"頁"旁作、、、,進而或又增"邑"爲表"夏邦"之"夏"造專字作。

或作、、、等形,則承襲春秋金文形而來,其中手形與"頁"分離,或有所訛變。形左部"日"與"止"中間的形體應當也是手形的訛變,即由形中的寫法筆劃分散而成。也有可能形左部"日"與"止"中間手形的訛變受到了戰國文字"穆"(上博一・緇衣 17、清華貳・繫年 37)或"秋"(九店楚簡[④] 56・90、郭店・語叢一 40、上博六・用曰 10)的類化影響。

E4 下部的"它"形可以看作是"頁"旁中手形分離的訛變之形。也可能 E4 形由 E2 形訛變而來,E4 形下部與"它"形同,E2 形下部與"虫"形同,古文字中"它"與"虫"形體相近易訛混。如:"蜀"作(郭店・老子甲 21)、(上博五・君子爲禮 9),從"虫","燭"作(上博二・容成氏 2),"蜀"旁從"虫";"蜀"或作(上博六・孔子見季桓子 15),從"它","獨"作(曾侯乙墓竹簡[⑤] 150)、(曾侯乙 169),"蜀"旁從"它"。又如:"流"作(郭店・尊德義

① 施謝捷:《古璽彙考》,安徽大學博士位論文,2006。

② 趙平安:《談談戰國文字中值得注意的一些現象——以清華簡〈厚父〉爲例》,《出土文獻與古文字研究》第 6 輯,上海古籍出版社,2015,304 頁。

③ 魏宜輝:《釋析楚簡文字中的"顕""虽"字》,《江漢考古》2002 年第 2 期。

④ 湖北省文物考古研究所、北京大學中文系編:《九店楚簡》,北京:中華書局,2000。

⑤ 湖北省博物館編:《曾侯乙墓》,北京:文物出版社,1989。以下簡稱"曾侯乙"。

28)、(郭店·語叢四7)、(上博二·容成氏24)、(清華叁·周公之琴舞9),右部作二“虫”形,或作(上博七·凡物流型乙1)、(上博九·舉治王天下23),右部或作“它”形。

K1可以看作是A或C的省形。但我們認爲K1更有可能是承襲了商代文字的寫法。K2爲K1异體,其中的“頁”旁與“百”互作。

“夏”字篆文作,承襲春秋秦系文字的寫法,不從日,又將足趾形符號從“頁”下割裂出來,并訛作倒趾“夂”。[①]

通過清華簡及相關“夏”字的梳理,我們可以釋讀以往戰國文字中未釋的“夏”字。

《古璽彙編》3501號璽文如下:

原釋文作“□保”,首字未釋。璽文首字作“”,與E1形體同,祇是下部筆劃向左曳出。此字應爲“夏”。夏,姓氏。《通志·氏族略》:“夏氏:亦曰夏后氏,姒姓,顓帝之後也。當堯之時,有洪水之患,使鯀治之,九載不成功,殛鯀於羽山,用其子禹爲司空。治水有大功,舜以天下授之,是爲夏后氏。今陝州夏縣,禹之所都也。禹之受舜禪至桀,凡十七君,十四世,四百七十一年。爲湯所伐,放於南巢。武王克商,封其後於杞,其非爲後不得封者,以夏爲氏焉。又陳宣公之子少西字子夏,其孫夏舒以王父爲氏,是爲陳夏氏。”春秋時期,衛國有夏戊。《左傳·哀公十一年》:“初,晋悼公子慭亡在衛,使其女僕而田,大叔懿子止而飲之酒,遂聘之,生悼子,悼子即位,故夏戊爲大夫,悼子亡,衛人翦夏戊,孔文子之將攻大叔也,訪於仲尼。”

璽文第二字原釋文“保”,不確。璽文第二字作“”與楚簡文字“傑”字作、(郭店·尊德義5)、(郭店·尊德義6)、、(上博二·容成氏35)、(上博二·容成氏40)、(上博四·曹沫之陳65)、(上博七·君人者何必安哉甲8)、(上博七·君人者何必安哉乙8)形同,“傑”在簡文中用爲“桀”。

“傑”在璽文當用爲本字。《淮南子·泰族訓》:“知過萬人者謂之英,千人者謂之俊,百人者謂之豪,十人者謂之傑。”《詩經·周頌》:“有厭其傑。”《傳》:“傑,苗之先長者。”此璽爲楚姓名私璽,璽文二字爲“夏傑”。

《古璽彙編》3424號璽文如下:

① 董蓮池:《説文解字考正》,北京:作家出版社,2005,216頁。

原釋文作“□生□”。首字作“”,此形亦見於《古璽彙編》5445 號單字璽作“”,其應與 E2 類形體爲一類,可能也是“夏”。上部“日”形作“”,形體中部筆劃留空,戰國文字常見,如“昌”字作(陶録 2·6·1)、“旦”字作(陶録 2·320·1)、“陽”字作(集成 11017)等。璽文末一字“”,不識。李家浩先生指出,據古文字特點,横劃左端或下曳作一竪像曲尺形。[①] 在戰國文字中,或於横劃兩端彎曲下曳。如“是”字作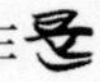(清華肆·筮法 57)、(上博二·子羔 12),或作(上博六·競公瘧 2)、(上博二·子羔 1),横劃左端下曳,或又作(上博二·從政甲 17)、(璽彙 1635),横劃右端下曳。再如“事”字作(璽彙 4168)、(珍秦齋藏印·戰國篇[②] 208),或作(中國璽印類編[③] 94),横劃左端下曳,或又作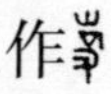(璽彙 4167),横劃右端下曳。古璽文字“善”字作(璽彙 4494)、(璽彙 4539)、(璽彙 4550)、(璽彙 4541)、(璽彙 4546),或作(璽彙 4549),横劃右端下曳。類形體横劃左端下曳即與“”形近。由此我們推測“”字可能是“善”字。“生善”,吉語,見於古璽(璽彙 4550)。此璽用爲人名。璽文三字爲“夏生善”。古璽有姓名“毛生奇”(璽彙 3942)、“王生乘”(璽彙 3945)、“王生達”(璽彙 3948)等。

楚文字“夏”作“”形,亦見於三晋文字,作(集成 1802·□夏官鼎)。在三晋文字中“夏”或作(璽彙 3990),從頁從日從又,亦與楚文字結構同;或作(集成 11864)、(中國古印—程訓義古璽印集存[④] 1-64),“頁”旁下部有足趾形;“又”旁或增斜劃與“寸”形混,作(璽彙 2723)、(璽彙 3989)。關於清華簡文字與三晋文字的關係,李守奎先生據清華簡文獻從文字的地域特徵到文本的流傳及墓主身份的推測,做了詳細而深入的探討,見解精道。[⑤] 李守奎先生推測,“墓主是來自鄭國的一位太師或少師。如果是來自鄭國的一位有才德之人,爲了教育太子或向楚王諷諫而作《繫年》,其中出現一些三晋文字就不難理解,清華簡除了像《楚居》這樣純粹的楚文獻外,其他文本大都帶有晋文字的特點。”[⑥]清華簡中“夏”字作“顕”形的出現,也反映了其文本具有三晋文字的某些特徵。

通過以上“夏”字的分析,我們可以發現戰國文字“夏”的一字多形現象還是比較複雜

---

① 李家浩:《談包山楚簡 263 號所記的席》,《安徽大學漢語言文字研究叢書·李家浩卷》,合肥:安徽大學出版社,2013,181 頁。

② 蕭春源編:《珍秦齋藏印·戰國篇》,澳門基金會,2001。

③ 小林斗盦:《中國璽印類編》,天津人民美術出版社,2004。

④ 程訓義:《中國古印:程訓義古璽印集存》,石家莊:河北美術出版社,2007。

⑤ 李守奎:《出文獻中的教育與清華簡〈繫年〉性質初探》,《出土文獻與古文字研究》第 6 輯,上海古籍出版社,2015,291-302 頁。

⑥ 李守奎、肖攀:《清華簡〈繫年〉文字考釋與構形研究》,上海:中西書局,2015,299 頁。

的。其形體多樣,有形體解散的訛變,有形近偏旁的訛混,有增加筆劃的繁化,有省減偏旁的簡化,有同義偏旁的替换,還有的承襲較古老的文字寫法。這對戰國文字的形體研究有着非常重要的意義。

附記:匿名審稿專家對本文提出了非常中肯的修改意見,謹此致謝!

里耶秦簡所見功勞文書

中國社會科學院歷史研究所
出土文獻與中國古代文明研究協同創新中心
戴衛紅

内容提要 里耶秦簡 10-15 是關於秦代基層文職吏員"功""勞"的文書簡。它詳細記録了木簡主人歷任官佐、縣令佐、縣斗食、縣司空有秩乘車、守遷陵丞、都鄉守等六種職務的任職時間,精確到日數,以及他遷屬洞庭、任職内史的遷轉歷程,值得注意的是其中包含對其"功""勞"的統計。"功"的統計有單純以數次計,也有以數次後綴以時間計,二者的統計基礎爲任職時間。任職時間與功的次數有换算關係,推測任職四年可换算爲功一,在此基礎上,與他擔任的職務高低、事務劇易、任内政績、考核等次息息相關。"勞"的統計與功相同,既以數次計,又以時間計。勞與功之間也有换算關係,"勞四"可以轉化爲"功一"。里耶秦簡 10-15 爲研究秦代基層吏員的遷轉和秦代官僚制度提供了寶貴的一手材料。

關鍵詞 里耶秦簡 功勞

2013 年,鄭曙斌等編著《湖南出土簡牘選編》刊載了一批里耶秦簡牘的圖版及釋文,[①]其中第 7、10、11 等層簡牘皆爲首次披露;里耶秦簡牘校釋小組撰《新見里耶秦簡牘資料選校(一)》中對這些簡進行了選校。[②] 其中簡 10-15 特别引人注目,它詳細記録了基層官吏不同任職的時間,且每一個階段的任職時間精確到日,還出現了"功"與"勞"的記載,這是繼首次

① 鄭曙斌、張春龍、宋少華、黄樸華編著:《湖南出土簡牘選編》,長沙:嶽麓書社,2013。

② 里耶秦簡牘校釋小組,何有祖執筆:《新見里耶秦簡牘資料選校(一)》,《簡帛》第 10 輯,上海古籍出版社,2015,180-181 頁。下文簡稱《選校(一)》,不再一一出注。

出現秦代以“伐閱”連稱的文書簡 8-269 後,[①]第一次出現記載秦代基層吏員“功”“勞”的文書。這枚文書意義重大,正如張忠煒在 2016 年新出版的《里耶秦簡博物館藏秦簡》前言中所指出,“這方殘牘對我們認識戰國以來的仕進制度當極爲有益:在秦滅六國、實現統一的進程中,因軍功入仕、升遷固然是途徑之一,但還存在着累日積勞的功勞制度。”[②]

簡 10-15 的釋文,已有《湖南出土簡牘選編》原釋文(釋文一)、《新見里耶秦簡牘資料選校(一)》釋文(釋文二),以及《里耶秦簡博物館藏秦簡》[③](釋文三)三種。以下以釋文三爲基礎,分析簡 10-15 的内容:

□(第一欄)
凡□□□□
爲官佐六歲
爲縣令佐一歲十二日
爲縣斗食四歲五月廿四日
爲縣司空有秩乘車三歲八月廿二日
守遷陵丞六月廿七日
凡〔十〕五歲九月廿五日〔凡功〕三∠三歲九月廿五日(第二欄)
□□□鄉廿二年□□
□功二
□勞四∠三九月廿五日
・□凡功六三歲九月廿五日
□□遷陵六月廿七日定□□八月廿日
□□可□屬洞庭
□五十歲居内史七歲□□(第三欄)

這枚木牘殘長 27.7cm,寬 3.7-4.1cm,中間有斷裂的痕迹。從墨痕和書寫内容看,分爲三欄。第一欄左、右兩邊高度不一致,右邊比左邊低 0.6cm,現存簡面上留下兩個墨痕,看不出字迹,尚不能肯定此墨痕是否爲其他文書反印。按照簡 8-269 文書的形制,第一欄標注該文

① 關於簡 8-269“資中令史陽里釦伐閱”的討論,詳見拙文《湖南里耶秦簡所見“伐閱”文書》,《簡帛研究二〇一三》,桂林:廣西師範大學出版社,2014,82-92 頁;《伐閲之源流與演變:以出土資料爲中心》,[韓]《中國學報》第 70 辑,2014 年 12 月 31 日。

② 里耶秦簡博物館、出土文獻與中國古代文明研究協同創新中心中國人民大學中心編著:《里耶秦簡博物館藏秦簡》,上海:中西書局,2016, 7-8 頁。

③ 里耶秦簡博物館、出土文獻與中國古代文明研究協同創新中心中國人民大學中心編著:《里耶秦簡博物館藏秦簡》,196 頁。

書的標題，但是由於這枚簡牘有殘斷，内容上前後也有殘缺，不能確定其標題，對其定名及性質的判定産生了很大的影響。

第二欄第一行，釋文一、二爲“凡作……”，釋文三作“凡□□□□”；第二行“爲官佐”前没有另外標記姓名，其後各行均未標注姓名；第三、四、五、六行記録的是擔任縣級機構職務的日期，體現了職務的升遷；第七行又以“凡”開頭對第二欄的履職時間進行統計。因此我們可以肯定第二欄的履歷屬於同一個人。釋文（三）校訂時還提示第二、三欄處有清晰刻痕。①“凡”爲統計、總計之意，是對之前所記録内容的小計。由於第一欄已經殘斷，我們不能確切知道第二行“凡”小計的是擔任何職務的時間。另一方面也説明，若此枚簡另一面没有書寫内容，則可能還有其他簡與它相承接。

那麽，第二行“凡”是對什麽進行統計呢？换而言之，“凡”之前的内容到底是什麽呢？我們可以從《睡虎地秦墓竹簡·編年紀》主人“喜”和里耶秦簡 8-269“資中令史陽里釦伐閲”主人“釦”的經歷來做一推測。《睡虎地秦墓竹簡·編年紀》中載“喜”踏入政途第一步“今三年八月，喜揄史”，整理小組注釋認爲：“揄，本義爲引、出，當進用爲史之意。史是從事文書事務的小吏”，并引《説文·叙》引漢《尉律》“學僮十七已上，始試，諷籒書九千字，乃得爲史。”金毓黻先生認爲“史之初職，專掌官文書及起草文書，略如後世官署之掾史。”②從《編年紀》所載生卒年月可推定喜 19 周歲爲史。“資中令史陽里釦伐閲”文書中記載陽里釦履歷第一欄中便是秦始皇“十一年九月隃爲史”，即釦的起家也是“史”，其年齡在 22 歲左右。③綜合喜和釦的經歷，以及第二欄的簡文，我們推測“凡”之前的内容有可能是某人起家“隃爲史”并擔任縣級以下機構“史”的履歷。

第二行“爲官佐六歲”。在由簡 7-67 和 9-631 綴合而成的“遷陵吏志”中，有“官佐五十三人”，《選校（一）》注釋云“官佐，官嗇夫的助手，主文書，與史近似。”④簡 8-580 中還有“貳春鄉佐壬　今田官佐”。另見於簡 8-1555：

冗佐上造臨漢都里曰援庫佐冗佐年卅七歲
爲無陽衆陽鄉佐三月十二日族王氏
凡爲官佐三月十二日（第一欄）
爲縣買工用端月行（第二欄）（正）

① 里耶秦簡博物館、出土文獻與中國古代文明研究協同創新中心中國人民大學中心編著：《里耶秦簡博物館藏秦簡》，196 頁。

② 金毓黻：《中國史學史》，北京：商務印書館，1957，3 頁。關於“史”的研究，還可參見閻步克《樂師與史官——傳統政治文化及政治制度論集》，北京：生活·讀書·新知三聯書店，2001，33-82 頁。

③ 詳見拙文《湖南里耶秦簡所見“伐閲”文書》，90 頁。

④ 里耶秦簡牘校釋小組，何有祖執筆：《新見里耶秦簡牘資料選校（一）》，180-181 頁。

庫六人(背)(8-1555)

8-1555 記録的是現任庫佐冗佐援的履歷,他曾任無陽縣衆陽鄉的"鄉佐",在此職任上共三月十二日,而在第三行以"凡"字統計他爲"官佐"的時間共三月十二日,因此我們可以看出,"官佐"爲統稱,簡 8-1555 中"鄉佐"便是"官佐"的一種。"官佐"與"史"在同一層級,其排名在"史"之前。睡虎地秦簡《金布律》中有"都官佐、史不盈十五人者,七人以上鼠(予)車牛、僕",《置吏律》規定"官嗇夫節(即)不存,令君子毋(無)害者若令史守官,毋令官佐、史守";《效律》規定"實官佐、史柀免徙,官嗇夫必與去者效代者";《傳食律》規定"上造以下到官佐、史毋(無)爵者,及卜、史、司御、寺、府,糲(糲)米一斗,有采(菜)羹,鹽廿二分升二"。[①] 在這些規定官佐、史的待遇、升遷的律條中,官佐的排名均在史之前。

肩水金關漢簡中也有"官佐"的記録:

大男王□年二十三長桼尺五寸□□

居延庫丞威移過所河津遣官佐一人　73EJT23:857A[②]

此處的"官佐"也是統稱。由此可見秦漢時期"官佐"應是某個機構"佐"的統稱。

第三行,"爲縣令佐一歲十二日"。根據以上"官佐"爲"機構+職務"的記録方式,此處"縣令佐"也應是"縣+令佐",即"官府機構+職務"。"令佐",另見於里耶秦簡 6-5:

除見錢三百六十,錢千付令佐處,未出計(第一欄)

·錢□☐

未出☐(第二欄)(6-5)

《里耶秦簡校釋(一)》注釋云"令佐"爲"官名"。因爲簡文殘缺,衹能推測簡 6-5 的"令佐"負責錢的出入,有可能爲庫的吏員。而在由簡 7-67 和 9-631 綴合的"遷陵吏志"中,沒有關於"令佐"的記録。《里耶秦簡(壹)》中所見令佐有:"令佐利(6-14)""令佐恬(6-21)""令佐圂 令佐冣 令佐逌(8-149)""令佐信(8-197)""令佐華(8-433)""令佐莫邪(8-647)""令佐温(8-669)""令佐唐(8-919)""令佐適(8-1223)""令佐郚(8-1317)""令佐贛(8-1525)""令佐敬(8-1549 卅四年八月)""令佐朝 ╰義(8-1583)""令佐平 (8-1745)""令佐俱(8-1751)"。

第四行"爲縣斗食四歲五月廿四日"。斗食,《漢書·百官公卿表》云"縣令、長,皆秦官,掌治其縣。萬户以上爲令,秩千石至六百石。減萬户爲長,秩五百石至三百石。皆有丞、尉,

① 分别參見睡虎地秦墓竹簡整理小組《睡虎地秦墓竹簡》,北京:文物出版社,1990,37、56、72、60 頁。

② 甘肅簡牘保護研究中心、甘肅省文物考古研究所、甘肅省博物館、中國文化遺産研究院古文獻研究室、中國社會科學院簡帛研究中心編:《肩水金關漢簡(貳)》,上海:中西書局,2012,中册,228 頁。

秩四百石至二百石,是爲長吏。百石以下有斗食、佐史之秩,是爲少吏。"顔師古曰:"漢官名秩簿云斗食月奉十一斛,佐史月奉八斛也。一説,斗食者,歲奉不滿百石,計日而食一斗二升,故云斗食也。"[①]張家山漢簡《二年律令・賜律》"賜吏酒食,(衛)率秩百石而肉十二斤、酒一斗;斗食令史肉十斤,佐史八斤,酒七升。"[②]斗食比佐、史的待遇稍高。從顔師古所引《漢官名秩簿》可以看出,斗食是比佐史高一級的少吏,由此可見簡 10-15 所記録之人官職得到了升遷。

第五行"爲縣司空有秩乘車三歲八月廿二日"。司空,睡虎地秦墓竹簡《秦律十八種・徭律》:"未卒堵壞,司空將紅(功)及君子主堵者有罪。"整理小組注釋云:"司空,官名。掌管工程,因當時工程多用刑徒,後逐漸成爲主管刑徒的官名,《漢書・百官表》注引如淳云:律,司空主水及罪人。賈誼曰:輸之司空,編之徒官。"[③]此處的司空爲縣司空的省稱。睡虎地秦墓竹簡《秦律雜抄》也載"戍者城及補城,令姑(嫴)堵一歲,所城有壞者,縣司空署君子將者,貲各一甲;縣司空佐主將者,貲一盾。"[④]縣的司空曹主管縣内工程建設,其所使用的勞動力主要是刑徒。關於縣司空的禄秩,張家山漢簡《二年律令・秩律》中有所反映:"秩八百石縣令所治縣,其下有"司空、田、鄉部二百石"(450);秩六百石縣令所治縣,其下有"田、鄉部二百石,司空及衛〈衛〉官、校長百六十石"(464)。大縣之司空與田部、鄉部地位同樣重要,禄秩二百石;小縣中司空的禄秩低於鄉部和田部,一百六十石。另外,468 簡云"田、鄉部二百石,司空二百五十石"。[⑤] 這枚簡有殘斷,不知具體所指,不過顯示出此處的司空禄秩還要高於鄉部和田部,达到了二百五十石。

有秩,既是一種官職名,如《續漢書・百官志五》"鄉置有秩、三老、游徼"。本注曰:有秩,郡所署,秩百石。注引《漢官》曰:"鄉户五千,則置有秩。"有秩也是對有秩級的吏員的一種統稱。如睡虎地秦墓竹簡《秦律十八種》:

> □□□□□不備,令其故吏與新吏雜先索(索)出之。其故吏弗欲,勿强。其毋(無)故吏者,令有秩之吏、令史主,與倉□雜出之,索(索)而論不備。雜者勿更;更之而不備,令令、丞與賞(償)不備。　　倉
>
> 都官有秩吏及離官嗇夫,養各一人,其佐、史與共養;十人,車牛一兩(輛),見牛者一人。都官之佐、史冗者,十人,養一人;十五人,車牛一兩(輛),見牛者一人……金布律[⑥]

---

① 《漢書》卷一九上《百官公卿表上》,北京:中華書局,1962,742 頁。

② 彭浩、陳偉、工藤元男主編:《二年律令與奏讞書——張家山漢墓出土法律文獻釋讀》,上海古籍出版社,2010,212 頁。

③ 《漢書》卷一九上《百官公卿表上》,730 頁。

④ 《睡虎地秦墓竹簡》,90 頁。

⑤ 彭浩、陳偉、工藤元男主編:《二年律令與奏讞書——張家山漢墓出土法律文獻釋讀》,264、270、291 頁。

⑥ 《睡虎地秦墓竹簡》,27、37 頁。

在肩水金關漢簡中有“肩水候官塞有秩候長”:

張掖肩水候官塞有秩候長公乘殷禹　　元康三☐　　73EJT21:62

☐五十歲,姓田氏,爲倉石候官塞有秩候長上□□☐　　73EJT21:427

肩水金關漢簡中亦見“塞有秩候長”:

初元二年八月己丑朔令史買之敢言之爰書塞有秩候長☐　　(削衣)

73EJT25:30①

所謂“肩水候官塞有秩候長”,“候長”爲其具體職務,“有秩”并不是一個具體的官職,而是表示此候長爲有秩級的。在肩水金關漢簡中還見“南鄉嗇夫有秩過”:

甘露四年二月己酉朔丙辰,南鄉嗇夫有秩過、佐賴敢告尉史:宛當利里公乘陳賀,年卌二,自言爲家私市

張掖居延。案毋官獄徵事,當爲傳,移過所關邑毋苛留。尉史幸謹案毋徵事,謹案年爵。　　73EJT10:121A

章曰宛丞印。　　73EJT10:121B②

該簡中,過爲“南鄉嗇夫有秩”,雖與里耶秦簡10-15“有秩嗇夫”順序顛倒,但筆者認爲强調的仍是“過”爲有秩級的嗇夫。

“乘車”,在已出版的《里耶秦簡(壹)》中,簡8-175“敢言之。令曰:上見輼輬軺乘車及”有“乘車”二字,其余未見。《二年律令·传食律》云:“諸吏乘車以上及宦皇帝者,歸休若罷官而有傳者,縣舍食人、馬如令。”其中“乘車以上”的“諸吏”所指何人呢?在《二年律令·秩律》中明確規定了“有乘車者”“毋乘車者”吏的禄秩:“都官之稗官及馬苑有乘車者,秩各百六十石,有秩毋乘車者,各百廿石。縣、道司馬、候、廄有乘車者,秩各百六十石,毋乘車者,及倉、庫、少内、校長、髳長、發弩、衛〈衞〉將軍、衛〈衞〉尉士吏,都市、亭廚有秩者及毋乘車之鄉部,秩各百廿石。李公主、申徒公主、榮公主、傅公(主)家丞,秩各三百石。”③由此可見乘車吏的標準是禄秩百六十石。邢義田先生認爲,“以爵級來説,公乘以上乃够格乘公家所備之車,爲吏則可能是所謂的乘車吏。《漢書·百官公卿表》顔師古説明公乘之義,曰言其得乘公家之車也。公乘以下爲吏也可乘車,或須自備,或僅騎馬而已。”④在前引《二年律令·秩律》

① 甘肅簡牘博物館、甘肅省文物考古研究所、甘肅省博物館、中國文化遺産研究院古文獻研究室、中國社會科學院簡帛研究中心:《肩水金關漢簡(叁)》,上海:中西書局,2013,第三册,33頁。

② 甘肅簡牘博物館、甘肅省文物考古研究所、甘肅省博物館、中國文化遺産研究院古文獻研究室、中國社會科學院簡帛研究中心:《肩水金關漢簡(壹)》,上海:中西書局,2011,中册,258頁。

③ 彭浩、陳偉、工藤元男主編:《二年律令與奏讞書——張家山漢墓出土法律文獻釋讀》,292-293頁。

④ 邢義田:《張家山漢簡〈二年律令〉讀記》,收入其著《地不愛寶:漢代的簡牘》,北京:中華書局,2011,154頁。

中小縣司空禄秩爲百六十石,大縣司空禄秩爲二百石,均有資格乘坐公家所備之車。

"爲縣司空有秩乘車三歲八月廿二日",記録的是此人任職的機構(縣司空)、禄秩(有秩)、乘坐公車的待遇(乘車)及任職時間。已公布的里耶秦簡各種文書中,司空曹的長官多見"司空嗇夫""司空主""司空守",吏員見"司空佐"。此處"縣司空有秩乘車"應是在功勞簿書檔案上嚴謹規範的寫法。《里耶秦簡(壹)》所載實際的文書行政中,擔任司空的長官及吏員有:"司空守茲(8-29)""☐空守敬(8-1406)""司空守文(8-44)""☐司空色☐(8-47)""司空守樛(8-135)""司空佐貳(8-163)""司空守茲(8-351)" "司空守巸""司空佐沈(8-489)""司空守悍(8-575)""司空守端(8-648)""司空厭(8-755)""司空守建(8-854)""司空長(8-986)""司空佐友(8-1352)""司空佐田(8-1515)""司空守俱□(8-1544)""司空守增(8-1632)""司空昌(1665)""司空守偏(8-2169)"等。

第六行"守遷陵丞六月廿七日",第二欄履歷的主人曾短暫地擔任過遷陵守丞。"遷陵守丞"或"守遷陵丞",在《里耶秦簡(壹)》中共出現了 16 位之多,分别是"固(5-1、8-653)""敦狐(廿六年九月,6-4、8-135)""敬(廿七年十月庚子,8-63)""都(8-85)""色(8-155)""膻(8-166、8-1563)""巸(8-197)""齮(8-706)""有(8-768)" "律(8-770)""銜(8-1060)""建(8-1282)""陵(8-1438)""胡(8-1463)""茲(8-1484)""禄(8-1516)"等。

第七行"凡〔十〕五歲九月十五日〔凡功〕三∠三歲九月廿五日"。此處"凡"應是對第二欄中第二行至第六行的小計,如果將此人在官佐、縣令佐、縣斗食、縣司空有秩嗇夫、守遷陵丞這幾個職位上的任職時間小計的話,正好爲十五歲九月十五日,爲五種官職的任職時間總和。

其後的"〔凡功〕三∠三歲九月廿五日",対於認識秦代基层文職吏员積"功"問題意义重大。"凡功三"明確表明"功"是以次數來計算,"三"後有一個間隔符號,表明其同爲功勞統計。此官员任官佐、縣令佐、縣斗食、縣司空有秩乘車、守遷陵丞等五職的時間为"十五歲九月十五日","三歲九月廿五日"以時間爲單位,綴在"凡功三"之後,仍是對"功"的統計,因不足一次,故以時間爲計。如果按照這一任職時間來换算功的話,將任職時間減去"三歲九月廿五日",爲十二歲,任職十二歲記爲"功三",僅從數量關係上看,可以得出"功一"爲"任職四年"的結論。以上爲第二欄的内容。

第三欄中第一行,釋文一、二爲"□□鄉廿二年……",釋文三爲"□□□鄉廿二年□□"。"鄉"前的第二字"","宀"很清晰,字形和第二欄第六行"守遷陵丞"的"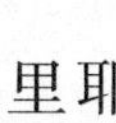"(守)字形相同。"鄉"字前的"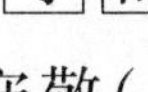",能清晰的看到左下角的"日"和右邊的"阝",且"丨"筆明顯。筆者以爲此二字似爲"守都",此句可釋爲"□□守都鄉廿二年□□"。在《里耶秦簡(壹)》中出現了"都鄉守敬(廿八年五月己亥朔甲寅,8-170)""樺(卅六年十一月丙戌,

8-1043)”“壬(卅三年七月己巳朔甲戌,8-1537)”“沈(卅五年七月戊子朔己酉,8-1554)”等人。

簡號	“都”“守”	簡號	“都”“守”	簡號	“都”“守”	簡號	“都”“守”
8-142		8-660		8-1537		8-1629	
8-170	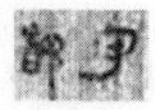	8-1043	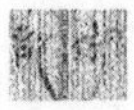	8-1554		8-1824	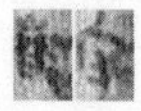

第二行“□功二”,釋文一、二、三相同。此處“二”後似不見有字迹。可見此處功仍以次數爲計量單位。

第三行釋文一、二作“勞四三九月……”,釋文三作“□勞四∠三九月廿五日”。這是對“勞”的統計。此處勞的記録和第二欄第七行“〔凡功〕三∠三歲九月廿五日”是一致的,“勞四”表明勞以次數爲計,“四”後有間隔符號“∠”;之後爲“三九月廿五日”,釋文三整理者認爲此處有兩種可能性,第一種“三”後面少了“歲”字,記“勞”爲“四”後所剩下的時間爲“三歲九月廿五日”。另一種情況爲,通過勾校,發現計“勞”爲“四”不對,改寫爲“三”。[1]

若按以上所推測的“功一”爲“任職四年”的結論,那麼其爲“守都鄉廿二年”就可以换算爲“功五”,而此處記爲“功二”,那麼説明此處功的計算不是單純地以“任職四年”爲標準,而是在任職時間的基礎上,與他擔任的職務高低、事務劇烈、擔任此職務時的政績、考核有密切的關係。任“都鄉守”的時間共22年,除了换算了“功二”外,還换算成了“勞四∠三(歲)九月廿五日”。在釋文不誤的前提下,説明都鄉守换取功、勞時,其數值標準與縣官不同。

第四行三種釋文一致,“·□凡功六三歲九月廿五日”。對“功”的記録格式與第二欄第七行相同,但缺少間隔符號。那麼“功六”從何而來呢?第一種可能是,從“功”的數量關係來看,此處“功”的時間可能是第二欄第七行“〔凡功〕三∠三歲九月廿五日”和第三欄第二行“□功二”的總和,但其總和爲“功五三歲九月廿五日”,還差“功一”,若將第三例中的“勞四”轉换爲“功一”,則數目相合。第二種情況,若僅從數字上看而忽略“功”與“勞”的區别,那麼第二行“功二”和第三行“勞四”的功勞數字相加,便可得“·□凡功六”。但前二行嚴格區分“功”和“勞”的數量,不太可能在小計時把他們的數值混加。如此比較來看,前一種可能性比較大,第三欄第四行的“凡功六”是對第二欄第七行“凡功三”和第三欄第二行“功二”相加,再將第三行的“勞四”轉化爲“功一”相加得來的。

第五行釋文一、二爲“……遷陵六月……廿一”,釋文三爲“□□遷陵六月廿七日定□□八月廿”。此處“遷陵六月廿七日”,與第二欄第六行記録的任職守遷陵丞的時爲“六月廿七

① 里耶秦簡博物館、出土文獻與中國古代文明研究協同創新中心中國人民大學中心編著:《里耶秦簡博物館藏秦簡》,196頁。

日"正好相符。

第六行釋文一、二爲"……洞庭……",釋文三爲"□□可□屬洞庭"。釋文三整理者或疑"可"爲"司",并疑"司"下字爲"空"。[①] 此處雖然衹有"洞庭"二字可確定,但從第三欄詳細記載此人在鄉、縣的任職來看,"□□洞庭"透露出兩種可能性,第一其升職至洞庭郡;另一種其擔任"司空"一職時,從其他郡縣調任至洞庭郡遷陵縣。考慮他的任職時間和遷陵縣設置於秦始皇二十五年,則第二種可能性更大。

第七行釋文一、二均未釋,釋文三爲"□五十歲居内史七歲□□"。釋文三或疑首字爲"年"。[②] "内史",還見於里耶秦簡 16-5"今洞庭兵輸内史及巴、南郡、蒼梧",内史与洞庭、巴、南郡和苍梧等郡名并列。嶽麓秦簡有"内史郡二千石官共令　第甲(0355)"[③],表明内史與郡爲同一級别。然睡虎地秦墓竹简《秦律十八種・倉律》又有"入禾稼、芻稾,輒爲廥籍,上内史。"《秦律十八種・效律》:"至計而上廥籍内史。"《厩苑律》中有"内史課縣,大(太)倉課都官及受服者。"《秦律十八種》中還有專門的"内史雜"。内史一職,在西周及春秋時主要負責册命之事,戰國秦漢以來,其職任發生了演變。對於秦、漢初内史的性質,學術界已有深入的討論。[④] 楊振紅先生在工藤元男[⑤]、江村治树[⑥]、藤田胜久[⑦]等的觀點之上,結合新出土秦漢簡牘材料,認爲秦統一前王畿(京師)稱"邦",其行政長官是内史。秦統一後進行改制,不再稱"邦"而稱"都",其行政長官仍爲内史,故其所轄京師之地也稱内史,地位相當於郡。[⑧] 關於上述睡虎地秦簡中内史、縣、大倉、大内、都官的關係,楊振紅先生認爲"内史是管轄王畿(京師)所屬縣的直屬地方長官,大倉、大内屬都官系統,所有都官或外派機構和人員的財政關係,都要報告大倉、大内,而非内史。内史的職掌的確包括倉、公器等經濟、財政事務的管理,但這并非因爲它是專門的財政機構或官員,而是因爲它是一方地方行政長官,轄區内的政治、經濟、財政、軍事等事務均屬其職責範疇。"[⑨]不過,里耶秦簡 8-1845"年遷陵内史計〼",若"内史"只掌管京師的縣,那麼爲何遷陵要受"内史計"? 簡 10-15 的主人從"守都鄉"到"居内史",透露出此人在職任上有所變化。爲何"居内史"的履歷出現在洞庭郡遷陵縣的

① 里耶秦簡博物館、出土文獻與中國古代文明研究協同創新中心中國人民大學中心編著:《里耶秦簡博物館藏秦簡》,196 頁。

② 里耶秦簡博物館、出土文獻與中國古代文明研究協同創新中心中國人民大學中心編著:《里耶秦簡博物館藏秦簡》,196 頁。

③ 陳松長:《嶽麓書院所藏秦簡綜述》,《文物》2009 年第 3 期。

④ 詳見尹弘兵《漢初内史考——張家山漢簡中所見漢初内史之演變》,《江漢考古》2008 年第 3 期,113-117 頁。

⑤ [日]工藤元男:《睡虎地秦簡所見秦代國家與社會》,[日]廣瀨熏雄、曹峰譯,上海古籍出版社,2010,18-49 頁。

⑥ [日]江村治树:《雲夢睡虎地出土秦律の性格をめぐって》,《東洋史研究》第 40 卷第 1 號,1982。

⑦ [日]藤田胜久:《中国古代関中の開発—郡県制形成過程—考察—》,《佐藤博士退官記念:中国水利史論叢》,東京:國書刊行會,1984 年,修訂後收入其著《中国古代国家と郡県社会》,東京:汲古書院,2005,56-65 頁。

⑧ 楊振紅:《從秦"邦"、"内史"的演變看戰國秦漢時期郡縣制的發展》,《中國史研究》2013 年第 4 期,60 頁。

⑨ 楊振紅:《從秦"邦"、"内史"的演變看戰國秦漢時期郡縣制的發展》,59 頁。

檔案中,這一點也引人矚目。由此看來,内史一職還有進一步認識的必要性。

以上以釋文三爲基礎,對 10-15 中涉及的官職、任職時間、功與勞的换算進行了論述。這些論述是基於一個前提,即此三欄記録的均是一人的任職時間。那麽這個前提條件是否能成立,第二欄和第三欄是否分别爲兩個人的任職情況記録呢?前文已述第二欄的内容和第一個“凡”字前統計的内容是屬於同一個人。第三欄中,雖然第一行有殘缺,但可以看到此人任職爲“守都”鄉,之後計算功、勞,之後又載“(守)遷陵”時間,第七行記年齡以及居内史的時間,第三欄的内容好似也可成爲一個獨立的單元。但是從“資中令史釦伐閲”和簡 8-1555 的記録格式和内容來看,在記載有官員履歷的伐閲或其他正式文書中,基層吏員的起家及其時間是嚴格記録的;而且基層吏員的起家爲“史”,幾乎没有一個基層吏員的起家爲“守都鄉”。尤其是第三欄第五行中“□□遷陵六月廿七日”與第二欄第六行“守遷陵丞六月廿七日”爲同一官職的任職時間;另外第三欄中對“功”和“勞”的時間統計,與第二欄中“功”的統計時間有關;因此在判斷此簡爲一人還是兩人的“功”“勞”統計時,這個前提條件是成立的,記載的是一個人的履歷、功、勞。

不過按照釋文三,其任職時間至少爲三十七年九月廿五日,若此處記録的是此人 50 歲居内史的話,那麽其十三歲便擔任官佐,還不確定他之前是否爲“史”;這與釦擔任鄉史的時間大概在 22 歲、睡虎地秦墓竹簡《編年紀》中喜“揄史”的時間大概在 19 歲,相差太大。然“□五十歲居内史七歲□□”中“五”字并不清楚,因此有可能導致時間的矛盾。

以上分析了簡 10-15 的内容,由於簡文的模糊和殘斷,還有一些釋文我們并不能確定,但是從僅存的内容可以看出,此簡是秦代基層文職吏員任職履歷、功、勞的正式文書,詳細記載了他任官佐、縣令佐、縣斗食、縣司空有秩乘車、守遷陵丞、都鄉守這六種職務的時間,精確到日。

有關“功”的統計有三處,“功二”單純以數次計;“〔凡功〕三∠三歲九月廿五日”“·□凡功六三歲九月廿五日”,這兩處“功”的統計中,“功三”、“功六”以數次計,而後綴“三歲九月廿五日”以時間計,二者的統計基礎均是任職時間,那麽可以推測對於普通的基層吏員,功的换算與任職時間有關係,從“凡〔十〕五歲九月十五日〔凡功〕三∠三歲九月廿五日”可以清晰地看出,任職四年可以换算爲功一。然而,“守都鄉廿二年”中記爲“功二”“勞四”,還表明功的計算不是單純地以“任職四年”爲標準,而是在任職時間的基礎上,與他擔任的職務、擔任此職務時的政績、考核有密切的關係。

關於“勞”,從“□守都鄉廿二年□□”之後接着記“□功二”“□勞四∠三九月廿五日”可以看出,“守都鄉廿二年”中有“功”有“勞”,“功”以數次計,“勞”既以數次計,又以時間計,“勞”的統計基礎仍是任職時間。

而從最後將“功”“勞”全部統一記爲“·□凡功六三歲九月廿五日”可以看出,“勞”也是可以轉化爲“功”的,不是任職時間上的轉换,而是“勞”與“功”在次數上的轉换,“勞四”可轉化爲“功一”。漢代積功勞仍是基層官吏升遷途徑之一,尤其是西北漢簡中透露出很多功、勞的信息。① 胡平生先生在論述居延漢簡中“功”與“勞”的關係時,通過對“徐譚功將簡”的分析,認爲一“功”的時間應當是“勞四歲”。② 李解民先生認爲在目前所見的功勞文書中,計算勞績的時候,迄今爲止没有超過四歲的,因此推測一功等於四歲。勞績的計算,除了常規考勤外,還有某些獎懲的折算也應包括在内。③ 蔣非非認爲“一功爲勞四歲”的推定是不能成立的。④ 而里耶秦簡透露出來的功、勞轉换與之不同,我們也期待里耶秦簡、嶽麓秦簡中有更多關於秦代功勞制度的信息,來豐富對這一問題的認識。

簡10-15出土於秦朝新占楚地後設置的遷陵縣,其主人爲新屬秦地的基層文職吏員,因爲積累“功”“勞”,其官職得到了提升,由此可見,在商鞅變法推崇軍功的歷史背景下,秦王嬴政統一六國,將士因軍功得爵、升遷的同時,積“功”“勞”也是秦代基層文職吏員升遷的重要途徑。里耶秦簡10-15爲研究秦代基層吏員的遷轉和秦代官僚制度提供了寶貴的一手材料。

附记:本文的寫作過程中,首都師範大學孫正軍老師、武漢大學簡帛研究中心劉國勝老師、魯家亮老師以及匿名審稿專家提出了建議,謹致謝忱。

① 關於秦漢時期功勞制度及功勞類文書,中外學術界有過熱烈的討論。參見拙稿《秦漢功勞制及其文書再探》,中國文化遺産研究院編《出土文獻研究》第15輯,上海:中西書局,2017。

② 胡平生:《居延漢簡中的“功”與“勞”》,《文物》1995年第4期,51-55頁。

③ 李解民:《〈東海郡下轄長吏名籍〉研究》,連雲港市博物館、中國文物研究所編《尹灣漢墓簡牘綜論》,北京:科學出版社,1999,60頁。

④ 蔣非非:《漢代功次制度初探》,《中國史研究》1997年第1期。

嶽麓秦簡所見秦"西工室"之"西"解*

河北大學文學院　徐世權

内容提要　嶽麓秦簡中有"西工室"一詞,一般認爲其中的"西"是秦隴西郡所屬之"西"縣。仔細研讀簡文并結合秦出土文獻材料的記載,此"西工室"之"西"應理解爲"東西"之"西"而不是"西縣"之"西"。

關鍵詞　嶽麓秦簡　西工室　工官制度

秦出土文獻資料中有"西工室""西工師"("西工師"也應是"西工室工師"的省稱),其中的"西"有兩種含義,一是"西縣"之"西",一是"東西"之"西",而上述兩種理解恰恰在秦所設的行政機構中都存在,①遂草就小文予以辨析。②

"西工室"見於《嶽麓書院藏秦簡(肆)》,③其内容如下(釋文用寬式):

1.泰上皇時内史言:西工室司寇、隱官、踐更多貧不能自給糧。議:令縣遣司寇入禾,

* 本文爲"河北大學'一省一校'專項經費資助"的階段成果。

① 關於秦"工室"的設置及性質等問題可參見陳治國、張衛星《秦工室考述》,《咸陽師範學院學報》2007 年第 1 期,12–15 頁。

② 嶽麓秦簡"西工室"的理解涉及到秦隴西郡的始置時間問題,所以不得不加以説明。如按整理者的意見,説明至秦莊襄王時期,"西縣"還屬内史管轄,這與實際情況不符。《史記·秦本紀》載秦昭襄王二十七年"司馬錯發隴西,因蜀攻楚黔中,拔之"。學者一般認爲於此時之前秦便已設置隴西郡,參馬非百《秦集史》,北京:中華書局,1982,583 頁。説明"西縣"屬秦隴西郡的時間不會晚至秦莊襄王時期。關於秦隴西郡的設置情況詳參拙文《秦隴西郡建置沿革考》,《中國歷史地理論叢》2017 年第 1 期,28–31 頁。

③ 陳松長主編:《嶽麓書院藏秦簡(肆)》,上海辭書出版社,2015。

其縣毋(無)禾當貣者,告作所縣償及貸。西工室伐榦沮、南鄭山,令沮、南鄭聽西工室致。其入禾者及吏移西工室。二年曰:復用。(J329-331)

整理者認爲“西工室”是“隴西郡西縣之工室”,舉“1978 年寶雞鳳閣嶺出土的‘二十六年戈’銘文有‘西工室閹’”作爲證據。[①] 可見,整理者應是采信了“二十六年戈”銘文“守”前二字是“隴栖(西)”的説法。其實,所舉“二十六年戈”曾名“二十六年□□守戈”“隴西郡戈”“二十六年丞相戈”等,由於銘文刻寫“字體草率,紋道極淺,纖細如髮”且衹有摹本,[②]給釋讀增加了一定的難度,尤其是“守”前二字一直存在争議,郭永秉、廣瀨薰雄二先生目驗原器清晰照片後,將此戈定名爲“二十六年臨相(湘)守戈”。[③] “守”前“臨相(湘)”二字的正確釋出,糾正了以往釋爲“隴栖(西)”并以此爲秦置隴西郡的確證和或釋爲“丞相”認爲是中央監造的兵器等錯誤説法。[④] 郭永秉、廣瀨薰雄二位先生的考釋意見較前人爲優,可從。這樣此戈就是秦地方鑄造的兵器,戈銘中原釋作“西工室”之字,郭、廣瀨二先生改釋作“右工室”,依此,用以證明“西”縣屬隴西郡的證據也就不存在了。退一步説,文字即便是“西工室”,也不應理解爲“西縣工室工師”的省稱(詳下文)。[⑤]

上文已提及與“西工室”相關的還有“西工師”,見於如下秦兵器銘文中:

2.元年,相邦疾之造,西工師誠、工戍疵·明。(《珍秦琳琅》119 頁)[⑥]

3.六年,相邦疾之造,西工師迭丞寬、工賁·西·西。(董珊《戰國題銘與工官制度》212 頁)

4.二十年,相邦冉□(之)造,西工師旬、丞畀、隸臣□。(《集成》11359)[⑦]

5.二十七年,蜀守若、西工師爽、□□□□□□銅戈。(《古文字研究》第 25 輯,陳松

① 陳松長主編:《嶽麓書院藏秦簡(肆)》,227 頁。

② 張天恩主編:《陝西金文集成》(西安:三秦出版社,2016),公布了此戈的清晰照片,讀者可參看。

③ 郭永秉、廣瀨薰雄:《紹興博物館藏西施山遺址出土二年屬邦守蓐戈研究——附論所謂秦二十二年丞相戈》,《出土文獻與古文字研究》第四輯,上海古籍出版社,2011,112-127 頁。又此文收入郭永秉先生的論文集《古文字與古文獻論集續編》中,上海古籍出版社,2015,206-224 頁。

④ “隴西”首先由李學勤先生提出(據其文,李先生是采信了寶雞博物館人員的釋讀意見),見《秦國文物的新認識》,《文物》1980 年第 9 期,25-31 頁;此説影響較大,據筆者所見相關文章及著作相信此説的有李仲操:《二十六年秦戈考》,《文博》1989 年第 1 期,51 頁;劉占成:《隴西郡戈考》,《考古與文物》1994 第 4 期,82-83 頁;后曉榮:《秦政區地理》,北京:社會科學文獻出版社,2009,67 頁;李曉傑:《中國行政區劃通史·先秦卷》,上海:復旦大學出版社,2009,450 頁;張莉:《秦郡再議》,《歷史地理》第二十九輯,94-104 頁。釋“丞相”説首先由黄盛璋先生提出,參見黄盛璋:《新出秦兵器銘刻新探》,《文博》1988 第 6 期,38-45 頁;此論也得到了一些學者的贊同,參董珊:《戰國題銘與工官制度》,北京大學博士論文,2002,214 頁;陳家寧:《〈史記〉商周史事新證圖補(一)——殷、周、秦〈本紀〉新證圖補》,天津人民出版社,2011,397 頁。

⑤ 據《陝西金文集成》所附戈的清晰照片看,此“工師”前一字的確如以往所釋爲“西”字,這就爲我們所考證的地方所設“東、西工室”又添加了一條有力的證據。

⑥ 澳門民政總署:《珍秦琳琅——秦青銅文明》,澳門民政總署文化康體部出版,2009。

⑦ 中國社會科學院考古研究所編:《殷周金文集成》(修訂增補本)第 7 册,北京:中華書局,2007,6119 頁。本文簡稱《集成》。

長先生文有摹本)[①]

6.三十四年,蜀守□造,西工師□、丞□、工□・成,十,邛,陜。(《近出集録二》1253)[②]

第2、3、4秦戈爲中央監造兵器,第5、6秦戈爲秦地方蜀郡鑄造的兵器,兩者之中的"西工師"是否相同,應仔細區分。無獨有偶,蜀郡鑄造的兵器銘文中還有"東工師",銘文如下:

7.二十六年,蜀守武造,東工師宦、丞耒、工□・武。(《集成》11368)[③]

秦蜀郡鑄造的三件戈都是秦昭襄王時期的兵器,銘文中的"西工師"與"東工師"相對稱,可見此處的"西"應理解爲"東西"之"西",而不應是"西縣"之"西"。蜀郡的"東、西工師"應是"東、西工室工師"的省稱。再來看秦中央監造的三件昭襄王時期的兵器銘文,對於其中"西工師"之"西"的理解,吴良寶老師敏鋭地指出至秦昭王二十年時,"西"縣還屬於中央管轄(據《漢書・地理志》,"西"爲秦隴西郡屬縣)。[④] 王輝先生亦指出"西工師"應理解爲"西縣工室工師"的省稱。[⑤] 參照秦昭襄王時期的其他中央監造的秦兵器銘文辭例,如"櫟(櫟,櫟陽省稱)工師(《近出集録二》1213)","雝工師(《集成》11342)"等,"工師"前"櫟陽""雝"等皆爲秦縣名,所以此時期内中央監造兵器銘中的"西工師"之"西"也應理解爲縣名,吴良寶老師、王輝先生的理解無疑是正確的,可從。

有上述的理解作爲背景,便可以很好地解釋嶽麓秦簡中的"西工室"之"西"的意思了。上文已經指出整理者所據的"二十六年戈"銘文中"守"前二字不是"隴牺(西)"而是"臨相(湘)",這樣其立論的基礎就不存在了,將"西工室"理解爲"隴西郡西縣之工室"相應的也就不可信了。其實,整理者已注明簡文中的"沮""南鄭"二縣屬秦漢中郡,那就説明此條律文中的"西工室"也應指秦漢中郡的"西工室"而言,而不應理解爲"隴西郡"的"西工室"(秦莊

---

① 陳松長:《湖南張家界出土戰國銘文戈小考》,《古文字研究》第5輯,北京:中華書局,2004,213-217頁。

② 劉雨、嚴志斌:《近出殷周金文集録》,北京:中華書局,2010。

③ 中國社會科學院考古研究所編:《殷周金文集成》(修訂增補本)第7册,6128頁。

④ 吴良寶:《十五年上郡守壽戈置用地名補説》,中國文化遺産研究院編《出土文獻研究》第11輯,上海:中西書局,2012,55-62頁。吴老師的這一意見是以往學者所未道及的,極富啓發性。沿着這一思路,我們梳理了目前所見秦中央鑄造的兵器銘文,發現自秦昭王二十一年之後,中央監造的兵器銘文中"西工師(西縣工室工師的省稱)"再也没有出現過,主造者换做"雝工師"等,這恐怕不會是偶然,此可能與秦置隴西郡有着密切的關係(當然,目前所見秦昭王二十一年後中央監造的秦兵器紀年還不是十分連貫,此説還有待於新材料的檢驗)。結合《漢書・地理志》隴西郡"西"縣下班固注曰"莽曰西治"這一命名看,我們可以做一些合理的推測,即秦昭王二十一年將"西"縣從中央屬縣中劃分出來作爲隴西郡的郡治(此可能是王莽更名西爲西治的依據之一),合以從義渠得來的"郁郅"等縣設置了隴西郡。詳參拙文《秦隴西郡建置沿革考》,28-31頁。當然,自秦昭襄王二十一年"西縣"歸屬隴西郡以後,中央是否又設置所謂的"東、西工室"還有待於進一步研究,就目前所見出土材料而言,還未見到與此相關的内容。

⑤ 王輝、王偉:《秦出土文獻編年訂補》,西安:三秦出版社,2014,47頁。原書《秦出土文獻編年》(西安:三秦出版社,2000,71頁),將此"西工師"之"西"理解爲秦故都"西"縣,戰國仍設工官。

襄王時隴西、漢中郡皆已存在)。況且如整理者的理解也無法解釋隴西郡的“西工室”爲什麼要到漢中郡伐“榦”的問題。既然此“西工室”屬漢中郡,爲地方機構,參照蜀郡的“東、西工室”,此“西”也應理解是“東西”之“西”。知道了這一點,還需解決一個疑問,就是中央的内史爲什麼直接下令給漢中郡的“西工室”呢? 睡虎地秦簡《秦律十八種》第 28 號簡文已經給出很好的解答,“入禾稼、芻稾,輒爲廥籍,上内史”,[①]此條律文明確規定“入禾”等應上報給“内史”,參照此條内容,嶽麓秦簡中的“入禾”、伐“榦”這類事情由“内史”下達命令給漢中郡的“西工室”也就可以理解了。

至此,我們可以初步得出這樣的結論,嶽麓秦簡中的“西工室”屬秦漢中郡;秦昭襄王時期中央監造兵器銘文中的“西工師”是“西縣工室工師”之省稱,秦地方鑄造的兵器銘文中的“西工師”是“西工室工師”的省稱,但是此“西”爲“東西”之“西”(目前已見秦蜀郡、漢中郡和蒼梧郡設置了這樣的機構)。同爲“西工室工師”的簡稱,但二者在含義上判然有别(中央爲西縣,[②]地方爲西工室),這爲我們更好地理解秦中央、地方機構的工官制度提供了一個新的角度,期待出土更多的相關秦文獻内容以增進我們對這一問題的認識。

---

① 睡虎地秦墓竹簡整理小組:《睡虎地秦墓竹簡》,北京:文物出版社,1990。

② 秦中央所管轄的西縣應至秦昭襄王二十一年置隴西郡時止。

秦"失期,法皆斬"新證

湖南大學嶽麓書院　朱錦程
中國社會科學院歷史研究所　蘇俊林

内容提要　秦漢時期雖然有"失期當斬"的軍法,但一般是針對軍事行爲中的統領者,并不是將整個失期軍隊的士卒全部處斬。從《嶽麓書院藏秦簡(叁)》的案例及銀雀山漢簡、《尉繚子》可知,即便是軍法,也會根據事情的嚴重程度進行區别對待。陳勝等人是被徵發前往邊郡的戍卒,尚在途中,未到戍地,并未納入邊郡士卒的管理系統,不應適用軍法。秦法對於"失期",不會一概而論,一般會根據原因及失期的時間進行"貲甲""貲盾"等經濟處罰。在新公布的嶽麓秦簡中有"病及遇水雨不行者"到其"居所縣"開具"診牒"等憑證的詳細規定,可見秦立法者對"失期"的處理有變通之處。陳勝提出"失期皆斬",不衹是其謀劃起兵的藉口,還有可能是其對秦法認知不清。

關鍵詞　陳勝　失期　徭戍　嶽麓秦簡　《史記》

一　研究回顧與問題提出

《史記·陳涉世家》記載陳勝、吴廣起兵:"二世元年七月,發閭左適戍漁陽,九百人屯大澤鄉。陳勝、吴廣皆次當行,爲屯長。會天大雨,道不通,度已失期。失期,法皆斬。陳勝、吴廣乃謀曰:'今亡亦死,舉大計亦死,等死,死国可乎?'……將尉醉,廣故數言欲亡,忿恚尉,令辱之,以激怒其衆。尉果笞廣。尉挺劍,廣起,奪而殺尉。陳勝佐之,并殺兩尉。召令徒屬曰:'公等遇雨,皆已失期,失期當斬。藉弟令毋斬,而戍死者固十六七。且壯士不死即已,死即舉大名耳,王侯將相寧有種乎!'徒屬皆曰:'敬受命。'"[①]此次起兵的直接原因是"會天大雨,道不通,度已失期。失期,法皆斬",後人根據陳勝的表述,認爲"失期,法皆斬"是"秦法嚴苛""秦政暴虐"的表現之一,這也成爲秦亡的重要原因。近年來隨着出土材料的發現,尤其是睡虎地秦簡中《徭律》《戍律》等秦代法律條文的公布,給學界重新認識"失期,法皆斬"提供了一個契機,學界對陳勝的説法提出了質疑。

于敬民先生根據睡虎地秦簡《徭律》及《法律答問》的内容,認爲秦對徵發徭役時的失期或不報到者,處罰都是微不足道的。而秦二世行"督責術"造成濫殺是陳勝起兵之後的事情,陳勝等人提出"失期皆斬",不是當時的法律内容,衹是一種發動起義的策略與手段。[②] 丁相順先生、霍存福先生認爲秦律中失期罪處罰對象應是徒衆的率領者、組織者,與衆戍卒無關。秦律對刑徒逃亡的最重處罰是肉刑,比照秦對逃亡犯的處罰强度,身份高於刑徒的謫戍之衆"失期"不應"法皆斬"。[③] 金菲菲先生認爲睡虎地秦簡《徭律》的"失期"是針對徭役的規定,陳勝等人是謫戍,不能適用。張家山漢簡《奏讞書》中對毋憂不服兵役是否要被處斬而産生疑難,根據漢初疑罪從重的傾向,推知秦時對不服兵役的戍卒不會處斬。陳勝的言論是利用下層百姓不懂秦法而起兵的一種策略。[④] 曹旅寧先生依據王偉先生對睡虎地秦簡《徭律》的新標點及《日書》中"詣風雨"認爲秦人會針對出行選擇時日,遇不可抗拒因素時可以減輕法律責任,陳勝的説法是其起兵藉口。曹先生還通過對比《北齊書》有關記載,推測《史記》對陳勝起兵的記載有文學想象成分。[⑤] 上述學者的論述雖側重不同,但基本都是利用新出土的秦漢簡牘材料,認爲陳勝等人提出"失期,法皆斬"是不真實的,是一種起兵的藉口與手段。

陳偉武先生對比銀雀山漢簡《兵令》及《尉繚子·兵令下》,認爲軍法中有"後戍法",即内地士卒應徵戍邊,不按期抵達目的地就要定罪服刑。陳勝等謫戍漁陽,所言"失期,法皆斬"中所犯之法正是"後戍法"。[⑥] 莊小霞先生對傳世文獻進行梳理,認爲自上古傳説時代至秦漢均有"失期當斬"的軍法規定,張家山漢簡《奏讞書》中毋憂就是根據軍法被斬,陳勝所言"法皆斬"中的"法"即指軍法。[⑦] 趙科學先生分析了《奏讞書》中毋憂不適用於《蠻夷律》和

---

① 《史記》卷四八《陳涉世家》,北京:中華書局,1982,1952頁。

② 睡虎地秦簡《徭律》:"御中發徵,乏弗行,貲二甲;失期三日到五日,誶;六日到旬,貲一盾;過旬,貲一甲;其得毆(也),及詣。水雨,除興";《法律答問》:"不會,治(笞);未盈卒歲得,以將陽有(又)行治(笞)"。參見于敬民《"失期,法皆斬"質疑》,《中國史研究》1989年第1期。

③ 丁相順、霍存福:《"失期,法皆斬"嗎?》,《政法叢刊》1991年第2期。

④ 金菲菲:《〈史記·陳涉世家〉"失期"考》,《首都師範大學學報(社會科學版)》2011年增刊。

⑤ 曹旅寧:《陳勝吴廣起義原因"失期"辨析——秦漢法律簡牘中關於"不可抗力"的規定》,收入其著《秦漢魏晋法制探微》,北京:人民出版社,2013,70-73頁。

⑥ 陳偉武:《簡帛所見軍法輯證》,《簡帛研究》第2輯,北京:法律出版社,1996,93頁。後經修訂收入其著《簡帛兵學文獻探論》第三章第二節《軍法輯證》,廣州,中山大學出版社,1999,44-60頁。

⑦ 莊小霞:《陳勝吴廣起義之"失期當斬"新論》,中國秦漢史研究會第12届年會暨國際學術研討會會議論文,河南永城,2009;莊小霞:《"失期當斬"再探》,《中國古代法律文獻研究》第11輯,社會科學文獻出版社,2017。

《興律》,而應根據軍法處罰,毋憂没有按照規定到屯戍地點,應該判定爲"失期","失期當斬"是秦漢時常見的軍法。[①] 上述學者認爲秦漢時期有"失期當斬"的軍法規定及實踐案例,陳勝等人并非普通勞役,而是作爲戍卒被徵發,應該以軍法對待。

由此可見,學界對陳勝的説法,有兩種截然不同的理解,兩種觀點主要的分歧在於陳勝等人是否適用軍法。如果陳勝等人不適用於軍法,那麽秦法對失期會作何處理,而陳勝又爲何做如此説辭。以里耶秦簡爲代表的秦行政文書和以嶽麓秦簡爲代表的秦司法文書的相繼公布,爲我們重新理解"失期"提供可能。

二 陳勝等人失期不當"皆斬"

(一)陳勝等人不適用於軍法

莊小霞先生對先秦及秦漢時軍法中失期當斬規定與實踐進行過細緻考證。[②] 陳勝等人是否適用於軍法,似可再斟酌。秦漢時期與軍事行爲有關的失期當斬記載主要有彭越"與期旦日日出會,後期者斬……今期而多後,不可盡誅,誅最後者一人";公孫敖"以將軍出北地,後驃騎期,當斬,贖爲庶人";張騫"爲將軍,出右北平,失期,當斬,贖爲庶人";趙食其"以主爵爲右將軍,從大將軍出定襄,迷失道,當斬,贖爲庶人"。[③] 上述事例都發生在战争進行期間,有着非常明顯的軍事特殊性,[④]依照約定或軍法行事并無异議。秦漢戍卒"行役戍備",一般由郡尉負責,遣往他郡,待到達該郡後,纔進一步被分配到郡下各縣及相關軍事組織。[⑤] 里耶秦簡有相關記載:

☑朔甲午,尉守傰敢言之:遷陵丞昌:屯戍士五(伍)桑唐趙歸 Ⅰ

☑日已,以廼十一月戊寅遣之署。遷陵曰:趙不到,具爲報·問:審以卅 Ⅱ

☑【署】,不智(知)趙不到故,謁告遷陵以從事。敢言之。/六月甲午, Ⅲ 臨沮丞秃敢告遷陵丞主、令史,可以律令從事。敢告主。/胥手。 Ⅳ

九月庚戌朔丁卯,遷陵丞昌告尉主,以律令從事。/氣手。/九月戊辰旦,守府快行。Ⅴ(8-140)

---

① 趙科學:《"毋憂案是樁冤案"辨析——張家山漢簡〈奏讞書〉研究之二》,《江漢考古》2007年第3期。

② 莊小霞:《"失期當斬"再探》。

③ 《史记》卷九〇《魏豹彭越列傳》,2591頁;卷一一一《衛將軍驃騎列傳》,2942、2944、2944頁。

④ 彭越起事時斬殺遲到者的行爲,雖不是軍中失期被斬,但彭越用軍法約束衆人,且在起兵之際,與軍事行爲有密切關係。

⑤ 孫聞博:《秦漢軍制演變史稿》,北京:中國社會科學出版社,2016,293頁。

〼倍手。(8-140 背)[①]

遷陵是新納入秦統治的偏遠地區,《里耶秦簡牘校釋》認爲桑唐屬臨沮縣,而臨沮屬南郡。南郡納入秦統治的時間相對較早,可視爲秦故地,簡文内容可以理解爲故黔首到新地屯戍的例子。由於不清楚戍卒趙在行進途中的情況,戍地遷陵縣丞、令史與趙户籍地桑唐里所在的臨沮縣丞之間進行聯絡溝通,并將相關情況上報至郡中。兩縣丞、令史之間的文書傳遞表明戍卒趙在途中歸其負責,與秦律中徭、興、戍等規定類似,不爲特别的軍事機構負責。陳勝等人是被徵發前往邊地漁陽郡的戍卒,其尚在行進途中,還未到戍地進入正式的軍事編制中,所以并不能適用於戰時的軍法。睡虎地秦簡中有秦律記載,戍者築城有損壞,受罰者是"縣司空署君子將者""縣司空佐主將者"。[②] 里耶秦簡有"〼遷陵戍卒多爲吏僕",又"田官守敬"負責發放口糧,領取者身份分别爲"貲貸""居貲""屯戍""罰戍"。[③] 由此可見,田官守參與了遷陵縣戍卒的管理,這些戍卒或有屯田職責。可見即便到了戍地,戍卒未必都是直接從事軍事作戰事宜。魯惟一先生曾將漢代西北戍卒田戍的活動分爲戰鬥任務與非戰鬥工作兩類,并指出戍卒和騎士常常被定期用於非戰鬥的勤務。[④] 里耶秦簡中戍卒與居貲者一同對待,表明對戍卒的管理也可能是非軍事編制。

在解釋陳勝等人適用軍法時,陳偉武先生引用銀雀山漢簡《兵令》及《尉繚子》認爲陳勝、吴廣等人犯了軍令中的"後戍法",相關引文如下:

> 有令起軍,將吏受旗鼓……後其將吏出於縣部界……□述(遂)亡不從其將吏,比於亡軍。父母……(銀雀山簡《兵令》)[⑤]
>
> 内卒出戍,令將吏授旗鼓戈甲。發日,後將吏乃出縣封界者,以坐後戍法。兵戍邊一歲,遂亡不候代者,法比亡軍,父母妻子知之,與同罪;弗知,赦之。(《尉繚子·兵令下》)

陳先生認爲"後戍法"即指内地士卒應徵戍邊,不按日期抵達目的地就要定罪服刑。而陳勝、吴廣等謫戍漁陽者,"度已失期,失期,法皆斬",所犯的法正是"後戍法"。[⑥] 我們注意到,銀雀山漢簡《兵令》與《尉繚子》分别提到"受旗鼓""授旗鼓戈甲",其所規範的"卒"均擁有軍中相應的裝備。從《史記》中吴廣的奪劍殺尉及起兵後"斬木爲兵,揭竿爲旗……不用弓戟之兵,鉏櫌白梃"[⑦]可見,陳勝等尚在行進途中的謫戍并未被授予"戈甲"兵器等必要的軍事裝

① 陳偉主編,何有祖、魯家亮、凡國棟撰著:《里耶秦簡牘校釋(第一卷)》,武漢大學出版社,2012,80 頁。
② 參見睡虎地秦墓竹簡整理小組編《睡虎地秦墓竹簡》,北京:文物出版社,1990,89、90 頁。
③ 陳偉主編,何有祖、魯家亮、凡國棟撰著:《里耶秦簡牘校釋(第一卷)》,63、219、311、363、450 頁。
④ [英]魯惟一著,于振波、車今花譯:《漢代行政記録》,桂林:廣西師範大學出版社,2005,110-117 頁。
⑤ 銀雀山漢墓竹簡整理小組:《銀雀山漢墓竹簡(壹)》,北京:文物出版社,1985,149 頁。
⑥ 陳偉武:《簡帛兵學文獻探論》,50 頁。
⑦ 賈誼撰,閻振益、鍾夏校注:《新書校注》,北京:中華書局,2000,2、15 頁。

備。秦軍隊作戰中使用的武器,是由官府統一負責制作及保管,有着嚴格的規定和監管程序,遇到戰事需要時,分發給士卒使用。由此來看,《尉繚子》中授予"旗鼓戈甲"的"出戍"者與陳勝等人不同,更像是執行具體軍事命令者,與一般内郡到邊地行戍者有所區别。

我們現在無法逐一考察秦漢時期涉及軍事行爲的諸多法律規定,學界一般認爲古代中國的法律規定多有一定的延續性、繼承性,不妨藉助唐律的某些規定來幫助理解上述問題。唐律有"乏軍興"條,其規定"諸乏軍興者斬,故、失等。不憂軍事者,仗一百。"[①]其又曰"謂臨軍征討",即强調"乏軍興"條的規定是以臨戰之時爲前提,如果不在臨戰之時,即便有"調發稽廢",衹能依公事稽違論,而不能定爲乏軍興罪;類似情况,即便有"闕乏準備",衹能依違式論,而不能定爲不憂軍事罪。綜合上述種種因素可見,陳勝等人并不能完全適用於軍法。

(二)秦漢軍中無"失期皆斬"

即便如上述事例所述,秦漢時期軍隊中存在失期當斬的規定。公孫敖、張騫、趙食其等人都是所在軍隊的統帥,由於其指揮失誤造成失期以致影響戰局,依照軍法將負有領導責任的三人處斬,但并未見到所有失期士卒都被處斬的記載。秦漢數百年間,史書中尚未見到兵士或戍卒因失期而全部被處斬的記載。[②] 後世軍令中有"軍士失期,治將領之罪"的説法。[③]唐律有"主將臨陣先退"條,其規定"諸主將以下,臨陣先退;若寇賊對陣,捨仗投軍及弃賊來降而輒殺者:斬。"疏曰"'主將以下',謂戰士以上。"[④]律文中"主將以下""戰士以上",即指軍中各級將領,明確指出不包括普通士卒。與秦漢時代與古羅馬相近,若軍中出現群體潰逃的情况,則實行"什一抽殺律",即按抽籤方式在每十人中處死一人。[⑤]《嶽麓書院藏秦簡(叁)》中"綰等畏耎還走案"記載了在軍事作戰中士卒集體臨陣脱逃的處理情况,相關釋文如下:

> 廿六年九月己卯……●診、丈、問:得等環(還)走卅六步,獿等十二步;術廣十二步,垣高丈。忌等死時,得、綰等去之遠者百步。它如辤(辭)。鞫之:得、文、芻、慶、綰等與反寇戰,不伍束符,忌以射死,卒喜等【□】短兵死。畏耎,去環(還)走卅六步。逢包皆以灋(法)焉。有(又)取卒畏耎冣(最)先去、先者次(?)十二人,完以爲城旦、鬼薪。有(又)取其次(?)十四人,耐以【……】□□毄(繫)。它縣論。【……】[⑥]

---

① 劉俊文:《唐律疏議箋解》,北京:中華書局,1996,1184-1187、836-837頁。

② 《後漢書·吴漢傳》"(吴)漢選四部精兵黄頭吴河等,及烏桓突騎三千餘人,齊鼓而進。"注引《續漢書》曰:"(吴)漢躬被甲拔戟,令諸部將曰:'聞靁鼓聲,皆大呼俱(大)進,後至者斬。'遂鼓而進之。"此記載在戰争中有"後至者斬"的臨時軍法,但未有處斬的實踐案例。參見《後漢書》卷一八《吴漢傳》,北京:中華書局,1965,680頁。

③ 《明史》卷九〇《兵志二》,北京:中華書局,1974,2231頁。

④ 劉俊文:《唐律疏議箋解》,1194頁。

⑤ 朱承思:《馬略的軍事改革》,《世界歷史》1986年第3期。

⑥ 朱漢民、陳松長主編:《嶽麓書院藏秦簡(叁)》,上海辭書出版社,2013,239-241頁。

“廿六”爲秦始皇二十六年，事情發生的地點不詳，推測可能在南郡一帶。案情是綰等士卒在與反叛者的戰鬥中臨陣脱逃，事後接受相關部門的審判處罰。由審理過程可知，秦法對在戰鬥中集體臨陣脱逃者，會依其逃亡先後與逃亡步數的多少來區别對待，情節較輕的處城旦、鬼薪等勞役刑或耐刑等，尚未見到處死的記載。① 通過對比可知，秦律與唐律的規定類似，普通士卒不會因臨陣退却而都被處斬。秦法對在軍事戰鬥中臨陣脱逃者尚且會根據行爲嚴重程度做區别處理，豈會對因大雨而失期的謫戍者們不分輕重處以“皆斬”。秦律有規定，徒卒犯事，相關的軍吏要負連帶責任，如：

軍人買（賣）稟稟所及過縣，貲戍二歲；同車食、敦（屯）長、僕射弗告，戍一歲。

徒卒不上宿，署君子、敦（屯）長、僕射不告，貲各一盾。宿者已上守除，擅下，人貲二甲。②

倘若陳勝等人適用失期皆斬的軍法，兩位熟悉法令并率領戍卒、負有首要責任的將尉應該焦慮惶恐，豈能有飲酒至醉的閒情雅致。陳勝等人聲稱“會天大雨，道不通”，但從起兵後立即攻大澤鄉和蘄，然後揮師西進，同時又“令符離人葛嬰將兵徇蘄以東”來看，當時由大澤鄉往東、西方向的道路似乎并未斷絶。③ 如果將尉與屯長們明知失期當斬，即便不選擇逃亡，也應該繞道趕期，豈會坐以待斃。又銀雀山漢簡《兵令》與《尉繚子·兵令下》有：“將吏至大將之所一日，□□□……吏戍一歲”，“卒後將吏而至大將所一日，父母妻子盡同罪。卒逃歸至家一日，父母妻子弗執及不言，亦同罪”。④ 由此可知，即便在軍法中，失期并非都是一概論斬，而會根據具體失期時間及程度分别處罰。

張家山漢簡《奏讞書》案例一中蠻夷毋憂接受爲屯的致書後，却未到而逃亡，後被捕處以腰斬。可見判處毋憂腰斬的罪由是奉書逃亡，并不是失期。奉書逃亡是主觀故意犯罪行爲，遇水雨等惡劣自然環境的失期則最多是過失行爲，這兩種行爲的性質有所不同。故意犯罪體現出行爲人主觀惡意强，社會影響及危害性大，一般會給予嚴懲。過失是指行爲人因疏忽大意而造成危害的結果，主觀惡意較小。早在《尚書·康誥》中就已對這兩種犯罪心態進行區别，“人有小罪，非眚，乃惟終”。⑤ 眚，即過失，非眚就是指故意犯罪。秦漢法律中更是嚴格區分故意與過失犯罪，并制定出區别對待的刑罰原則。秦律中用“端”表示故意行爲，睡虎地

---

① 嶽麓秦簡的相關釋文爲“皆以灋（法）焉”，整理者譯爲“遇上包圍【……】（缺簡）皆以法處死”（朱漢民、陳松長主編：《嶽麓書院藏秦簡（叁）》，314 頁）。曹旅寧亦作此解：“軍法制裁是嚴厲的，有處死的，有貶爲城旦的，有處以耐刑的”（參見氏著《〈孟子梁惠王上〉“五十步笑百步”與〈嶽麓秦簡（三）〉》，簡帛網，2013 年 10 月 14 日）。但嶽麓秦簡原文衹説以軍法處理，并未提到處死。

② 睡虎地秦墓竹簡整理小組編：《睡虎地秦墓竹簡》，103 頁。

③ 張子俠：《〈陳涉世家〉疏證》，《淮北煤炭師院學報（哲學社會科學版）》1992 年第 2 期。

④ 陳偉武：《簡帛兵學文獻探論》，51 頁。

⑤ 《尚書正義》卷一四《康誥》，北京：中華書局，1980，203 頁。

秦簡《法律答問》有:"甲告乙盜牛若賊傷人,今乙不盜牛、不傷人,問甲可(何)論?端爲,爲誣人;不端,爲告不審。"[①]漢律繼承此原則,《二年律令·賊律》有:"賊殺人、鬥而殺人,弃市。其過失及戲而殺人,贖死;傷人,除。"[②]過失犯罪即能得到區别對待,更何况是不可抗拒的自然因素所造成的。綜上所述,毋憂已奉書却逃亡的行爲是致其被判處腰斬的原因。《史記》中陳勝、吴廣所説的"今亡亦死",或許就是這種情况。正是基於這種刑罰原則,將尉才不采納吴廣提出的逃亡建議。

三 秦漢時《戍律》與《徭律》《興律》的聯繫

陳勝等謫戍者,既不能適用於軍法,就應該按照秦《戍律》等相關律令來對待。睡虎地秦簡與嶽麓秦簡中都提到秦《戍律》的内容。[③] 在秦及漢初的傳世文獻與出土材料中,多能見到"徭戍"二字連用的情况,説明在當時人們的觀念中二者的關係極爲緊密。《史記·項羽本紀》記載:"諸侯吏卒异時故繇使屯戍過秦中,秦中吏卒遇之多無狀",[④]"繇使屯戍"連用。張家山漢簡《奏讞書》中毋憂被斬的案件在審理過程曾有所疑慮,"歲出賨錢,以當繇(徭)賦,窯遣爲屯,去亡,得,皆審。·疑毋憂罪,它縣論,敢灋(讞)之,謁報。署獄曹發。·吏當:毋憂當要(腰)斬,或曰不當論。"[⑤]可見在當時平民與基層官吏的眼中,如何區别徭賦與爲屯,尚有模糊不清之處。有學者認爲:"漢時承戰國及秦代的傳統,對力役與兵役的觀念分得不甚清楚,統稱之爲繇役。"[⑥]錢劍夫先生曾指出:"'戍'和'役'最初都是守邊的意思","戍卒爲秦漢人民守衛邊境的徭役","秦代的'謫戍'主要仍屬徭役性質"。[⑦] 還有學者認爲秦時"謫戍"與其通常情况下興徭的基本原則是非常接近的。[⑧] 由於目前所見秦《戍律》并不完整,我們可以通過對秦漢時《徭律》《興律》與《戍律》的比較來推測秦《戍律》的内容及適用性。

(一)秦法中徭、戍内容的比較

爲了便於對比,我們試將睡虎地秦簡《徭律》《秦律雜抄》中所記載"徭""戍"内容,分條列成下表:

① 睡虎地秦墓竹簡整理小組編:《睡虎地秦墓竹簡》,103頁。

② 張家山二四七號漢墓竹簡整理小組:《張家山漢墓竹簡[二四七號墓]》(釋文修訂版),北京:文物出版社,2006,11頁。

③ 有關嶽麓秦簡《戍律》的内容,詳見陳松長主編《嶽麓書院藏秦簡(肆)》,上海辭書出版社,2015,128-131頁,此外160頁"□律"中亦提及戍卒,整理者未釋律名,注釋中疑爲"齎律"。

④ 《史記》卷七《項羽本紀》,310頁。

⑤ 張家山二四七號漢墓竹簡整理小組:《張家山漢墓竹簡[二四七號墓]》(釋文修訂版),91頁。

⑥ 孫毓棠:《漢代的農民》,收入其著《孫毓棠學術論文集》,北京:中華書局,1995,36頁。

⑦ 錢劍夫:《秦漢賦役制度考略》,武漢:湖北人民出版社,1984,199、201頁。

⑧ 于振波:《"閭左"身份平議》,收入其著《簡牘與秦漢社會》,長沙:湖南大學出版社,2012,148頁。

表 1：睡虎地秦簡中“徭”與“戍”内容的比較

	徭	戍
徵發者	縣復興徒爲之	縣嗇夫、尉及士吏行戍
修城(堵)者	興徒以爲邑中之紅(功)者	戍者
擔保期限	嫜堵卒歲	姑(嫜)堵一歲
擔保期限内城(堵)壞責任人	未卒堵壞，司空將紅(功)及君子主堵者有辠(罪)	所城有壞者，縣司空署君子將者，貲各一甲；縣司空佐主將者，貲一盾
重修者	其徒復垣之	戍者勉補繕城

資料來源：睡虎地秦墓竹簡整理小組編《睡虎地秦墓竹簡》

從表一可以看出，徭與戍的徵發者都在縣，修堵者分别爲興徒、戍者，工程擔保期都是一年，如果在擔保期内出現問題，有罪者都是司空及君子，重修者還是原來的修者。可見睡虎地秦簡中徭、戍的律文十分相似。新近公布的嶽麓秦簡中有較爲細緻的秦《徭律》《戍律》内容，試摘録相關律文如下：

> 繇(徭)律曰：……(1394) └有貲贖責(債)拾日而身居，其居縣官者，縣節(即)有(1429)繇(徭)戍，其等當得出，令繇(徭)戍，繇(徭)戍已，輒復居。當繇(徭)戍，病不能出及作盈卒歲以上，爲除其病歲繇(徭)，(1420)勿聶(攝)□□論毄，除毄日繇(徭)戍，以出日傳(使)之。(1424)
>
> 繇(徭)律曰：發繇(徭)，自不更以下繇(徭)戍，自一日以上盡券書，及署於牒，將陽倍(背)事者亦署之，不從令及繇(徭)不當(1305)券書，券書之，貲鄉嗇夫、吏主者各一甲，丞、令、令史各一盾。(1355)
>
> 戍律曰：……(1299) └徭發，親父母、泰父母、妻、子死，遣歸葬。已葬，輒聶(攝)以平其徭。(1236)①

嶽麓秦簡《徭律》中多次將“徭戍”并稱，并且當徭戍時因病不能出者，如患病超過一年，所欠缺的徭戍可獲得免除，不需要追究。②《戍律》中又規定在服徭役時，因親人去世而歸葬治葬，事後要補回欠缺的徭役。③ 由此可見，秦法中《徭律》與《戍律》在内容上有着極高的關聯與互補性。這種内容的交叉互補，表明二者具有某些相同的適用範圍，或許戍卒中不納入直接

① 陳松長主編：《嶽麓書院藏秦簡(肆)》，151、152、129 頁。

② 張家山漢簡《二年律令・徭律》中有類似規定：“當繇(徭)戍而病盈卒歲及毄(繫)，勿聶(攝)”。參見張家山二四七號漢墓竹簡整理小組《張家山漢墓竹簡[二四七號墓]》(釋文修訂版)，64 頁。

③ 陳偉：《嶽麓書院秦簡〈徭律〉的幾個問題》，《文物》2014 年第 9 期。另陳松長認爲《戍律》中“輒聶(攝)以平其繇”也許是漏掉一個“勿”字，或是“輒勿聶(攝)以平其繇”，參見氏著《嶽麓秦簡中的〈徭律〉例説》，《出土文獻研究》第 11 輯，上海：中西書局，2012，162-166 頁。

軍事作戰的那部分人,其所受到《戍律》的約束程度與普通服役者比較相似。

(二)張家山漢簡《徭律》《興律》對"戍"的規定

由於秦代史料的相對不足,學界常用漢承秦制的方法來推測秦、漢制度上的演變。張家山漢簡中記載了不少漢初的律令條文,在時間上距秦末不算太遠。其中《二年律令·徭律》中有對"戍"的直接規定:

> 當繇(徭)戍而病盈卒歲及毄(繫),勿聶(攝)。(407)
>
> 戍有餘及少者,隤後年。興□□□(414)□□爲□□□□及發繇(徭)戍不以次,若擅興車牛,及繇(徭)不當繇(徭)使者,罰金各四兩。(415)[①]

這説明在漢初與秦時類似,《徭律》同樣可以對戍卒進行某些法律上的約束。張家山漢簡《興律》中有"戍"及"徭"的規定,如下:

> 當戍,已受令而逋不行盈七日,若戍盜去署及亡盈一日到七日,贖耐;過七日,耐爲隸臣;過三月,完爲城旦。(398)
>
> 當奔命而逋不行,完爲城旦。(399)
>
> 已(?)繇(徭)及車牛當繇(徭)而乏之,皆貲日十二錢,有(又)賞(償)乏繇(徭)日,車▨。(401)
>
> ▨繇(?)日(?)▨。(402)[②]

張家山漢簡《興律》中有"乘徼""守燧""奔命"等極具軍事特性的内容。可見,即便被認爲是軍興之律的《興律》,也涉及有"徭"的内容。[③]

王偉先生曾提出前文所引睡虎地秦簡《徭律》中當析出一條《興律》。[④] 新公布的嶽麓秦簡證實秦確有《興律》,且律文中有"興律曰:發徵及有傳送殹(也)""乏事""失期"等,[⑤]與王偉所析出《興律》有相似之處。在秦漢時期的法律中,徭、戍、興的内容,多有相互雜糅。《晉書·刑法志》總結到:

> 世有增損,率皆集類爲篇,結事爲章。一章之中或事過數十,事類雖同,輕重乖异。而通條連句,上下相蒙,雖大體异篇,實相采入。《盜律》有賊傷之例,《賊律》有盜章之

① 張家山二四七號漢墓竹簡整理小組:《張家山漢墓竹簡[二四七號墓]》(釋文修訂版),64-65 頁。

② 張家山二四七號漢墓竹簡整理小組:《張家山漢墓竹簡[二四七號墓]》(釋文修訂版),62-63 頁。

③ 《史記》記載,文帝十三年"除肉刑及田租稅律、戍卒令",可見漢初還有專門針對戍卒進行管理的令文。參見《史記》卷二二《漢興以來將相名臣年表》,1127 頁。

④ 王偉:《〈秦律十八種·徭律〉應析出一條〈興律〉》,《文物》2005 年第 10 期。

⑤ 陳松長主編:《嶽麓書院藏秦簡(肆)》,147 頁。

文，《興律》有上獄之法，《廄律》有逮捕之事，若此之比，錯糅無常。[①]

秦漢時期律令内容上的雜糅，有兩種可能：一是秦漢律令的篇名，可能不是對該法律内容的絶對規定，而衹是一個主題界定；二是秦漢法律本就是相互補充的，一篇法律可能對多類事件適用，對同一類事件的法律規定，也可能出現在多篇法律文獻中。

四　秦律對“失期”的規定

由於目前出土材料中尚未見到秦及漢初《戍律》的全部内容，所以暫不清楚《戍律》中對失期的具體規定，但從前文的比較可以看出，我們在理解陳勝等戍卒失期問題的處理上，不僅可以依據秦漢時期的《戍律》，還可以參考同時期的《徭律》《興律》等。有關對“失期”者的處罰，唐律“公事應行稽留”條中規定：“諸公事應行而稽留，及事有期會而違者，一日笞三十，三日加一等；過仗一百，十日加一等，罪止徒一年半。”唐律“違令式”條規定：“諸違令者笞五十，別式減一等。”[②]

（一）秦《徭律》《興律》對“失期”行爲的規定

秦《徭律》《興律》中對於“失期”，不會一概而論，會根據其原因及事態的嚴重程度進行不同的處罰。如前文所引述：

> 御中發徵，乏弗行，貲二甲；失期三日到五日，誶；六日到旬，貲一盾；過旬，貲一甲；其得殹（也）及詣水雨。除。興。[③]

《徭律》對於“失期”的處理相對較輕，根據延誤的時間給予不同的經濟處罰，如果遇到水雨等客觀的惡劣環境，還能免除此次徵發。嶽麓秦簡有《興律》：

> 0992：•興律曰：發徵及有傳送殹（也），及諸有期會而失期，事乏者，貲二甲，廢。其非乏事【殹（也），及書已具】☐
>
> 0792：留弗行，盈五日，貲一盾；五日到十日，貲一甲；過十日到廿日，貲二甲；後有盈十日，輒駕（加）一甲。[④]

“諸有期會而失期”，這與陳勝等人在途中失期的情況極爲相似。《興律》將“失期”分爲“事

① 《晉書》卷三〇《刑法志》，北京：中華書局，1974，923頁。

② 劉俊文：《唐律疏議箋解》，1943頁。

③ 睡虎地秦墓竹簡整理小組編：《睡虎地秦墓竹簡》，47頁。標點參考王偉《〈秦律十八種·徭律〉應析出一條〈興律〉》，有所改動。

④ 陳松長主編：《嶽麓書院藏秦簡（肆）》，147頁。

乏”與“非乏事”兩種情況,同樣是根據延誤的時間給予不同的經濟處罰,如果造成“事乏”,相關負責人還要被免去官職。[①] 此外在秦《行書律》《獄校律》中有涉及失期的規定,前者根據失期程度給予經濟懲罰,後者在貲罰之外對於超過兩月的嚴重情況給予奪爵的處罰,無爵者卒戍四歲。[②]

(二)嶽麓秦簡新見有關“失期”的法律規定

在嶽麓秦簡中有三枚竹簡涉及遇到意外情況而導致“失期”時的處理辦法,能拓展我們對秦律中失期規定的認識,先將相關釋文摘録如下:

1182:郡守及縣官各以其事難易〈易〉、道里遠近,善爲期,有失期及竊去其事者,自一日以到十日,貲二甲;過十日

1177+C10-3-10:贖耐;過三月耐爲隸臣└。其病及遇水雨不行者,自言到居所縣,縣令獄史診病者令、丞前,病有瘳自言

1155:瘳所縣,縣移其診牒。及病有瘳、雨留日數,告其縣官,縣官以從事診之,不病,故☑

這三枚竹簡的保存情況較好,簡文完整,字迹較爲清晰。根據其形制、書體及内容等方面的分析,應當可以進行編聯。其中C10-3-10爲殘片綴合至簡1177,暫時并未找到簡1155的下文。從簡文整體内容來看是立法者針對地方事務中失期行爲的規定,根據“耐爲隸臣”無“妾”可推,這或許是戍邊一類衹有男性參與的事務。簡文以十日、三月爲界將失期分作三種情況,失期三月以内則給予相應的經濟處罰,超過三月將被處耐爲隸臣。在對失期造成原因的分類上,除睡虎地秦簡提到的“水雨”外,還有患病不能行者。但患病者需要到所在縣開具病情診斷説明的文書。

“郡守及縣官各以其事難易〈易〉、道里遠近,善爲期”。郡縣等負責的官吏要根據不同事情的難易程度及道路遠近分别制定合理的時間期限。睡虎地秦簡《爲吏之道》有“作務員程”,“員程”即指各種勞作的數額規定或用時期限。睡虎地秦簡《金布律》又有:“官相輸者,以書告其出計之年,受者以入計之。八月、九月中其有輸,計其輸所遠近,不能逮其輸所之計,□□□□□□□移計其後年,計毋相繆。”[③]北京大學藏秦水陸里程簡册(以下簡稱《里程

① 張家山漢簡《二年律令·賊律》中還有矯制害與不害之别,害則弃市,不害僅罰金四兩(張家山二四七號漢墓竹簡整理小組:《張家山漢墓竹簡[二四七號墓]》(釋文修訂版),9頁)。

② “行書律曰:傳行書,署急輒行,不輒行,貲二甲。不急者,日觱(畢)。留三日,貲一盾;四日【以】上,貲一甲”;“□會獄治,詣所縣官屬所執灋,即亟遣,爲質日,署行日,日行六十里,留弗亟遣過五日及留弗傳過二日到十日,貲縣令以下主者各二甲;└其後弗遣復過五日,弗傳過二日到十日,輒駕(加)貲二甲;留過二月,奪爵一級,毋(無)爵者,以卒戍江東、江南四歲”。參見陳松長主編《嶽麓書院藏秦簡(肆)》,131、145-146頁。

③ 睡虎地秦墓竹簡整理小組編:《睡虎地秦墓竹簡》,37頁。

簡册》)就是這類文書,《里程簡册》比較詳細地記録了秦南郡内部及其到洛陽的道路里程,并根據沿途江河水量及季節變化,制定出相應的每日行程定額。如簡册中述及安陸至周邊各地的道路里程爲:"銷到當陽鄉九十三里,到江陵界卅六里。銷北到毚鄉五十六里,到鄢界十七里";"用船江、漢、員(涓),夏日重船上日行八十里、下百卌里,空船上日行百里、下百六十里"。[①] 嶽麓秦簡律文中對戍卒等人的行程進行了相應規定:"□律曰:冗募群戍卒及居貲贖責(債)戍者及冗佐史、均人史,皆二歲壹歸,取衣用,居家卅日,其□□□以歸寧,居家卅日外往來,初行,日八十里,之署,日行七十里。(0914)"[②]正是基於對各地之間道路里程及環境的清晰瞭解,秦法中纔能對行程日期等進行具體的規定。

"竊去其事",指未經上報而擅離職事。睡虎地秦簡《徭律》中有"其得殹(也)及詣水雨。除。"雖然遇到"水雨"等惡劣自然环境時可以免除此次徭役的徵發,但需要向上級主管機構提出申報,不得隨意私自决斷。嶽麓秦簡《戍律》有規定爵位不同者可以代戍,但必須提前向官府申請,否則"雖當代而不謁書於吏",要被罰貲一甲。[③]

"其病及遇水雨不行者,自言到居所縣"。秦的行政中十分注重"水雨"等特殊自然環境的影響,嶽麓秦簡《司空律》有"黔首及司寇、隱官、榦官人居貲贖責(債)或病及雨不作,不能自食者,貸食,以平賈(價)賈",[④]與"病及遇水雨不行"的情形類似。居所縣指當事人目前所居之縣,有可能是在户籍地尚未出發,也有可能是"不行"時所在地。陳勝等人在行進途中,其居所縣應是陳縣。

"縣令獄史診病者令、丞前",讓獄史來診問病者的病情,并由縣令、縣丞當場監看。嶽麓秦簡《田律》與《金布律》有類似的規定,"令令史、賦(錢)主各挾一辨,月盡發甀令、丞前"及"厩嗇夫丈齒令、丞前。"[⑤]里耶秦簡和居延漢簡中常見"發某文書某吏或某君前",如"遷陵以郵行發令丞前洞庭"。[⑥] 秦漢時一些重要的事務需要在縣長官前從事,這種做法表示對事情的重視,同時又有集體負責的含義。如果稱病者説病情已經痊愈,還要將相關的診斷書呈送,用來證明情況屬實。張家山漢簡《二年律令·徭律》有:"其非從軍戰痍也,作縣官四吏,

① 辛德勇:《北京大學藏秦水陆里程簡册的性質和擬名問題》,武漢大學簡帛研究中心主編《簡帛》第8輯,上海古籍出版社,2013,17-27頁。後收入其著《石室賸言》,北京:中華書局,2014,67-70頁。此外,在里耶秦簡中也有類似的記載,如"鄢到銷百八十四里。銷到江陵二百卌六里(16-52)"等,參見里耶秦簡博物館、出土文獻與中國古代文明研究協同創新中心中國人民大學中心編著《里耶秦簡博物館藏秦簡》,上海:中西書局,2016,208頁。

② 陳松長主編:《嶽麓書院藏秦簡(肆)》,160頁。

③ "戍律曰:下爵欲代上爵、上爵代下爵及毋爵欲代有爵者戍,皆許之。以弱代者及不同縣而相代,勿許。【不當相代】而擅相代,貲二甲;雖當相代而不謁書於吏,其庸代人者及敢代者,貲各一甲"。參見陳松長主編《嶽麓書院藏秦簡(肆)》,128頁。

④ 陳松長主編:《嶽麓書院藏秦簡(肆)》,154頁。

⑤ 陳松長主編:《嶽麓書院藏秦簡(肆)》,105、111頁。

⑥ 湖南省文物考古研究所:《里耶一號井的封檢和束》,湖南省文物考古研究所編《湖南考古輯刊》第8集,長沙:嶽麓書社,2009,65-70頁。

不可事,勿事。勿(?)以爲(?)眕(?)瘳之令、尉前。”[①]《二年律令》中同樣規定如果因病不能踐更,要在縣令、縣尉面前診斷病情。參考嶽麓秦簡可將後一部分改爲“勿以爲,診瘳之令、尉前”。

“病有瘳自言瘳所縣,縣移其診牒。及病有瘳、雨留日數,告其縣官”。里耶秦簡有“馬以傳食,人疾及留不行日移索(索),索(索)集報叄川都水薄(簿)留日。”[②]人疾不行與逗留不行的天數要移書索縣,索縣集中後上報到叄川郡,與此令中規定做法類似。

簡 1155 末尾有殘損,從文意推測“故”後應是針對詐病不實者的相關處罰規定。有學者認爲秦法嚴苛,没有彈性,明明是大雨連天的緣故,但法令却没有一點可以變通的地方。[③] 但從出土的秦簡可以看出,至少在“失期”問題的處理上,立法者有考慮到實踐中客觀因素的影響。

五　陳勝、吴廣提出“失期皆斬”的原因

雖然秦軍法及律令中規定失期不一定被斬,但在當時的具體實踐過程中未必都會遵守法律條文。即便秦二世大殺公室大臣、行督責之術等不按法律規定的處事行爲是在陳勝起兵之後,但《史記》記載陳勝等人此次被徵發的過程是“發閭左適戍漁陽”,學界對“閭左”的理解頗有分歧,[④]但無論如何,這種徵發戍卒的程式已不屬正常。

陳勝、吴廣提出“失期皆斬”的説法,學者多認爲是其謀劃起兵反秦的藉口和手段。但除此之外,還有可能是陳勝等人本就對秦法不太熟悉。如前文所引張家山漢簡《奏讞書》案例,專門從事案件審理的基層官吏尚不能完全理解法律的含義,做出“當腰斬,或曰不當論”大相徑庭的疑問,還要專門向上級請示裁決。一般認爲陳勝、吴廣是當時下層社會者,更有可能對律令的理解出現偏漏。而在這一點上,同行的兩位將尉或許比較清楚,所以完全没有顯示出可能被處斬的心態。此外陳勝等人是故楚地人,受到舊楚國法律、習俗的影響根深蒂固。秦昭襄王二十九年(前 278),秦取郢爲南郡,而睡虎地《語書》中却記載秦王政二十年(前

---

① 彭浩、陳偉、工藤元男主編:《二年律令與奏讞書》,上海古籍出版社,2007,247 頁。

② 里耶秦簡博物館、出土文獻與中國古代文明研究協同創新中心中國人民大學中心編著:《里耶秦簡博物館藏秦簡》,205 頁。釋文另參考何有祖《里耶秦簡 14-469、14-639 號簡補釋》,簡帛網,2016 年 8 月 21 日。

③ 張鳴:《中國政治制度史導論》,北京:中國人民大學出版社,2004,42 頁。

④ 各家主要觀點參見于振波《“閭左”身份平議》。此外,在出土的秦璽印中有一枚銅質官印,印文爲“閭左枝長”,“閭左”或指某一類特殊人群,其長官爲枝長。作爲職官的“枝長”不見於傳世文獻與出土材料的記載。陳松長先生在《嶽麓書院所藏秦簡綜述》中指出嶽麓秦簡中有“枝長癸、求盗、上造□、士五……”但整理者内部似有分歧,由陶安先生執筆的《嶽麓秦簡(叄)》釋文將“枝長”改作“校長”,而隨後陳松長先生在其著《嶽麓秦簡綜述》中維持“枝長”的釋文,《嶽麓秦簡綜述》大致沿用《嶽麓書院所藏秦簡綜述》的内容,但又做出多處修訂。參見周曉陸、路東之《秦封泥集》,西安:三秦出版社,2000,410 頁;陳松長《嶽麓書院所藏秦簡綜述》,《文物》2009 年第 3 期;朱漢民、陳松長主編《嶽麓書院藏秦簡(叄)》,95 頁;陳松長《嶽麓秦簡綜述》,陳松長等著《嶽麓書院藏秦簡的整理與研究》,上海:中西書局,2014,94 頁。

227)時南郡尚有"今法律令已具矣,而吏民莫用,鄉俗淫失(泆)之民不止"的情況。[1]《史記·陳涉世家》中陳勝等人有"失期當斬"與"失期,法皆斬"前後兩種不同表述,隨後又説"藉弟令毋斬",可見陳勝等人有可能不太清楚秦法的詳細規定,不僅會將秦律與軍法混淆,甚至還有可能將軍法中失期斬將的情況與自己屯長身份聯繫起來,造成誤解。

有學者通過對比《北齊書》中高歡的相關記載,推測《史記》對陳勝起兵的記載有文學想像成分。[2] 其實不然,根據成書時間,高歡的舉措與《北齊書》的記載方式更有可能是參考《史記》及其所描述的陳勝事迹。太史公不是大澤鄉起兵的親歷親見者,但與其説《史記》的記載有文學想像成分,不如説是太史公著《史記》各篇史料的來源不一。李開元先生提出歷史學的知識構成是一個"3+N"的狀態,其中"3"指史實、史料、史書,即歷史學的三個基礎世界,而"N"是指在這三個基礎世界之外的多重延伸。具體到《史記》而言,它并不是直接的史料,而衹是歷史學家司馬遷根據他所見到的史料編撰的一部特别的史書,屬於歷史學的第三世界,與歷史真相已經有了距離。[3] 而在《史記》的著述中,除了比較真實可靠的政府檔案和文獻資料外,還用到不少的歷史故事和民間實地的訪問調查。陳勝等人起兵時,時局動蕩,軍情緊急,自然無暇顧及修史記事。其在大澤鄉起兵的情形,應是由當事者的口耳相傳,於漢初整理成文,後又經太史公修訂成篇。這類史料來源是有事實基礎的,但還可以進一步甄别。

六　結論

綜上所述,秦漢時期雖然有"失期當斬"的軍法,但一般是針對軍事行爲中的統領者,而不是將整個失期軍隊的士卒全部處斬。從嶽麓秦簡案例及銀雀山漢簡、《尉繚子》可知,即便是軍法,也會根據事情的嚴重程度進行區别對待。或許還會像"矯詔無害"之類的參考後果進行不同處罰。陳勝等人雖然是被徵發前往邊郡的戍卒,但由於其尚在途中,未到戍地,并未納入邊郡士卒的管理系統,所以不能適用於軍法。而秦律對於"失期",不會一概而論,會根據原因及事態的嚴重程度進行不同的處罰。

附記:文章草成後,承蒙業師湖南大學嶽麓書院于振波先生提出修改意見,匿名審稿專家也給予很好的建議。特此致謝!唯文中一切錯誤皆由本人自行負責。

① 睡虎地秦墓竹簡整理小組編:《睡虎地秦墓竹簡》,13頁。
② 曹旅寧:《陳勝吴廣起義原因"失期"辨析——秦漢法律簡牘中關於"不可抗力"的規定》。
③ 李開元:《解構〈史記·秦始皇本紀〉——兼論3+N的歷史學知識構成》,《史學集刊》2012年第4期。

簡牘所見秦代的行戍群體

南京師範大學歷史系　劉鵬

内容提要　里耶秦簡所見有更戍、冗戍、屯戍、罰戍、吏以卒戍、讁戍等行戍群體。更戍者身份并不複雜,一般都是具有自由身份的編户民。他們有的可以由政府稟給口糧,有的則衹能向政府借貸,後者當是在一定時期内未能爲官府服勞役。與更戍者相對,冗戍者在規定役期内長期服役,且不能抵充其所應服的戍役。屯戍者當是按常制徵發的一類重要戍卒,其口糧均由官府稟給。他們在服役期内終年都需爲官府服勞役,此或即與更戍者在服役上的最大區别。罰戍者因罪被罰戍邊,一般并不剥奪或減免其原有爵位。此外,吏以卒戍也應是罰戍者的一種。讁戍者則是因身份低賤而被徵發戍邊,與西漢"七科讁"相較,秦代讁戍對象更加寬泛。

關鍵詞　秦代　更戍　屯戍　行戍群體　里耶秦簡

秦代的傜戍制度是秦漢經濟史研究中的重要問題。前輩學人對秦代傜役和戍役問題進行了大量的綜合研究,在很多基本問題和相關概念上大體達成了共識。[①] 此外,學界對秦代

① 參見陳大志、王彦輝《秦漢時期傜戍制度研究述評》,《中國史研究動態》2015 年第 3 期。此外,相關研究成果還有王彦輝《秦漢傜戍制度補論——兼與楊振紅、廣瀨薰雄商榷》,《史學月刊》2015 年第 10 期;孫聞博《秦及漢初"傜"的内涵與組織管理——兼論"月爲更卒"的性質》,《中國經濟史研究》2015 年第 5 期。

戍役制度的相關問題也進行了專門探討,取得的成果也可以説是顯而易見的。[①] 然而,在近年來公布的里耶秦簡等秦漢出土文獻中,除了以往常見的"屯戍""讁戍"等行戍群體外,還有"更戍""冗戍""罰戍""吏以卒戍""貲戍""爵戍"等名目。尤其是里耶簡首次出現了"更戍""冗戍",這是學界所始料未及的,也足見秦代的實際戍役制度更爲複雜多樣。[②] 本文不揣譾陋,擬就更戍、冗戍、屯戍、罰戍、讁戍等行戍群體的身份與來源、所從事的勞役及生活待遇等問題再作一些探討。不到之處,敬請方家指正。

一　更戍

對於"更戍",里耶秦簡牘整理小組釋爲"當番戍邊",并進一步徵引相關傳世文獻予以解釋。[③] 但由於更戍之名,史籍無徵,相關解釋有失之籠統之嫌。其確切含義,還需回歸到有關出土材料中進行探求。目前公布的《里耶秦簡》第一卷中,明確出現"更戍"的記録共有 12 條。爲便於討論,現輯録如下:

[1]卅四年九月癸亥朔乙酉,畜□☑

蓋侍食羸病馬無小,謁令官遣☑

病者無小,今止行書徒更戍城父柘□☑

之。/卅五年十一月辛卯朔朔日,遷陵□☑(8-143)

[2]……【司】空佐敬二甲。【司】空守謷三甲。司空守巸三甲。司空佐沈二甲。以。□□□一盾。入。庫武二甲。(第一欄)

庫佐駕二甲。田官佐賀二甲。髳長忌再□觜。校長予言貲二甲。發弩□二甲。倉佐平七【盾】。田佐□一甲。(第二欄)

令佐圂一盾。令佐冣七甲。令佐逌二甲。已利。□廿錢。更戍晝二甲。更戍【五】二甲。更戍【登】二甲。(第三欄)

---

① 代表性研究成果主要有高敏《勞動人民是戍邊徭役的主要承擔者——讀〈雲夢秦簡〉札記》,收入其著《雲夢秦簡初探》(增訂本),鄭州:河南人民出版社,1981;孫言誠《簡牘中所見秦之邊防》,中國社會科學院研究生院研究生畢業論文,1981;孫言誠《秦漢的戍卒》,《文史哲》1988 年第 5 期;盧星《試論秦漢讁戍的幾個問題》,《江西師範大學學報》1988 年第 4 期;胡大貴《關於秦代讁戍制的幾個問題》,《西南師範大學學報》1991 年第 1 期;蔣非非《秦代讁戍、贅婿、閭左新考》,《北京大學學報》1995 年第 5 期;孫聞博《秦漢帝國"新地"與徙、戍的推行——兼論秦漢時期的内外觀念與内外政策特徵》,《古代文明》2015 年第 2 期;王彦輝《論秦漢時期的正卒與材官騎士》,《歷史研究》2015 年第 4 期。

② 朱德貴先生已經注意到了這個問題,并就秦代的"更戍"與"屯戍"制度進行了一定的探討。但相關問題似仍有較大的探討空間。參見朱德貴《秦簡所見"更戍"和"屯戍"制度新解》,《蘭州學刊》2013 年第 11 期。

③ 參見陳偉主編《里耶秦簡牘校釋(第一卷)》,武漢大學出版社,2012,83-84 頁。

更戍嬰二甲。更戍□二甲。更戍萰贖耐。二。更戍得贖耐。更戍堂贖耐。更戍齒贖耐。更戍暴贖耐。(第四欄)(8-149+8-489)

[3]☐□假追盜敦長更戍☐(8-349)

[4]更戍士五(伍)□☐(8-694)(背)

[5]☐人忠出貸更戍士五(伍)城父陽鄭得☐(8-850)

[6]☐稟人忠出貸更戍城父士五(伍)陽櫂倗八月九月☐(8-980)

[7]☐【人】忠出貸更戍士五(伍)城父中里簡。(8-1000)

[8]【稟】人忠出貸更戍士五(伍)城父蒙里□☐(8-1024)

[9]卅四年七月甲子朔甲戌,牢人更戍士五(伍)城☐(8-1401)

[10]☐貣更戍☐(8-1505)

[11]卅五年三月庚寅朔辛亥,倉銜敢言之:疏書吏、徒上事尉府者牘北(背),食皆盡三月,遷陵田能自食。謁告過所縣,以縣鄉次續食如律。雨留不能投宿齎。當騰騰。來復傳。敢言之。(8-1517)

令佐温。更戍士五(伍)城父陽翟執。更戍士五(伍)城父西中痤。(8-1517)(背)

[12]☐更戍年(8-2418)①

此外,尚有以下兩則簡文值得注意:

[13]☐庚寅朔辛亥,【倉】☐

☐□皆盡三月,遷□☐

食如律。雨留不能投宿齎。☐

三月庚寅朔辛亥,遷☐(8-110+8-669)

令佐温。☐

□戍□□□陽翟□。☐

更□士□□□中痤。☐(8-110+8-669)(背)

[14]粟米二石。卅三年九月戊辰乙酉,倉是、佐襄、稟人藍出貸【更】☐(8-1660+8-1827)②

簡[13][14]中"更□"雖然殘斷,但從簡文辭例和内容上看,前者與簡[11],後者與簡[5][6]等極其相似,很有可能也是關於"更戍"的記録。

① 本文所涉里耶簡各簡文編號,均參照陳偉主編《里耶秦簡牘校釋(第一卷)》。簡[1]至簡[12]頁碼依次爲:83、89-90、136、205、237、256、259、264、320、340、344-345、466頁。

② 陳偉主編:《里耶秦簡牘校釋(第一卷)》,64、374頁。

如上引材料所示,"更戍"與一定身份的人名一起,在里耶簡中如此頻繁出現,可見秦代的確存在一種名爲"更戍"的行戍群體。

關於更戍者的身份,簡[1][2][12]未載,簡[3][10][14]殘斷,其身份皆不得而知,簡[4][5][6][7][8][9][11]則都記載明確,且毫無例外都是"士伍"。簡[13]雖然殘斷,但與簡[11]對比可知,二者很可能都是"士伍(翟)埶、士伍痤"。而士伍是地位略高於庶人的身份類型,亦屬自由民。① 如此,我們斷言秦代更戍者主要來自具有自由身份的編户民,應該是可靠的。至於論者援引簡[2]中更戍者"貲甲""贖耐"的情形,認爲"更戍"者身份較爲複雜,有編户民,也有帶"貲甲"或"贖耐"者,②實則是有待商榷的。如所周知,秦代"貲甲""贖耐"本質上都是較爲普遍的財産刑,其懲罰程度相對較輕。更戍者在服役期間受到"貲甲"等經濟處罰,一般并不會改變他們的原來身份。這就正如簡[2]所示,司空、庫佐等低級吏員受到"貲甲"等處罰,也不會改變他們的職務和爵位。相反,對有罪在身又犯新罪的人,秦律有加重處罰的規定,如"當耐爲隸臣,以司寇誣人,可(何)論? 當耐爲隸臣,有(又)毄(繫)城旦六歲"③。更戍者僅被判處"貲甲""贖耐"等輕微刑罰,正説明了他們犯罪前的編户民身份。

關於更戍者的口糧問題,簡[2]未載,簡[3][4][9][12]關鍵信息殘斷,簡[5][6][7][8][14]則均明確載有"出貸"。簡[10]中"☑貣"雖然殘斷,但也屬"出貸"當無太大問題。所謂出貸,即官府向有需求的特定人群有償借予糧食。簡[1][11][13]雖無明確的出糧信息,但從相關内容上看,後二者是典型的"續食"記録,里耶簡中類似的材料還有:

> [15]元年七月庚子朔丁未,倉守陽敢言之:獄佐辨、平、士吏賀具獄,縣官食盡甲寅,謁告過所縣鄉以次續食。(5-1)④

整理者認爲,簡[15]中獄佐辨、平、士吏賀稟食至甲寅(七月十五日)爲止,其後由過所縣鄉供食,⑤則簡[11][13]中令佐温和更戍士伍(翟)埶、士伍痤稟食至3月底。因秦律有明文規定:"月食者已致稟而公使有傳食,及告歸盡月不來者,止其後朔食,而以其來日致其食;有秩吏不止"⑥,簡[11][13][15]中,對於那些已經領取了口糧而又有"公使"任務者,原來負責爲其稟食的倉官,都要詳細報告他們的稟食時段,并告知他們"公使"所經過的縣鄉"以次續

---

① 張家山漢簡《二年律令·户律》規定按爵位名田宅時,將"士伍"置於"公士"與"庶人"之間,可見"士伍"亦爲自由民,且地位略高於庶人。參見張家山二四七號漢墓竹簡整理小組《張家山漢墓竹簡[二四七號墓]》(釋文修訂本),北京:文物出版社,2006,52頁。

② 朱德貴:《秦簡所見"更戍"和"屯戍"制度新解》。

③ 陳偉主編:《秦簡牘合集(壹)》(釋文注釋修訂本),武漢大學出版社,2016,229頁。

④ 陳偉主編:《里耶秦簡牘校釋(第一卷)》,1頁。

⑤ 陳偉主編:《里耶秦簡牘校釋(第一卷)》,3頁。

⑥ 陳偉主編:《秦簡牘合集(壹)》(釋文注釋修訂本),69頁。

食"。由此可見,對於簡[11]中擔任"疏書徒"的更戍士伍而言,他們原本是通過"出稟"即由政府發放口糧的,[①]又由於外出擔任"上事尉府"的"公使"任務,才按照"傳食"的方式獲取口糧。從這個層面上看,有學者認爲更戍者的糧食和衣物由自己解決,政府不予稟給,[②]亦是不正確的。

那麽,爲什麽有的更戍者可以由政府稟給,有的却衹能向政府借貸呢?我們認爲,這主要是由於後者未能爲官府服役。睡虎地秦簡《倉律》規定隸臣妾如果"從事公",就享有一定的稟食待遇;如果"不從事",則"勿稟"。[③] 張傳漢先生認爲,秦律衹對隸臣妾而非官奴婢和城旦舂、鬼薪白粲等刑徒作這樣的規定,就是由於前者有自己獨立的家庭經濟,又定期爲官府服勞役,而後者終年爲官府服勞役,都要官府發給糧食。[④] 這種看法甚有見地。而對於擁有自由民身份、輪番爲官府服戍邊勞役的更戍者而言,秦律中有類似規定應當更加可以想見。如簡[11]中的更戍士伍被派到尉府去勞作,在本縣由官府發給口糧,在沿途所經過的縣鄉則可以得到"續食"。簡[1]中更戍者擔任了"行書徒",簡[3]中擔任了"假追盜敦長",簡[9]中擔任了"牢人",他們都很有可能向政府領取口糧。[⑤] 反之,簡[5][6]、[7]等明確載有"出貸"的簡文,均無更戍者擔任職務或進行作務的任何信息,這固然可能是由於"出貸"的公文記録有其固定的書寫格式,但除此之外,很可能是由於他們在一定時期内未能爲官府服役,不能得到官府稟給而衹能向其借貸。

綜上所論,秦代更戍者身份并不複雜,一般都是具有自由身份的編户民。更戍者并非終年都需爲官府服勞役。他們有的可以由政府稟給口糧,有的則衹能向政府借貸,後者當是由於在一定時期内未能爲官府服勞役。

---

① 里耶簡載有一種名爲"出稟"的出糧方式,較"出貸"更爲普遍。相關材料搜集與分析可參看吴方浪、吴方基《簡牘所見秦代地方稟食標準考論》,《農業考古》2015年第1期;平曉婧、蔡萬進《里耶秦簡所見秦的出糧方式》,《魯東大學學報》2015年第4期。

② 朱德貴:《秦簡所見"更戍"和"屯戍"制度新解》。

③ 陳偉主編:《秦簡牘合集(壹)》(釋文注釋修訂本),72頁。

④ 張傳漢:《略論秦代隸臣妾的身份問題》,《遼寧大學學報》1985年第4期。

⑤ 簡[1]中的"行書徒",整理者釋爲"傳送郵件的士兵"(陳偉主編:《里耶秦簡牘校釋(第一卷)》,83頁)。簡[11]中的上事尉府者,整理者無釋,其工作性質當是到尉府從事勞作。皆由政府稟食。簡[3]中的"假追盜敦長"即代理追盜屯長。睡虎地秦簡《秦律雜抄》規定:"不當稟軍中而稟者……徒食、敦(屯)長、僕射弗告,貲戍一歲。"(陳偉主編:《秦簡牘合集(壹)》(釋文注釋修訂本),162頁)細繹簡文語義,屯長應當也是稟食軍中的。至於由更戍者擔任的代理追盜屯長,稟食於軍中還是縣中不得而知,然歸之稟食,則似無太大疑義。簡[9]中的"牢人",里耶簡中多見,其中8-1855還有大隸臣擔任"牢人"的記載,而隸臣本身就是受官府稟給的重要對象。此外,簡8-270還有"出稟"牢監的記載。牢監與牢人雖有區别,但同屬監獄管理人員,前者既受政府稟給,後者亦當如此。綜上,更戍者擔任"牢人",口糧亦當由官府稟給。

二　冗戍

與“更戍”相對，里耶簡中還有一類名爲“冗戍”的行戍群體：

[16]卅年五月戊午朔辛巳，司空守敞敢言之：冗戍士五(伍)□歸高成免衣用，當傳。謁遣吏傳。謁報。敢言之。(8-666+8-2006)①

儘管目前公布的里耶簡中，明確有關“冗戍”的簡文僅此一例，也足見“冗戍”作爲行戍群體之一，在秦代確實是存在的。

又秦律《司空律》規定：“百姓有母及同牲(生)爲隸妾，非適(謫)辠(罪)殹(也)而欲爲冗邊五歲，毋賞(償)興日，以免一人爲庶人，許之。”②即普通百姓如果不是犯了謫罪，可以通過“冗邊”五年以贖免親人的隸妾身份，但不能抵充原本應服的戍役。孫言誠先生據此認爲：“冗邊的人有兩種情況：一種是有謫罪的，因罪罰充戍邊；一種是贖身的，用冗邊五歲來贖免親屬中的一個隸妾。”③此説恐怕不妥。里耶簡中亦見有名爲“謫戍”的行戍群體，如簡8-899：“☑貸謫戍士五(伍)高里慶忌☑”；簡8-1029：“☑巳朔朔日，啓陵鄉守狐出貸謫戍□☑”④。若因謫罪而戍邊，當屬謫戍群體。故上引律文爲親人贖身而到邊地服役的情形，應該衹是針對冗戍者而言的。

另外，睡虎地秦簡《秦律雜抄》有“冗募歸，辭曰日已備，致未來，不如辭，貲日四月居邊”⑤的規定。里耶簡8-132+8-334則有“☑冗募群戍卒百卌三人”⑥的公文記録。結合二者易知，冗募者爲戍卒。遍揭里耶秦簡，所見的行戍群體共有“更戍”“冗戍”“謫戍”“罰戍”(如8-429)“屯戍”(如8-140)“吏以卒戍”(如8-276)幾種名目。或有徑稱“戍卒”的，如簡8-106：“☑遷陵戍卒多爲吏僕，吏僕☑”，⑦當是各種行戍群體的總稱。⑧ 上引材料中冗募者達143人，爲里耶簡缺載的某一種或兩種行戍群體的可能性極小。那麽，冗募者該對應何種行戍者呢？

---

① 陳偉主編：《里耶秦簡牘校釋(第一卷)》，197頁。

② 陳偉主編：《秦簡牘合集(壹)》(釋文注釋修訂本)，121頁。

③ 孫言誠：《簡牘中所見秦之邊防》，28頁。

④ 陳偉主編：《里耶秦簡牘校釋(第一卷)》，245、265頁。

⑤ 陳偉主編：《秦簡牘合集(壹)》(釋文注釋修訂本)，174頁。

⑥ 陳偉主編：《里耶秦簡牘校釋(第一卷)》，70頁。

⑦ 陳偉主編：《里耶秦簡牘校釋(第一卷)》，63頁。

⑧ 戍卒包括各種行戍群體，傳世和出土文獻皆有徵驗。如《史記·秦始皇本紀》記陳勝起義“七月，戍卒陳勝等反故荆地”，《史記·陳涉世家》則表述爲“二世元年七月，發閭左適戍漁陽九百人”(分别參見《史記》(修訂本)，北京：中華書局，2013，337、2352頁)。是謫戍士卒亦稱“戍卒”之證。里耶簡載有官府對不同群體的出糧記録，如對屯戍士伍(8-1545)、罰戍公卒(8-2246)的“出稟”記録，對罰戍士伍(8-761)、謫戍士伍(8-899)、更戍士伍(8-1000)、吏以卒戍士伍(8-1094)的“出貸”記録，而絶無任何對“戍卒”的出糧記録，亦是各種行戍群體皆爲“戍卒”之證。

關於冗募,學界主要有兩種意見。睡虎地秦簡整理小組注云:"冗募,意即衆募,指募集的軍士,《漢書·趙充國傳》稱爲'應募'。"[①]孫言誠先生則認爲,冗、募指的是兩種人,冗是冗邊者,募是應募而從軍戍的。[②] 我們認爲,冗募者實則就是冗戍者,是指以"冗"的方式募集而來的戍卒。上引秦律《司空律》的規定,就是官府以贖免親人隸妾身份進行募集、符合條件的人前來應募,帶有自願的性質特點。而官府既是以贖免隸妾爲代價招募冗戍者,自然會在保證應募者基本生活的前提下,讓其在五年期限内儘量多地服勞役,以補償因隸妾贖免所帶來的損失。通過這種方式招募的戍卒,同一般按制度徵發的相比,一是其服役期限較長;二是其所服勞役不能抵充其所應服的戍役,屬於一種額外的勞役。[③]

秦漢時期"冗""更"相對,不僅行戍群體中有"冗戍"與"更戍",隸臣妾中也有"冗隸妾"與"更隸妾"。睡虎地秦簡《工人程》規定:"冗隸妾二人當工一人,更隸妾四人當工一人,小隸臣妾可使者五人當工一人。"[④]此外,秦律《均工律》也規定"隸臣有巧可以爲工者,勿以爲人僕、養"。[⑤] 由此易知,冗隸妾比更隸妾的技能更加嫻熟。但這是否就意味着,"更""冗"表示技能、技藝的差异呢?[⑥] 結合前文關於更戍、冗戍群體的論述,我們認爲這種看法是不正確的。這當是由於"冗""更"是不同種類的供役方式,從而導致了相應服役者工作技能上的差别。在此問題上,我們贊同楊振紅先生"冗隸妾爲長期服役者,更隸妾是分番短期服役者。冗隸妾由於長期服役,技術嫻熟,對環境也更爲瞭解,因此工作效率一般來説高於輪更供役的更隸妾"[⑦]的看法。

如上述看法不差,則與輪番戍邊的更戍者相對,冗戍者是在規定期限内長期服戍邊勞役的行戍群體。冗募者實則就是冗戍者,是指以"冗"的方式募集而來的戍卒。同一般按常制徵發的相比,冗戍者服役期限較長,且不能抵充其所應服的戍役,屬於一種額外的勞役。

三 屯戍

里耶簡也見名爲"屯戍"的行戍群體,整理小組注曰:"屯戍,駐防。"[⑧]屯戍之名,傳世文

① 睡虎地秦墓竹簡整理小組:《睡虎地秦墓竹簡》,北京:文物出版社,1990,88頁。

② 孫言誠:《簡牘中所見秦之邊防》,30頁。

③ 相關討論參見孫言誠《簡牘中所見秦之邊防》,30頁;陳偉主編《秦簡牘合集(壹)》(釋文注釋修訂本)中"編者按"部分,174頁。

④ 陳偉主編:《秦簡牘合集(壹)》(釋文注釋修訂本),103頁。

⑤ 陳偉主編:《秦簡牘合集(壹)》(釋文注釋修訂本),105頁。

⑥ 曹旅寧:《〈史律〉中有關踐更規定的再探討》,簡帛網,2007年5月12日。

⑦ 楊振紅:《秦漢簡中的"冗"、"更"與供役方式——從〈二年律令·史律〉談起》,卜憲群、楊振紅主編《簡帛研究二〇〇六》,桂林:廣西師範大學出版社,2008,81-89頁。

⑧ 陳偉主編:《里耶秦簡牘校釋(第一卷)》,58頁。

獻多見,《漢書·陳勝傳》顔師古注"屯長"曰:"人所聚曰屯,爲其長帥也。"[①]結合董仲舒對秦人徭戍負擔的表述:"又加月爲更卒,已,復爲正一歲,屯戍一歲,力役三十倍於古",[②]屯戍者當是按常制徵發的一類重要戍卒。

里耶簡還見單以"戍卒"名目出現的,整理小組注曰:"戍卒,屯戍的士卒。"[③]若僅從駐防戍衛邊疆的層面上講,這種解釋似乎無可厚非。但戍卒既是各種行戍群體的總稱,且據里耶秦簡,"屯戍"又僅是行戍群體之一,故整理者的這種意見是不正確的。而漢簡所見情形已有很大變化,以居延漢簡所載爲例,行戍者共見111例,其中稱"戍卒"110例,稱"戍田卒"1例。[④] 則在西漢中後期,"戍卒"似已專指屯戍士卒了。可見,秦漢行戍群體之稱謂有一個漸變的過程。里耶秦簡整理者將"戍卒"釋爲"屯戍的士卒",實則是以後世概念表述前世事物。這也是我們探討秦代屯戍群體,首先應當明確的。

里耶簡中與"屯戍"相關的材料共有7條:

[17]徑廥粟米二石。☑

卅一年十月乙酉,倉守妃、佐富、稟人援出稟屯☑(8-56)

[18]☑佐富、稟人出稟屯戍☑(8-81)

[19]☑朔甲午,尉守傰敢言之:遷陵丞昌曰:屯戍士五(伍)桑唐趙歸

☑日已,以廼十一月戊寅遣之署。遷陵曰:趙不到,具爲報·問:審以卅

☑【署】,不智(知)趙不到故,謁告遷陵以從事。敢言之。/六月甲午,臨沮丞秃敢告遷陵丞主、令史,可以律令從事。敢告主。/胥手。

九月庚戌朔丁卯,遷陵丞昌告尉主,以律令從事。(8-140)

[20]屯卒公卒朐忍固陽失自言:室遺廿八年衣用未得。今固陵(8-445)

[21]丙廥粟米二石。令史扁視平。

卅一年十月乙酉,倉守妃、佐富、稟人援出稟屯戍士五(伍)孱陵咸陰敝臣。富手。(8-1545)

---

① 《漢書》卷三一《陳勝傳》,北京:中華書局,1962,1786頁。

② 《漢書》卷二四《食貨志上》,1137頁。

③ 陳偉主編:《里耶秦簡牘校釋(第一卷)》,63頁。

④ 參見謝桂華、李均明、朱國炤《居延漢簡釋文合校》,北京:文物出版社,1987。然而值得注意的是,這并不是意味着西漢中後期其他的戍卒種類就完全没有了。如《漢書·武帝紀》:"(天漢元年)秋,發讁戍屯五原。"(《漢書》卷六《武帝紀》,203頁)疏勒河漢簡:"☑隧缺敬代適卒郭□今遣詣署録□☑。"(參見林梅村、李均明《疏勒河流域出土漢簡》,北京:文物出版社,1984,61頁)皆是讁戍士卒存在之證。尹灣漢簡:"剡左尉孫嚴,九月廿一日送罰戍上谷。"(張顯成、周群麗:《尹灣漢墓簡牘校理》,天津古籍出版社,2011,32頁)《史記·平準書》:"匿不自占,占不悉,戍邊一歲,没入緡錢。有能告者,以其半畀之。"司馬貞《索隱》:"若通家財不周悉盡者,罰戍邊一歲。"(《史記》卷三〇《平準書》,1717-1718頁)皆是罰戍士卒存在之證。

[22]徑廥粟米一石八斗泰半。卅一年七月辛亥朔癸酉,田官守敬、佐壬、稟人䓬出稟屯戍簪褭襄完里黑、士五(伍)朐忍松涂增六月食,各九斗少半。令史逐視平。敦長簪褭襄壞(褢)德中里悍出。壬手。(8-1574+8-1787)

[23]☐鄉夫、佐、稟人婞出稟屯☐(8-1710)①

關於屯戍者的身份,簡[17][18][23]關鍵信息殘斷,其身份不得而知。簡[19]、[21]爲士伍,簡[20]爲公卒,簡[22]兩人分别爲簪褭、士伍,其中公卒、士伍是没有爵位的人,地位略高於庶人,簪褭爲二十等爵制的第三級,屬於低等爵位。可見從身份上看,屯戍者與更戍者類似,都是具有自由身份的編户民。這與傳世文獻中屯戍士卒是按常制徵發的壯丁的記載是吻合的。

關於屯戍者的籍貫,簡[17][18][23]關鍵信息殘斷,不得而知。簡[19]爲"桑唐",整理小組注曰:"里名,疑屬臨沮縣。"②《漢書·地理志》屬南郡。簡[20]爲"朐忍",里耶簡中多見,《地理志》屬巴郡。簡[21]爲"孱陵",《地理志》屬武陵郡。簡[22]爲"襄""朐忍",前者《地理志》屬江夏郡。某種程度上可以説,它們都是洞庭郡的臨近郡縣。更值得注意的是,它們皆在淮水、漢水以南,徵發這些地方的士卒屯戍遷陵,與"江淮以南自秦以後主要是發卒戍嶺南與西南地"③的説法較爲吻合。

關於屯戍者的口糧問題,除簡[20]未載相關信息外,簡[17][18][21][22][23]均爲"出稟"。簡[19]雖未明言士伍趙的口糧問題,但從其被"遣之署"的情況來看,他也在爲官府服勞役,屬於"從事公"的作務範疇,由政府稟給口糧當無太大疑義。可見,里耶簡所見的屯戍者均由官府供應口糧。這也反映出屯戍群體在服役期内,終年都需爲官府服勞役。此或即屯戍者與更戍者在服戍邊勞役上的最大區别。

此外,簡[20]所載"屯卒公卒朐忍固陽失自言:室遺廿八年衣用未得",還透露了屯戍者衣物來源的信息。按:"室遺"爲當時習語,亦見於睡虎地4號秦墓木牘"用垣柏錢矣,室弗遺,即死矣。急急急"④,指家裏送給。由此可知,屯戍者雖然由政府稟給口糧,但衣物仍需自備。這種情形與秦律的相關規定也是吻合的。睡虎地秦簡《金布律》:"稟衣者,隸臣、隸府之毋(無)妻者及城旦,冬人百一十錢,夏五十五錢;其小者冬七十七錢,夏卌四錢。舂冬人五十五錢,夏卌四錢;其小者冬卌四錢,夏卅三錢。隸臣妾之老及小不能自衣者,如舂衣。"⑤稟衣

① 簡[17]至簡[23]頁碼依次爲:42、58、80、151、354-355、363、380頁。簡[17][23]"屯☐"雖然殘斷,但與簡[18][21][22]等對比可知,二者也是有關"出稟"屯戍者的記録;簡[20]"屯卒公卒"詞義難通,且僅此一例,當是"屯戍公卒"之誤或"屯戍士卒公卒"之省。

② 陳偉主編:《里耶秦簡牘校釋(第一卷)》,80頁。

③ 王彦輝:《論秦漢時期的正卒與材官騎士》,《歷史研究》2015年第4期。

④ 陳偉主編:《秦簡牘合集(貳)》(釋文注釋修訂本),599頁。

⑤ 陳偉主編:《秦簡牘合集(壹)》(釋文注釋修訂本),96頁。

對象僅限於城旦舂、没有妻室的隸臣和府隸、年老和幼弱不能自衣的隸臣妾。城旦舂是由官府掌控、失去自由的役使群體,没有妻室的隸臣亦由官府稟給衣物,則有妻室的隸臣因有獨立的家庭經濟,其衣物需自備。而屯戍士伍既是有人身自由的編户民,一般也有自己獨立的家庭經濟,其衣物自備可想而知。從這個層面上講,包括屯戍者在内的所有戍卒,其衣物應該都是自備,政府一般不會供給。

綜上,屯戍者當是按常制徵發的一類重要戍卒,其口糧均由官府稟給。這也反映出屯戍者在服役期内終年都需爲官府服勞役,此或即與更戍者在服戍邊勞役上的最大區别。但包括屯戍者在内的所有戍卒,其衣物應該都是由自己解決,政府不予供給。

四　罰戍

里耶簡中有數條關於“罰戍”的記録,前引尹灣漢簡亦見此類戍邊群體。可見,罰戍群體在秦漢時期一直存在。“罰戍”當是因罪而被罰戍邊。爲便於討論,現輯録里耶簡中相關資料如下:

[24]罰戍士五(伍)資中宕登爽署遷陵書。☑(8-429)

[25]粟米一石九斗少半斗。卅三年十月甲辰朔壬戌,發弩繹、尉史過出貣罰戍士五(伍)醴陽同□禄。廿(8-761)

[26]卅一年六月壬午朔丁亥,田官守敬、佐郤、稟人娙出貣罰戍簪裹壞(裹)德中里悍。(8-781+8-1102)

[27]徑廥粟米四石。卅一年七月辛亥朔朔日,田官守敬、佐壬、稟人娙出稟罰戍公卒襄城武宜都胠、長利士五(伍)甗。(8-2246)①

關於罰戍者的身份,簡[24][25]均爲士伍,簡[26]爲簪裹,簡[27]分别爲公卒、士伍。這些是否即被判處“罰戍”前的原有身份呢?去秦不遠的張家山漢簡中有“爵戍”的名目,②當指用爵級來抵償戍邊的懲處。③ 從性質上看,“爵戍”也應該是“罰戍”的一種。但這種方式衹是減免犯罪者的爵位,其本人是不用去戍邊的。故服戍邊勞役的罰戍者中,應該不包含爵戍

① 簡[24]至簡[27]頁碼依次爲:147、218、226、450頁。

② 張家山漢簡《二年律令·具律》規定:“鞠(鞫)故縱、不直,及診、報、辟故弗窮審者……其非故也,而失不審者,以其贖論之。爵戍四歲及毄(繫)城旦舂六歲以上罪,罰金四兩。”張家山二四七號漢墓竹簡整理小組:《張家山漢墓竹簡[二四七號墓]》(釋文修訂本),22頁。

③ 參見張伯元《“爵戍”考》,《華東政法學院學報》2004年第1期;朱紅林《張家山漢簡〈二年律令〉集釋》,北京:社會科學文獻出版社,2005,85頁。我們認爲,上引“爵戍”規定既是針對出入人罪的執法官吏而言的,而官吏又多是有爵位之人,故漢初政府規定用減免爵級來抵償其所應受的戍邊懲罰,是完全有可能的。漢初去秦不遠,很可能即承自秦制。

者。而如上引材料所示,里耶簡中仍然有"簪裹"身份的罰戍者,可見被判處"罰戍"罪并不剥奪或減免其原有爵位。[①]

關於罰戍者的口糧問題,簡[25][26]均爲"出貸",且從後者"粟米一石九斗少半斗"的數量上看,當是向官府借貸一個月的口糧。簡[27]爲"出稟",二人共"四石粟米",應是二人分别向官府借貸了一個月的口糧。簡[24]雖未載有出糧方式,但從其被"遣之署"的作務上仍可推之,其口糧亦是由政府稟給的。罰戍者有的可以通過官府稟給口糧,有的則衹能向官府借貸。由此可見,罰戍群體雖因罪被罰戍邊,但并不一定終年都需爲官府服勞役。

從出土秦漢文獻看,被判處"罰戍"的還有如下數種情形:

1.睡虎地秦簡《秦律雜抄》規定:"不當稟軍中而稟者,皆貲二甲,灋(廢);非吏殹(也),戍二歲;徒食、敦(屯)長、僕射弗告,貲戍一歲;令、尉、士吏弗得,貲一甲。"[②]即不應該在軍中稟食而冒領軍糧的,如果不是官吏就會受到戍邊兩年的處罰;徒食、屯長和僕射如果不予告發,也會受到"貲戍一歲"的懲處。關於"貲戍",學界尚有不同看法。[③] 我們贊同"貲戍"即罰抵戍邊應交的錢的看法。如此,"貲戍"雖屬"罰戍"的一種,但受到這種處罰的人,一般是不去邊地服勞役的。

2.上引《秦律雜抄》亦規定:"軍人買(賣)稟稟所及過縣,貲戍二歲;同車食、敦(屯)長、僕射弗告,戍一歲;縣司空、司空佐史、士史將者弗得,貲一甲;邦司空一盾。"[④]即軍人將所稟給的口糧賣給所稟之處或所過之縣,要受到"貲戍二年"的處罰;徒食、屯長和僕射如果不予告發,也會受到戍邊一年的懲處。

3.張家山漢簡《二年律令・盜律》規定:"盜出黄金邊關徼,吏、卒、徒部主者智(知)而出及弗索,與同罪;弗智(知),索弗得,戍邊二歲。"[⑤]即有將黄金偷運出關塞的,負責把守關塞的官吏和士卒如果没有覺察出,或者没有追討回來,也會受到戍邊兩年的懲罰。

4.上引漢律《捕律》規定:"吏將徒,追求盜賊,必伍之,盜賊以短兵殺傷其將及伍人,而弗能捕得,皆戍邊二歲……與盜賊遇而去北,及力足以追逮捕之而官□□□□□逗留畏耎弗敢

① 衛宏《漢舊儀》記載:"罪爲司寇,司寇男備守,女爲作,如司寇,皆作二歲。男爲戍罰作,女爲復作,皆一歲到三月。"([清]孫星衍等輯,周天游點校:《漢官六種・漢舊儀》,北京:中華書局,1990,85頁)《漢舊儀》所載爲西漢制度,雖有司寇爲戍罰作的情形,但這是罪犯被判爲司寇罪後的作務種類,并不能説明被罰戍邊需剥奪或減免其原有爵位。

② 陳偉主編:《秦簡牘合集(壹)》(釋文注釋修訂本),162頁。

③ 高敏先生認爲,"貲戍"即罰戍邊(高敏:《秦漢的徭役制度》,《中國經濟史研究》1987年第1期)。張伯元先生認爲,"貲戍"即罰抵戍邊應交的錢(張伯元:《"爵戍"考》,《華東政法學院學報》2004年第1期)。蔣非非先生認爲,貲戍者或親往邊地戍守,或按日數繳納錢財(蔣非非:《秦代謫戍、贅婿、閭左新考》,《北京大學學報》1995年第5期)。我們認爲,"戍"與"貲戍"既同時出現,二者當有所不同。結合"爵戍"即以爵級抵償戍邊懲罰的情况看,我們贊同張伯元先生的看法。至於是否存在"貲戍"者因無錢繳納罰款而親自戍邊的情形,由於文獻無徵,待考。

④ 陳偉主編:《秦簡牘合集(壹)》(釋文注釋修訂本),162-163頁。

⑤ 張家山二四七號漢墓竹簡整理小組:《張家山漢墓竹簡[二四七號墓]》(釋文修訂本),19頁。

就，奪其將爵一絡〈級〉，免之，毋爵者戍邊二歲；而罰其所將吏徒以卒戍邊各一歲。興吏徒追盗賊，已受令而逋，以畏耎論之。"[①]即官吏率領士卒追捕盗賊，如果官吏和士卒受到盗賊殺傷却仍不能將其捕獲，就都要受到戍邊兩年的處罰。此外，在追捕過程中，與盗賊相遇而逃跑，以及有能力逮捕盗賊却畏懦遷延不敢追捕，没有爵位的負責官吏要被罰戍邊兩年。徵發官吏、士卒追捕盗賊，已受令又逃避不予執行，也依畏懦論處。

5. 上引漢律《襍律》規定："博戲相奪錢財，若爲平者，奪爵各一級，戍二歲。"[②]即博戲中"相奪錢財"的人以及"爲平者"，都要受到奪爵一級或戍邊二歲的處罰。[③]

6. 上引漢律《置吏律》規定："有任人以爲吏，其所任不廉、不勝任以免，亦免任者。其非吏及宦也，罰金四兩，戍邊二歲。"[④]即保舉他人爲吏，若被保舉者不廉潔或不勝任而被免職，保舉人如果不是"吏"或"宦"，就要受到罰金四兩與戍邊兩年的處罰。

以上有關"罰戍"的情形雖多集中於漢初，但彼時去秦不遠，相關規定對我們理解秦代"罰戍"仍有重要的參考意義。此外，里耶簡還見"吏以卒戍"的名目：

[28]☐□出貸吏以卒戍士五(伍)涪陵戲里去死十一月食。(8-1094)[⑤]

與簡[28]中"吏以卒戍"相應，前引《捕律》"與盗賊遇而去北……奪其將爵一絡〈級〉，免之，毋爵者戍邊二歲；而罰其所將吏徒以卒戍邊各一歲"説明，與盗賊相遇而逃跑，以及有能力逮捕盗賊却畏懦遷延不敢追捕，所將的"吏"和"徒"要處以"以卒戍邊"一年的處罰。此外，《捕律》尚有"盗賊發，士吏、求盗部者，及令、丞、尉弗覺智(知)，士吏、求盗皆以卒戍邊二歲"的規定。[⑥] 從上述簡文可以明顯看出，"吏以卒戍""徒以卒戍"都是屬於"罰戍"性質的。但爲何"吏以卒戍""罰戍"都見於里耶秦簡，而"徒以卒戍"無所見呢？

我們認爲，這或是由於遷陵地區没有"徒以卒戍"的服役者，或是里耶簡中相關記録殘斷而未見。但更可能的是，秦代"徒以卒戍"本身就屬於"罰戍"的來源之一，里耶簡既有"罰戍"，就不可能同時有"徒以卒戍"。至於還會出現"吏以卒戍"，則是由"吏"的特殊身份造成的。簡文中的"吏徒"，即指軍吏和士卒，與"吏卒"相當。[⑦] "吏"既是地位特殊的群體，則從

① 張家山二四七號漢墓竹簡整理小組：《張家山漢墓竹簡[二四七號墓]》(釋文修訂本)，28頁。

② 張家山二四七號漢墓竹簡整理小組：《張家山漢墓竹簡[二四七號墓]》(釋文修訂本)，33頁。

③ 依簡文之意，似乎是在奪爵一級的基礎上，還要罰戍邊兩年。但這種規定殊不合理。因爲相關犯罪人員不一定都有爵位，則"奪爵一級"就不一定都有施行的基礎。且上引"與盗賊遇而去北……奪其將爵一絡〈級〉，免之，毋爵者戍邊二歲"的規定，就説明了對有爵者、無爵者會分别予以"奪爵一級"和"戍邊二歲"的處罰，且二者的輕重程度是相當的。相關分析還可參見張伯元《"爵戍"考》，《華東政法學院學報》2004年第1期。

④ 張家山二四七號漢墓竹簡整理小組：《張家山漢墓竹簡[二四七號墓]》(釋文修訂本)，36頁。

⑤ 陳偉主編：《里耶秦簡牘校釋(第一卷)》，276頁。

⑥ 張家山二四七號漢墓竹簡整理小組：《張家山漢墓竹簡[二四七號墓]》(釋文修訂本)，28頁。

⑦ 參見陳偉主編《里耶秦簡牘校釋(第一卷)》"前言"部分，3頁。

"罰戍"中分出"吏以卒戍",可以想見;"徒"爲普通編户民,將"徒以卒戍"泯於罰戍群體之中,亦合情理。從這個層面上看,秦代"罰戍"者一般都是地位較"吏"低下的編户民。

綜上所論,罰戍者是因罪被罰戍邊的行戍群體,受到這種懲罰一般并不剥奪或減免其原有爵位。他們既有通過官府稟給口糧的,也有向官府借貸的。可見,罰戍者雖因罪被罰戍邊,但并不一定終年都需爲官府服役。此外,"吏以卒戍"也是罰戍者的一種,之所以與後者一起出現,當是由於"吏"身份地位特殊的緣故。

五 讁戍

里耶簡還見名爲"讁戍"的戍邊群體。以往有學者認爲"讁戍"是以社會罪犯戍邊,[①]這就容易混淆其與"罰戍"的界限。而"讁戍"實則是以身份低賤而戍邊,二者有明顯的不同。[②]里耶簡中并見有"讁戍"和"罰戍"的名目,亦足見二者并非一事。這也是我們討論"讁戍"問題首先應當明確的。

如前引簡文所示,里耶簡中明確關於"讁戍"的記録共有 2 條:

[29]☐貸讁戍士五(伍)高里慶忌☐(8-899)

[30]☐巳朔朔日,啓陵鄉守狐出貸讁戍□☐(8-1029)

從出糧方式上看,簡[29][30]中的讁戍者均需向官府借貸。這固然是由他們的生活條件艱苦所致,更主要的則是未能爲官府勞作,以致不能得到口糧稟給。但讁戍者既是因身份低賤而被徵發戍邊,他們需負擔繁重的勞役是可想而知的。而從上述兩條簡文透露的信息看,讁戍者應該并不需要終年都爲官府服役。

此外,里耶簡中還有一條簡文 8-466:"城父蘩陽士五(伍)枯取(娶)賈人子爲妻,戍四歲☐。"[③]士伍枯因娶賈人子爲妻而戍邊四歲,尤爲值得注意。娶賈人子爲妻并不觸犯國家律法,因此而戍邊顯然屬於"讁戍"之列。關於秦代的讁戍制,《史記·秦始皇本紀》記載:"三十三年,發諸嘗逋亡人、贅壻、賈人略取陸梁地,爲桂林、象郡、南海,以適遣戍。"[④]《漢書·晁錯傳》則載晁錯語曰:"先發吏有讁及贅壻、賈人,後以嘗有市籍者,又後以大父母、父母嘗有

① 高敏:《秦漢的徭役制度》,《中國經濟史研究》1987 年第 1 期。

② 相關分析參見盧星《試論秦漢讁戍的幾個問題》,《江西師範大學學報》1988 年第 4 期;胡大貴《關於秦代讁戍制的幾個問題》,《西南師範大學學報》1991 年第 1 期;蔣非非《秦代讁戍、贅婿、閭左新考》,《北京大學學報》1995 年第 5 期;廖伯源《〈尹灣漢墓簡牘·東海郡下轄長吏不在署、未到官者名籍〉釋證》,李學勤、謝桂華主編《簡帛研究二〇〇一》上册,桂林:廣西師範大學出版社,2001,修訂稿收入其著《秦漢史論叢》,北京:中華書局,2008,237-238 頁。

③ 陳偉主編:《里耶秦簡牘校釋(第一卷)》,161 頁。

④ 《史記》卷六《秦始皇本紀》,319 頁。

市籍者，後入閭，取其左。”[①]據胡大貴先生考證，秦代的謫戍對象是罪吏、諸嘗逋亡人、贅婿、賈人、嘗有市籍者、大父母嘗有市籍者。[②]《秦始皇本紀》所載僅爲其中的三種，晁錯所言也是西漢人追述的秦代制度，而胡先生所論很大程度上也是基於漢代的“七科謫”[③]。通過簡 8-466 則可以確知，娶賈人子爲妻者即賈人之婿亦在謫戍之列。這是我們以往所不知道的。揆諸情理，既然大父母嘗有市籍者即曾爲賈人者之孫都是謫戍對象，則賈人之婿亦在謫戍之列是完全可能的。

值得注意的是，嶽麓秦簡中也有一條與“謫戍”相關的簡文 1865：“以上及唯不盈三，一歲病不視事盈三月以上者，皆免；病有瘳(?)，令爲新地吏及戍。如吏有謫過廢免爲新地吏。”[④]依簡文之意，如果官吏一年内生病不能視事超過三個月，就要被免職；待其痊癒後擔任新地吏和戍邊。與早期設置的秦郡相對，始皇時代所立郡縣稱“新地”，官吏稱“新地吏”“新地守”。[⑤] 上述簡文雖是類比官吏有謫過廢免爲新地吏處理的，但其亦屬“謫戍”性質，則是顯而易見的。

綜上所論，謫戍者因身份低賤而被徵發戍邊，但應該并不需要終年都爲官府服役。與西漢的“七科謫”相較，秦代的賈人之婿、因病免職痊癒後的官吏亦在謫戍之列，謫戍對象更加寬泛。

六　餘論

僅據目前公布的里耶簡，秦代的行戍群體就包括更戍、冗戍、屯戍、罰戍、吏以卒戍、謫戍等不同名目。以往我們多將屯戍士卒視爲戍卒的代名詞，但里耶簡清晰地證明，這種戍邊群體實則衹是戍卒的一種。

具體來説，“屯戍”者當是按常制徵發的一類重要戍卒，在役期内終年都需爲官府服戍邊勞役。而不見於傳世文獻的“更戍”群體，在里耶簡中頻繁出現，足見這種戍邊制度在當時是廣泛存在的。更戍者輪番戍邊，并不需要終年都服勞役，此或即與屯戍者在服役方式上的最大區别。同樣史籍無徵的“冗戍”群體，其供役方式與“更戍”相對，需在規定期限内長期服戍邊勞役。與按常制徵發的戍卒相比，冗戍者服役期限較長，且不能抵充其所應服的戍役，

---

① 《漢書》卷四九《晁錯傳》，2284 頁。

② 胡大貴：《關於秦代謫戍制的幾個問題》，《西南師範大學學報》1991 年第 1 期。

③ 《漢書・武帝紀》載天漢四年春正月，發天下七科謫及勇敢士出擊匈奴。張晏注曰：“吏有罪一，亡命二，贅壻三，賈人四，故有市籍五，父母有市籍六，大父母有市籍七，凡七科也。”《漢書》卷六《武帝紀》，205 頁。

④ 轉引自于振波《秦律令中的“新黔首”與“新地吏”》，《中國史研究》2009 年第 3 期。

⑤ 參見蔡萬進《里耶秦簡研讀三題》，《湖南大學學報》2007 年第 1 期；陳松長《嶽麓書院藏秦簡中的郡名考略》，《湖南大學學報》2009 年第 2 期；于振波《秦律令中的“新黔首”與“新地吏”》，《中國史研究》2009 年第 3 期。

屬於一種額外的勞役。而“罰戍”者是因罪被罰戍邊的行戍群體,“吏以卒戍”也應是罰戍者的一種,二者之所以同見於里耶簡,當是由於“吏”身份地位特殊的緣故。此外,“讁戍”則是因身份低賤而被徵發戍邊,與“罰戍”實際上有很大不同。與西漢的“七科讁”相較,秦代讁戍對象更加寬泛。

對於秦漢戍卒的基本職責,孫言誠先生曾總結道,戍卒的基本任務是候望和勞作。具體説來,除負責烽舉燧燔的報警工作外,便是繁重的勞作。從雲夢秦簡看,戍卒多半是修築城牆。從居延、敦煌漢簡看,戍卒還要伐薪、種菜、送信、搓繩、除土、做木工。遇有如修渠、伐茭等大規模勞役,還須從烽燧中抽出,集中勞動。[①] 而從里耶秦簡看,更戍者有擔任“行書徒”送信的,有“上事尉府”到尉府勞作的,有擔任“假追盜敦長”拘捕盜賊的,也有擔任“牢人”處理監獄日常事務的;屯戍者有被“遣之署”公幹的;罰戍者有“署遷陵書”的。此外,還有戍卒擔任“吏僕”爲官吏服務的,有“守府”(8-247)即在官署值班的,還有“喿(操)衣、器詣廷”(8-1552)即持衣、器送至縣廷的。這些名目繁多的勞役,多可與孫先生所言互補。

前引“☐遷陵戍卒多爲吏僕,吏僕☐”則表明,擔任官吏的僕人是遷陵地區戍卒的重要作務。而從前引秦律“隸臣有巧可以爲工者,勿以爲人僕、養”,以及“諸徒隸當爲吏僕養者皆屬倉”[②]的規定可知,“吏僕”并不具備多少技藝含量,屬於一種很普通的勞役,且亦可由没有技能的徒隸擔任,由此亦可想見秦代戍卒作務的徭役性質。從這個角度看,將戍卒和參與野戰的材官、騎士混爲一談,是很不符合歷史實際的。

從里耶簡所載來看,戍卒在行戍期間,還存在着較爲普遍的犯法現象。如簡[2]就記載了多名更戍士卒貲甲、贖耐的情形。簡 8-811+8-1572 亦載:“錢三百五十。卅五年八月丁巳朔癸亥,少内沈出以購吏養城父士五(伍)得。得告戍卒贖耐罪惡。”[③]是“士伍得”告發了某位戍卒犯有當判贖耐的罪行,得到了官府 350 錢的獎勵。甚至還有隸臣逮捕了當判贖耐的戍卒,因之得到官府獎勵的情形。[④] 而從戍卒被判處“貲甲”“贖耐”等輕微刑罰上亦可得知,他們犯罪前大多應是具有自由身份的編户民。

此外,在戍卒的口糧來源上,屯戍者均由官府稟給;罰戍者既有通過官府稟給的,也有向官府借貸的;更戍、讁戍者多向官府借貸,也當有爲官府勞作領取口糧的。而從現實情形看,前往“新地”遷陵地區的各種行戍群體,他們很多時候甚至無法解决自己的口糧問題,而衹能向官府借貸。更不用説,各類戍卒的衣物均需自備,政府一般不會稟給。從這個層面上講,

① 孫言誠:《秦漢的戍卒》,《文史哲》1988 年第 5 期。

② 陳偉主編:《里耶秦簡牘校釋(第一卷)》,68 頁。

③ 陳偉主編:《里耶秦簡牘校釋(第一卷)》,231 頁。

④ 參見簡 8-1008+8-1461+8-1532:“令佐華自言:故爲尉史,養大隸臣豎負華補錢五百,有約券。豎捕戍卒□□事贖耐罪賜,購千百五十二。華謁出五百以自償。”陳偉主編:《里耶秦簡牘校釋(第一卷)》,261 頁。

戍邊勞役確屬秦民的一項沉重力役負擔。

若僅從常制徵發的角度看,戍役雖然沉重,似乎還未到令廣大人民難以忍受的地步。但從以謫戍邊的角度看,情況實則嚴重得多。這是在常規戍邊徭役之外,又以强制性無期限的方式强迫身份低賤的人去服戍邊勞役,其負擔之重可想而知。這種做法甚至愈演愈烈。里耶簡、嶽麓簡透露出娶賈人子爲妻的平民、因病免職痊癒後的官吏亦在謫戍之列,這甚至超出了西漢人對秦代謫戍制的認識。至秦二世元年七月,謫戍對象甚至擴大到"閭左",[1]已經完全背離了該制徵發身份低賤人群的初衷,嚴重加劇了天下百姓"苦秦"的怨念。强盛一時的秦帝國,也走到了土崩瓦解的邊緣。

① 關於"閭左"的身份問題,學界研究甚多,頗有争議。要之,其較常規謫戍制所徵發的身份低賤者更爲廣泛,當無太大疑義。按:關於"閭左"的身份定性問題,承匿名審稿專家提出寶貴意見,於此謹致謝忱!

北京大學藏西漢竹書《周馴》"唯毋"解誤

中國人民大學國學院　張瀚墨

内容提要　北京大學藏西漢竹書《周馴》篇中多次出現"唯毋"連用的現象。竹書整理者根據前人對這兩個字的理解以及它們在《墨子》和《管子》里連用的辭例,將"唯毋"引導的分句解釋成其跟隨從句的假設關係前句,認爲"毋"爲語助詞,"唯"表示"如果",并將這一用法看成是戰國文獻的特殊用法,而《周馴》文本中這一用法的重複出現就反映出其形成年代。但這一語法現象在《周馴》及以往的討論中或多或少地被誤解了。"唯毋"既不是語助詞,其所在分句也不與其後跟隨的句子構成直接假設關係。事實上,"唯毋"引導句子與其後跟從的句子之間,省略了一個與後者構成直接假設關係的假設前句,"唯"表示"衹有""除非",而"毋"表示否定,即"不"。"唯毋"的這一用法也出現在西漢和東漢的文獻中,而且漢人在使用這一語法時,對其具體用法還是比較明確的。

關鍵詞　北京大學藏西漢竹書　《周馴》　唯毋

北大藏西漢竹書《周馴》一篇中有幾處"唯""毋"連用的例子。[①] 除一處因簡文有缺意思

① "唯"也寫作"惟";"毋"或作"勿""無","無"偶爾亦作"无",如本文例句4所示;"無"寫作"无"的情況在古代文獻中并不罕見,本文所引馬王堆出土帛書《老子》篇有"夫唯无以生爲者,是賢貴生"句,雖然"唯无"并不連用,但"无以"之"无"與"無"和"毋"的關係一目了然,亦可作一例證。馬王堆帛書《老子》的例句可參考裘錫圭主編《長沙馬王堆漢墓簡帛集成(肆)》,北京:中華書局,2014,6頁。儘管"唯毋"連用的辭例中"毋"字亦可以寫作"無"或"无",但爲方便起見,本文在討論過程中僅以"毋"字行文。

難以求證之外,[①]余皆用法類似。現列舉如下:

(1) 在"維歲二月更旦之日"周昭文公對共太子的訓示中,周昭文公引用商湯對太甲的儆戒,説:

□羛(義)奠(尊)仁,而隊(遂)爲民天,女(汝)弗能勉,而自令爲地。唯毋爲地,人將履之。唯毋爲天,其誰敢視之?夫天之與地相去遠矣,而爲人君與爲人臣之相遠也,有(又)遠於天之去地也。承國主者,胡可以毋務好善?[②]

(2)在整理者稱列爲小章群的一九二和一九三簡秦穆公對其太子的訓誡中,秦穆公説:

……毋重之,必將務治。苟身能治,國家亦治。處上立(位)者,將盈(逞)其志,唯毋身乳(亂),則國家亦乳(亂)。國與身乳(亂),唯(雖)爲人主,其安得所愿?[③]

(3) 標號爲二〇一、二〇二的散簡中亦有"唯""毋"連用的句子:

……主者,唯毋失臣,剴(豈)有(又)尚得復君民?故詩曰:'壞(懷)德唯寧,宗子唯城'。女(汝)已爲城,而無有壞(懷)德,則城必有郄(隙)。[④] 唯毋有郄(隙),其壞也必矣。《書》曰:"木折比莭(節),藩(墻)壞必郄(隙)。"國之安危,必在君世。[⑤]

整理者采用清儒王念孫的説法,認爲"毋"是語助詞,無實義;[⑥]而"唯毋"的"唯"則是副詞,表示"如果""衹有""因爲"等義。整理者認爲"唯毋"的這種用法主要見於先秦諸子的作品,比如《墨子·尚賢中》"古者聖王唯毋得賢人而使之""賢人唯毋得明君而事之";《管子·立政九敗解》"人君唯毋聽寢兵,則群臣賓客莫敢言兵""人君唯毋聽兼愛之説,則視天下之民如其民"等。[⑦] 因這一語言現象多見於《墨子》《管子》一類被認爲是先秦時期形成的文獻,整理者遂將《周馴》中多次出現"唯毋"看成是支持《周馴》戰國成篇的證據之一。[⑧] 基於這樣的立場,整理者將漢代文獻(比如《史記》和《漢書》,詳見後)里出現的"唯毋"(或其變體"唯無""惟毋"等)的用法看成是其戰國文法的孑遺,而將東漢服虔把"毋"解作否定詞的做法,看成

① 標號爲二〇〇的簡末有:"唯毋不道,則人爲之……"參考北京大學出土文獻研究所編《北京大學藏西漢竹書(叁)》,上海古籍出版社,2015,143頁。

② 北京大學出土文獻研究所編:《北京大學藏西漢竹書(叁)》,123頁。

③ 北京大學出土文獻研究所編:《北京大學藏西漢竹書(叁)》,143頁。

④ 北大簡此字左右兩部分位置顛倒:引文中的其他"郄"字均從此例。

⑤ 北京大學出土文獻研究所編:《北京大學藏西漢竹書(叁)》,144頁。

⑥ 高郵二王對這一語言現象均有討論,都認爲"唯毋"的"毋"(或作"無")爲語助詞,無實際意義。見[清]王念孫《讀書雜志》,南京:江蘇古籍出版社,1985,564-565頁;[清]王引之《經傳釋詞》,長沙:嶽麓書社,1984,231-233頁。

⑦ 北京大學出土文獻研究所編:《北京大學藏西漢竹書(叁)》,126頁。

⑧ 北京大學出土文獻研究所編:《北京大學藏西漢竹書(叁)》,254頁。

是東漢人對戰國文本中"唯毋"這一語法現象正確使用與理解的遺忘。[①]

誠如《周馴》整理者所言,"唯""毋"連用的現象并非罕見,而是在古代典籍中時有出現。而且,出現"唯毋"連用現象的早期文獻,也并不僅限於通常所説的先秦文獻,更非僅限於《墨子》和《管子》,儘管《管子》《墨子》中這一語法現象出現的次數相對多一些。[②] 以下幾條引文就是明顯的例證:

(4)而强以仁義繩墨之言術暴人之前者,是以人惡有其美也,命之曰菑人。菑人者,人必反菑之,若殆爲人菑夫!且苟爲悦賢而惡不肖,惡用而求有以異?若唯无詔,王公必將乘人而鬭其捷。[③]

(5)宋石,魏將也;衛君,荆將也。兩國搆難,二子皆將。宋石遺衛君書曰:"二軍相當,兩旗相望,唯毋一戰,戰必不兩存,此乃兩主之事也,與子無有私怨,善者相避也。"[④]

(6)且夫楚唯無彊,六國立者復橈而從之,陛下焉得而臣之?誠用客之謀,陛下事去矣。[⑤]

(7)今乃立六國後,唯無復立者,游士各歸事其主,從親戚,反故舊,陛下誰與取天下乎?其不可七矣。且楚唯毋彊,六國復橈而從之,陛下焉得而臣之?[⑥]

以上引文明確顯示,除了《墨子》和《管子》,"唯毋"或其變體的使用也見於像例句(4)所示的《莊子》和例句(5)所示《韓非子》等這些被認爲是戰國時期的文獻里,而且如例句(6)、例句(7)也顯示,"唯""毋"連用也見於像《史記》和《漢書》這種明顯的漢代文本。至於"唯毋"的語法現象是否爲戰國時期所特有、漢人是否僅僅是生吞活剥地抄襲了戰國文獻中"唯毋"這一語法現象而將其實際的正確用法遺忘,稍後將詳加論述。但至少,以上例子告訴我們,"唯""毋"連用并不局限於某個時代某一類文獻,好像并不能當成一種語法的化石看待,也不能作爲對相關文獻進行斷代的佐證。

---

① 北京大學出土文獻研究所編:《北京大學藏西漢竹書(叁)》,255頁。

② 尤其應該注意的是,對於"唯"和"毋"并列出現的句子還應加以甄别,如在"故唯毋以聖王爲聰耳明目與?"(吴毓江:《墨子校注》,北京:中華書局,1993,141頁)和"今唯毋以兼爲正,即若其利也"(《墨子校注》,176頁)這樣的句子中,儘管"唯""毋"并列出現,却并不連用;很顯然,"毋"字於其後的"以"字連用,"唯"爲發語之詞。這樣的例子還見於《管子》《史記》以及馬王堆帛書《老子》中,比如《管子·度地》中的"常以冬少事之時,令甲士以更次益薪,積之水旁,州大夫將之,唯毋後時"(黎翔鳳:《管子校注》,北京:中華書局,2004,1059-1060頁);《史記·司馬相如列傳》中的"恐遠所谿谷山澤之民不遍聞,檄到,亟下縣道,使咸知陛下之意,唯毋忽也"(《史記》卷一一七《司馬相如列傳》,北京:中華書局,1982,3046頁);馬王堆帛書《老子》中的"夫唯无以生爲者,是賢貴生"。這些例子與《周馴》里出現的"唯毋"諸例相比,顯然屬於不同的語法現象,所以應該區别對待。

③ [清]王先謙:《莊子集解》卷一《人間世》,北京:中華書局,1987,33頁。

④ [清]王先慎:《韓非子集解》卷一〇《内儲説下六微》,北京:中華書局,1998,248頁。

⑤ 《史記》卷五五《留侯世家》,2041頁。

⑥ 《漢書》卷四〇《張良傳》,北京:中華書局,1962,2030頁。

事實上,不但包含有"唯""毋"連用語法現象的文本性質多樣、年代不一,而且學者對於"唯""毋"連用在句中作用的解釋,也是多種多樣;《周馴》整理者所采納的王念孫、王引之父子的觀點,不過是衆多解釋中的一種。王念孫的觀點是他在批評畢沅對"唯毋"的解釋時提出來的。在解釋《周馴》整理者所引用的《墨子·尚賢中》"古者聖王唯毋得賢人而使之"的"唯毋"時,畢沅認爲"毋"是"毌"字之訛,"毌"即"貫習之貫"字。[①] 王念孫不贊同這種説法,認爲"毋"字不誤,但在此處并不表示否定,而是無實際意義的"語詞",所以按照他的説法,"唯毋得賢人而使之"也就是"唯得賢人而使之"。[②] 王引之在《經傳釋詞》中襲用了父親的説法,在解釋前面提到的《管子》"人君唯毋聽寢兵,則群臣賓客莫敢言兵"時也説,"毋,發聲;毋聽,聽也,"并認爲"無"和"毋"存在混用的現象,均爲發聲助詞。[③]

不過,王氏父子雖然解釋了"毋",對"唯" 字却并没有明確的注解,而且似乎并没有將"唯毋"看成一個固定的語法結構。《周馴》整理者雖然在"毋"的解釋上采納了王氏的意見,但將"唯"解釋成"如果""衹有""因爲"等義,與楚久安編輯的《文言複式虚詞》一書中對"唯毋"的解釋如出一轍。楚久安在書中明確指出,在"唯毋"這樣一個"凝固結構"中,"唯"這一本來表示"僅限"的副詞,變成了表示假設的連詞。楚著對"毋"的解釋也采納了王氏父子的説法。因此,楚書認爲,"'唯毋'一般用於假設複句的前一個小句,引出條件,相當於'衹要''如果'。"[④]該書進一步指出,將"唯"釋成"如果"等條件連詞是受吴昌瑩的啓發,而視"唯毋"爲一假設連詞,正是編者綜合吴氏、王氏分别對"唯"和"毋"的解説的結果。[⑤]

對於這樣的分析綜合,亦有不以爲然者。比如,王焕鑣在其《〈墨子〉校釋商兑(二)》中認爲,"唯毋"的解釋,其實不必將"唯""毋"分釋,而可以直接將其視爲一發語連詞,因爲"古人自有以兩字爲發語者"。[⑥] 其實,雖然王氏父子均未明言"唯"字用法,但推測其觀點,他們也是將"唯"字看成是語詞的,衹是他們没有像王焕鑣那樣明確指出將"唯毋"看成是一個雙字發語詞而已。

但綜合以上觀點,無論是將"唯毋"分釋還是合言,將其看成語詞還是連詞,表假設還是無意義,各家無不是設法取消"毋"字的否定義,認爲衹有如此才能將出現"唯毋"的句子講通。"毋"作語詞,在古漢語中是有文獻支持的,但通觀辭例,作語詞的"毋"多置於句首,即

① [清]王念孫:《讀書雜志》,564頁。

② [清]王念孫:《讀書雜志》,564頁。

③ [清]王引之:《經傳釋詞》,233頁。

④ 楚久安:《文言複式虚詞》,北京:中國人民大學出版社,1986,335頁。何樂士編纂的《古代漢語虚詞詞典》中"唯毋(無)"也被看作假設連詞,被釋成"衹要""如果"等;見氏著《古代漢語虚詞詞典》,北京:語文出版社,2006,413頁。

⑤ 楚久安:《文言複式虚詞》,337頁。

⑥ 王焕鑣:《〈墨子〉校釋商兑(二)》,《杭州大學學報》1980年第1期,12頁。

所謂“發語助詞”或“句首助詞”;[①]而在出現“唯毋”的句子里,“毋”顯然置於“唯”之後,而且在像“古者聖王唯毋得賢人而使之”“人君唯毋聽寢兵”以及上引(6)(7)一類的句子中,“唯毋”居句中而非句首,尤其是(6)(7)句,很明顯句首已分别有“且夫”和“且”字作發語詞了,這種情况下再把置於句中的“唯毋”同樣當成發語詞來看待,缺乏説服力,因此我們必須要重新考慮“毋”字在“唯毋”句子中的作用。

另外,將“唯”解釋成“如果”似乎同樣缺乏充分的文獻依據。《文言複式虚詞》的作者强調其釋“唯”爲“如果”的理由時,特意指出這一解釋參考了吴昌瑩所説“惟,猶若也”的説法。在這裏,《文言複式虚詞》的作者很顯然認爲“若”即“如果”,是表示假設的連詞,因此“唯毋”也就被解釋成一個假設結構。其實作者誤讀了吴氏的意思。吴氏解釋的“惟”字是《論語》中“惟求則非邦也歟”“惟赤則非邦也歟”里的“惟”,而且明確指出,“惟”字在這兩句話中的作用是“言若求若赤也”。[②] 因此,吴氏所説的“惟,猶若也”中的“若”不是指“如果”,而是“像……一樣”的意思,表達的并不是一種假設關係。

其實,在出現“唯毋”的句子里,表示假設的成分往往是被省略了的。被省掉的表假设的條件前句應該位於“唯毋”分句和“唯毋”分句之後的句子之間,與“唯毋”分句之後的句子構成假設關係。而“唯毋”所在的句子,亦可釋爲一個條件分句,但是是從其後被省略掉的表假設的條件分句相反的角度進行論述,强調的通常是不做某事的結果與假設做某事所帶來的結果之間的比較。我們是怎麽知道“唯毋”分句之後省略了這樣一個假設分句的呢?其實文獻中也間或可以見到不省略的例子,正是這些不省略的例子,爲我們提供了正確理解“唯毋”連用的綫索。

讓我們先以前面所引句(5)爲例來看這一語法現象。例句(5)中“戰必不兩存”的“戰”自己就構成了一個假設分句,即“(若)戰,(則)必不兩存”,衹是在大部分“唯”“毋”連用的句子中,類似於“戰”或者“若戰”這樣的成分通常是被省略掉了的。[③]《大戴禮記》中有“丘於君唯無言,言必盡,於他人則否”的句子,“唯無”與“唯毋”同,是一個與例句(5)類似的例子。其中“言必盡”中的“言”的作用與“戰必不兩存”之“戰”的作用一樣,也構成一個假設分句,即“(若)言,(則)必盡”。[④] 東漢《漢紀》所記荀悦改寫上述句(6)、句(7)中“且夫楚唯無强,六國立者復橈而從之,陛下焉得而臣之”時明確補上了被省掉的假設分句:“獨可使楚無强,

① 謝紀鋒:《虚詞詁林》,北京:商務印書館,2015,175-176頁。

② 吴昌瑩的觀點見《虚詞詁林》,667頁。

③ 有意思的是,雖然何樂士在氏著《古代漢語虚詞詞典》里將“唯毋”看成“如果”“衹要”一類的假設連詞,但在楊伯峻、何樂士合編的《古漢語語法及其發展》中,却明確指出《墨子·尚賢中》的“古者聖王唯毋得賢人而使之,般爵以貴之,裂地以封之,終身不厭”爲省略句,省略的就是“古者聖王唯毋得賢人而使之”之後的“若得賢人而使之”。參考楊伯峻、何樂士《古漢語語法及其發展》(修訂本),北京:語文出版社,2001,845頁。

④ 黄懷信主撰,孔德立,周海生參撰:《大戴禮記彙校集注》,西安:三秦出版社,2004,1049頁。

若强，則六國屈橈而從之。”[①]這些例子似乎說明，并不像《周馴》整理者所說的那樣，漢人對“唯毋”句式的正確用法并不是不清楚，因此我們也就不能說漢代文獻里的“唯毋”語法現象僅僅是戰國“唯毋”用法的孑遺，不能說這種孑遺反映的是漢人對“唯毋”用法的遺忘，不能將其看成一種可以直接藉以追溯戰國語詞使用的化石、甚至是對創作時間不明文本進行斷代的依據。[②]

在這樣的句子中，“唯毋”應該分釋，即“唯”表示“唯有”，或者“除非”，“毋”爲否定詞或禁詞，根據具體語境可譯作“不”“不要”等。就以前面所列（1）中“唯毋爲地，人將履之。唯毋爲天，其誰敢視之”一句爲例。其實，“唯毋爲地”和“人將履之”之間、“唯毋爲天”和“其誰敢視之”之間分别省略了“爲地”和“爲天”兩個表示假設的前分句。如果我們把省掉的部分補齊，“唯毋爲地，人將履之。唯毋爲天，其誰敢視之?”就變成了“唯毋爲地，（爲地，）人將履之。唯毋爲天，（爲天，）其誰敢視之?”即：除非不爲地，（若爲地，則）人將履之；除非不爲天，（若爲天，則）其誰敢視之？由於人們不知道省略的部分分别是“人將履之”和“其誰敢視之”的假設分句，所以爲了使表示結果的分句成立，如前面所列，大家就把“唯毋”所在的句子看成是後面表示結果部分的假設分句，并曲爲之説，把“毋”的否定意義取消，將其看成了發語詞，不表示實際意義。

但關於這一點還有一個觀點值得檢討。这一觀點儘管認識到“唯毋”句子之後省略了一個假設分句，而且“毋”作否定詞，但“唯”被解釋成發語之詞，而“唯毋”後面的假設句是“從相反方面論證‘唯毋’的正確性”。[③] 根據這種觀點，“毋”的禁詞性質使得“唯毋”句子包含相當强烈的祈使語氣，因此“唯毋”句後緊隨的假設句便起到了將“唯毋”句所表達出來的否定或勸阻的要求合理化的作用。比如上引《史記·留侯世家》里的句子（6），按服虔《漢書音義》的解釋，這句話的意思是“唯當使楚無强，强則六國弱從之”，意即“一定不要讓楚國强大起來，如果楚國强大了，六國就會屈從之”。[④] 這個句子所反映出來的論證關係是這樣的：如果楚國强大了，六國就會屈從之，所以一定不要讓楚國强大起來。

這樣的解釋，若是僅從摘抄出來的這個例句來看，可以説是比較貼切的。但如果我們細究這句話的出處，將其放在具體的語境下來討論，對於“唯無”引導的句子的確切含義，就不

① 荀悦的改寫見史記索隱所引（《史記》卷五五《留侯世家》，2041 頁）

② 既然“唯毋”不能被視爲一種標識文本年代的語法化石，我們對《墨子》或《管子》里大量出現“唯毋”這一語法現象必須另尋解釋。比如趙振鐸就認爲《墨子》里“唯毋”的大量使用有可能跟東周宋國方言有關，而《管子》《韓非子》里出現的“唯毋”可能跟這一語法現象的擴散有關。不管趙的解釋正確與否，它至少提醒我們，語法現象分析是比較複雜的，就“唯毋”的使用而言，對其作歷時性和共時性的分析得出的結論是不一樣的。趙振鐸的觀點見氏著《論先秦兩漢漢語》，《古漢語研究》1994 年第 3 期，3 頁。

③ 霞村：《關於“唯毋……”的詮釋》，《山西大學學報》1989 年第 3 期，42 頁。

④ 《史記》卷五五《留侯世家》，2041 頁。

得不重新考慮。根據《史記》,句(6)出自張良之口。楚漢戰争爆發後的第三年,强大的項羽率楚國軍隊包圍了漢軍駐地滎陽。爲削弱項羽的勢力,酈食其向劉邦獻策分封已滅六國諸侯的後人,希望以此赢得天下歸心。張良進諫劉邦,詳細分析了當時漢弱楚强的局面,認爲即使分封了六國諸侯後人,因爲楚遠强於漢,六國諸侯的後人也會屈附於項楚而不是劉漢,也就是句(6)所説的:"且夫楚唯無彊,六國立者復橈而從之,陛下焉得而臣之?"而按照服虔的解釋,好像張良進諫的時候唯恐楚國强大或者進一步强大起來,也就是説,張良進諫的目的是要説服劉邦一定要削弱項羽的力量。

很顯然這是不符合句(6)出處的具體語境的。張良的真實意圖是:楚强漢弱是事實,而這個事實應該是當時劉漢决策的依據;這種情况下,即使劉邦分封了六國之後,他們也會去依附强者,因此劉邦不應該分封六國諸侯後人。也就是説,張良在(6)中强調的不是謀求弱楚,而是承認楚强,并以此爲前提,得出漢不應去分封諸侯的結論。據此,句(6)的意思就應該是:"况且,除非楚國不强,若强,六國諸侯之繼立者也會屈從於强楚,陛下(指劉邦)怎麽能讓他們向您稱臣呢?"

前面提到的句(1)也是一個很有説服力的例子。如果以《漢書音義》解釋句(6)的模式來解釋句(1)中"唯毋"的句子,其意思就變成:"不要爲地,(若爲地,)人們就將踩踏你;不要爲天,(若爲天,)誰還敢(輕)看你?"根據上下文關係,訓誡者殷武湯還是希望大甲能够"爲天"而不"爲地"的,所以,儘管"不要爲地"的訓誡大致符合文意,但"不要爲天"却是講不通的。這正如湯在句(1)所言:"□義(義)奠(尊)仁,而隊(遂)爲民天,女(汝)弗能勉,而自令爲地。"儘管"□義(義)"中缺釋一字,但"□義(義)"與"奠(尊)仁"并舉應無疑義,因此這句話可譯爲:"尊奉仁義,你就會爲民天;如果不能做到這點,你就把自己當成了地。"這就使得"爲民天"和"自令爲地"的對立價值取向一目了然。在這句話之前商湯還説過:"爲能孝弟(悌),辟(譬)之若天,誰敢弗戴?"[①]意即:"如果能做到孝悌,那你就好像是天,誰還敢不擁護?"能爲孝悌則爲天,這正是商湯訓誡太子的主要内容之一,也就更加肯定了"爲天"乃承國主者的追求目標這一觀點。

綜合這兩處,湯的意思就變得很清楚了:就像他在句(1)最後所説,"承國主者,胡可以毋務好善?"也就是説,要做一個好的王位繼承者,就一定要講孝悌,做好事,因爲衹有這樣才可以"爲天",爲臣民景仰。因此,如果將"唯毋爲天"解釋成表勸誡的祈使句"不要爲天",就很顯然與商湯訓誡的要義相悖,而與此處的語境不合。最合理的讀法就是像先前指出的那樣,把"唯毋"分句釋成"除非不"這樣的條件分句,而不是將"唯"讀成發語詞,將"毋"讀成表祈

① 北京大學出土文獻研究所編:《北京大學藏西漢竹書(叁)》,125頁。

使的禁詞。[①]

根據對"唯毋"的這一理解,我們可以對開始所列的(1)作以下釋讀:"尊奉仁義,你就會爲民天;如果不能做到這點,你就把自己當成了地。除非不爲地,(若爲地,)人們就將踩踏你;除非不爲天,(若爲天,)誰還敢(輕)看你? 天與地相距很遠,但作人君的和作人臣之間的距離之遠,又遠過天與地之間的距離。作爲國主繼承人,你怎麽可以不來做好事善事呢?"

句(2)這段話中簡一九二的開頭"毋重之"應該連接上簡,衹可惜已經缺失,但根據文意,"毋重之"之前一字似乎也是"唯"字。如果這一推測不錯,我們看到的就是兩個由"唯毋"引導的類似的句式,一個押止步韻,一個押山部韻:"[唯]毋重之,必將務治,苟身能治,國家亦治,處上立(位)者,將盈(逞)其志;唯毋身乳(亂),則國家亦乳(亂),國與身乳(亂),唯(雖)爲人主,其安得所愿?"除了跟《周馴》整理者對"唯毋"的解釋有异,此處的標點與整理者亦有不同,從而導致了對一九二和一九三簡整體的解釋與整理者不同:"除非不以之爲重,[②](若以之爲重,)一定要做到治身,若身能治,則國家也能治,那麽居上位者的心願就將得到滿足;除非身不亂,(若身亂,)則國家也會亂,若國與身都亂了,即使爲人主的,又怎麽能滿足自己的心願呢?"

句(3)跟句(2)相似,這一段標號爲二〇一簡起始的"主者"應該上連,根據文意,"主者"之前缺失的文字似應爲"爲人",合起來,即"爲人主者"。那麽這段話的意思就是:"爲人主者,除非别失去大臣,(若失去大臣,)又怎麽能得以服務於君民呢? 所以《詩》曰:'懷德唯寧,宗子唯城'。你既已爲城,若不懷德,則城一定會有裂隙;除非没有裂隙,(若有裂隙,)則城定遭毁壞。《書》曰:'樹木易折於枝節,墻壁定毁於裂隙。'國家安危,定在君世。"

總而言之,以上對於"唯毋"連用這一語法現象的分析,給我們帶來以下兩點啓示:一,在我們討論過的例子里,"唯毋"中的"毋"或者其變體"無""无""勿"并非是一個先前很多人認爲的語詞,而是含義明確的否定詞,與之前的"唯"或其變體"惟"連用,表示假設。"唯"亦非語詞,實際上表達"衹有""唯有""除非"的意思。"唯毋"連用,意思是"衹有不×"或者"除非不×"。二,包含"唯毋"的分句之後往往省略了一個與"唯毋"分句句義相反的假設分句,句式如"若×",與"唯毋"分句之後的分句構成假設關係。根據這兩點理解去解釋包括《周馴》中出現的"唯毋"連用的句子在内的例句,不但能幫助我們正確解釋含義複雜的句子,如例句(1),而且還能幫助我們澄清過去對"唯毋"這一語法現象的若干誤解。這些誤解概括起來説,要麽没有意識到"唯毋"之後的省略句子成分,要麽在解釋例句的時候,因曲解"唯毋"的意思而脱離了句子原有的文本語境。

---

① 當然,在文意允許的情况下,如果不與所處語境衝突,將"唯毋"分句解釋成否定的祈使句也是可以接受的。但就目前已知例句而言,把"唯毋"解釋成否定式的條件從句適用於所有例子。

② 對"之"字所指,因爲前文缺失,今已難以確定。

北大漢簡《反淫》字詞釋讀札記(五則)*

中山大學中文系
出土文獻與中國古代文明研究協同創新中心　楊鵬樺

内容提要　北大漢簡《反淫》簡 6-7"兆思心愓(傷)"之"兆",宜讀"悠"或"愮","悠思""愮思"均可與"心傷"連言;簡 16"不知旦□","□"當擬補"眀(明)","旦眀(明)"即天亮;簡 35 與簡 36 拼綴後,上下文當改釋作"大觀者弗小檖(賤),湛於道者中無閒";簡 41 原釋"文陛芬芳"之"文"當改釋"依",讀爲"扆",與"陛"同爲宫殿用品,故連用;簡 51 原隸"恬"之字,當改隸"甛"或"毡"。

關鍵詞　秦漢文字　北大漢簡　漢賦　反淫

北京大學藏西漢竹書《反淫》在内容上與《七發》相近,[1]頗引起出土文獻與古文字、古代文學等領域學者的關注。以下是筆者對《反淫》字詞釋讀的一點淺見。

一

簡 6-7:

* 本文爲出土文獻與中國古代文明研究協同創新中心博士創新資助項目(CTWX2017BS028)的階段性成果。

① 北京大學出土文獻研究所編:《北京大學藏西漢竹書(肆)》,上海古籍出版社,2015,119 頁。以下引《反淫》圖版、基礎釋文及整理者意見等,如無説明均出自此書。

王孫聞[之],兆思心愓(傷)。[1]

"兆思",整理者注:"兆:通'遙'。遙:《方言》卷六:'遙,廣,遠也。梁楚曰遙。'《楚辭·遠游》:'步徙倚而遙思兮,怊惝怳而乖懷。'王逸注:'彷徨東西,意愁憤也。'《楚辭·抽思》:'愁嘆苦神,靈遙思兮。'王逸注:'愁嘆苦神者,思舊鄉而神勞也。靈遙思者,神遠思也。'"是將其讀爲"遙思",將"遙"理解爲遠。王輝先生則認爲:"兆,始也。"[2]

今案,"兆思"讀"遙思"恐不合文意,簡文講王孫聽到鍾子期的琴聲,心懷感傷,不必言"遙";[3]而按王先生思路,"兆"訓"始","思"應是取想念義,則"兆思心傷"即"始念心傷",但"兆"與"思"的搭配還是不够妥帖。

筆者認爲"兆"之釋讀有以下兩種可能:

一是讀"悠"。上古音"兆"屬定紐宵部,"悠"屬喻紐幽部,[4]聲韻俱近。古書"攸"聲字與"兆"聲字可通,如《詩·豳風·七月》"蠶月條桑",《玉篇》手部引"條"作"挑";[5]《楚辭·九思·怨上》"永思兮窈悠",洪興祖補注:"悠,一作窕。"[6]《詩·邶風·終風》:"莫往莫來,悠悠我思。""悠悠我思"亦見《邶風·雄雉》《鄭風·子衿》《秦風·渭陽》[7]。又禰衡《鸚鵡賦》:"懷代越之悠思,故每言而稱斯。"[8]均可佐證本篇之"兆(攸)思"。雖然"悠悠我思"有多種釋讀意見,[9]尚難論定,但《鸚鵡賦》"懷代越之悠思"與成公綏《嘯賦》和繁欽《與魏文帝箋》之"奏胡馬之長思"相似。[10] 據《文選》李善注,"代越"指"代馬依北風,越鳥巢南枝","胡馬"指"胡馬依北風""胡馬思北風"。[11] 幾處詩句李善以"古詩"稱之,很可能均出自《行行重行行》,衹是略有版本差异。"胡馬""代馬"均爲北地邊塞之馬,幾處詩句意旨亦相同,[12]則《鸚鵡賦》之"悠思"與《嘯賦》及《與魏文帝箋》之"長思"對應,指悠長的思念。《反淫》"兆(攸)思"亦可據此解釋,"王孫聞之,兆(攸)思心愓(傷)"即王孫聽到琴聲時,思念悠長而心懷感傷。

---

① "愓",整理者隸作"揚",今從王挺斌先生改,詳其文《北大簡〈妄稽〉與〈反淫〉研讀札記》,簡帛網,2016年6月29日。

② 見其自整理《反淫》釋文,蒙王先生見示(2017年8月12日私人通信)。

③ 不像《抽思》,"靈遙思兮"下文作"路遠處幽,又無行媒兮",可理解爲作者有一潛在的思念對象。

④ 陳復華、何九盈:《古韻通曉》,北京:中國社會科學出版社,1987,150、142頁。

⑤ 張儒、劉毓慶:《漢字通用聲素研究》,太原:山西古籍出版社,2002,122頁。

⑥ [宋]洪興祖:《楚辭補注》,北京:中華書局,1983,316頁。

⑦ 《毛詩正義》,北京大學出版社,2000,149、162、368、508頁。

⑧ 《文選》,上海古籍出版社,1986,614頁。

⑨ [瑞典]高本漢著,董同龢譯:《高本漢詩經注釋》,上海:中西書局,2012,86-87頁。

⑩ 《文選》,868、1821頁。

⑪ 《文選》,868頁。

⑫ 《文選》所録《古詩十九首》"行行重行行"詩:"胡馬依北風,越鳥巢南枝。"李善注引《韓詩外傳》:"詩曰:'代馬依北風,飛鳥棲故巢。'皆不忘本之謂也。"《文選》,1343頁。

二是讀"愮"。上古音"兆"屬定紐宵部,"愮"屬喻紐宵部,[①]韻部相同,聲紐相近,"兆"聲字即有部分與"愮"同屬喻紐,如"珧、洮、姚、銚、筄"等。《荀子·榮辱》"其功盛姚遠矣",楊倞注:"姚與遙同。"[②]《爾雅·釋訓》"愮愮,憂無告也",《釋文》:"又作恌。"[③]《楚辭·九辯》"心搖悦而日幸兮",王逸注:"搖,一作遙,一作愮。"洪興祖補注:"搖,動也。愮,憂也。無喜悦義。"[④]《玉篇》心部:"愮,憂也。《詩》曰:'憂心愮愮。'"[⑤]又《爾雅·釋詁》:"繇,憂也。"郝懿行謂:"繇,蓋愮之叚借,《方言》云'愮,憂也',《釋訓》云'愮愮,憂無告也'。通作'搖'。"[⑥]如田煒先生所言:"{愮}是{搖}的派生詞,'動搖'引申有'不安'、'不寧'之義,自然也就有'憂'的意思。"[⑦]"思"亦有憂傷義,《楚辭》習見。如王逸解《九章·抽思》篇題謂"反復其詞,以泄憂思也",又《悲回風》"孰能思而不隱兮",注:"誰有悲哀而不憂也。"[⑧]以"悲哀"解"思"。同篇"糺思心以爲纕兮,編愁苦以爲膺",《九辯》"蓄怨兮積思",[⑨]"思心"與"愁苦"、"怨"與"思"對文。《詩·大序》:"亡國之音哀以思。"亦其例。[⑩] 因此,"愮思"同義連言,均取憂愁義,故下接"心惕(傷)"。

當然,以上兩種讀法并非截然無涉。《詩·邶風·雄雉》"悠悠我思",《説苑·辨物》引作"遙遙我思",高本漢根據《王風·黍離》"搖搖"《玉篇》引作"愮愮",認爲很可能《雄雉》之"遙"是"愮"的假借字。[⑪] 又《爾雅·釋詁》:"悠、傷、憂,思也。"[⑫]因此"悠思"也可能與"愮思"同義。無論如何,二者均可在簡文中與"心傷"連言。[⑬]

---

① 《古韻通曉》未録"愮"字,此處參考該書149頁"搖、遙、繇、謠、瑤、鷂、媱"等的歸部。

② [清]王先謙:《荀子集解》,北京:中華書局,1988,68頁。

③ 張儒、劉毓慶:《漢字通用聲素研究》,186頁。

④ [宋]洪興祖:《楚辭補注》,192-193頁。

⑤ 《宋本玉篇》,北京市中國書店,1983,151頁。

⑥ [清]郝懿行:《爾雅義疏》,上海古籍出版社,1983,160頁。裘錫圭先生則認爲:"'愮'跟'憂'當是一語分化的。"見其文《説𡆥》,收入其著《古文字論集》,北京:中華書局,1992,105頁,又《裘錫圭學術文集·甲骨文卷》,上海:復旦大學出版社,2012,377頁。

⑦ 田煒:《西周金文字詞關係研究》,上海古籍出版社,2016,3頁,注①。

⑧ [宋]洪興祖:《楚辭補注》,141、158頁。

⑨ [宋]洪興祖:《楚辭補注》,157、184頁。

⑩ 關於"思"表悲傷義,還可參郭在貽《訓詁叢稿》,上海古籍出版社,1985,32頁;禤健聰《〈懷沙〉題義新詮》("《懷沙》篇題新詁"部分),《文史》2013年第4輯,收入其著《戰國楚系簡帛用字習慣研究》,北京:科學出版社,2017。

⑪ [瑞典]高本漢著,董同龢譯:《高本漢詩經注釋》,86頁。原文"遙"誤作"搖",今徑改過。

⑫ 《爾雅注疏》,北京大學出版社,2000,38頁。

⑬ 回頭看《遠游》"步徙倚而遙思兮,怊惝怳而乖懷",《抽思》"愁歎苦神,靈遙思兮","遙思"亦未嘗不可讀"悠思"或"愮思"。

二

簡16:

芬惑尋忽,不知旦□。[①]

其中"旦"字稍殘泐,[②]但仍可認出。簡16在"旦"字之後殘斷,據《〈反淫〉竹簡一覽表》(下稱"《一覽表》"),[③]殘去部分約有4.5-4.6厘米,除去"地脚"部分,大概有三個字位。因簡17以"下至淫樂也"開頭,據本篇套語,簡16最後三字(即所殘三字)的後二字當爲"此天",則從簡16"不知"到簡17"淫樂也",可恢復作"不知旦□。此天下至淫樂也"。

"旦"下所缺之字,應與前文"璜、衡、柴、芳、章、漿"押陽部韻,結合文意及本篇用字習慣,極可能是"明"字。

"旦明(明)"即天亮。如《淮南子·天文》"至於曲阿,是謂旦明",高誘注:"平旦。"[④]又《漢書·王莽傳》:"三日庚戌,晨旦明,群臣扶掖莽,自前殿南下椒除。"[⑤]《説文》旦部:"旦,明也。"[⑥]二者均可指天亮,故"旦明"又可作"明旦",如《史記·孟嘗君列傳》:"明旦,側肩争門而入;日暮之後,過市朝者掉臂而不顧。"[⑦]又《汲鄭列傳》:"存諸故人,請謝賓客,夜以繼日,至其明旦,常恐不遍。"[⑧]

"不知旦明"前的"芬惑尋(尋)忽",整理者注讀"芬郁感忽",謂"芬郁"指香氣濃郁,"感忽"則據《荀子》楊倞注,訓恍惚。蕭旭先生讀"芬惑"爲"紛惑",并認爲整理者所舉《荀子》之"感忽"是急速之義,"尋忽"應讀淫物。[⑨] 案,由於前文提到芳草、酒漿等,此處讀"芬郁""紛惑"似皆可通,惟前者有《七發》"衆芳芬郁"佐證;"尋忽"之"尋"如何釋讀,筆者暫無更好意見,[⑩]但"忽"古書可訓爲"迷",[⑪]與"芬郁""紛惑"都能搭配。總之,此處描繪的是衆芳環繞、酒緑燈紅的景象,身處其中難免"不知旦明(明)",故簡17將此段總結爲"淫樂"。

① "尋"之隸定,從陳劍先生,詳其文《〈妄稽〉〈反淫〉校字拾遺》,復旦大學出土文獻與古文字研究中心網站(下稱"復旦網"),2016年7月4日。

② 北京大學出土文獻研究所編:《北京大學藏西漢竹書(肆)》,93、108頁。

③ 北京大學出土文獻研究所編:《北京大學藏西漢竹書(肆)》,142-143頁。

④ 何寧:《淮南子集釋》,北京:中華書局,1998,234頁。

⑤ 《漢書》卷九九下《王莽傳下》,北京:中華書局,1962,4191頁。

⑥ [漢]許慎:《説文解字》,北京:中華書局,1963,140頁。

⑦ 《史記》卷七五《孟嘗君列傳》,北京:中華書局,1959,2362頁。

⑧ 《史記》卷一二〇《汲鄭列傳》,3112頁。

⑨ 蕭旭:《北大漢簡(四)〈反淫〉校補》,復旦網,2016年6月27日。

⑩ 不過蕭先生讀"淫"大概不妥,因本篇"淫"皆用本字。

⑪ 宗福邦、陳世鐃、蕭海波主編:《故訓匯纂》,北京:商務印書館,2003,775頁。

順帶提一下本篇另外兩處缺字處理。

一是簡39“來”字下,整理者標注缺字符“□”。[①] 案,從圖版可看出,“來”字與簡39末端的距離,與其他簡的“地脚”高度基本一致,其下不會再寫一字;簡40首字“蓯”與其頂端的距離也與其他簡的“天頭”高度一致,其上同樣不會再寫一字。[②] 故此處“□”符應删除。

二是簡49在“因”字下殘斷,整理者釋文標注“……”。[③] 案,據《一覽表》,簡49下端約殘去2.6-2.7厘米,除去“地脚”部分,約容納兩字。故從簡49“游於”至簡50“天”,釋文當處理作“游於至清,因□□中人於天”。

三

簡35+36:

大濩〈灌(觀)〉者弗小A,湛於道者B无閒。[④]

簡35與簡36均爲殘簡,整理者將以上一段釋作:“大灌(觀)者弗小□,湛於道者弗……□无閒。”[⑤]楊元途先生將兩簡直接拼綴,將簡文改爲:“大灌(觀)者弗小□,湛於道者弗无閒。”[⑥]

今案,楊先生的拼綴方案於簡長、紋路、茬口均吻合,文句搭配亦無大礙,當可信從。則簡35+36剛好爲一支整簡。不過需要説明兩點:

一是楊先生説“拼綴之後,簡37的簡背劃痕正可與簡35的簡背劃痕相銜接”(引案,在簡35與36拼綴後,簡35的簡背劃痕便代表了簡35+36的簡背劃痕,下同),但其實并非如此。據《一覽表》,簡35簡背劃痕終止位置距竹簡上端6.0厘米,而簡37劃痕起始位置距竹簡上端約6.8厘米,[⑦]數據并不吻合。從示意圖可直觀看出,簡35+36與37之前當缺一簡,可補入一支模擬簡“X”:[⑧]

---

① 北京大學出土文獻研究所編:《北京大學藏西漢竹書(肆)》,101、133頁。

② 北京大學出土文獻研究所編:《北京大學藏西漢竹書(肆)》,85-86頁。

③ 北京大學出土文獻研究所編:《北京大學藏西漢竹書(肆)》,135頁。

④ “濩”,整理者隸作“灌”,今從王挺斌先生改,詳其文《北大簡〈妄稽〉與〈反淫〉研讀札記》。

⑤ 北京大學出土文獻研究所編:《北京大學藏西漢竹書(肆)》,131頁。

⑥ 楊元途:《北大漢簡〈妄稽〉、〈反淫〉校讀筆記》,復旦網,2016年6月3日。

⑦ 簡37上端稍殘,故没有劃痕起始位置與上端距離的數據,這裏根據其起始位置距竹簡下端23.0厘米以及本篇整簡約30.3-30.4厘米(北京大學出土文獻研究所編:《北京大學藏西漢竹書(肆)》,119頁)换算。

⑧ 此處理方式參考孫沛陽《簡册背劃綫初探》(《出土文獻與古文字研究》第4輯,上海古籍出版社,2011)、賈連翔《戰國竹書形制及相關問題研究——以清華大學藏戰國竹簡爲中心》(上海:中西書局,2015)第六章第二節“劃痕現象的觀察和分類”。

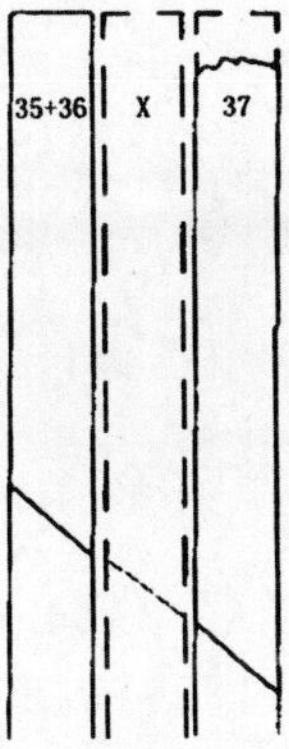

不過,這與楊先生拼綴方案并不矛盾。簡 X 應該原本存在并已刻好劃痕,但最後没被編進簡册,[①]此類情況還見於本篇簡 24 與簡 25、簡 46 與簡 47,其特徵就是兩簡文句連貫但簡背劃痕不接續,[②]但并不影響它們的連讀。

二是楊先生將簡 35 與簡 36 銜接處的 B 字釋爲“弗”,其實當爲“中”,試將“B”與同篇“弗”“中”字形對比如下:[③]

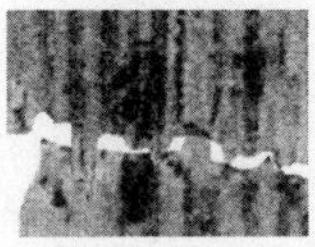	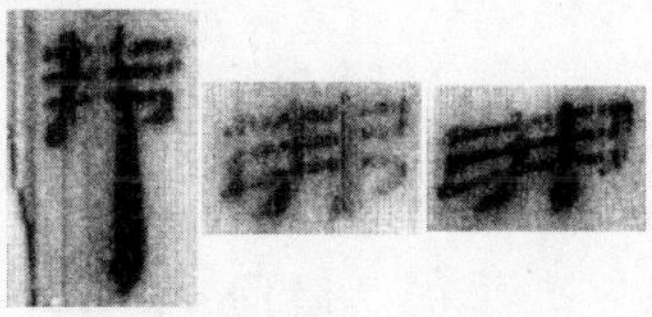	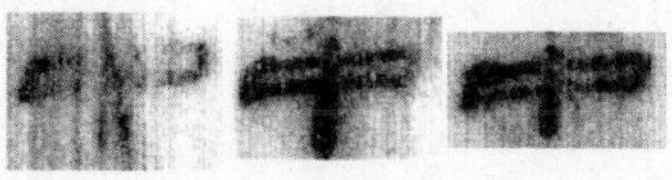
B	弗(簡 7、17、35)	中(簡 27、31、50)

楊先生説“左側縱向長筆筆畫正可銜接,而右側豎筆則由於簡面磨損依然缺失”。案,相對於“弗”,“B”不僅少了一豎,還少了下部“ㄣ”。退一步説,如果豎畫及“ㄣ”均丢失,“B”存留的豎筆,無論當作“弗”的左側還是右側縱向筆畫,位置都過於居中,如果是左側,其末端更是缺少向左撇的痕迹。對比可知,B 字當是“中”,衹是最左側短豎及中上部的横畫殘斷而已。改釋“中”後,此句作“湛於道者中无閒”也很順適(句意詳下)。

① 孫沛陽先生推測文句連貫但簡背劃痕不密合的現象可能有兩個原因:“(1)在劃綫的時候,個别竹簡的排列有些高低錯落,導致編聯後劃綫錯位;(2)在抄寫的時候,由於遇到抄寫錯誤或竹簡損壞,造成真正意義上的廢簡,再按順序取用下一支空白簡來抄寫,編聯後此處就出現劃綫錯位。”(《簡册背劃綫初探》,456 頁)賈連翔先生則認爲:“在實驗中補入的‘模擬簡’,按照劃痕的貫連關係推測,它們應該曾經真實存在過。或者是由於竹材本身自然生長的局部缺陷而被淘汰掉,或者是由於加工過程的人爲損耗,又或者是由於抄手的書寫失誤而成爲廢簡。”(《戰國竹書形制及相關問題研究——以清華大學藏戰國竹簡爲中心》,101 頁)案,從簡 35 與簡 37 的劃綫距離,以及前文模擬簡的情况看,孫先生所説第一種原因的可能性較小。

② 相關文句分别(寬式)作:“……觀動静【24】之變,順風波之理。……【25】”“……夫子弗欲□【46】邪?……【47】”;簡背劃痕數據及圖示見北京大學出土文獻研究所編:《北京大學藏西漢竹書(肆)》,142-143、114-115 頁。此外,與《反淫》同册收録的《妄稽》,也屢見此種現象。

③ “弗”字形分别取自北京大學出土文獻研究所編:《北京大學藏西漢竹書(肆)》,107、108、110 頁;“中”字形分别取自北京大學出土文獻研究所編:《北京大學藏西漢竹書(肆)》,109、113 頁。

回頭看 A 字,其紅外圖版放大如下:

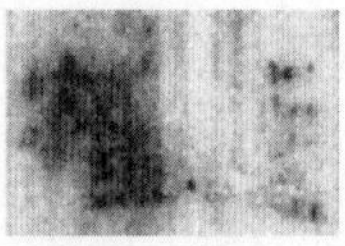

可明顯看出其左旁爲“木”;“木”旁右側則爲“金”,可參看本篇“”(簡 5)、“”(簡 6)、“”(簡 23)之所从;最右側部分,從其殘存筆畫的大致輪廓看,應是“戔”,可對比“A”與北大漢簡从“戔”之字:[1]

A	淺(《妄稽》簡 57、《周馴》簡 77)	賤(《老子》簡 8)

如此則“A”即“檅”,字當以“戔”爲基本聲符。故全句作:“大觀者弗小檅,湛於道者中无閒。”“戔”與“閒”上古均歸元部,[2]“檅”與“閒”正可押韻。

“大觀”,整理者注:“目光視野宏大闊遠。賈誼《鵩鳥賦》:‘小智自私兮,賤彼貴我;達人大觀兮,物無不可。’”案,其説可從,該詞又見《淮南子·要略》:“誠通其志,浩然可以大觀矣。”[3]“大觀者弗小檅”當即“大觀者弗小賤”,“小賤”爲同義連言,亦見《論衡·量知》:“小賤之能,非尊大之職也。”[4]簡文當作動詞,以某物爲小爲賤也。據整理者所舉《鵩鳥賦》句例,正可見有“大觀”者則不會“賤彼貴我”,而“小賤”就包含在“賤彼貴我”之中。《莊子·秋水》:“北海若曰:‘以道觀之,物無貴賤;以物觀之,自貴而相賤。’”[5]可以參看。

“无閒”,整理者注認爲即“‘無閒’,没有空隙”,舉《老子》“無有入無閒”,揚雄《解嘲》“細者入無間”李善注“無間,言至微也”爲證。案,“無閒(間)”在古書中有幾個義項,整理者所采用的義項,雖多用於道家文獻,但均作名詞用,放在“中無閒”(“中”當指心中)中不够允恰。筆者認爲此“無閒”當解爲没有分别(不存分别之念),其境界比“弗小賤”更高一層。“閒(間)”有分别之義,可參看黔之菜(網名)先生在討論本篇簡 29“紆(閒)奇直,别雌雄”時

① “淺”字形分别取自北京大學出土文獻研究所編《北京大學藏西漢竹書(肆)》,35 頁;北京大學出土文獻研究所編《北京大學藏西漢竹書(叁)》,上海古籍出版社,2015,58 頁。“賤”字形取自北京大學出土文獻研究所編《北京大學藏西漢竹書(貳)》,上海古籍出版社,2012,34 頁。均經筆者去色處理。

② 陳復華、何九盈:《古韻通曉》,293、296 頁。

③ 何寧:《淮南子集釋》,1440 頁。

④ 黄暉:《論衡校釋》,北京:中華書局,1990,552 頁。

⑤ [清]郭慶藩:《莊子集釋》,北京:中華書局,1961,577 頁。

的一段論述(節選):[①]

閒,亦別也……《莊子·天地》云:"百年〈韋-圍〉之木,破爲犧尊,青黄而文之,其一斷在溝中。比犧尊於溝中之斷,則美惡有閒矣,其於失性一也;桀跖與曾史,行義有閒矣,然其失性均也。"又《莊子·庚桑楚》"而物或閒之邪",成玄英注并曰:"閒,别也。"……重言之則曰"閒閒",如《莊子·齊物論》"小知閒閒",《釋文》:"閒閒,有所閒别也。"……作分别之義講的"閒"字亦作"簡"。

"閒(間)"之分别義,當從空隙義引申而來。然則"湛於道者中無閒",即沉湎於道者,心中不存分别之念。黔先生所引《莊子·天地》説,"美惡有閒"則"其於失性一也","行義有閒"則"其失性均也",可見其尚"無閒"。"無間"近於渾然純一,《淮南子·俶真》:"渾渾蒼蒼,純樸未散,旁薄爲一,而萬物大優。"[②]《反淫》"湛於道者中無閒"之後作:"夫子何不游於埍(霄)垗(霓),處於大廓,以萬物爲一,遀〈遺(隨)〉死生同宅?"[③]"以萬物爲一,隨死生同宅"即是不别萬物、不分死生,與"中無閒"相呼應。

綜上,"大觀者弗小檅(賤),湛於道者中無閒"意謂視野宏大闊遠之人不以某物爲小賤,沉湎於道者心中便不存分别之念。

四

簡41:

王孫徙倚,C陛芬芳。

C字位於竹簡殘斷處,整理者注:"依文意推斷暫釋爲'文',從上半部分的痕迹以及綴合後與下半部分的關係看,尚可存疑。文陛:宫闕的殿階。"并舉劉楨《魯都賦》"路殿巋其隆崇,文陛巘其高驤"佐證。[④] 楊元途先生則謂:"從其左上部筆畫來看,字恐非'文'字,疑爲'朱'字。"[⑤]落葉掃秋風(網名)先生認爲其右側爲衣,左側可能从亻,字或可釋依,但未進一

---

① 黔之菜(網名):《讀北大漢簡〈反淫〉小札一則》,復旦網,2016年6月13日。案,該文所引《莊子》之"閒",本或作"間"。

② 何寧:《淮南子集釋》,135頁。

③ "霄霓",釋讀從鳲鳩(網名)先生,見楊元途《北大漢簡〈妄稽〉、〈反淫〉校讀筆記》文後評論;"隨",釋讀從黔之菜(網名)《北大漢簡〈反淫〉篇校字一則》,復旦網,2016年6月3日。又:sqy(網名)先生認爲"宅"當讀"度"(《北大漢簡〈反淫〉篇校字一則》文後評論),可參。

④ 北京大學出土文獻研究所編:《北京大學藏西漢竹書(肆)》,134頁。

⑤ 楊元途:《北大漢簡〈妄稽〉、〈反淫〉校讀筆記》。

步解釋相關文句。[1]

今案,諸説以落葉掃秋風(網名)先生之説最爲可信。因其觀點發表於論壇,字形拼合後圖片仍較小,現重新按放大圖版拼合,[2]并與北大漢簡其他"衣"字對比如下:[3]

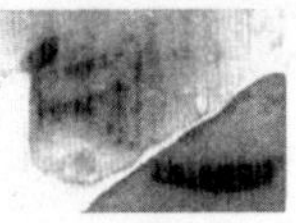	
C	衣(《妄稽》簡 29、《周馴》簡 74、《趙正書》簡 8)

可知 C 之左旁上部與"亻"的起筆相同,下方留有豎畫右側的殘餘;其右旁除已殘泐的右側中部外,其他部分均與"衣"的相應部分吻合,整體形態與《妄稽》和《周馴》之"衣"最爲相似。

筆者認爲此"依"當讀"扆"。《荀子·儒效》"負扆而坐",《正論》作"負依而坐",楊倞注:"户牖之閒謂之依,亦作'扆'。扆、依音同。"[4]《禮記·曲禮下》"天子當依而立",孔穎達疏:"依,狀如屏風,以絳爲質,高八尺,東西當户牖之間,繡爲斧文也,亦曰斧依。"[5]是對"依(扆)"之形制較具體的解釋。古書稱"依(扆)"時常有"天子""王位""南面"之語,除上舉"天子當依而立"之外,還有《儀禮·覲禮》之"天子設斧依"、《周禮·春官·司几筵》之"王位設黼依"、《禮記·明堂位》之"天子負斧依,南鄉而立"、《儀禮·士虞禮》之"負依南面"等,[6]相關的還有《淮南子·齊俗》及《氾論》之"負扆而朝諸侯"等[7]。知"依(扆)"爲宫殿用具,與王庭密切相關,故後世以"扆闥"指宫廷,以"扆坐(座)""扆筵""扆寧"等稱御座。[8]

陛,《説文》𨸏部解爲"升高階",常用於殿堂,如《漢書·高帝紀下》"大王陛下"顔師古注引應劭曰:"陛者,升堂之階。"[9]《玉篇》𨸏部:"陛,天子階也。"[10]"陛下"原指王庭堂階之下,引申指帝王,古書習見。蔡邕《獨斷》曰:"陛下者,陛,階也,所由升堂也。天子必有近臣執兵陳於陛側,以戒不虞。謂之陛下者,群臣與天子言,不敢指斥天子,故呼在陛下者而告之,因卑達尊之意也。"[11]後世以"陛者""陛衛""陛列"等稱御前護衛人員,以"陛坐"稱御座。[12]

---

① 簡帛論壇《北大漢簡〈反淫〉初讀》回帖,2016 年 6 月 5 日。

② 上下部分取自北京大學出土文獻研究所編《北京大學藏西漢竹書(肆)》,111 頁。

③ "衣"字形分别取自北京大學出土文獻研究所編《北京大學藏西漢竹書(肆)》,48 頁;北京大學出土文獻研究所編《北京大學藏西漢竹書(叁)》,56、160 頁。後兩者經筆者去色處理。

④ [清]王先謙:《荀子集解》,334 頁。

⑤ "斧",《爾雅·釋器》:"斧謂之黼。"下引《周禮·春官·司几筵》即有"黼依"。

⑥ 宗福邦、陳世鐃、蕭海波主編:《故訓匯纂》,116 頁。

⑦ 何寧:《淮南子集釋》,816、926 頁。

⑧ 羅竹風主編:《漢語大詞典》,上海辭書出版社,2008,354 頁。

⑨ 《漢書》,北京:中華書局,1964,52 頁。

⑩ 《宋本玉篇》,418 頁。

⑪ 蔡邕:《獨斷》卷上,文淵閣四庫全書本,2 頁。

⑫ 羅竹風主編:《漢語大詞典》,980、981 頁。

以上可知"依(扆)"與"陛"多有相類處。因二者同爲御座周邊事物,故可并稱"依(扆)陛"。《逸周書·明堂》:"天子之位,負斧扆,南而立,群公卿士侍于左右;三公之位,中階之前,北面東上;諸侯之位,阼階之東,西面北上;諸伯之位,西階之西,東面北上。"[1]先後稱"扆"與"階",後者與"陛"同義。又《論衡·是應》"使莢生於堂上"一段,先後提及"户牖間""王者之堂""階下""扆坐"。[2] 均可佐證。簡文"依(扆)陛"之前是"王孫徙倚",整段渲染的也是貴族堂宇的奢華景象,與古書"依(扆)""陛"出現的環境相吻合。

"依(扆)陛芬芳",當非指"依(扆)陛"本身有芬芳之氣,應結合"王孫徙倚"來理解。前文言"危冠縹服,榆(揄)袂從容",結合《楚辭·離騷》"紉秋蘭以爲佩""集芙蓉以爲裳""高余冠之岌岌""佩繽紛其繁飾兮,芳菲菲其彌章"等描述,[3]簡文"芬芳"當來自王孫身上所佩芳草的香氣。準此,"王孫徙倚,依(扆)陛芬芳"意謂王孫徘徊徜徉,扆陛之間充滿芬芳。

五

簡51:

……□然根乃近□之聖人字曰□衆枉命恬□[4]

今案,所謂"恬"字(下稱"D")與本篇簡48"虛精(靜)恬愉"之"恬"的紅外圖版對比如下:[5]

(D)

(恬)

"恬"字"忄"旁雖有殘損,但其中豎仍隱約可識,而D字左旁(下稱"D1")之"主幹"并非豎畫,而是自左上横畫起筆,再折向右下,作"乀"形。D1當爲"屯"或"毛",可對比北大漢簡相關字形:[6]

---

① [清]朱右曾:《逸周書集訓校釋》,上海:商務印書館,1937,100頁。

② 黄暉:《論衡校釋》,757-758頁。

③ [宋]洪興祖:《楚辭補注》,5、17、18頁。

④ "枉",整理者隸作"柱",今據余曉春先生改,詳簡帛論壇《北大漢簡〈反淫〉初讀》回帖,2016年6月7日。

⑤ "精",整理者隸作"靜",今據落葉掃秋風(網名)先生改,詳簡帛論壇《北大漢簡〈反淫〉初讀》回帖,2016年6月7日;紅外圖版分別取自北京大學出土文獻研究所編《北京大學藏西漢竹書(肆)》,113、112頁。

⑥ 除D1外的三個字形分別取自北京大學出土文獻研究所編《北京大學藏西漢竹書(肆)》,48、92、26頁。後二者經筆者去色處理。

D1	純(《妄稽》簡 30)	肫(《反淫》簡 12)	毛(《妄稽》簡 32)

相比以上所列“毛”形,D1 中間部分的右側頓筆更爲明顯,[1]跟“屯”形更接近些。不過秦漢文字“屯”與“毛”形近,古書亦有訛誤例,[2]故 D 字爲“㖔”或“毼”的可能性似乎都不能排除。若是“㖔”,則應是从舌屯聲,或即“唇”之异體;若是“毼”,則應是从毛舌聲,[3]也許與曾侯乙墓竹簡簡 1 正、簡 3 之“(𣭈)”有關。[4] 因上下文缺字較多,D 字在簡文中如何釋讀,還有待進一步考索。

附記:小文承楊澤生先生、王輝先生及匿名評審專家審閱賜正,修訂時亦曾向石雅梅同學請教相關問題,謹此一并申謝!

---

① D1 中間右側頓筆或爲起筆,也即其中部由四筆寫就,而以上所列“毛”形則用兩筆。

② [清]王念孫:《讀書雜志》(卷五《管子》第八“理丞而屯泄”條),南京:江蘇古籍出版社,1985,482 頁;朱德熙:《説“屯(純)、鎮、衠”——爲〈唐蘭先生紀念論文集〉作》,《中國語文》1988 年第 3 期,收入《朱德熙古文字論集》,北京:中華書局,1995;馮勝君:《古書中“屯”字訛爲“毛”字現象補證》,收入其著《二十世紀古文獻新證研究》,濟南:齊魯書社,2006。

③ 在傳統字書與古文字材料中,“舌”聲系的字同時存在兩個語音序列,陳斯鵬先生《“舌”字古讀考》(《文史》2014 年第 2 期)有論,“毼”較可能與“恬甛栝”一系字音近。

④ 字形取自張光裕、滕壬生、黄錫全主編《曾侯乙墓竹簡文字編》,臺北:藝文印書館,1997,249 頁。陳斯鵬先生《“舌”字古讀考》認爲“𣭈”可讀“簟”或“苫”,可參看。

郢城周邊西漢墓出土告地書匯釋

荆州博物館　蔣魯敬

内容提要　通過搜集整理郢城周邊五座西漢墓出土的告地書,并從出土概況、簡牘文字以及釋讀等角度,對已有研究成果進行匯釋,豐富了對告地書形制、組成及書寫格式的認識;加深了對告地書内容的了解;根據告地書的確切紀年,建立了郢城周邊西漢初年至文景時期漢墓的年代序列;告地書所記鄉、里地名,對於認識西漢吕后、文景之際南郡江陵縣所轄鄉、里有一定的幫助;郢城周邊西漢墓集中出土告地書的現象,是漢代户籍管理嚴格的反映。

關鍵詞　西漢墓　郢城　告地書

以秦漢時期南郡江陵縣城郢城爲中心的周邊地區,保留了豐富的秦漢文化遺存,在該區域歷年開展的考古工作中發掘了較多漢代墓葬,出土了大量珍貴文物,部分墓葬還發現有喪葬用竹(木)牘文書——告地書,又稱告地策。下面按照墓葬發掘的先後順序對該區域發現的"告地書"作梳理、匯釋。

一　鳳凰山 M10

(一)出土概況

江陵鳳凰山在春秋戰國時期楚故都紀南城[①]的東南隅,南距江陵縣城關(即荆州城,下文

① 根據新的考古發現與研究,紀南城應爲戰國時期的楚郢都。參看方勤《紀南城考古研究及楚都探索——爲紀南城大規模考古發掘四十周年而作》,湖北省文物考古研究所編《紀南城考古發現》,《江漢考古》2015年增刊。

提到的"江陵",皆指今荆州,不再標注)約5公里,屬於江陵縣紀南鄉(今荆州區紀南鎮)。鳳凰山是一處較爲平緩的崗地,最高處達41.3米,高出周圍平地約10米。鳳凰山崗地的南端連接紀南城的南城垣,西北部靠近楚國的宫殿區。襄(陽)沙(市)公路自北而南穿過它的中部。[①]

1973年9月中旬至11月中旬,長江流域第二期文物考古工作人員訓練班在湖北江陵楚故都紀南城内進行田野考古發掘實習,發掘了九座西漢早期的土坑木槨墓,發現了一批西漢早期的木牘和竹簡。其中,M10墓口長3.15、寬1.5米,墓底長3、寬1.48米,墓口至墓底深3.22米。M10出土木牘六枚,與竹簡、木骰等同出於邊廂的竹笥内。按照出土時從上向下的順序,記有告地書内容的一枚在最下面。該木牘在告地書内容的旁邊一行和另一面還記有隨葬器物清單,即屬於通常所見的遣册内容,故整理者稱該木牘爲"記陪葬物的木牘"。六枚木牘長23-23.5、寬4.6-5.8、厚0.3-0.4厘米[②]。

(二)釋文

四年後九月辛亥,平里五大夫張偃敢告地下主:偃衣器物、所以葬具器物,可令會以律令從事。

(三)釋讀

四年後九月辛亥,是墓主死去或下葬的日期。據《二十史朔閏表》,景帝四年後九月爲甲辰朔,初八日爲辛亥。所以,木牘記的四年是景帝四年,即公元前153年,這是M10的絶對年代。[③]

平里,又見於該墓編號爲6記芻稾的木牘,所記内容爲鄉、里行政機構收支賬簿的簡100、102亦有平里。此外,該墓編號爲4記算錢的木牘中有鄭里,竹簡107有敬里,[④]均爲江陵西鄉所轄。

五大夫,據《漢書·百官表》列第九級。時代在漢文帝十三年(前167)的江陵鳳凰山M168,告地書所言墓主身份與M10相同,亦爲"五大夫"。但是,兩墓在形制與隨葬品等方面差别顯著,按照漢代"謂死如生……以爲死人有知,與生人無以异"[⑤]的觀念,説明M10與M168的墓主身份在現實生活中有很大的差别。因此,M10書其身份爲"五大夫",并不是墓

① 湖北省文物考古研究所:《江陵鳳凰山一六八號漢墓》,《考古學報》1993年第4期。

② 長江流域第二期文物考古工作人員訓練班:《湖北江陵鳳凰山西漢墓發掘簡報》,《文物》1974年第6期。湖北省文物考古研究所:《江陵鳳凰山西漢簡牘》,北京:中華書局,2012,9頁。

③ 湖北省文物考古研究所:《江陵鳳凰山西漢簡牘》,137-138頁。

④ 參看湖北省文物考古研究所《江陵鳳凰山西漢簡牘》,99-100、132頁。

⑤ 黄暉:《論衡校釋》卷二三《薄葬》,北京:中華書局,1990,961-962頁。

主實有的身份，衹是爲死者祈福的書寫原則，使墓主擁有免賦役的身份。[①]

張偃，M10 的墓主。記算錢的 4 號木牘中幾乎每一筆算錢都有“正偃付西鄉偃佐某”之文，佐，即鄉佐。漢代於大鄉設有秩，小鄉設嗇夫，名列鄉佐之上的偃爲西鄉的主要官吏，即西鄉的有秩或嗇夫。正偃之“正”應爲里正的簡稱。這兩個偃很可能是同一個人。墓主張偃大概就是江陵西鄉的有秩或嗇夫。[②] 該墓棺内所出一面刻“張伯”，一面刻“張偃”的穿帶木印，當爲墓主人生前所用私印的明器。[③]

漢代簡牘所見人名多與《急就》、傳世漢印相合。[④]《漢印文字徵》“偃”字下有“郭偃之印”“賈偃之印”等[⑤]，顯係漢代以“偃”爲名的例證，湖北荆州紀南松柏漢墓 M1 出土木牘亦有“周偃”之名。[⑥]

敢告地下主，毛家園 M1“建鄉疇敢告地下主”，與此相同。鳳凰山 M168“江陵丞敢告地下丞”、謝家橋 M1“謁告地下丞”，則用“地下丞”代替“地下主”。嶽麓秦簡《學爲僞書案》簡 215 癸在私書中稱“胡陽丞”爲“丞主”[⑦]，是丞、主并用的例證。江蘇邗江胡場漢墓 M5 告地書則用“土主”。[⑧] 嶽麓秦簡“奏讞類文書”與張家山漢簡《奏讞書》中皆有“敢讞之”，是秦漢時官府文書的固有模式。《左傳》襄公二十九年《傳》：“（魯襄）公還，及方城。季武子取卞，使公冶問，璽書追而與之，曰：‘聞守卞者將叛，臣率徒以討之，既得之已。敢告。’”[⑨]《左傳》所記是季武子向魯襄公發送的文書，其文末用“敢告”，似可看作漢代告地書中“敢告”的濫觴。

衣器物、所以葬具器物，當指木牘另一面所記的隨葬器物。衣，可能是指隨葬器物清單中的“布帷一，長丈四，二福（幅）”，謝家橋 M1 作“衣器”。鳳凰山 M168 簡 35 有“具器”，指成套的飲酒用器，[⑩]這裏的“葬具器物”應與謝家橋 M1“葬具”相同。對比其他幾件詳細記録隨葬器物名稱及數量的告地書，鳳凰山 M10 告地書記録隨葬器物的方式最爲簡略。

可令會以律令從事，與 M10 身份同爲“五大夫”的鳳凰山 M168 作“可令吏以從事”，江陵

---

① 胡平生、李天虹：《長江流域出土簡牘與研究》，武漢：湖北教育出版社，2004，333－334 頁。賈麗英：《告地書中“五大夫”“關内侯寡”身份論考》，《甘肅省第二屆簡牘學國際學術研討會論文集》，上海古籍出版社，2012，395、399 頁。

② 湖北省文物考古研究所：《江陵鳳凰山西漢簡牘》，139－140 頁。

③ 長江流域第二期文物考古工作人員訓練班：《湖北江陵鳳凰山西漢墓發掘簡報》，《文物》1974 年第 6 期，52 頁。

④ 邢義田：《漢簡、漢印與〈急就〉人名互證》，收入其著《地不愛寶：漢代的簡牘》，北京：中華書局，2011，84－101 頁。

⑤ 羅福頤：《漢印文字徵》，北京：文物出版社，1978，7 頁。

⑥ 荆州博物館：《湖北荆州紀南松柏漢墓發掘簡報》，《文物》2008 年第 4 期。

⑦ 朱漢民、陳松長主編：《嶽麓書院藏秦簡（叁）》，上海辭書出版社，2013，225 頁。

⑧ 揚州博物館、邗江圖書館：《江蘇邗江胡場五號漢墓》，《文物》1981 年第 11 期。

⑨ 楊伯峻：《春秋左傳注（修訂本）》，北京：中華書局，1990，1125 頁。

⑩ 湖北省文物考古研究所：《江陵鳳凰山西漢簡牘》，200 頁。

毛家園 M1 則用"可令吏受數以從事"。[1] 從里耶秦簡 12-849 背第一行"六月丁亥,遷陵丞歐告司空主:以律令從事。報之"[2]來看,告地書的這種用語顯然是對現實文書的套用。

二 鳳凰山 M168

(一)出土概況

1975 年發掘的鳳凰山 M168,位於鳳凰山崗地的中部偏東,爲帶墓道的土坑豎穴墓,與南鄰的 M169 爲异穴并列的夫妻合葬墓。[3] M168 原有封土堆,後因平整土地被削平。墓口長 6.2、寬 4.8 米,墓底長 5.4、寬 3.8 米,墓口至墓底深 8.4 米。[4]

竹牘、竹簡出土於邊廂中部底層,壓在漆几下,并被大漆盤、大圓奩、橢圓奩、圓盒和小扁壺所壓。木牘長 23.2、寬 4.1-4.4、厚 0.3 厘米。

(二)釋文

十三年五月庚辰,江陵丞敢告地下丞:市陽五大夫遂自言:與大奴良等廿八人、大婢益等十八人、軺車二乘,牛車一兩(輛)、騶馬四匹、駠馬二匹、騎馬四匹。可令吏以從事,敢告主。

(三)釋讀

十三年五月庚辰,前面没有年號,知爲漢武帝元鼎三年創始年號之前的紀年。漢初紀年中超過十三年的,衹有漢文帝初元爲十六年。因此,十三年五月當爲漢文帝十三年五月,[5]即公元前 167 年。

市陽,又見於江陵鳳凰山 M10 編號爲 4 記算錢的木牘和竹簡 46,爲江陵西鄉所轄里。

五大夫遂,遂,墓主名,與墓主口中所含玉印章文相同。

大奴良等廿八人、大婢益等十八人、大奴,大婢、又見於鳳凰山 M8、M9、M10、M167 簡牘中所記木俑的身份,部分還有未成年的小奴。這些奴婢除了從事家務勞動外,還有的從事農業生産,反映西漢初年存在大量的奴婢。[6]

大婢益,隨州孔家坡 M8 告地書記奴、婢名字作"益衆""益夫",[7]可見,"益"字是當時隨

① 劉國勝:《江陵毛家園一號漢墓〈告地書〉牘補議》,簡帛網,2008 年 10 月 27 日。

② 里耶秦簡牘校釋小組:《新見里耶秦簡牘資料選校(三)》,簡帛網,2015 年 8 月 7 日。

③ 湖北省文物考古研究所:《江陵鳳凰山一六八號漢墓》,《考古學報》1993 年第 4 期。

④ 湖北省文物考古研究所:《江陵鳳凰山西漢簡牘》,2 頁。

⑤ 湖北省文物考古研究所:《江陵鳳凰山西漢簡牘》,182 頁。

⑥ 參看湖北省文物考古研究所《江陵鳳凰山西漢簡牘》,59 頁。

⑦ 湖北省文物考古研究所、隨州市考古隊:《隨州孔家坡漢墓簡牘》,北京:文物出版社,2006,197 頁。

葬木俑名字中使用較多的字。這些隨葬木俑的名字究竟是對現實生活中奴婢名字的套用，還是隨意的命名可能還需作進一步的研究。

軺車二乘，《説文·車部》："軺，小車也。"[①]軺車，就是駕馬的輕便小車。據居延漢簡所記，軺車的挽馬一般爲一匹馬，也有用二匹的，還有用三匹的。根據墓中出土的遣册分類簡所記，軺車一乘，挽馬二匹。案(安)車一乘，挽馬四匹。正與出土的車馬實物相符合。但是，牘文却疏記爲"軺車二乘"。鳳凰山M8簡36"軺車一乘蓋一"，M8出土有軺車一乘[②]。軺車的定義以《釋名·釋車》之説最可取："軺，遙也；遙，遠也。四向遠望之車也。"[③]即是一種四面敞露之車。它可以坐乘，也可以立乘。它可以駕馬，也可以駕牛。無論坐乘、立乘，駕馬或駕牛，這種車皆以敞露爲特點。[④] 軺車又見於《肩水金關漢簡(壹)》"馬二匹軺車二乘"(73EJT1:42)"……軺車一乘馬□匹"(73EJT9:261)"軺車三乘"(73EJT1:34)。[⑤] 軺車或可省稱爲"軺"，如《嶽麓書院藏秦簡(叁)》簡47—48"號乘軺之醴陽，與去疾買銅錫冗募樂一男子所，載欲賣"。[⑥]

牛車一兩(輛)，M168出土的遣册簡9"牛車一兩(輛)，豎一人，大奴"，與出土實物也相符，鳳凰山M8也出土有牛車。《肩水金關漢簡(壹)》"牛車一兩"(73EJT9:254)。[⑦] 牛車又以"乘"爲量詞，如鳳凰山M8簡85"牛車一乘"。牛車分篷車與敞車兩種，多用於載物。《史記·平准書》説西漢初年"自天子不能具鈞駟，而將相或乘牛車"。《史記·五宗世家》説景帝平七國之亂後，"諸侯貧者或乘牛車也"。都把牛車當作規格較低的車。[⑧]

《肩水金關漢簡(壹)》有完整紀年的簡多集中在漢武帝以後的昭、宣、元、成時期，爲西漢中晚期，所記内容多屬文書類。時代在西漢文帝時的鳳凰山M168，其告地書所記隨葬品牛車、軺車名稱及數量與《肩水金關漢簡(壹)》多有相符，大致反映了漢代葬俗與現實世界的一致性。

騶馬四匹、駠馬二匹、騎馬四匹。M168出土的遣册簡1所記有"案(安)車一乘，馬四匹"，與出土實物相對照，"騶馬四匹"當指駕安車的四匹騶馬。簡2所記的"軺車一乘，馬二

① [漢]許慎：《説文解字》，北京：中華書局，1963，301頁上。

② 湖北省文物考古研究所：《江陵鳳凰山西漢簡牘》，182、22頁。

③ [漢]劉熙撰，[清]畢沅疏證，王先謙補，祝敏徹、孫玉文點校：《釋名疏證補》卷七《釋車》，北京：中華書局，2008，252頁。

④ 參看孫機《漢代物質文化資料圖説》(增訂本)，上海古籍出版社，2011，113頁。

⑤ 參看甘肅省簡牘保護研究中心、甘肅省文物考古研究所、甘肅省博物館、中國文化遺産研究院古文獻研究室、中國社會科學院簡帛研究中心編《肩水金關漢簡(壹)》下册，上海：中西書局，2001，3、4、119頁。

⑥ 朱漢民、陳松長主編：《嶽麓書院藏秦簡(叁)》，120頁。

⑦ 參看甘肅省簡牘保護研究中心、甘肅省文物考古研究所、甘肅省博物館、中國文化遺産研究院古文獻研究室、中國社會科學院簡帛研究中心編《肩水金關漢簡(壹)》，118頁。

⑧ 參看孫機《漢代物質文化資料圖説》(增訂本)，113頁。

匹”與出土實物相對照,“騶馬二匹”就是駕軺車的二匹騶馬。“騎馬四匹”,根據簡文内容與出土器物對照表,M168 出土有“騎馬男俑四”和“雕有坐鞍的木馬四”。[①]

“駟馬四匹、騶馬二匹、騎馬四匹”與簡 10 所記“馬十匹”相符。

三　毛家園 M1

(一)出土概況

1985 年 11 月至 1986 年 3 月,湖北省博物館發掘的毛家園 M1,位於紀南城東南部,西距鳳凰山 110 米,南距紀南城南城垣 190 米。該墓爲土坑豎穴木槨墓。葬具一槨一棺,槨室分頭廂、邊廂和棺室三部分。墓口長 5.73、寬 3.6 米,墓底長 4.91、寬 2.96 米,深 7.34 米。隨葬器物 230 余件,竹簡 74 枚,内容爲遣册,木牘 1 件。[②] 木牘長 22.1、寬 4.2 厘米。[③]

(二)釋文[④]

十二年八月壬寅朔己未,建鄉疇敢告地下主:泗(?)陽關内侯寡大女精死,自言:以家屬馬牛徙。今牒書所與徙者七十三牒移,此家復不事。可令吏受數以從事,它如律令,敢告主。

(三)釋讀

十二年,漢文帝十二年,公元前 168 年。

建鄉,從木牘出土地點以及告地書書寫格式來看,大概與“西鄉”“中鄉”類似,是隸屬於江陵的鄉。

泗(?)陽,從告地書書寫格式來看,應屬建鄉所轄里。

關内侯寡,身份與高臺 M18 相同,由於高臺 M18 原始墓口已遭破壞,已無法比較兩卒墓葬的規模,因此,對於認定墓主身份與葬制的對應關係造成了一定的困難。

所與徙者,是指和墓主大女精一同徙於地下者,即包括上文所説“家屬”“馬牛”在内的所有隨葬諸器。[⑤]

---

① 參看湖北省文物考古研究所《江陵鳳凰山西漢簡牘》,201 頁。

② 楊定愛:《江陵縣毛家園 1 號西漢墓》,《中國考古學年鑒 1987》,北京:文物出版社,1988,204 頁。湖北省文物考古研究所:《湖北省文物考古工作十年來的發展》,文物編輯委員會《文物考古工作十年(1979－1989)》,北京:文物出版社,1991,199 頁。

③ 參看湖北省博物館《書寫歷史——戰國秦漢簡牘》,北京:文物出版社,2007,77 頁。

④ 釋文參看湖北省博物館《書寫歷史——戰國秦漢簡牘》,77 頁。劉國勝《江陵毛家園一號漢墓〈告地書〉牘補議》,簡帛網,2008 年 10 月 27 日。趙寧:《散見漢晋簡牘的搜集與整理》,吉林大學碩士學位論文,2014 年 4 月。

⑤ 劉國勝:《江陵毛家園一號漢墓〈告地書〉牘補議》,簡帛網,2008 年 10 月 27 日。

七十三牒,是指遣册用以登記隨葬物品的七十三枚簡。朱德熙、裘錫圭先生曾在討論馬王堆一號漢墓遣册"小結簡"68號簡"右方牛、犬、豕、羊肩、載(胾)八牒"時説:"本組中,牛、犬、豕的肩和胾都是分簡記的,獨有羊的肩、胾合記於一簡。書寫遣册的人在寫小結簡的時候,大概誤認爲羊的肩、胾也是分簡的,所以把本組簡數誤計爲八牒,比實際數字多出了一牒。""七十三牒"之"牒"跟"八牒"的"牒"同,表示登記隨葬物品的竹簡數量。毛家園一號漢墓遣册共計74枚竹簡,而告地書牘上説簡數是73枚,兩者相差無幾。估計毛家園遣册也是分簡條記各項物品,一項一簡的。[①] 根據謝家橋M1告地書及遣册的關係,毛家園M1的74枚竹簡中,可能有1枚是屬於分類統計的簡。

家復不事,是免除徭賦負擔的意思。《史記・秦始皇本紀》:"因徙三萬家麗邑,五萬家雲陽,皆復不事十歲。"[②]"此家復不事"與高臺M18告地書牘文"家復不算不徭"表達的意思相同。[③]

受數,又見於隨州孔家坡漢墓M8出土告地書,是指接受名數,包括精及其家屬、馬牛。[④]

四 高臺M18

(一)出土概況

高臺墓地位於楚故都紀南城東牆外約100米處,是江陵地區繼鳳凰山之後發現的又一處秦漢時期的貴族墓地。湖北省宜(昌)黄(石)公路建設工程徵用高臺爲取土場,荆州博物館於1992年4月至9月對高臺墓地進行了清理發掘。M18在墓地的中部,是一座土坑豎穴木槨墓。墓口殘長3.3、寬2.18米,墓底長3、寬2.06米,深1.8米。葬具爲一槨一棺。M18出土的四枚木牘皆位於頭廂東南部,根據出土時排列順序,將其分别編爲M18:35甲、乙、丙、丁。出土時,四枚木牘基本疊置,略有錯位,其中,甲在上,丁在下,乙與丙居中且正面相向而疊,丙疊於乙之上[⑤]。牘甲上部爲"安都",下端爲"江陵丞印",牘丁爲遣册。牘乙、丙屬於告地書内容,牘乙長23.2、寬4.5、厚0.4厘米,牘丙長23、寬3.7、厚0.4厘米。[⑥]

---

① 劉國勝:《江陵毛家園一號漢墓〈告地書〉牘補議》,簡帛網,2008年10月27日。

② 《史記》卷六《秦始皇本紀》,北京:中華書局,1982,256頁。

③ 劉國勝:《江陵毛家園一號漢墓〈告地書〉牘補議》,簡帛網,2008年10月27日。

④ 劉國勝:《江陵毛家園一號漢墓〈告地書〉牘補議》,簡帛網,2008年10月27日。

⑤ 木牘的疊放順序同漢代公文排列編連方式是相符的。甲牘屬於郵書封檢,即類同今天的信封,上面寫文書要去地點(收文單位),下端書發文單位。乙、丙二牘才是郵書的内容。因爲是公文,所以在移送公文的過程中,在一般情況下,都是要保密的,即二牘文字部分相向合在一起,由二道繩子捆起來。參看張俊民《江陵高臺18號墓木牘釋文淺析》,《簡帛研究二〇〇一》,桂林:廣西師範大學出版社,2001,290頁。

⑥ 發掘報告《荆州高臺秦漢墓》對《江陵高臺18號墓發掘簡報》的木牘編號作了調整,本文的木牘編號采用發掘報告《荆州高臺秦漢墓》的編號。參看湖北省荆州地區博物館《江陵高臺18號墓發掘簡報》,《文物》1993年第8期;湖北省荆州博物館《荆州高臺秦漢墓》,北京:科學出版社,2000,222頁。

(二)釋文

1.牘乙:

七年十月丙子朔【庚子】,中鄉起敢言之:新安大女燕自言:與大奴甲、乙,【大】婢妨徙安都,謁告安都,受【名】數,書到爲報,敢言之。十月庚子,江陵龍氏丞敬移安都丞。/亭手(牘正)

產手(牘背)

2.牘丙:

新安户人大女燕關内侯寡

大奴甲

大奴乙

大婢妨

家復不算不徭

(三)釋讀

七年十月丙子朔,文帝前元七年十月二十五日,即公元前173年10月25日。

中鄉,江陵縣所轄鄉。

新安,參照鳳凰山M10、M168告地書的行文格式,新安當爲中鄉所轄里。新安作爲里名,見於江蘇儀征胥浦101號西漢墓出土的《先令券書》。墓主"大女燕"的户籍就在當時的江陵中鄉新安里。[①] 新安大女燕,牘丙又作"新安户人大女燕"。

大女燕自言,毛家園M1爲"大女",謝家橋M1作"大女子",居延漢簡年齡在十四歲以上爲大。[②] 或認爲,漢代六歲及以下爲未使男女,七歲至十四歲爲使男、使女,十五歲及以上爲大男、大女。[③]

安都,不是地上實有地名,而是一種管死人的地下冥府的稱謂。在南朝劉宋、蕭齊時期的買地券文里,亦可見到"安都丞",很顯然是一個管死人的冥府官吏,就是地下丞。"安都"大概與《楚辭·招魂》"魂兮歸來,君無下此幽都些"[④]之"幽都"在稱謂上近似。[⑤]

移,移送文書。江陵鳳凰山M10部分竹簡所記内容爲鄭里廩籍,其中10號簡户主名聖,

---

① 劉國勝:《高臺漢牘"安都"别解》,《古文字研究》第24輯,北京:中華書局,2002,445頁。

② 張俊民:《江陵高臺18號墓木牘釋文淺析》,289頁。

③ 楊聯陞:《漢代丁中、廩給、米粟、大小石之制——勞榦〈居延漢簡考釋〉錢穀之類跋》,《中國語文札記——楊聯陞論文集》,北京:中國人民大學出版社,2006,7頁。

④ [宋]洪興祖:《楚辭補注》,北京:中華書局,1983,201頁。

⑤ 劉國勝:《高臺漢牘"安都"别解》,445-446頁。

户中衹有他一人,這一簡把其他各簡分開書寫的兩個記號并在一起,空白處寫了"移越人户"四個字。此處"移"字的用法大概跟《史記·扁鵲倉公傳》"移名數左右"[①]的"移"字相同,意思是把户口移入他户。17號簡户主名越人,"移越人户"大概就是説聖的户口移入了越人這一户。[②] 據此,"移安都丞"可能是在漢代户籍登記制度下,新安大女燕死後,户口移到地下冥府"安都"。毛家園M1"今牒書所與徙者七十三牒移"、謝家橋M1告地書"江陵丞庳移地下丞"、孔家坡M8"桃侯國丞萬移地下丞"亦與此同。

亭手,産手,用斜綫與上文隔開,書寫格式與謝家橋M1同。鳳凰山M9所出的三枚木牘,分别有郢人手(第一枚)、寄手(第二、三枚),其中郢人、寄爲人名,手,表示牘文是它們的手書。[③] 里耶秦簡中屢見"×手"。[④]

"産手"書寫於牘背,書寫方式與隨州孔家坡M8"定手"寫於牘背相同。[⑤]

目前發現的告地書中,"×手"僅見於高臺M18、謝家橋M1和孔家坡M8。對比里耶秦簡,告地書中的"×手"顯然是其對官府文書模仿的又一個佐證。

關内侯寡,墓主燕的丈夫的爵位是關内侯。關内侯,漢代二十等爵中的第十九等。以漢律關内侯"復",即不出算賦,亦不出徭役。牘丙"家復不算不徭",可以説是對"家復"的進一步解釋,也可以看作是燕等人應享受的特權。可以説是對漢代關内侯絶好的補充材料。[⑥]"關内侯"又見於漢代印章,如1977年在河南省泌陽縣板橋鄉采集的東漢金質"關内侯印"。[⑦]

此外,還需注意的是牘丙所記内容,除了"家復不算不徭"和指出大女燕的"關内侯寡"身份外,還有對牘乙"大女燕,大奴甲、乙,【大】婢妨"的條列。這很可能也是爲了是强調説明"不算不徭"的對象。牘丙可以看作牘乙的附件。

五　謝家橋M1

(一)出土概况

謝家橋一號漢墓位於湖北省荆州市沙市區關沮鄉清河村六組,在郢城東約2公里,西北距楚故都紀南城遺址5.5公里。該墓爲長方形豎穴土坑木槨墓,有不規則的斜坡墓道。墓口

① 《史記》卷一〇五《扁鵲倉公列傳》,2814頁。

② 湖北省文物考古研究所:《江陵鳳凰山西漢簡牘》,141頁。

③ 湖北省文物考古研究所:《江陵鳳凰山西漢簡牘》,87頁。

④ 如"客手""感手"等,里耶秦簡中的"手"歧義頗多,參看陳偉主編《里耶秦簡牘校釋(第一卷)》,武漢大學出版社,2012,5頁。

⑤ 湖北省文物考古研究所、隨州市考古隊:《隨州孔家坡漢墓簡牘》,北京:文物出版社,2006,197頁。

⑥ 參看張俊民《江陵高臺18號墓木牘釋文淺析》,289-290頁。

⑦ 參看李玲《河南博物院藏漢代封泥印章》,《中原文物》2009年第2期。

殘長 6.08、寬 4.06 米,墓底長 5.16、寬 3.2 米,墓坑殘深 4.9 米。竹簡與木牘出土時包捆在灰褐色蒲草内放置於東室。簡、牘卷合後於兩端各綁 2 道蒲草,外包蒲草後,在中部綁 4 道蒲草,在兩邊各綁 1 道蒲草,蒲草在端頭扭合。記載告地書的竹牘長 23.65、寬 2.8-2.85、厚 0.35 厘米。[①]

(二)釋文

牘 1

五年十一月癸卯朔庚午,西鄉辰敢言之:郎中【五】大夫昌自言:母大女子恚死,以衣器、葬具及從者:子、婦、偏下妻、奴、婢、馬、牛、物、人一牒,牒百九十七枚。昌家復毋有所與。有詔令,謁告地下丞以從事,敢言之。

牘 2

十一月庚午,江陵丞虒移地下丞,可令吏以從事。/臧手[②]。

牘 3

郎中五大夫昌母家屬當復毋有所與。

(三)釋讀

五年十一月癸卯朔庚午,即下葬年代爲吕后五年十一月二十八日,也就是公元前 184 年 12 月 26 日。[③]

西鄉,又見於鳳凰山 M10 記算錢的 4 號木牘背面。[④] 在郢城東 800 米處的清河村秦漢墓地 M50 出土的一件漆奩上有針刻文字“東鄉”。[⑤]

謝家橋 M1 告地書内容分牘書寫,書寫格式較特别。牘 1 内容是西鄉辰向江陵縣丞呈報五大夫昌爲死去的母恚申請遷徙地下的報告,牘 2 是記江陵丞虒批准申請并移交地下丞。兩者組成所謂告地書的正文,這應是當時爲死人辦理遷徙地下事宜而模仿現實生活中有關移徙文書寫成的死人移徙文書。以往所見的西漢告地書,類似牘 1、牘 2 的内容一般没有分牘寫,而是采取提行書寫的格式寫在同一枚牘上。[⑥] 謝家橋 M1 告地書是目前在郢城周邊發現的時代最早的一件,這種不見於其他牘文的分牘書寫形式,或可認爲是告地書較早的

① 荆州博物館:《湖北荆州謝家橋一號漢墓發掘簡報》,《文物》2009 年第 4 期。

② 牘 2、3 内容參看荆州博物館《荆州重要考古發現》,北京:文物出版社,2009,191 頁。

③ 荆州博物館:《湖北荆州謝家橋一號漢墓發掘簡報》。

④ 湖北省文物考古研究所:《江陵鳳凰山西漢簡牘》,99 頁。

⑤ 朱俊英:《略論郢城的時代與性質》,《湖北省考古學會論文選集(三)》,江漢考古編輯部《江漢考古》1998 年增刊,169 頁。

⑥ 劉國勝:《謝家橋一號漢墓〈告地書〉牘的初步考察》,《江漢考古》2009 年第 3 期。

特徵。

子、婦、偏下妻,似是指墓主的子、女及家内偏妻、下妻。偏妻、下妻,已見於張家山漢簡《二年律令》簡 42、176、361、368 等,指家内正妻之外的妻室。[①] "奴婢、馬牛",以往出土告地書多有提及,應指家用奴婢、車輛及馬牛,在實際隨葬中一般以俑人及車、馬、牛明器代替。[②]

牒百九十七枚,謝家橋 M1 共出土竹簡 208 枚,竹牘 3 枚。竹簡的内容爲"遣册",記録隨葬器物的名稱、數量、質地及形態描述等。其中 197 枚竹簡記録具體的隨葬器物,另有 11 枚竹簡爲分類統計。即牒百九十七枚指隨葬遣册的簡數。而遣册中的"分類統計"簡不算在内。至於"牒百九十七枚"的遣册,也有可能用作告地書正文的附件,即移徙申請者需提供所移徙人員、物品的清單。[③]

昌家復毋有所與,是西鄉辰對昌家享受免除傜賦負擔的證明。毛家園 M1"此家復不事"、高臺 M18"家復不算不傜",意思相類。1987 年河南唐河發掘的王莽時代"馮君孺久"墓的石刻題銘,南大門柱題記"郁平大尹秩上大【夫】馮孺【久】復無有所與",與告地書同屬喪葬用辭,出現與告地書相同的用語,説明此類題記的性質可能近似告地書。[④] 由地上官吏向地下官吏發送的移户文書,表面上是死者向地下主報到著籍書,實質上是死者手持的免賦免役書。[⑤]

牘 3 與高臺 M18 牘丙的性質完全一樣。牘 3 的文字書寫風格與牘 1、2 有些差别,且其簡首端墨畫一道粗横綫。而高臺 M18 告地書牘丙的文字,如"燕""妨""大"等,也與作爲告地書正文的牘乙文字寫法不一。牘 3 似可看作告地書正文(即牘 1、牘 2)的附件,其作用并不僅是移徙人員名籍登報,同時更是移徙人員免除傜賦負擔證件。[⑥]

小結

郢城周邊西漢墓除了上述已公布发表的"告地書"外,2002 年 1 月至 2004 年 1 月在襄(樊)荆(州)高速公路至荆州長江大橋連接綫工程建設中,荆州博物馆在荆州區太湖港南岸的印臺墓地發掘的西漢墓中亦有告地書發現,有的告地書記載了墓主下葬的絶對年代。[⑦]

---

① 張家山二四七號漢墓竹簡整理小組:《張家山漢墓竹簡[二四七號墓]》(釋文修訂本),北京:文物出版社,2006,14、32、58、59 頁。

② 劉國勝:《謝家橋一號漢墓〈告地書〉牘的初步考察》。

③ 劉國勝:《謝家橋一號漢墓〈告地書〉牘的初步考察》。

④ 參看劉國勝《謝家橋一號漢墓〈告地書〉牘的初步考察》。

⑤ 賈麗英:《告地書中"五大夫""關内侯寡"身份論考》,《甘肅省第二届簡牘學國際學術研討會論文集》,395 頁。

⑥ 參看劉國勝《謝家橋一號漢墓〈告地書〉牘的初步考察》。

⑦ 鄭中華:《印臺墓地出土大批西漢簡牘》,《荆州重要考古發現》,北京:文物出版社,2009,207-208 頁。

2016年5月,在荆州區郢城鎮高路村七組的鳳凰地遺址發掘了一座西漢墓(M24),該墓葬西距郢城東城垣約300米,出土的木牘"告地書"所記年代爲漢文帝前元十二年,即公元前168年,[①]與毛家園M1的年代相同,這也是目前發現的有告地書出土的墓葬中與郢城距離最近的一座。

通過對郢城周邊西漢墓出土告地書的整理,大致獲得以下幾點認識:

(一)豐富了對告地書的形制、組成及書寫格式的認識。從郢城周邊西漢墓出土的告地書來看,形制基本相同(附表1),長度在23厘米左右,大部分僅由一枚單獨的竹(木)牘組成,由兩枚組成的是高臺M18,謝家橋M1則由三枚組成,鳳凰山M10告地書内容的旁邊一行和另一面還記有隨葬器物清單。書寫格式以單面書寫居多,高臺M18爲雙面書寫。

(二)加深了對告地書内容的了解。告地書内容基本由下葬時間、墓主名字、身份與鄉里、隨葬器物等要素構成。需要特别指出的是告地書與遣册有一定的聯繫,從其所記的隨葬品及數量來看,類似於遣册,而毛家園M1和謝家橋M1告地書還記録了隨葬遣册的數量(附表2)。

(三)告地書的確切紀年,建立了郢城周邊西漢初年至文景時期漢墓的年代序列(附表3),[②]爲該區域漢墓出土器物的分期和漢墓的斷代,提供了可靠的依據和參照。

(四)告地書所記鄉、里地名,對於認識西漢吕后、文景之際南郡江陵縣所轄鄉、里,有一定的幫助。在留意告地書中所記鄉、里時,我們還注意到,除了屬於西鄉的謝家橋M1墓主葬於郢城以東,其餘所見分别屬於中鄉(高臺M18)、建鄉(毛家園M1)、平里(鳳凰山M10)、市陽(鳳凰山M168)的墓主,則相對集中葬於郢城的東北紀南城的東、南城垣内外,爲認識西漢前期該區域墓地的分布提供了參考資料[③]。

(五)告地書反映了户籍管理的嚴格,帶有秦漢之際社會的烙印。[④] 告地書"公文"程式與里耶秦簡、居延漢簡等官府文書基本相同,因此,從公文程式來看,告地書其實就是對秦漢之際所通用的官府文書的模仿,[⑤]其作用則如黄盛璋先生所説,主要"涉及秦漢户籍登報制度,甚爲重要。"這種特别注重户籍管理制度的文書出土於江陵一帶,説明當時的江陵地區特

① 新聞報導中説文帝十二年爲公元前166年是不正確的,參看新聞報導《荆州發掘2000多年前的西漢古墓出土當地最大的漆盤》,http://dx.cnhubei.com/mcp/wdx/727259402612248576。

② 除了出土告地書的五座漢墓有確切紀年外,張家山M247出土的竹簡《曆譜》,在漢惠帝元年(前194)條下記有"病免",研究者或認爲,證明墓主年事已高,當死於吕后時期或稍晚一些時間。這五座紀年墓的發現,爲湖北地區西漢初年至文景時期墓葬的年代分期樹立了標尺。參看陳振裕《湖北西漢墓初析》,《文博》1988年第2期。

③ 關於郢城周邊西漢墓出土告地書所記墓主的鄉里與墓地位置關係,我們將另文討論。

④ 或認爲東漢鎮墓文與買地券之源頭至少可上溯至西漢前期告地書。參看魯西奇《中國古代買地券研究》,厦門大學出版社,2014,57頁。

⑤ 其實,這種文書類比的物件,應該就是現實社會中的移户文書。參看賈麗英《告地書中"五大夫""關内侯寡"身份論考》,《甘肅省第二届簡牘學國際學術研討會論文集》,392頁。

别注重這種户籍登報制度的實施與檢查，這後面所隱含的歷史原因和社會習俗，[①]還反映在張家山漢簡《二年律令·户律》簡 305“自五大夫以下，比地爲伍，以辨券爲信，居處相察，出入相司”，簡 328“恒以八月令鄉部嗇夫、吏、令史相襍案户籍，副藏其廷。有移徙者，輒移户及年籍爵細徙所，并封”，以及《奏讞書》中記録案件具體偵破過程的簡 206“即收訊……它縣人來流傭”，[②]這些資料大概都是當時户籍管理的表現。户籍管理的嚴格，甚至影響到人們到彼岸世界都不忘帶上身份證明的“告地書”。

附表 1：郢城周邊西漢墓出土告地書空間位置、數量與尺寸比較

	謝家橋 M1	高臺 M18	毛家園 M1	鳳凰山 M10	鳳凰山 M168
墓葬規格	墓口殘長 6.08、寬 4.06 米，墓底長 5.16、寬 3.2 米，墓坑殘深 4.9 米	墓口殘長 3.3、寬 2.18 米，墓底長 3、寬 2.06 米，深 1.8 米	墓口長 5.73、寬 3.6 米，墓底長 4.91、寬 2.96 米，深 7.34 米	墓口長 3.15、寬 1.5 米，墓底長 3、寬 1.48 米，墓口至墓底深 3.22 米	墓口長 6.2、寬 4.8 米，墓底長 5.4、寬 3.8 米，墓口至墓底深 8.4 米
出土位置	東室	頭廂東南部		邊廂的竹笥内	邊廂中部底層
數量	3	2	1	1	1
尺寸	長 23.65、寬 2.8-2.85、厚 0.35 厘米	長 23-23.2、寬 3.7-4.5、厚 0.4 厘米	長 22.1、寬 4.2 厘米	長 23-23.5、寬 4.6-5.8、厚 0.3-0.4 厘米	長 23.2、寬 4.1-4.4、厚 0.3 厘米

附表 2：郢城周邊西漢墓出土告地書内容對照

謝家橋 M1	高臺 M18	毛家園 M1	鳳凰山 M10	鳳凰山 M168
五年十一月癸卯朔庚午，	七年十月丙子朔【庚子】，	十二年八月壬寅朔己未，	四年後九月辛亥，	十三年五月庚辰，
西鄉辰敢言之：	中鄉起敢言之：	建鄉疇敢告地下土：	平里五大夫張偃敢告地下土：	江陵丞敢告地下丞：
郎中【五】大夫昌自言：	新安大女燕自言：	泗(?)陽關内侯寡大女精死，自言：		市陽五大夫遂自言：
母大女子恚死，以衣器、葬具及從者：子、婦、偏下妻、奴、婢、馬、牛、物、人一牒，	與大奴甲、乙，【大】婢妨徙安都，	以家屬馬牛徙。	偃衣器物、所以葬具器物，	與大奴良等廿八人、大婢益等十八人、軺車二乘，牛車一兩(輛)、駟馬四匹、駠馬二匹、騎馬四匹。

① 陳松長：《告地策的行文格式與相關問題》，《湖南大學學報(社會科學版)》2008 年第 3 期。

② 張家山二四七號漢墓竹簡整理小組：《張家山漢墓竹簡［二四七號墓］》(釋文修訂本)，51、54、109 頁。

續表

謝家橋 M1	高臺 M18	毛家園 M1	鳳凰山 M10	鳳凰山 M168
牒百九十七枚。		今牒書所與徙者七十三牒移,		
昌家復毋有所與。		此家復不事。		
有詔令,謁告地下丞以從事,	謁告安都,受【名】數,書到爲報,	可令吏受數以從事,它如律令,	可令會以律令從事。	可令吏以從事,
敢言之。	敢言之。	敢告主。		敢告主。
十一月庚午,江陵丞虒移地下丞,可令吏以從事。/臧手	十月庚子,江陵龍氏丞敬移安都丞。/亭手(牘正)産手(牘背)			

附表 3:郢城周邊西漢墓出土告地書所記絶對年代

墓葬編號	謝家橋 M1	高臺 M18	毛家園 M1	鳳凰山 M168	鳳凰山 M10
年代	吕后五年 前 184 年	文帝前元七年 前 173 年	文帝十二年 前 168 年	文帝十三年 前 167 年	景帝四年 前 153 年

肩水金關漢簡地名簡考(八則)

武漢大學簡帛研究中心　黄浩波

内容提要　肩水金關漢簡記録大量的郡國縣邑侯國鄉里名稱,相關釋文或有誤釋,通過對簡文字形以及簡文内容的分析比對,可以訂正釋文。同時,藉助對簡文字形以及簡文内容的分析比對,還可明確簡文所記地名的歸屬問題。

關鍵詞　肩水金關漢簡　地名　釋文

一　奉明廣明鄉廣德里

首先是"明"字的寫法。肩水金關漢簡所見多寫作"奉明",例如:

奉明樂陵里向護年五十八　　字君都☑　　73EJT3:52

奉明廣德里男子丘偃年十八□□☑　　73EJT26:106

☑憙移居延如律令奉明廣德里丘護年廿七　　73EJT37:704

奉明廣里秦護年六十　子幼伋年十八　方相車一乘
用馬一匹　　73EJT37:1085[①]

---

① 甘肅省文物考古研究所等編:《肩水金關漢簡》(壹-伍),上海:中西書局,2011-2016。本文所引簡文,若無特别説明,均據此本,不再另注。

以上諸簡所見"眀"字,整理者皆釋爲"明",然而從圖版上清晰可見實乃從目從月的"眀"字。

當然,寫作"奉明"亦不乏其例:

奉明善居里男子侯年卅　方箱車☒
用馬一☒　73EJT23:746

十一月乙巳奉明守長　守☒　A
奉明丞印☒
八月廿日南　B　73EJF1:91+93

以上兩簡,雖然73EJT23:746簡影略顯模糊,73EJF1:91+93簡筆迹潦草,但是根據圖版仍可辨識是從日從月的"明"字。

然而,肩水金關漢簡所見人名、地名,乃至詞語中,仍是以寫作"眀"居多。肩水金關漢簡之外,里耶秦簡、睡虎地秦簡《語書》《日書》乙種、馬王堆漢墓帛書《春秋事語》《縱横家書》、武威漢簡"王杖"簡、漢代璽印、熹平石經《周易》、東漢碑刻《池陽令張君殘碑》《石門頌》等皆多見"眀"字,[①]可見從目從月的"眀"是秦漢時期相當流行的一種寫法。

其次是"奉眀廣明鄉廣德里"的推定。肩水金關漢簡中"奉明廣德里"兩見:

奉明廣德里男子丘偃年十八□□☒　73EJT26:106
☒憙移居延如律令奉明廣德里丘護年廿七　73EJT37:704

"奉明"與"廣明鄉"同簡而見有:

☒□廣明鄉嗇☒
☒屬客田居延第五亭部願以令☒
☒非亡人命者當得取偃檢□□
☒□子奉明長　(削衣)　73EJF1:110

此外,《居延漢簡(貳)》中亦有"奉明"與"廣明鄉"同簡而見:

河平二年七月癸巳朔己亥廣明鄉嗇夫
張掖郡中占物危年長□如槥謹案
□□□如律令☒　A
奉明丞印　B　140.11+140.22[②]

---

① 參看湖南省文物考古研究所編《里耶秦簡(壹)》,北京:文物出版社,2012,圖版205頁1562簡正面;徐無聞主編《甲金篆隸大字典》,成都:四川辭書出版社,1991,455-456頁。

② 簡牘整理小組編:《居延漢簡(貳)》,臺北:中研院歷史語言研究所,2015,97頁。

根據記録,此簡亦出土於肩水金關遺址。

“廣明鄉”與“廣德里”,則同見於以下一簡:

〼壬子朔乙丑廣明鄉嗇夫恭敢言之廣德里不〼　　73EJT37:657

此外還有以下一枚殘簡:

〼鄉有秩順敢告尉史廣德里左□〼　　73EJT37:457

此簡“鄉”“字之上可見殘筆“”,此殘筆與“明(明)”下部筆畫相同,結合後文“廣德里”,可推測其爲“廣明鄉”之殘文。因而,可將73EJT37:457簡與73EJT37:657簡所見“廣德里”皆歸爲奉明廣明鄉廣德里。

二　河東郡解縣臨里

《肩水金關漢簡(壹)》中見有“河東解監里”,相關釋文爲:

治渠卒河東解監里傅章年廿六□□□　　73EJT7:41[1]

釋文中“監里”之“監”,字形作“”,并未見有“監”所從的“皿”字。此字字形與肩水金關漢簡所見部分“臨”字字形較爲相近:

字形					
辭例		臨穎	臨菑	臨汾	臨汾
簡號	T7:41	T3:96	T9:3	T23:657	T25:94

(説明:簡號前四位皆是73EJ,表中已省略)

雖王莽時期多將地名中的“臨”改爲“監”,然以上諸簡并未見有王莽時期簡牘的書寫特徵。通過字形比對可見,73EJT7:41簡所見字形與73EJT23:657簡及73EJT25:94簡“臨”字字形尤其接近,據此可以推斷,73EJT7:41簡所謂“監”字當改釋爲“臨”。“河東解臨里”又見於以下一簡:

治渠卒河東解臨里李驩年卅五長七尺三寸黑色(竹簡)　　73EJT10:112

因而,73EJT7:41簡與73EJT10:112簡所見當是同一里名。

① 馬智全:《居延漢簡中的“河渠卒”應是“治渠卒”》,《中國農史》2015年第4期,50頁;孫聞博:《河西漢塞“河渠卒”爲“治渠卒”辨》,《敦煌研究》2015年第5期,94頁。

三　大原郡於縣

"大原郡於縣"見於以下一簡:

……坐與同縣富昌里男子吕湯共盜大原郡於縣始昌▨　　73EJT24:131

根據習見文例,太原郡之後的"於縣"當是縣名,"始昌"則是里名。"始昌"作爲里名還見於以下諸簡:

禄福始昌里▨　　73EJT3:75

戍卒隱强始昌里公乘朱定年廿九　八月癸亥北出　　73EJT37:888

隴西西始昌里知實年廿六長七尺五寸　黑色　　73EJT37:1155

河南卷始昌里爰建▨　　73EJT37:1245

然而,檢諸《漢書·地理志》,太原郡之下的單字縣名有:盂、祁、鄔,并未見到"於"。就字形而言,"於"與前述三縣字形皆相去較遠,雖然73EJT24:131簡殘缺一半,但是簡影清晰,誤釋的可能較小。就讀音而言,"於"有兩讀,一爲哀都切,一爲央居切。讀爲哀都切,則與"鄔"讀音相同;讀爲央居切,則與"盂"讀音相近。

《漢書·地理志》所記與肩水金關漢簡所見地名常有音同音近互用的現象。一類是不但讀音相同或相近,而且字形亦相近,諸如"聞喜"寫作"聞憙","雒陽"寫作"落陽""雒楊","滎(熒)陽"寫作"營陽","偃師"寫作"匽師","苑陵"寫作"菀陵","隱强"寫作"隱强","黎陽"寫作"犂陽","即裴"寫作"揤悲","犍爲"寫作"楗爲","貆道"寫作"貆道","蒼松"寫作"倉松","樂涫"寫作"濼涫","柏人"寫作"伯人""佰人","甾"寫作"菑","淮陽"寫作"睢陽""淮湯","固始"寫作"古始"。一類是僅有讀音相同或相近,字形相去較遠,例如"緱氏"寫作"絇氏","太原"寫作"大元","元城"寫作"原城","觻得"寫作"禄得","甾"寫作"載"。因而,若將《漢書·地理志》"鄔"或"盂"寫作"於",皆有例可循。

擴大考察範圍,還可發現地名中"鄔"與從於的"䢼"互用的例子。其一是《詛楚文》中有"述取徆邊城新郢及䢼長敎",[①]《古文苑》卷一《詛楚文》此句作"述取徆邊城新郢及鄔長敎"。[②] 其二是《清華大學藏戰國竹書(陸)》有《鄭文公問太伯》,甲乙本皆提及"䢼"地,整理者認爲"䢼"即傳世文獻所記的"鄔"。[③]

---

① 此據容庚《古石刻零拾》本圖版、釋文,見於《容庚學術著作全集》第14册,北京:中華書局,2011,128、138頁。

② 《古文苑》卷一,文淵閣《四庫全書》本,臺灣商務印書館,2008,第1332册,582頁。

③ 李學勤主編:《清華大學藏戰國竹書(陸)》,上海:中西書局,2016,圖版10、12頁,釋文122頁。

鑒於地名用字有“鄔”與從於的“㲼”互用的情況,本文傾向於認爲 73EJT24:131 簡所見“於縣”是指《漢書·地理志》所記“鄔”。

四　河内郡温縣犀里

《肩水金關漢簡(貳)》有以下一簡:

> 地節三年正月戊午朔辛酉居延軍候世謂過所遣
> 私從者河内郡温㕢里左通私市張掖郡中謁移過　　73EJT24:267A

簡中所見“左通”,又見於以下一簡:

> 河内郡温犀里左通☐　　73EJT24:715

此兩簡出自同一探方,兩簡所見“左通”不但同名,而且籍貫相同,里名僅有一字之差,更爲緊要的是,相差之字,字形亦是接近。因而,頗可懷疑兩簡所見“左通”乃是同一個人,里名亦是同一個。

對照簡影,73EJT24:267A 簡整理者釋爲“㕢”之字,字形作“”,細審可見最上一筆并非“一”,而是類似“乛”的筆劃,并且此筆與左邊的“丿”并不相連。同簡所見“居延”的“居”字形作“”,其所從的“尸”正是此種寫法。因此,所謂“㕢”字所從并非“厂”,而是“尸”。漢簡所見某些從“尸”的字,有時會將“尸”寫成前述類似在“乛”的左邊加“丿”的形體,例如以下諸字:

字形	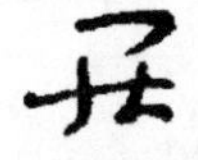	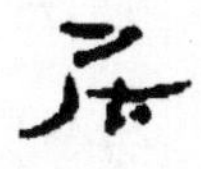			
辭例	居	居	屠	尺	履

據此確定,73EJT24:267A 簡所見之字當是從“尸”。此外,“尸”部之下并非“羊”字,而是不出頭的四横一竪。漢碑中即有此字形,寫作“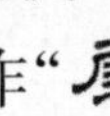”,正是“犀”的异體。①

73EJT24:715 簡所見“犀”字,字形作“”,此字形正是秦漢時期“犀”字的習見寫法,例如:

字形				
出處	《説文解字》	睡虎地秦簡	馬王堆漢墓遣策	銀雀山漢簡

① ［清］顧藹吉:《隸辨》,北京:中華書局,1986,26頁。

若再結合兩簡所見人名皆为“左通”,應該可以斷定兩簡所見里名皆是“犀里”,衹是寫法略有差异。

五　河南郡雒陽褚里

河南郡雒陽褚里,見於以下一簡:

河南郡雒陽褚里公乘李定國年廿八長七尺二寸黑色☐　　　　73EJT27:20

李定國,又見於以下一簡:

將車河南雒陽緒里公乘李定國年廿八長七尺二寸黑色正月己丑入 牛車一兩十一月戊申出　　　　73EJT37:1080

此兩簡所見李定國,籍貫、爵位、年齡、身高、膚色皆相同,唯有里名一作“緒里”,一作“褚里”,“緒”與“褚”皆從“者”,可謂衹有半字之差。兩簡之中73EJT27:20簡簡影較爲清晰,“褚”字字形爲“”;73EJT37:1080簡簡影略顯模糊,所謂“緒”字字形爲“”。以下試將兩字與肩水金關漢簡所見部分“衤”旁與“糸”旁的字列表對比如下:

字形								
辭例		袍	襜	褕	襦	被	被	補
簡號	T27:20	T1:61	T4:171	T4:171	T5:26	T5:114	T9:38	T9:54
字形					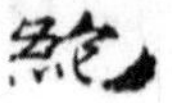			
辭例		給	繩	絝	絶	約	緱	編
簡號	T37:1080	T3:85	T4:1	T5:26	T5:71	T6:69	T9:40	T10:200

(説明:簡號前四位皆是73EJ,表中已省略)

對比可見,73EJT27:20簡“褚”字所從“衤”旁的寫法,與肩水金關漢簡習見“衤”旁的寫法相同。73EJT37:1080簡簡影雖然不甚清晰,而且“糸”旁寫法多變,但是仍可見到所謂“緒”字所從與“糸”旁并不相同,反而更近於“衤”旁。

鑒於兩簡所見“李定國”存在諸多相同之處,而“褚”與“緒”字形相近,加之73EJT37:1080簡簡影不清。故而推測,兩簡所見“李定國”乃是同一個人,73EJT37:1080簡所謂“緒”實爲“褚”的誤釋。

六　東郡清大里

對東郡清縣大里的推定,依據爲以下一簡:

東鄉田卒清大里公乘☐　　　73EJT10:333

本簡簡影不甚清晰,整理者釋爲“鄉”之字字形作“”,然從字形上判斷,該字并非左中右結構,而是左右結構,似爲“郡”字,而非“鄉”字。肩水金關漢簡簡文中均不乏“鄉”與“郡”字形辭例,試擇其較清晰者對比如下:

字形		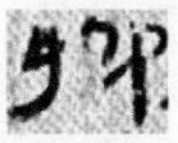						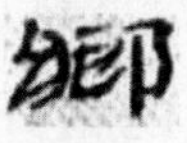
辭例		鄉佐	鄉佐	都鄉	鄉佐	鄉官	南鄉	南鄉
簡號	T10:333	T2:104	T6:28	T6:38	T8:32	T9:35	T9:92	T10:120
字形				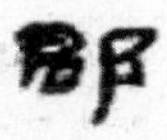		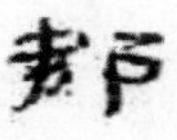		
辭例		河南郡	淮陽郡	張掖郡	張掖郡	淮陽郡	河南郡	河南郡
簡號		T1:6	T1:31	T1:36	T1:69	T1:100	T1:115	T1:128

(説明:簡號前四位皆是73EJ,表中已省略)

對比73EJT10:333簡所見字形與以上所列“鄉”與“郡”字形,可以發現73EJT10:333簡所見之字實更近於“郡”字,因而當將“鄉”改釋爲“郡”。西漢東郡之下,有清縣,故而簡文“清大里”三字當是“縣名+里名”的結構。“大里”之爲里名,還可見於73EJT1:131簡“河南雒陽大里”、73EJT27:19簡“魯國大里”。

田卒名籍的記録格式一般爲“田卒+郡國、縣邑、里名+爵位+姓名+年齡”,例如:

田卒平干國張榆里簪裹吕億年卌二(竹簡)　　　73EJT1:5

有時可以省略爵位,例如:

田卒趙國襄國長宿里龐寅年廿六　　　73EJT1:13

有時還多有身高和膚色,例如:

田卒魏郡犁陽南利里大夫丘漢年廿三長七尺二寸黑色　　　73EJT2:3

鮮有 73EJT10:333 簡所見“郡國+田卒+縣邑、里名+爵位+(姓名+年齡)”的格式,然而并非絶無,《居延漢簡(壹)》中即有一簡:

東郡田卒清靈星里大夫聶德年廿四長七尺二寸黑色 丿　　37.38[①]

值得注意的是,37.38 簡亦是出土於肩水金關遺址,其中所見田卒亦是來自東郡清縣。關於田卒的徵發,姚磊先生推測“‘一里出一人’應是徵發原則之一”。[②] 因此,甚至可以懷疑 37.38 簡與 73EJT10:333 簡是同一批從東郡清縣徵發而來的田卒,兩簡可能出自同一簡册。此亦可作爲前述改釋“鄉”爲“郡”以及將“清”解爲縣名的旁證。

此外,戍卒名籍的記録格式亦與田卒相當,一般爲“戍卒+郡國、縣邑、里名+爵位+姓名+年齡”,然而第 37 探方(T37)所出亦有一組記録爲“郡國+戍卒+縣邑、里名+爵位+姓名+年齡”的格式:

梁國戍卒菑直里大夫陳延年年廿五　　73EJT37:699
梁國戍卒菑東昌里大夫桐汙虜年廿四　　73EJT37:750
梁國戍卒菑板里大夫華定年廿四　　73EJT37:849
梁國戍卒菑樂陽里大夫陳德年廿四　　73EJT37:1005
梁國戍卒菑樂陽里大夫周利年五十二☐　　73EJT37:1111
梁國戍卒菑涑中里大夫桓志年卌五　　73EJT37:1497

此組簡文不但所記戍卒皆來自梁國菑縣,爵位皆爲大夫,而且書寫風格統一,極有可能是同時由梁國菑縣徵發,同時記録。此組格式稍顯特别的戍卒名籍簡當可作爲前述東郡清縣兩簡的參照。

七　大常郡長陵西仁里

對“大常郡長陵西仁里”的推定,依據爲以下一簡:

戍卒長陵西仁里掌誼☐　　73EJT9:204

此簡簡影不甚清晰,整理者釋爲“戍卒”二字的字形頗似“大常”。所幸簡文中“戍卒”與“大常”皆不乏其例,可作字形對比:

---

① 簡牘整理小組編:《居延漢簡(壹)》,臺北:中研院歷史語言研究所,2013,121 頁。
② 姚磊:《〈肩水金關漢簡〉所見田卒史料探析》,《中國農史》2016 年第 4 期,107 頁。

字形							
簡號	T9:204	T1:100	T2:4	T3:95	T4:15	T5:11	T6:48
字形							
簡號		T1:84	T1:120	T1:126	T2:57	T10:181	T10:313

(説明:簡號前四位皆是 73EJ,表中已省略)

73EJT9:204 簡所見首字依稀可辨爲"大"字,"戍"字筆畫較之繁複;次字下部亦依稀可辨爲"巾"字,而所舉"卒"字下部皆明顯寫作"十"。長陵,爲漢高帝陵,《漢書·地理志》記爲左馮翊屬縣,然作爲陵縣一度歸太常管理。此外,根據學者研究統計,西北漢簡中至今未見來自三輔地區的戍卒。[①] 因而,73EJT9:204 簡所謂"戍卒"當是"大常"的誤釋。

至於西漢是否存在"大常郡"一名,自 2011 年《肩水金關漢簡(壹)》刊布以來,已有數位學者參與討論。[②] 在《肩水金關漢簡(肆)》中,有如下一簡:

大常郡茂陵始樂里公乘史立年廿七長七尺三寸黑色軺車一乘騩牡馬一匹齒十五歲弓一矢五十枚六月乙巳出　　73EJT37:1586

此簡簡影清晰完整,簡文明確見有"大常郡",當可成爲西漢時期確實存在"大常郡"一名的强證。

八　觻得廣穿里

觻得廣穿里,見於以下一簡:

并山隧長毛詡葆　作者觻得廣穿里公乘莊循年卅　　73EJF3:95

此外,還有一簡:

① 參看趙寵亮《行役備戍——河西漢塞吏卒的屯戍生活》,北京:科學出版社,2012,25-62 頁。

② 孔祥軍:《肩水金關漢簡所見"太常郡"初探》,《中國歷史地理論叢》2012 年第 3 期;馬孟龍:《西漢存在"太常郡"嗎?》,《中國歷史地理論叢》2013 年第 3 期;趙志强:《説"太常郡"》,《中國歷史地理論叢》2013 年第 3 期;田炳炳:《簡牘文書中的"太常"》,簡帛網,2014 年 9 月 23 日;汪溇:《西漢確有"太常郡"》,《歷史地理》第 30 輯,上海人民出版社,2014,388-389 頁。

觻得廣窮里公乘虞良年卌　　葆　兄子嘉年十五　　　三月辛未北嗇夫豐出

方箱車一乘馬一匹騂牝齒十歲高六尺二寸

73EJT30:20

整理者釋爲“窮”之字,字形作“”。審視字形,明顯可見“穴”旁之下是一個獨體字。因此頗可懷疑并非“窮”字。肩水金關漢簡所見“穿”字與“窮”字字形如下:

字形						
辭例		穿渠	借穿	革穿	袜穿	廣穿里
簡號	T30:20	T9:322	T23:789	T30:261	T37:1151	F3:95
字形						
辭例		未窮	窮寇隧	窮寇隧	已窮	窮處
簡號		T1:2	T23:116	T23:287	T4H:4	C:593

(説明:簡號前四位皆是73EJ,表中已省略)

上表所見“穿”字,或從穴從身,作“穿”字;或從穴從耳,作“窜”字。當然,“穿”與“窜”皆爲“穿”的异體字。《詩經·召南·行露》“誰謂雀無角,何以穿我屋”,陸德明《經典釋文》卷五有:“穿,本亦作穿。”[①]《隸續》卷一五《漢安長陳君閣道碑》有“窜陷壞絶”,“窜”之下標注“穿字”。[②] 所見“窮”字,則多寫作“竆”。對比字形,則可推斷73EJT30:20簡所見之字,當是“穿”,亦即“穿”字。

附録:肩水金關漢簡所見郡國縣邑侯國鄉里表

【凡例】

1.簡文有郡國、縣邑、侯國、鄉即録,已與里同見則不另録。

2.僅見縣邑、侯國及鄉里,則依《漢書·地理志》推歸相應郡國。

3.僅見郡國及里,將里附於相應郡國末尾。

4.郡國縣邑侯國鄉之後里名僅見首字不録。

5.僅見鄉里不録。

6.郡國、縣邑、侯國統轄關係异於《漢書·地理志》,則置於表格末尾。

① [唐]陸德明撰,黄焯彙校:《經典釋文彙校》,北京:中華書局,2006,127頁。

② [宋]洪适:《隸釋·隸續》,北京:中華書局,1985,423頁。

(一)西漢時期

郡、國	縣、邑、侯國	鄉、里	簡號	備注
京兆尹	長安	定陵里	T9:24	凡簡號前四位爲 73EJ 者,皆省去簡號前四位;非 73EJ 者才出完整簡號。
		南鄉北陽曲里	T9:92	
		大原里	T9:94	
		新里	T9:98	
		長樂(里)	T9:188	
		長彦里	T9:258	
		青柳里	T10:152	
		成樂里	T10:289	
		東章陽里	T22:60	
		雀昌里	T23:923	
		新安鄉宜平里	T24:132	
		平都里	T24:566	
		利成里	T24:579	
		驤里	T24:907	
		富昌里	T24:954	
		長壽里	T26:193	
		步安里	T26:236	
		娑里	T27:36	娑,整理者未釋
		西鄉中安(里)	T37:527	
		中鄉鄏陵里	T37:997、T37:1076、T37:1081	鄏,釋文作"鬣"
		大京里	T37:1022+314+359①	
		水上里	T37:1381	
		大昌里	F1:45	
		張里	F3:252	
		佐弋里	D:70	
		鄧里	72EJC:274	
		宜産里	C:421	
		金城里	C:530	

① 姚磊:《〈肩水金關漢簡(肆)〉綴合(十六)》,簡帛網,2016 年 4 月 30 日。

續表

郡、國	縣、邑、侯國	鄉、里	簡號	備注
	新豐	西宮里	T37:1002	
	奉明	樂陵里	T3:52	
		善居里	T23:746	
		廣明鄉廣德里	T26:106、T37:457、T37:657、T37:704	参看簡考
		廣里	T37:1085	
	霸陵	駿鄉道德里	T37:1380	
	杜陵	富成里	T6:94	
		豐滿里	T9:128	
		華陽里	T37:525	
左馮翊	池陽	利上里	T9:339	
	蓮勺		T21:379	
	頻陽	南昌里	T37:989	
	武城	竟里	T30:224	
	澂邑	薄左里	F1:117	釋文作"湖邑";即《地理志》徵①
	長陵	中鄉	T9:29	
	陽陵	都鄉	C:531	
	雲陽		T37:901+660②、T37:1066	
右扶風	槐里	東回里	T37:741	
	郿		T9:156	
	雍	廣昌鄉陽里	T23:897	
		臨市里	T37:43+1485③	
	好畤	吉陽里	T37:983	
	虢	臨曲里	T5:66	
	安陵	壽陵里	T24:16	

① 黄浩波:《西漢左馮翊"徵"本作"澂邑"補證——兼談"澄城"的得名》,《出土文獻》第11輯,上海:中西書局,2017,360-369頁。

② 姚磊:《〈肩水金關漢簡(肆)〉綴合(十五)》,簡帛網,2016年4月12日。

③ 高一致:《讀〈肩水金關漢簡(伍)〉小札》,簡帛網,2016年8月26日;姚磊:《〈肩水金關漢簡(肆)〉綴合考釋研究(十二則)》,《出土文獻》第9輯,上海:中西書局,2016,235頁。

續表

郡、國	縣、邑、侯國	鄉、里	簡號	備注
右扶風	茂陵	都鄉界戍里	T2:29	
		騣鄉道德里	T8:4、T37:523、F3:572	
		脩禮里	T8:84[1]、T37:693	
		西始樂里	T9:150	
		當利里	T22:62	
		息衆里	T22:109、T37:805+535[2]	
		壽成上里	T23:1005	
		嘉平里	T30:44、72EJC:14	T30:44 未見“里”
		信德里	T31:143	
		東鄉昌德里	T32:16、T37:892	
		敬老里	T37:468+925[3]	
		萬延里	T37:669	
		始樂里	T37:858	
		孔嘉里	T37:1114	
		都鄉東脩禮里	T37:1452+1460+55[4]	
		精期里	T37:1505	
		常賀里	T37:1511	
	平陵	令舜里	T2:11	
		歸德里	T6:40	德,整理者未釋
		榮昌鄉脩正里	T24:532	
		宜利里	T37:107+60[5]、T37:525	
		義成里	T37:170+365[6]	
		富長里	H2:41	
		廣寧里	C:338	
		獲福里	C:652	
		南鄉	C:654	

① 張俊民:《〈肩水金關漢簡(壹)〉釋文》,簡帛網,2011 年 9 月 23 日。

② 姚磊:《〈肩水金關漢簡(肆)〉綴合及釋文訂補(十一則)》,《出土文獻研究》第 16 輯,上海:中西書局,2017,267-269 頁。

③ 姚磊綴合,待刊。

④ 謝坤:《讀肩水金關漢簡札記(四)》,簡帛網,2016 年 1 月 14 日。

⑤ 姚磊:《〈肩水金關漢簡(肆)〉綴合(三十二)》,簡帛網,2016 年 8 月 7 日。

⑥ 姚磊綴合,待刊。

續表

郡、國	縣、邑、侯國	鄉、里	簡號	備注
弘農郡	弘農	望利里	T10:305	
		北鄉始昌里	D:37	
	盧氏		D:37	釋文作"盧耳"①
	陝	倉□里	T1:54	
		楊舒里	T2:35	
		久長里	T9:67	
		宜里	T37:986	
		中里	T37:1493	
		華里	72EJC:262	
	宜陽	新中里	72EJC:10	
		貇里	T28:70	
河東郡	安邑	下葉里	T7:3	
		賈里	T7:33+11②	
		萬年里	T14:40	
		陵里	T26:34	
		陰就里	D:233	
	大陽		D:45	
	解	臨里	T7:41、T10:112	參看簡考
	蒲反		T37:1516	
	河北		T31:21+155③	
	汾陰	承反里	T3:50	
	聞憙邑	高里	T24:321	即《地理志》聞喜
		魚盧里		
		京里	T4H:37	
		廉里	D:256	縣名寫作"聞憙"
	臨汾	奇利里	T23:657	
		南署里	T25:94	

① 黄浩波:《〈肩水金關漢簡(伍)〉釋地五則》,《簡帛》第15輯,上海古籍出版社,2017,183-185頁。

② 姚磊:《〈肩水金關漢簡(壹)〉綴合(二)》,簡帛網,2017年1月20日。

③ 姚磊:《〈肩水金關漢簡(叁)〉綴合(四)》,簡帛網,2016年12月7日。

續表

郡、國	縣、邑、侯國	鄉、里	簡號	備注
河東郡	垣	竟里	C:368	前端殘斷
	皮氏	陽里	T3:69	
		⿰𧾷桼里	T3:88	
		還利里	T7:2	
		富里	T14:5	
		平居里	T14:6	
	長脩	宜壽里	T8:24	
	平陽	弟里	T23:16	
	襄陵	明道里	C:400	
	楊	安成里	T23:636	前端殘斷
	北屈	陰平里	T33:52	
		經陰鄉	T37:852+712①	
	蒲子	陽阿里	T33:83	
		上函里	T33:84	
		好宜里	T34:16	
	絳邑	西鄉	T23:307	
	狐讘	山里	T9:27	
太原郡	中都	陰角里	T5:61	郡名寫作“大元”②
	於縣	始昌(里)	T24:131	即《地理志》鄔,參看簡考
	大陵		H2:89	
		中都里	T28:12	
上黨郡	長子	齔里	H1:52	
	屯留	案里	T4:71	
		新利里	T28:31	
		宜陽里	C:413	
	銅鞮	中人里	H1:39	

① 謝坤:《〈肩水金關漢簡(肆)〉綴合及考釋八則》,《簡帛》第 14 輯,上海古籍出版社,2017,69-74 頁。

② 黄浩波:《〈肩水金關漢簡(壹)〉所見郡國縣邑鄉里》,簡帛網,2011 年 12 月 1 日。

續表

郡、國	縣、邑、侯國	鄉、里	簡號	備注
上黨郡	涅	蒲里	T23:920	即《地理志》涅氏②
		磨焦里	H2:1	
	襄垣	石成里	T23:163	
	壺關	東陽里	T23:922	
		雒東里	H1:50	
		上瓦里	F1:122+120①	
	泫氏		T4:20、T23:34	
	高都	水東里	H2:81	
	穀遠	爵氏里	T37:1492	
河內郡	波縣	對里	T21:229	
	山陽	有利里	T24:270	
	共		T10:527	
	温	東郭里	T1:155、T28:110	
		倚林里	T4:19	
		孝里	T9:64	
		北久里	T9:74③	
		董里	T9:82	
		貞陽里	T9:93	
		市昌里	T9:363	
		鄭武里	T21:219	
		共利里	T23:56	
		犀里	T24:267、T24:715	參看簡考
		東鄉城瞰里	T24: 872 + 249④、T24: 570 + 571⑤、T24:733	

① 姚磊:《〈肩水金關漢簡(肆)〉綴合(二十六)》,簡帛網,2016年7月7日。

② 馬孟龍:《談肩水金關漢簡中的幾個地名(二)》,《中國歷史地理論叢》2014年第2期,88-92頁。

③ 張俊民:《〈肩水金關漢簡(壹)〉釋文》,簡帛網,2011年9月23日。

④ 趙海龍:《〈肩水金關漢簡(貳)〉"浥城瞰里"釋讀》,簡帛網,2014年8月28日;伊強:《肩水金關漢簡綴合十五則》,《簡帛》第12輯,上海古籍出版社,2016,122-123頁。

⑤ 伊強:《肩水金關漢簡綴合十四則》,簡帛網,2015年1月9日。

續表

郡、國	縣、邑、侯國	鄉、里	簡號	備注
河內郡	温	東鄉平都里	T24:872+249	
		東鄉郭里	T24:872+249	
		曲陽里	T24:922	
		夕阿里	T25:7	
		孔里	T25:103	
		豪上里	T25:227	
		中侍里	T26:35	
		西市北里	T26:75	
		當洛里	T30:200	
		成曲里	T31:134	
		千秋里	T37:140	
		中鄉東謝里	H2:50、C:643	
	野王	敬老里	T4:8	
		長里	T8:58	釋文作"東郡野王",然"東郡"字迹模糊難辨,此不據
		東樂里	T22:56	
	軹	安昌里	T24:337	
	蕩邑	陽里	T3:83	疑爲"蕩陰邑"漏書
河南郡	雒陽	宜歲里	T1:6、T1:80、T24:248	
		大里	T1:131	
		都督里	T2:42	
		廣都里	T2:64	
		壽陽里	T4:17	
		□西里	T4:38	
		緱氏、東宛里①	T9:40	
		歸德里	T10:129	
		南胡里	T10:182、F3:544	

① 雒陽、緱氏的關係,可參看周振鶴《新舊漢簡所見縣名與里名》,《歷史地理》第 12 輯,上海人民出版社,1995,154 頁注 1。

續表

郡、國	縣、邑、侯國	鄉、里	簡號	備注
河南郡	雒陽	西猛里	T10:190	
		圉里	T10:290	
		充魚里	T21:16	
		邸里	T21:49	
		西成里	T21:55	
		長年里	T23:974	
		常富里	T24:50	
		雨石里	T24:242	
		直里	T24:405、T37:830	
		富□里	T24:495	
		利長里	T25:159	
		褚里	T27:20、T37:1080	参看簡考
		東鄉東樂里	T28:95、D:175	
		樂歲里	T30:266	
		吉陽里	T32:4	
		南鄉楊里	T33:41	
		東鞏里	T35:11	
		芷陽里	T37:713+624①	
		臨淄里	T37:933	
		廣陽里	T37:1033	
		柘里	T37:1084	
		段里	T37:1109	
		安國里	T37:1209	
		榆壽里	T37:1220、T37:1445	
		謝里	T37:1330	
		東鄉上言里	T37:1386	縣名寫作"落陽"
		南堂里	T37:1476	
		東雍里	T37:1587	
		槐中(里)	H2:40	縣名寫作"雒楊"
		南□里	T4H:3	

① 姚磊:《〈肩水金關漢簡(肆)〉綴合(二十九)》,簡帛網,2016年7月19日。

續表

郡、國	縣、邑、侯國	鄉、里	簡號	備注
河南郡	熒陽	宜秋里	T9:244	
		穀京里	T10:148	
		槐里	T10:176	
		成陰里	T10:427	
		西鄉	T21:175、72EJC:15	
		始成里	T23:58	
		宜都里	T23:108	
		東鄉廣世里	T24:23	
		西都里	T37:78	
		貫里	T37:247+808①	
		全里	T37:319	全,整理者未釋
		春陵里	T37:458	
		春成里	T37:633	
		臨豪里	T37:634+1030②	
		春里	T37:856+927③	
		吉陽里	T37:991	
		新安里	T37:1006	縣名寫作"營陽"
		蘇里	T37:1141	
		直里	F3:253	
		應里	D:52	
		新成里	72EJC:26	
		宜成里	72EJC:120	
		郎陰里	C:351	
	偃師	西信里	T21:21	縣名寫作"匽師"
		都里	T33:87	
		尸鄉昌武里	T37:878+692④	

① 姚磊:《〈肩水金關漢簡(肆)〉綴合(二十七)》,簡帛網,2016 年 7 月 13 日。
② 姚磊:《〈肩水金關漢簡(肆)〉綴合(三十六)》,簡帛網,2016 年 8 月 29 日。
③ 謝坤:《讀肩水金關漢簡札記(三)》,簡帛網,2016 年 1 月 13 日。
④ 姚磊:《〈肩水金關漢簡(肆)〉綴合(三十)》,簡帛網,2016 年 7 月 25 日。

續表

郡、國	縣、邑、侯國	鄉、里	簡號	備注
河南郡	京	從里	T14:8	
	平	陰鄉市陰里①	T8:32	
		河上里	T10:104	
	陽武	廷里	T37:1418+664+609②	
		昌安里	72EJC:40	
		臨水里	72EJC:141	
		園里	72EJC:238	
	河南	安樂里	T9:137	
		宜成里	T10:157、T37:405	
		西鄉大謝里	T14:15	
		東甘里	T24:897、F1:39	
		武陵里	T29:102	
		安國里	T33:31	
		平樂里	T37:77	
		都里	T37:361	
		宜樂里	D:204	
	緱氏	武平里	T4:52、T31:38	
		閒里	T23:146、T37:571	
		樂陽里	T29:39	
		東昌里	T37:64	
		薪里	T37:132	縣名寫作"絇氏"
	卷	長里	T35:5	
		市陰里	T37:859	
		始利里	T37:899	
		始昌里	T37:1245+383+409③	
		尉里	F3:132	
		西宜里	72EJC:143	

① 趙海龍:《〈肩水金關漢簡(壹)〉地名訂補》,簡帛網,2014年8月23日。

② 姚磊綴合,待刊。

③ 姚磊綴合,待刊。

續表

郡、國	縣、邑、侯國	鄉、里	簡號	備注
河南郡	原武	饒安里	T8:89	
		南長里	T9:241、H1:68	
		都鄉長陽里	T37:1075	
	鞏	秋陰里	T37:703	
	穀成	陵里	T21:120	
		長陽里	T25:5	
		吉平里	72EJC:18	
		臨尹里	C:520	
	故市		T25:244+243①	
	密邑	西游(里)	T37:14	
		宜年里	T37:241	
		發武(里)	T37:408	
		宜利里	T37:766	
		長明里	T37:1258+1291+1392②	
		東平里	T37:1415	
	新成邑		T4:208	
	菀陵		T21:370	即《地理志》苑陵③
	梁	樂成里	T37:1566	
	新鄭	富里	T37:452	
		侯利里	T37:564	
		高闕里	T37:764	
		安漢里	T37:812	
		武成里	T37:982	
		章陽里	T37:1459	
		東成里	F3:276	
	雒	東史里	T1:115	疑爲"雒陽"漏書
		南樂里	T1:128	

① 何茂活:《〈肩水金關漢簡(叁)〉釋文商訂(之二)》,《簡帛》第 13 輯,上海古籍出版社,2016,192-200 頁。
② 姚磊綴合,待刊。
③ 周艷濤、張顯成:《〈肩水金關漢簡(貳)〉"□陵丞印"考》,《敦煌研究》2016 年第 6 期,115-118 頁。

續表

郡、國	縣、邑、侯國	鄉、里	簡號	備注
東郡	畔	利里	T9:116	縣名寫作"畔邑"①
		大曲里	T24:543	
		昌里	D:191	
	頓丘邑		T37:776、C:527	
	發干		T37:641	
	茌平	始里	T37:844	寫作"茌平邑"
		東樂里	C:425	
	東武陽	陽城里	T10:302	
	博平	都鄉参里	T6:28	
		市南里	T37:460	
		故里	T37:1184	釋文作"蔭平"
	清	高明里	T10:128	
		大里	T10:333	参看簡考
	東阿	增野里	T5:19	
		當夏里	T9:90	
		高丘里	T21:107	
		樂年里	T22:104	
		牛里	T24:953	
		北平里	T29:23	
		吉里	T29:54	
		臨利里	T31:26	
	離狐邑	富聚里	T21:323	
	臨邑		T23:889	
陳留郡	陳留	高里	T34:6	
	寧陵	虞里	T10:402	即《地理志》寧陵
	外黄邑		T37:368、T37:723+1420+1302②	
	平丘	君里	T21:44	
	濟陽	臨里	T21:202	

① 鄭威:《簡牘文獻所見漢代的縣級政區"邑"》,《簡帛》第11輯,上海古籍出版社,2015,232頁。

② 謝坤:《讀肩水金關漢簡札記(七)》,簡帛網,2016年3月14日。

續表

郡、國	縣、邑、侯國	鄉、里	簡號	備注
潁川郡	陽翟邑	波陽里[②]	T9:206	
		畸里	T25:99	
		宜昌里	T37:526	
	定陵	德里[③]	T6:93	
		池里	T9:117	
		陽里	T3:97	
	長社邑	穎里	T6:48	
		重里	T1:7	
	新汲	德里	T1:84、T10:196	
	郟邑		T8:7、T8:73	T1:84 縣名寫作"陜"
	潁陰邑	真定里	T8:33	
		西成里	72EJC:32	釋文作"西時里"
	許邑	廣德里	T2:61	
	傿陵邑	東中里	T3:95	
		步里	T24:261	
		臺里	T3:96	
	臨穎邑	鄭里	F3:350	
	父城		T8:40	
	周子南國[①]	西便里	T9:81	
	翟邑	陽郵里		疑爲"陽翟邑"漏書,或"陽翟邑郵里"誤書
汝南郡	隱强	廣里	T37:224	即《地理志》㶏强
		始昌里	T37:888	
		成陽里	T37:1431	
	召陵	倉里	T1:8	
		始成里	D:313	
	上蔡	麋布里	C:560	
	長平	舒里	T21:315	
		緹里	T24:117	縣名寫作"長平邑"

① 黄浩波:《〈肩水金關漢簡(壹)〉所見郡國縣邑鄉里》,簡帛網,2011 年 12 月 1 日。
② 方勇:《讀〈肩水金關漢簡(壹)〉小札(二則)》,簡帛網,2013 年 6 月 10 日。
③ 黄艷萍:《初讀〈肩水金關漢簡(壹)〉札記》,復旦大學出土文獻與古文字研究中心網站,2013 年 5 月 29 日。

續表

郡、國	縣、邑、侯國	鄉、里	簡號	備注
南陽郡	宛	南鄉當利里	T10:121	
		柏陽里[①]	T10:267	
		西鄉	T10:315	
		都鄉	T31:34+20[②]	
		陬里	T33:59	
		北當陽里	T37:1444+12[③]	
		同里	C:524	
		薄林里	C:614	
	杜衍	利陽里	T3:49	
		陽里	72EDIC:1	
	酇侯國		T29:74	
	陰	臨定里	72EJC:41	
	山都	習里	T3:51	
		孝里	T37:232	
		他陵里	T4H:90	
	新野	稷里	T6:49	
	筑陽	孝里	T4H:35	
	棘陽	楊里	T32:2	
	武當	樂安里	T10:183	
	舞陰	奉里	T8:41[④]	
	西鄂	南鄉臨利里	10:120	
		城南里	T33:91	
	穰邑	臨河里	T6:96	河,釋文作"渴"
		重光里	C:556	

① 黄艷萍:《初讀〈肩水金關漢簡(壹)〉札記》,復旦大學出土文獻與古文字研究中心網站,2013年5月29日。
② 何有祖:《讀〈肩水金關漢簡(叁)〉札記(一)》,簡帛網,2016年1月19日。
③ 姚磊:《〈肩水金關漢簡(肆)〉綴合(二十)》,簡帛網,2016年5月18日。
④ 張俊民:《〈肩水金關漢簡(壹)〉釋文》,簡帛網,2011年9月23日。

續表

郡、國	縣、邑、侯國	鄉、里	簡號	備注
南陽郡	冠軍邑	長里	T10:298	
		安寧里	T25:171	
		白水步昌里	C:415	白水當是鄉名
	葉	平定里	T14:17	
		安都里	T37:870	縣名寫作"葉邑"
		昌里	T37:1318	
	鄧邑	陽里	T31:70	
	魯陽	鄧里	T4:40	
	樂成侯國		T10:120	
	博望邑	徐孤里	T2:4	
		度里	T10:103	縣名寫作"博亡"①
	氾鄉侯國		F3:290+121	
山陽郡	湖陵		F1:4	
濟陰郡	定陶	常富里	T23:145	
		宜慶里	T25:137	
		西牢里	T25:162	
		西洲里	T25:164	
		商里	T30:113	
		倳里	T33:61	
		弟里	T33:76	
		虞里	T37:76	
		西鄉中關里	T37:822	
		前安里	T37:1246	
		中莊里	H1:18	
		溙里	D:207	
		亭皇里	72EJC:114	

① 黄浩波:《〈肩水金關漢簡(壹)〉所見郡國縣邑鄉里》,簡帛網,2011年12月1日。

續表

郡、國	縣、邑、侯國	鄉、里	簡號	備注
濟陰郡	冤句	庠復里	T21:269	
		亭里	T24:41	
		利里	T26:129	
		義陽里	T37:267+306[①]	
		昌成里	T37:970	
		穀里	T37:985	
		南昌里	T37:987	
		廣里	T37:1335+1359[②]	
	葭密	上明里	T6:138	
		東□里	T32:41	
	成陽		72EJC:204	
	句陽	高成里	T37:845	
	乘氏	清東里	T24:520	釋文作"乘田"
		敬事里	T25:20	
	廩丘	石壽里	T21:51	《地理志》屬東郡
		左里	T24:328	
	都關	樂里	T25:11	《地理志》屬山陽郡
	成武	高里	T34:40	
	桂邑	千秋里	T37:1320	《地理志》未載
沛郡	譙	東里	T21:358	
魏郡	鄴	呂廣里	T5:18	
		遇里	T5:54	
	館陶	深上里	T9:69	
	斥丘	曲里	T10:122	縣名寫作"庠丘"[③]
		臨豪里	T21:195	縣名寫作"庠丘"
		廣德里	T32:74	

① 姚磊:《〈肩水金關漢簡(肆)〉綴合三則》,簡帛網,2016年1月15日。
② 姚磊綴合,待刊。
③ 張俊民:《肩水金關漢簡(壹)釋文補例》,簡帛網,2014年12月16日。

續表

郡、國	縣、邑、侯國	鄉、里	簡號	備注
魏郡	内黄	光都里	T2:45	
		中□里	T6:100	
		長里	T23:249	
		博望里	T23:250	
		西好駕里	T23:790	
		同里	T27:14	
		東郭里	T37:328①、T37:994	
		北安樂里	T37:993	
		廣昌里	72EJC:160	
	魏	利陽里	T21:95	
	繁陽	靈里	T6:150	
		宜秋里	T24:279	
		宜里	T27:112②	
		安里	T27:139③	
		鉅當里	T31:93	
		明里	H1:3	
		宜禄里	72EJC:157	
		義里	C:391	
		昌平里	C:424	
		平定里	C:575	
	元城	陽宜里	T3:55	縣名寫作"原城"
		多禾里	T25:89	縣名寫作"元城邑"
		甲里	72EJC:51	
	梁期	來趙里	T1:157、C:322	C:322釋文作"來期里"
	犂陽	南利里	T2:3	即《地理志》黎陽
		都鄉	F3:181	
		臨里	72EJC:27	漏書"陽"字
		當市里	72EJC:276	

① 高一致:《初讀〈肩水金關漢簡(肆)〉筆記》,簡帛網,2016年1月14日。

② 高一致:《讀〈肩水金關漢簡(叁)〉札記(十八則)》,《珞珈史苑》2015年卷,武漢大學出版社,2016,15-24頁。

③ 高一致:《讀〈肩水金關漢簡(叁)〉札記(十八則)》,《珞珈史苑》2015年卷,15-24頁。

續表

郡、國	縣、邑、侯國	鄉、里	簡號	備注
魏郡	抑悲	翟剛里	T21:438	即《地理志》即裴①;剛,整理者未釋
	武始	廚人里	T7:9	
		金年里	T8:81	
	陰安	倉正里	T37:1394	
	平恩侯國	平曲里	T2:77	
	武安	宜里	T1:311	
		富貴里	C:372	
	鄃	文里	T9:235	《地理志》屬清河郡
	厝	平陽里	T10:108	
	東陽侯國	廣陬里	T26:189	
	貝丘	宜春里	T30:117	
		北里	T9:88	
鉅鹿郡	南䜌	元里	T1:28	
		延年里	T1:154	
		朝歌里	T5:11	
		右陽里	T5:15	
		杏里	T5:34	
		菆里	T5:51	
		榑里	T5:53	
		西始里	T21:99	
		杞里	T22:16	
		武安里	T24:542	
		横里	T24:812	
	廣阿	秋華里	T24:836	
	下曲陽	丞白里	C:628	
	曲周	孝里	T1:130	《地理志》屬廣平國
		東渠里	T22:24	
	曲	迎利里	T1:167	疑爲"曲周"漏書

① 黄浩波:《〈肩水金關漢簡(貳)〉所見郡國縣邑鄉里》,簡帛網,2013年9月18日;馬孟龍:《談肩水金關漢簡中的幾個地名(二)》,《中國歷史地理論叢》2014年第2期,88-92頁。

續表

郡、國	縣、邑、侯國	鄉、里	簡號	備注
清河郡	貝丘	莊里	T29:100	
		厝期里		
齊郡	臨菑	吉羊里	T9:3	
		滿羊里	T9:20	
		西通里	T9:28	
	鉅定	壯里	T9:126	
		广里	T37:470	
會稽郡	鄞	許商里	T10:299	
		高成里	T10:300	
		陳里	T10:301①	
蜀郡	成都	直陽里	T37:969	
楗爲郡			T9:237	即《地理志》犍爲郡
隴西郡	首陽		T23:490	
	襄武	承反里	T9:114	
	西	西鄉始昌里	T24:101+116、T37:524、T37:1155	
		平里	T37:524	
金城郡	允吾	葉陽里	T24:47	
		東鄉道德(里)	T37:1451	
	令居	義陽里	T4:191	
天水郡	平襄		T21:180	
	望垣	萬年里	T1:37	
	略陽		T24:304	
	冀	陰利里	T24:275	前端殘斷
	勇士		T24:746	
	豲道		72EJC:1	即《地理志》豲道

① 張俊民:《〈肩水金關漢簡(壹)〉釋文》,簡帛網,2011年9月23日。

續表

郡、國	縣、邑、侯國	鄉、里	簡號	備注
武威郡	姑臧	休神里	T2:10	
		沙上(里)	T4:11	
	張掖	和平里	T37:675+688[1]	
		陵里	T37:1079	
	揟次	富里	T24:63	
		安昌里	T37:51+203[2]	
	鸞鳥		T23:175	
	媼圍		T23:933	
	倉松		D:201	即《地理志》蒼松
張掖郡	觻得	萬年里	T1:10、T1:177、T23:975、T24:99、T32:14、T37:1082、T37:1324 + 1192[3]、72EJC:11、72EJC:250、72EDIC:2	
		富里	T1:20、T10:156、T24:239、T26:133、T37:968 + 1310[4]、T37:992、T37:1446、C:428	T37:968+1310 縣名寫作"角得"
		道德里	T1:33	
		安定里	T1:44、T11:24、T23:773、T37:1156	
		市陽里	T1:62、T9:362、T10:189、T37:611 + 554 + 559 + 904[5]、T37:1154、C:339	
		安國里	T3:17、T10:288、T24:815、T37:536、T37:779	
		安漢里	T3:53、T37:862 + 136[6]、T37:1130	
		博厚里	T3:59	

① 姚磊:《〈肩水金關漢簡(肆)〉綴合札記(十則)》,《簡帛研究二〇一六(秋冬卷)》,桂林:廣西師範大學出版社,2016,227-238頁。

② 謝坤:《〈肩水金關漢簡(肆)〉綴合及考釋八則》,《簡帛》第14輯,69-74頁。

③ 姚磊綴合,待刊。

④ 顔世鉉:《〈肩水金關漢簡(肆)〉綴合第11-12組》,簡帛網,2016年1月19日。

⑤ 姚磊:《〈肩水金關漢簡(肆)〉73EJT37:554+559補綴》,簡帛網,2016年2月20日。

⑥ 姚磊:《〈肩水金關漢簡(肆)〉綴合及釋文訂補(十一則)》,《出土文獻研究》第16輯,267-269頁。

續表

<table>
<tr><th>郡、國</th><th>縣、邑、侯國</th><th>鄉、里</th><th>簡號</th><th>備注</th></tr>
<tr><td rowspan="14">張掖郡</td><td rowspan="14">觻得</td><td>當富里</td><td>T3:89、T24:374、T26:154、T37:1058、T37:1125、H2:64、F3:373</td><td>H2:64釋文作"常寧里"</td></tr>
<tr><td>千秋里</td><td>T4:45、T23:373、T23:924、T24:682、T25:92、T25:125、T30:132、T37:984、T37:995、T37:1224+108①、F3:215、F3:423</td><td>T23:373漏書"里"字;T37:995縣名寫作"禄得"</td></tr>
<tr><td>利成里</td><td>T4:76、T7:51、T21:21、T31:25</td><td rowspan="12"></td></tr>
<tr><td>壽貴里</td><td>T4:182+64②、T6:83、T26:54、T31:159、T37:431、T37:971、T37:996、T37:1007、T37:1027+186③、F3:128</td></tr>
<tr><td>西鄉成漢里</td><td>T4:183、T6:39、T8:95、T9:243、T14:1、T21:238、T23:774、T24:951、T37:6、T37:1268+1089④、T37:1331、H2:16、F3:462、D:208+147、D:210、C:454、C:588</td></tr>
<tr><td>好仁里</td><td>T5:55、T9:121</td></tr>
<tr><td>宜春里</td><td>T6:136</td></tr>
<tr><td>壽光里</td><td>T7:5、T26:73</td></tr>
<tr><td>安邑里</td><td>T7:37、T35:4</td></tr>
<tr><td>承明里</td><td>T7:40、T37:656+1376⑤</td></tr>
<tr><td>富安里</td><td>T8:3、T24:515、T37:889、T37:1528+280+1457⑥、72EJC:136</td></tr>
<tr><td>益昌里</td><td>T8:54、T37:496、72EJC:121</td></tr>
<tr><td>定安里</td><td>T9:42、T24:167、T26:156、T37:952、T37:1466、H1:23+49⑦、F2:38、T4H:42</td></tr>
</table>

① 姚磊:《〈肩水金關漢簡(肆)〉綴合(四)》,簡帛網,2016年1月24日。
② 張顯成、張文建:《〈肩水金關漢簡(壹)〉綴合七則》,簡帛網,2017年1月20日。
③ 姚磊:《肩水金关漢簡(肆)〉綴合及釋文訂補(十一則)》,《出土文獻研究》第16輯,267-269頁。
④ 姚磊:《〈肩水金關漢簡(肆)〉綴合(十三)》,簡帛網,2016年2月29日。
⑤ 謝坤:《讀肩水金關漢簡札記(三)》,簡帛網,2016年1月13日。
⑥ 姚磊:《〈肩水金關漢簡(肆)〉綴合(二十一)》,簡帛網,2016年5月26日。
⑦ 姚磊:《〈肩水金關漢簡(肆)〉綴合(二十四)》,簡帛網,2016年6月18日。

續表

郡、國	縣、邑、侯國	鄉、里	簡號	備注
張掖郡	觻得	定國里	T9：87、T21：101、T37：631 + 113①、T37：1078、F3：65	
		安樂里	T9：123、T27：102、T37：827	
		孔嘉里	T9：143	
		長秋里	T9：229、T30：182、T37：1428、T37：1512	
		久長里	T9：238	
		敬老里	T10：63、T10：124、T23：858、T24：121、T37：83、T37：291、T37：389 + 1137②、T37：522、T37：998、T37：1458、T37：1495、72EJC：240、C：313	T23：858 簡未見"里"字
		萬歲里	T10：102、T23：59、T37：1104、F3：49+581、D：62	
		富昌里	T10：162、T37：237	
		宜禾里	T10：242	
		東鄉敬兄里	T10：326、T23：275、T37：1333	
		始樂里	T10：352、T37：745	
		長壽里	T11：8、T24：554、T37：846、T37：1150、	
		都里	T15：10、T37：759 、T37：920、C：658	T37：920 縣名寫作"祿得"；C：658 縣名殘見"得"字
		常利里	T21：15、T23：1039、T24：170	
		春奈里	T21：272、T24：704③	
		安世里	T23：55、T26：63	
		千乘里	T23：341	
		富貴里	T23：384、T23：1015、T27：56	

① 姚磊：《〈肩水金關漢簡(肆)〉綴合(八)》，簡帛網，2016 年 2 月 4 日。
② 雷海龍：《〈肩水金關漢簡(肆)〉斷簡試綴(二)》，簡帛網，2016 年 2 月 10 日。
③ 何茂活：《〈肩水金關漢簡(叁)〉釋文商訂(之一)》，《出土文獻研究》第 15 輯，上海：中西書局，2016，374 頁。

續表

郡、國	縣、邑、侯國	鄉、里	簡號	備注
張掖郡	觻得	步利里	T23:467、T31:166、T31:236、T37:357+58[①]、T37:459+1174[②]、T37:622、T37:1238、D:211	
		延壽里	T23:542+539[③]	
		高縣里	T23:631	
		廣昌里	T23:661、T37:1413+1190[④]	
		□佗里	T24:28	
		大千秋里	T24:39	
		廣穿里	T24:70、T30:20、F3:95	T24:70 穿,整理者未釋;參看簡考
		宜樂里	T24:252、T37:1027	
		樂就里	T24:333+T23:818[⑤]、T37:1028+1208+371[⑥]、T37:1036	
		萬金里	T24:557、T37:110、D:276[⑦]	
		當利里	T25:140	
		定利里	T26:46	
		脩德里	T26:118	
		宜產里	T27:1、T37:1414+1044+369[⑧]	
		功歲里	T27:5	
		武安里	T27:11、T31:85、H2:70	
		相□里	T27:83	
		市里	T27:118	
		果成里	T28:50	
		粟成里	T29:5	

① 謝坤:《讀肩水金關漢簡札記(四)》,簡帛網,2016 年 1 月 14 日。
② 姚磊:《〈肩水金關漢簡(肆)〉綴合(二十九)》,簡帛網,2016 年 7 月 19 日。
③ 姚磊:《〈肩水金關漢簡(貳)〉綴合(四)》,簡帛網,2016 年 11 月 10 日。
④ 姚磊:《〈肩水金關漢簡(肆)〉綴合(二十)》,簡帛網,2016 年 5 月 18 日。
⑤ 姚磊:《〈肩水金關漢簡(貳)〉綴合(十一則)》,簡帛網,2017 年 7 月 31 日。
⑥ 姚磊:《〈肩水金關漢簡(肆)〉綴合(十一)》,簡帛網,2016 年 2 月 23 日。
⑦ 姚磊:《讀〈肩水金關漢簡〉札記(十一)》,簡帛網,2017 年 3 月 2 日。
⑧ 姚磊:《〈肩水金關漢簡(肆)〉綴合札記(十則)》,《簡帛研究二〇一六(秋冬卷)》,227-238 頁。

續表

郡、國	縣、邑、侯國	鄉、里	簡號	備注
張掖郡	觻得	當城里	T29:108、F3:272	F3:272 寫作"當成里"
		誠信里	T29:135、T37:1582	T37:1582 寫作"成信里"
		常樂里	T30: 62、T37: 1059、F1: 92、F3:135	
		南至里	T31:6	
		關亭里	T37:70	
		平利里	T37:79、T37:745	
		持心里	T37:103	
		孝仁里	T37:243、F3:538	T37:243 未見"里"
		孝成里	T37:286	
		宜興里	T37:300	
		敬里	T37:366	
		高平里	T37:411	
		昌平里	T37:621	
		悉意里	T37: 628 + 658①、T37: 1119、F3:376	
		廣德里	T37:742	
		安成里	T37:756	
		樂安里	T37:924、T37:1205	
		宜安里	T37:1036	
		新都里	T37:1152	
		專心里	T37:1163	
		步里	T37:1195	
		春舒里	T37:1581	
		新成里	T37:1583、F3:136+266、C:373	
		豪上里	T37:1585	
		博庠里	F3:558	縣名寫作"角得"
		長貴里	72EJC:154	
		滅胡里	C:609	

① 謝坤:《讀肩水金關漢簡札記(五)》,簡帛網,2016 年 1 月 16 日。

續表

郡、國	縣、邑、侯國	鄉、里	簡號	備注
張掖郡	昭武	千秋里	T4:146、C:438	
		安漢里	T5:78	
		强里	T6:54	
		平都里	T6:141、T37:758、T37:1514	
		宜衆里	T7:151、T37:762、T37:1153、D:56	D:56釋文作"宣衆里"
		安定里	T9:86、T37:499	
		宜春里	T9:182①、T24:147、T37:177+687②、T37:178、T37:761	
		樂歲里	T10:164、T37:855	T37:855釋文作"樂成里"
		直廷里	T10:189	
		擅利里	T23:20、T37:1123、F3:240	
		東鄉	T23:335	
		富里	T23:735、T37:1047、H2:21	
		益廣里	T23:778	
		萬□里	T24:522	
		市陽里	T24:850、T29:2、T37:1047、T37:1049	
		射南里	T27:82	
		當市里	T30:166	
		萬歲里	T31:40、T37:1463+402③、H2:17、F3:369	
		長壽里	T37:101、T37:1464	
		對市里	T37:118、D:160	
		便處里	T37:175、T37:309+1305④、T37:754、F3:278	
		久長里	T37:454、T37:787	

① 張俊民:《肩水金關漢簡(壹)釋文補例》,簡帛網,2014年12月16日。

② 姚磊:《〈肩水金關漢簡(肆)〉綴合(三十二)》,簡帛網,2016年8月7日。

③ 姚磊綴合,待刊。

④ 姚磊綴合,待刊。

續表

郡、國	縣、邑、侯國	鄉、里	簡號	備注
張掖郡	昭武	破胡里	T37：656+1376①	
		步廣里	T37:912	
		高昌里	T37:952	
		萬昌里	H1:8	
		安國里	F3:393	
	刪丹	平曲里	T27:118	
		都鄉始樂里	T33:40	
		廣漢里	C:437	
	氐池	安樂里	T6:146、C:530	
		富昌里	T6:167、T23:977	
		安定里	T6:170②、T37:1447+922③	
		承明里	T7:39	
		大昌(里)	T8:78	
		安漢里	T9:41、T11:11	
		廣漢里	T10:401、T31:146、C:482	
		安利里	T23:13、C:610	
		昌平里	T24:282、F3:198+194+578④	
		武都里	T24:775⑤	
		充郭里	T25:49、T30:9	
		宜粟里	T28:42、D:214⑥	
		先定里	T28:63、T30:160、T30:247	
		益城里	T28:116+118⑦	
		昌樂里	T29:4、D:27	
		敬老里	T30:10、T30:152	

① 謝坤:《讀肩水金關漢簡札記(三)》,簡帛網,2016年1月13日。

② 何茂活:《〈肩水金關漢簡(壹)〉殘斷字釋補》,復旦大學出土文獻與古文字研究中心網站,2014年11年20日。

③ 姚磊:《〈肩水金關漢簡(肆)〉綴合(五)》,簡帛網,2016年1月25日。

④ 姚磊:《〈肩水金關漢簡(伍)〉綴合(四)》,簡帛網,2016年9月18日。

⑤ 高一致:《讀〈肩水金關漢簡(叁)〉札記(十八則)》,《珞珈史苑》2015年卷,15-24頁。

⑥ 高一致:《讀〈肩水金關漢簡(伍)〉小札》,簡帛網,2016年8月26日。

⑦ 何有祖:《讀〈肩水金關漢簡(叁)〉札記(二)》,簡帛網,2016年1月20日。

續表

郡、國	縣、邑、侯國	鄉、里	簡號	備注
張掖郡	氐池	千秋里	T30:133、T37:102	
		長年里	T30:141	
		步光里	T30:189	
		利陽里	T31:84	
		常利里	T37:52	
		千金里	T37:1058	
		臨市里	H1:19	
		常樂里	T4H:64	
		西鄉	C:316	
		安民里	C:414	
		長東里	C:651	
	屋蘭	滅胡里	T4:9	
		宜衆里	T6:42、T24:941	
		莫當里	T7:4	
		安處里	T10:292	
		西鄉大昌里	T14:3、T21:232、T24:945+534①、T37:129、T37:521	
		福至里	T23:531+509②、T30:168	
		富昌里	T23:964+516③、T23:965	
		當禄里	T30:6	
		廣成里	T34:43	
		千秋里	T37:225	
		定里	T37:1077	
		宜春里	T37:1463	
		承明里	H2:53	
		義來里	D:48	

① 姚磊:《〈肩水金關漢簡(叁)〉綴合(二)》,簡帛網,2016年11月24日。
② 楊小亮:《肩水金關漢簡綴合八則》,《出土文獻研究》第12輯,上海:中西書局,2016,280-285頁。
③ 伊强:《肩水金關漢簡綴合十五則》,《簡帛》第12輯,117頁。

續表

郡、國	縣、邑、侯國	鄉、里	簡號	備注
張掖郡	日勒	脩飭里	T1:42[1]	
		延壽里	T1:78	
		□德里	T1:240	
		便護里	T1:301	
		富昌里	T2:13、T10:184	
		千秋里	T9:16	
		充實里	T29:20+76[2]	
		萬歲里	T37:1003	
	驪靬	當利里	T9:127、T24:964	
	番和	宜便里	T4:98、T23:193、H2:2	
		脩禮里	T24:902	
	居延	關都里	T3:39、T26:56、C:594	
		始至里	T3:102、T4:88、T9:125、T21:262、T21:268、T23:970、T25:9、T37:1588	
		都鄉孤山里	T4:57、T25:15、T30:23、T37:1430	
		鉼庭里	T4:89、T37:1058、H1:25	T37:1058 寫作“屏庭里”
		市陽里	T5:23、T21:223、H2:14、D:60	
		都鄉安樂里	T5:27、T10:153、T10:340、T24:250、T25:15、T31:66[3]、T37:548	
		廣地里	T6:41、T10:263、T11:4、T32:45+22[4]、T37:384	
		都鄉龍起里	T6:41、T23:775、T37:418、T37:1491	
		卅井里	T6:130、T37:1509	
		中宿里	T7:8、T7:53、T37:1057	

① 何茂活:《〈肩水金關漢簡(壹)〉釋文校補》,復旦大學出土文獻與古文字研究中心網站,2014 年 11 月 28 日。
② 伊强:《肩水金關漢簡綴合十四則》,簡帛網,2015 年 1 月 19 日。
③ 高一致:《讀〈肩水金關漢簡(叁)〉札記(十八則)》,《珞珈史苑》2015 年卷,15-24 頁。
④ 姚磊:《〈肩水金關漢簡(叁)〉綴合(八)》,簡帛網,2017 年 1 月 1 日。

續表

郡、國	縣、邑、侯國	鄉、里	簡號	備注
張掖郡	居延	長樂里	T7:91、T24:250、T37:765、T37:814、T37:1523+111①、C:352	T7:91 未見"里"字,C:352 漏書"里"字
		富里	T7:97、T10:287、T10:313、T23:971、T23:973、T23:1026+1047②、T37:401+857+1473③	T10:313 見爲西鄉,T37:401+857+1473 見爲東鄉,存疑待考
		昌里	T8:5	
		西鄉平里	T8:39、T10:201、T23:810、T29:43+33④、T37:519、T37:522、T37:524	
		千秋里	T8:62、T23:1049、T37:757、T37:1000	
		安故里	T9:1、T22:32、T37:746、T37:1026+1515⑤	
		廣都里	T9:18、T10:134、T22:120、T34:8	
		陽里	T9:50、T9:104、T10:30、T21:310+314+325⑥、T32:45+22⑦、T37:465、T37:1389、C:236	
		雜里	T9:73、T10:159、T37:393+1290⑧	
		鳴沙里	T9:119	
		都鄉肩水里	T9:228、T10:130、T23:763、T26:87、T37:456、T37:701+36⑨	
		收降里	T9:246、T31:228	

① 姚磊:《〈肩水金關漢簡(肆)〉綴合考釋研究(十二則)》,《出土文獻》第9輯,233頁。
② 姚磊:《〈肩水金關漢簡(貳)〉綴合(六)》,簡帛網,2016年11月17日。
③ 姚磊:《〈肩水金關漢簡(肆)〉綴合(二十九)》,簡帛網,2016年7月19日。
④ 姚磊:《〈肩水金關漢簡(叁)〉綴合(四)》,簡帛網,2016年12月7日。
⑤ 姚磊:《〈肩水金關漢簡(肆)〉綴合考釋研究(十二則)》,《出土文獻》第9輯,238頁。
⑥ 姚磊:《〈肩水金關漢簡(貳)〉綴合(一)》,簡帛網,2016年10月17日。
⑦ 姚磊:《〈肩水金關漢簡(叁)〉綴合(八)》,簡帛網,2017年1月1日。
⑧ 姚磊:《〈肩水金關漢簡(肆)〉綴合札記(十則)》,《簡帛研究二〇一六(秋冬卷)》,227-238頁。
⑨ 謝坤:《〈肩水金關漢簡(肆)〉綴合及考釋八則》,《簡帛》第14辑,69-74頁。

續表

郡、國	縣、邑、侯國	鄉、里	簡號	備注
張掖郡	居延	金成里	T9:281、T37:840、T37:1105+1315①、T37:1185	後三簡寫作"金城里"
		遮虜里	T9:332、T21:208	
		西鄉利上里	T10:264、T25:63、T31:27、T33:39、T37:28+653+1133②	
		西道里	T21:111、T37:28+653+1133、T37:135+133、T37:1101、F3:271+473③	T37:28+653+1133 釋文作"西昌里"
		南鄉白石里	T23:772、T37:663	白,T23:772 整理者未釋
		延壽里	T23:772、C:336	
		沙陰里	T23:1027、T37:1113	
		當利里	T24:48	
		城勢里	T24:296、T24:781、T25:55、T27:33、	城,T24:781 寫作"成",後兩簡寫作"誠"
		萬歲里	T25:43	
		觻得里	T25:113	
		鞮汗里	T25:134、T37:547、T37:837、T37:1267	
		當遂里	T37:32+311④、T37:694、T37:1108	
		平明里	T37:160+642⑤、T37:833、T37:914⑥、T37:1584	
		平樂里	T37:207+867⑦	
		慶賢里	T37:296	
		金脩里	T37:748	

① 伊强:《〈肩水金關漢簡(肆)〉綴合(四)》,簡帛網,2016 年 1 月 18 日。
② 姚磊:《〈肩水金關漢簡(肆)〉綴合考釋研究(十二則)》,《出土文獻》第 9 輯,227 頁。
③ 姚磊:《〈肩水金關漢簡(伍)〉綴合(三)》,簡帛網,2016 年 9 月 5 日。
④ 單印飛:《〈肩水金關(肆)〉綴合一則》,簡帛網,2016 年 1 月 13 日。
⑤ 伊强:《〈肩水金關漢簡(肆)〉綴合一則》,簡帛網,2016 年 1 月 15 日。
⑥ 姚磊:《讀〈肩水金關漢簡〉札記(五)》,簡帛網,2016 年 6 月 8 日。
⑦ 姚磊:《〈肩水金關漢簡(肆)〉綴合(二十七)》,簡帛網,2016 年 7 月 13 日。

續表

郡、國	縣、邑、侯國	鄉、里	簡號	備注
張掖郡	居延	累山里	T37:891、F3:558、D:17	
		延年里	T37:753、T37:1325、F2:14	
		富昌里	T37:1370	
		臨仁里	H2:10	
		賢里	F3:484	
	顯美		T24:416、T30:29、T37:915	
酒泉郡	禄福	始昌里	T3:75、T23:379+387①	
		□王里	T6:137	
		利衆(里)	T7:213	
		王章里	T8:61	
		廣漢里	T9:149、T37:1004	
		大穰里	T15:4	
		宇里	T25:97	
		定武里	T25:106	
		中里	T29:22+21②	
		德昌里	T37:747	
		嘉平里	T37:785	
		尊賢里	H1:38	
		定國里	H2:67+32③	
		宜富里	F2:32	
		平牛里	F3:431	
		王里	D:1	
		金里	D:13	

① 楊小亮:《肩水金關漢簡綴合八則》,《出土文獻研究》第12輯,280-285頁。

② 伊强:《肩水金關漢簡綴合十四則》,簡帛網,2015年1月9日。

③ 姚磊:《〈肩水金關漢簡(肆)〉綴合(二十六)》,簡帛網,2016年7月7日。

續表

郡、國	縣、邑、侯國	鄉、里	簡號	備注
酒泉郡	表是	脩義里	T9:120	
		安樂里	T23:303、T37:529	
		禾里	T24:156+482+158①	
		萬歲里	T24:366	
		安都里	T24:814	
		安漢里	T31:121	
		宜衆里	T31:125	
		常樂里	T37:1336、T37:1399	
		千秋里	F3:559	
	樂涫	文里	T6:50	縣名寫作"濼涫"
		虎里	T7:104	
		平旦(里)	T23:969	
		力田里	D:7	
	玉門	臨泉里	T37:53	
	會水	未央里	T8:16、T21:224	
		延年里	T15:6	
		安樂里	T26:120	
		富昌里	T37:1160	
		都鄉安遠里	C:477	
	沙頭		T5:71、T37:721+26②	即《地理志》池頭③
	綏彌	常利里	T26:27	
		敬老里		
		工里	T37:1004	
	乾齊		T23:518	
敦煌郡	敦煌	常安里	T6:124	
		案平里	F1:36	
	玉門	富昌里	T27:61	

① 姚磊:《〈肩水金關漢簡(貳)〉綴合(七)》,簡帛網,2016年11月18日。

② 姚磊綴合,待刊。

③ 甘肅省文物考古研究所:《敦煌懸泉漢簡内容概述》,《文物》2000年第5期,25頁。

續表

郡、國	縣、邑、侯國	鄉、里	簡號	備注
安定郡	臨涇		72EJC:36	
	鹵	工阿里	72EJC:43+52	釋文作“周”①
	烏氏	始安里	72EJC:68	
	安武	宜民里	72EJC:5	
		宜陽里	72EJC:19	
	鶉陰	大富里	T8:35	
		新成里	T37:698	
北地郡	弋居	孝里	T30:22	
西河郡	大成		D:293	
代郡	代	乘里	T34:7	
趙國	邯鄲	上里	T1:19	
		侍里	T4:59	
		臺郵里	T7:38	
		東趙里	T7:42	
		臨川里	T7:42	
		困里	T8:10	
		廣陽里	T9:196	
		平阿里	T23:532+768②、T37:1317	
		樂中里	T25:133	
		鹿里	T26:59	
		邑里	T37:767	
		東召里	T37:834	
		曲里	T37:945	
		棘里	T37:1011	
		衡里	C:659	

① 黄浩波:《〈肩水金關漢簡(伍)〉釋地五則》,《簡帛》第15輯,185-186頁。

② 胡永鵬:《讀〈肩水金關漢簡(貳)〉札記》,《中國文字》新40期。

續表

郡、國	縣、邑、侯國	鄉、里	簡號	備注
趙國	易陽	侯里	T23:161	
		南實里	T23:921	
		長富里	T24:578	
		南市里	T29:50	縣名寫作"易陽"
	柏人	南蒲里	T1:136+163①	
		宜利里	T28:6②	縣名寫作"伯人"
		平陽里	T28:15	縣名寫作"佰人"
		希里	T28:63	
		廣樂里	T37:99	
		曲周里	T37:829	
		安樂里	T37:900	縣名漏書"人"字
		高望里	T37:1206+872③	
		陽春里	H1:45	縣名寫作"伯人"
	襄國	長宿里	T1:13	
		下廣里	T1:118、T37:562	
		汜里	T1:165	
		陳西里	T2:86	
		曲里	T10:132	
		公社里	T22:135	
		齋里	T27:22	
		犁楚里	T32:58④	
	尉文	翟里	T1:32⑤	《地理志》未載
	□陵	萬歲里	T37:231	
信都國	觀津	亭里	D:8	

① 伊強:《肩水金關漢簡綴合十五則》,《簡帛》第12輯,115頁。

② 高一致:《讀〈肩水金關漢簡(叁)〉札記(十八則)》,《珞珈史苑》2015年卷,15-24頁。

③ 姚磊:《〈肩水金關漢簡(肆)〉綴合(四)》,簡帛網,2016年1月24日。

④ 高一致:《讀〈肩水金關漢簡(叁)〉札記(十八則)》,《珞珈史苑》2015年卷,15-24頁。

⑤ 黄浩波:《〈肩水金關漢簡(壹)〉所見郡國縣邑鄉里》,簡帛網,2011年12月1日;馬孟龍:《談肩水金關漢簡中的幾個地名》,《中國歷史地理論叢》2012年第3期,57-63頁。

續表

<table>
<tr><th>郡、國</th><th>縣、邑、侯國</th><th>鄉、里</th><th>簡號</th><th>備注</th></tr>
<tr><td rowspan="20">淮陽國</td><td rowspan="3">陳</td><td>莫勢里</td><td rowspan="3">T27:48</td><td rowspan="3"></td></tr>
<tr><td>大宰里</td></tr>
<tr><td>桐陵里</td></tr>
<tr><td>苦</td><td>會里</td><td>T37:126</td><td></td></tr>
<tr><td rowspan="7">陽夏</td><td>北陽里</td><td>T10:118</td><td rowspan="7"></td></tr>
<tr><td>馬成里</td><td>T21:396+343①</td></tr>
<tr><td>惠陽里</td><td>T21:439</td></tr>
<tr><td>官成里</td><td>T23:320</td></tr>
<tr><td>富陵里</td><td>T27:26</td></tr>
<tr><td>都郵里</td><td>72EJC:20</td></tr>
<tr><td>木里</td><td>72EDIC:5</td></tr>
<tr><td rowspan="3">寧平</td><td>□城里</td><td>T37:679</td><td rowspan="3">即《地理志》寧平</td></tr>
<tr><td>宜春里</td><td>T37:866+580②</td></tr>
<tr><td>故市里</td><td>T37:1319</td></tr>
<tr><td rowspan="4">扶溝</td><td>上里</td><td>T25:127③</td><td rowspan="4"></td></tr>
<tr><td>樂陽里</td><td>T28:36</td></tr>
<tr><td>始安里</td><td>T29:40</td></tr>
<tr><td>桐里</td><td>T37:670</td></tr>
<tr><td rowspan="2">圉</td><td>朝陽里</td><td>T4:109</td><td rowspan="2"></td></tr>
<tr><td>樂成里</td><td>T21:221</td></tr>
<tr><td rowspan="8">梁國</td><td rowspan="8">菑</td><td>秋里</td><td>T4:153</td><td rowspan="7">縣名寫作"载"④,即《地理志》甾</td></tr>
<tr><td>亭陵(里)</td><td>T9:39</td></tr>
<tr><td>市陽里</td><td>T23:498</td></tr>
<tr><td>直里</td><td>T37:699</td></tr>
<tr><td>東昌里</td><td>T37:750</td></tr>
<tr><td>板里</td><td>T37:849、H2:94</td></tr>
<tr><td>樂陽里</td><td>T37:1005、T37:1111</td></tr>
<tr><td>流中里</td><td>T37:1497</td><td>流,整理者未釋</td></tr>
</table>

① 姚磊:《〈肩水金關漢簡(貳)〉綴合(二)》,簡帛網,2016年10月22日。

② 姚磊:《〈肩水金關漢簡(肆)〉綴合札記(十則)》,《簡帛研究二〇一六(秋冬卷)》,227-238頁。

③ 高一致:《讀〈肩水金關漢簡(叁)〉札記(十八則)》,《珞珈史苑》2015年卷,15-24頁。

④ 黄浩波:《〈肩水金關漢簡(壹)〉所見郡國縣邑鄉里》,簡帛網,2011年12月1日;馬孟龍:《談肩水金關漢簡中的幾個地名》,《中國歷史地理論叢》2012年第3期,57-63頁。

續表

郡、國	縣、邑、侯國	鄉、里	簡號	備注
梁國	郙秋	東平里	T5:39	即《地理志》杼秋
		敬上里		
		北陽里	T21:126	
	蒙	重里	T3:40①	
		宜成里	T4:4	
		平原里	T11:9	
		市陰里	T23:939+1031②	
		城中(里)	T26:7	
		新成里	T27:21③	
		宜故里	T29:71	
	己氏	泗亭里	T1:9	
		官里	T1:75	
		陽垣里	T7:6	
	虞	北函里	T21:37	
		南昌里	T23:690	
		宜年里	T29:96	
	下邑	柏里	T21:424	
		宜秋里	T21:437	
		水陽里	T24:28	
	睢陽	秩里	T1:81	
		駝詔里		
		平居里	T1:134	
		丞筐里	T1:135	
		中丘里	T1:137	
		曲陽里	T2:43	
		同廷里	T3:104	

① 何茂活:《肩水金關漢簡(壹)釋文校補》,復旦大學出土文獻與古文字研究中心網站,2014 年 11 月 28 日。
② 姚磊:《〈肩水金關漢簡(貳)〉綴合(六)》,簡帛網,2016 年 11 月 17 日。
③ 何茂活:《〈肩水金關漢簡(叁)〉釋文商訂(之二)》,《簡帛》第 13 輯,195 頁。

續表

郡、國	縣、邑、侯國	鄉、里	簡號	備注
梁國	睢陽	華里	T5:14	
		朝里	T21:373	
		丞全里		
		汼陽里	T21:419	
		竹陽里	T21:430	
		爲陽里	T23:182	
		紘郊里	T24:255	
		東方里	T24:256	
		館里	T24:541+920①	
		樂陽里	T24:541+920、T24:970	
		南里	T24:666	
		東弓里	T24:706、T24:709、T24:791	
		訾陽里	T24:750+919②	
		宜受(里)	T24:754	
		淄南里	T24:796③	
		牛里	T24:811④	
		務故里	T24:826	
		長年里	T24:861	
		董父里	T24:874+871⑤	
		張里	T24:889	
		彭里	T24:901	
		始成(里)	T24:946	
		富樂里	T24:970	
		道里	T24:971	
		斛陽里	T37:550	
		宜安里	C:344	
		石里	C:427	

① 姚磊綴合,待刊

② 伊强:《肩水金關漢簡綴合五則》,簡帛網,2014 年 7 月 10 日。

③ 高一致:《讀〈肩水金關漢簡(叁)〉札記(十八則)》,《珞珈史苑》2015 年卷,15-24 頁。

④ 高一致:《讀〈肩水金關漢簡(叁)〉筆記(一)》,簡帛網,2014 年 8 月 12 日。

⑤ 姚磊:《〈肩水金關漢簡(叁)〉綴合(二)》,簡帛網,2016 年 11 月 24 日。

續表

郡、國	縣、邑、侯國	鄉、里	簡號	備注
東平國	任城	山陰里	T25:150	
	樊	南平里	T5:69	
		力里		
		陌里		
魯國	魯	再魚里	T27:9	
		大里	T27:19	
		西夷里	T32:60	
		施里	T37:847	
		壯里	T37:988	
楚國	彭城		T31:30①	
大常郡	長陵	西仁里	T9:204	參看簡考
		宜成里	T10:181	
	陽陵		T1:120	
	茂陵	始樂里	T37:1586	
淮陽郡	陳	陵里	T24:760	郡名寫作"睢陽"
		作氾里	T24:966	
		大楊里	T24:990	
		宜民里	T30:3	
		安衆里	T30:12	
		高里	T30:13	
		張過里		
		逢卿里	T30:15	
		進賢里		
		隱丘里	T30:118	
		未里	T30:119	
		思孝里	T30:135	
		安夷里	T30:262	

① 趙海龍:《〈肩水金關漢簡(叁)〉所見地名補考》,簡帛網,2014年8月31日。

續表

郡、國	縣、邑、侯國	鄉、里	簡號	備注
淮陽郡	陳	國朱里	T37:1496	寫作"淮湯陳國朱里",亦可能爲"淮陽國陳朱里"誤書;另外,漢簡中"朱"與"未"寫法相近,前即有"未里"
	苦	柳里	T26:136	
		平曲里	T26:172	
		集里	T26:217[①]	
		上里	T26:231	
		宣房里	T26:276	
		魯里	T30:14	
		平陽里	T30:25	
		平川里	T30:140	
		安見里	T30:184	
		高陵里	H2:103	
	陽夏	高里	T1:100	
		武成里	T24:943	
		平里	T30:102	
		陽里	T31:145	
		中善里	T33:85	
		安成里	D:212	
	寧平	高里	T21:265	縣名寫作"寧平"
		騶里	T26:9	
	扶溝	樂成里	T22:98	
	固始	步昌里	T9:83	
		大安(里)	T9:253	縣名寫作"古始"[②]
		昭陽里	T10:41[③]	
		成安里	T21:121	
		南高里	T25:91	
		盟鄉	T30:154	

① 高一致:《讀〈肩水金關漢簡(叁)〉札記(十八則)》,《珞珈史苑》2015年卷,15-24頁。

② 黄浩波:《〈肩水金關漢簡〉(壹)〉所見淮陽簡》,《歷史地理》第27輯,上海人民出版社,2013,277頁。

③ 黄浩波:《〈肩水金關漢簡〉(壹)〉所見淮陽簡》,《歷史地理》第27輯, 276頁;馬智全:《〈肩水金關漢簡〉(壹)〉校讀記》,《考古與文物》2012年第6期,107-109頁。

續表

<table>
<tr><th>郡、國</th><th>縣、邑、侯國</th><th>鄉、里</th><th>簡號</th><th>備注</th></tr>
<tr><td rowspan="26">淮陽郡</td><td rowspan="4">圉</td><td>宣里</td><td>T21:425</td><td rowspan="4"></td></tr>
<tr><td>翟里</td><td>T21:450</td></tr>
<tr><td>□久里</td><td>T26:187①</td></tr>
<tr><td>君里</td><td>T26: 9</td></tr>
<tr><td rowspan="2">新平</td><td>景里</td><td>T26: 184</td><td rowspan="2"></td></tr>
<tr><td>南茈里</td><td>T1:31</td></tr>
<tr><td rowspan="4">城父邑</td><td>楊里</td><td>T9:113</td><td rowspan="2"></td></tr>
<tr><td>道成(里)</td><td>T21:260</td></tr>
<tr><td>寧里</td><td>T30:16+254②</td><td rowspan="2">縣名寫作"城父"</td></tr>
<tr><td>幸里</td><td>T2:2</td></tr>
<tr><td rowspan="6">新郪</td><td>多積里</td><td>T2:71</td><td rowspan="6"></td></tr>
<tr><td>安里</td><td>T2:72</td></tr>
<tr><td>陰里</td><td>T2:73③</td></tr>
<tr><td>親里</td><td>T2:74</td></tr>
<tr><td>當市里</td><td>T24:238</td></tr>
<tr><td>革里</td><td>T4:15</td></tr>
<tr><td rowspan="3">譙</td><td>西成里</td><td rowspan="2">T5:36</td><td rowspan="3"></td></tr>
<tr><td>胡里</td></tr>
<tr><td>童光里</td><td>T7:7</td></tr>
<tr><td rowspan="2">傿</td><td>北張里</td><td>72EJC:33</td><td rowspan="2"></td></tr>
<tr><td>陵里</td><td>T9:6</td></tr>
<tr><td rowspan="4">長平</td><td>夕陽里</td><td>T24:21</td><td rowspan="4"></td></tr>
<tr><td>西原里</td><td>T24:753④</td></tr>
<tr><td>栗里</td><td>T24:956+761⑤</td></tr>
<tr><td>故陳里</td><td>T28:30</td></tr>
</table>

① 高一致:《讀〈肩水金關漢簡(叁)〉札記(十八則)》,《珞珈史苑》2015 年卷,15-24 頁。
② 姚磊:《〈肩水金關漢簡(叁)〉綴合(三)》,簡帛網,2016 年 12 月 2 日。
③ 張俊民:《〈肩水金關漢簡(壹)〉釋文》,簡帛網,2011 年 9 月 23 日。
④ 高一致:《讀〈肩水金關漢簡(叁)〉札記(十八則)》,《珞珈史苑》2015 年卷,15-24 頁。
⑤ 伊强:《肩水金關漢簡綴合十五則》,《簡帛》第 12 輯,115-124 頁。

續表

郡、國	縣、邑、侯國	鄉、里	簡號	備注
淮陽郡	長平	南莊里	T21:313	
		東陽里	T30:8	
		北親里	T30:263	
		西陽里		
		高閭里	T30:267	
		南垣(里)		
	西華	田里	T9:45①	
		南川里	T10:294	
	栗侯國		T22:18	
	贊	備成里	T21:468②	
		匠里	T22:80	
		上雍里	T22:93	
		司馬里	72EJC:49	
大河郡	無鹽		T30:105	
	任城	河陽里	T24:968	
	東平陸	倉東里	T2:100	
		東平里	T24:258	
		合里	T24:550	
		巨丘里	T24:668	
		陵里	T24:725	
		禾成里	T24:974	
	瑕丘	直陽里	T24:766	
	壽良		T30:105	《地理志》屬東郡
平干國	廣平	澤里	T1:73	
	張	榆里	T1:5	
	南和		T2:14、C:363	
燕國		前芻里	T24:38	

① 周波:《説肩水金關漢簡、張家山漢簡中的地名“贊”及其相關問題》,《出土文獻研究》第12輯,286-309頁。

② 周波:《説肩水金關漢簡、張家山漢簡中的地名“贊”及其相關問題》,《出土文獻研究》第12輯,286-309頁。

(二)新莽時期

【説明】

1.郡國凡帶括號者,皆是根據《漢書·地理志》"莽曰"部分以及簡文年代推歸。

2.凡未帶括號者,則是簡文所見。

郡、國	縣、邑	鄉、里	簡號	備注
(京兆尹)	常安	善居里	F1:30+28、F3:131、F3:133	
		夏陽里	T4H:58	
	奉明	故廣里	F3:511+306+291	釋文作"幸朋"①
(左馮翊)	陽縣	萬世里	F3:372	疑爲陽陵改稱②
(右扶風)	茂縣	長壽里	F3:172	疑爲茂陵改稱③
		敬老里	F3:370	
	宣成	善居里	F3:328	即《地理志》宣城
河東郡	聞憙邑	樓里	F3:35	
	定陽	馬邑里	T21:441④	
(後隊郡)	河内	西平里	T1:114⑤	
		曲陽里	T23:867	
(河南郡)	雒陽	宜歲里	T24:248	
河南郡	陽武	樂成里	F3:178	
前隊	魯陽	尚里	F3:344	
(魏郡)	庠丘	中里	F3:465+500	即《地理志》斥丘
西海郡			F2:4、F3:149、F3:402	
天水		安世里	F3:354	天水或爲縣名
(填戎)	填戎	樂里	F3:139、F3:368	
武威郡			F3:448+76	
酒泉		多牛里	F3:178	酒泉或爲縣名
右平郡			F1:84、F3:44、F3:300+548⑥	疑爲輔平郡前身⑦

① 黄浩波:《〈肩水金關漢簡(伍)〉釋地五則》,《簡帛》第15輯,181-183頁。

② 黄浩波:《〈肩水金關漢簡(伍)〉釋地五則》,《簡帛》第15輯,180-181頁。

③ 黄浩波:《〈肩水金關漢簡(伍)〉釋地五則》,《簡帛》第15輯,180-181頁。

④ 黄浩波:《〈肩水金關漢簡(貳)〉所見"河東定陽"簡試釋》,《歷史地理》第29輯,上海人民出版社,2014,276-282頁。

⑤ 晏昌貴:《增補漢簡所見縣名與里名》,《歷史地理》第26輯,上海人民出版社,2012,250頁。

⑥ 姚磊:《〈肩水金關漢簡(伍)〉綴合(三)》,簡帛網,2016年9月5日。

⑦ 黄浩波:《〈肩水金關漢簡(伍)〉釋地五則》,《簡帛》第15輯,177-180頁。

續表

郡、國	縣、邑	鄉、里	簡號	備注
張掖郡	觻得	富安里	F3:446	
		定安里		
(設屏郡)	觻得	廣昌里	T24:248、F1:30+28	縣名寫作"樂得"
		南鄉悉意里	F3:175+219+583+196+407	
		安國里	F3:199	
		富昌里	F3:511+306+291	
		千秋里	F3:314	縣名寫作"角得"
		新成里	F3:467	
	表是		F1:30+28	
	樂涫	直里	F3:536+424	
	昭武	長壽里	F3:130	
		安信里	F3:140	
		久長里	F3:245+497	
		安新里	F3:471+302+F2:43+F3:340①	
		便處里	F3:326	
	居延	萬歲里	F3:101	
		西道里		
		廣都里	F3:106	
		平明里		
		市陽里	F3:107	
		延年里	F3:138	
		富里	F3:371	
(敦德郡)	敦德	常安里	F3:119	
(溝搜郡)	脩都		F3:111	
(富昌郡)	列人		F3:104	
(文德郡)	文德	清陽里	T23:622	
扶安國	围	李里	F3:57	《地理志》未載;寫作"扶安國围李里",析分如此,待考

附記:本文投稿之後承蒙匿名審稿專家惠賜修改意見,謹致謝忱。

① 姚磊:《〈肩水金關漢簡(伍)〉綴合(三)》,簡帛網,2016年9月5日。

敦煌馬圈灣漢簡釋文訂補(六則)*

東北師範大學文學院　白軍鵬
吉林大學中日聯誼醫院　汪雲龍

内容提要　通過對馬圈灣漢簡中釋文存在問題的六枚簡牘進行重新考釋,可訂正新釋簡 515 中的"瘋"、簡 532 中的"茝"、簡 666 中的"寂"、簡 894 中的"功"、簡 1016 中的"肩"以及簡 1068 中的"眉"。與之相關的一些歷史及文化等問題亦需做進一步的探索。

關鍵詞　馬圈灣漢簡　漢印　日書

馬圈灣漢簡是 1979 年在敦煌小方盤城以西十一公里的馬圈灣所發現的漢代簡牘,據發掘報告可知這批簡牘的數量是 1217 枚,其圖版和釋文曾全部著録於《敦煌漢簡》一書中,[①]釋文則著録在《敦煌漢簡釋文》和《中國簡牘集成》(甘肅卷)中。[②] 最近由張德芳先生所著的《敦煌馬圈灣漢簡集釋》將全部 1217 枚簡牘經過紅外綫掃描後公布了圖版,[③]同時對各簡逐一作了新的釋文和集釋。無論從圖版效果還是從釋文的準確性來看都較之以往的著作有很大的進步。該書的出版在漢簡尤其是敦煌漢簡研究領域是一個具有里程碑意義的大事。不

* 本文的寫作受東北師範大學哲學社會科學後期資助培育項目"散見懸泉漢簡的搜集與分類整理"的支持。

① 甘肅省文物考古研究所:《敦煌漢簡》,北京:中華書局,1990。以下爲稱引方便,以《敦煌》代之。

② 吴礽驤、李永良、馬建華等:《敦煌漢簡釋文》,北京:中華書局,1991;中國簡牘集成編委會:《中國簡牘集成》(甘肅卷),蘭州:甘肅文藝出版社,2003。以下爲稱引方便,以《集成》代之。

③ 張德芳:《敦煌馬圈灣漢簡集釋》,蘭州:甘肅文藝出版社,2013。以下爲稱引方便,以《馬圈灣》代之。

過書中部分簡牘的釋文仍然有可再修補之處。[①] 在對簡文繼續研讀之後,我們又改釋、新釋了一些簡文。今不揣簡陋,撰成此文,懇請方家批評指正。我們先依《馬圈灣》將釋文寫出,再對有問題的釋字進行重新考釋。

一　窳

☐以卿言教之也。盡十月。隨罷,後澤不種。　515

“罷”字《敦煌》《集成》釋文亦同。字作,從字形上看當釋爲“窳”。簡 213 有“窳”字,作。二字顯然爲同字。“窳”爲“懶惰”之意。典籍中“惰窳”常聯語,亦爲懶惰之意。如《齊民要術序》:“蓋以庸人之性,率之則自力,縱之則惰窳耳。”[②]又作“窳惰”,《商君書・墾令》“窳惰之農勉疾,商欲農,則草必墾矣”。[③] 此“隨窳”顯然即“惰窳”。二字上古音近,相通之例很多。敦煌漢簡 213“所受隨窳民不迫”,其“隨窳”與此正同。而“隨窳民”與《商君書》之“窳惰之農”大概是相當的。“後澤不種”一句由“不種”來看顯然與“隨窳”是相應的。“後澤”一義不詳,大概與水田有關。

二　苣

敦煌二年三月玉門轉一兩,已入卌七石。
入
穬麥,小石卌八石七斗五升,少十一石七斗五升。(第一欄)
元始二年正月丁巳,令史豐受就人敦煌安國里芷仲。(第二欄)　532

豐字《敦煌》釋“豐”,《集成》釋“豊”,《馬圈灣》同於《集成》。我們主張釋“豐”,雖然從字形上看,此二字在秦漢時期不易區别,但是當時出土及傳世文獻中多見以“豐”爲名者。

“芷”字以前各家均釋“范”,《馬圈灣》改釋作“芷”,不過并未解釋。其字形爲,與“范”顯然不類,單從字形上看釋“芷”是相合的,漢簡中“正”作本簡“艸”下之形者甚多,如居延漢簡 8.1B 等即是其例。但是秦漢文獻中并無此字,因此,釋“芷”之説值得商榷。

---

① 已經有學者在文章中對《馬圈灣》一書中簡牘的釋文做了一些校訂,如胡平生:《渥洼天馬西北來,漢簡研究新飛躍——讀〈敦煌馬圈灣漢簡集釋〉》,《出土文獻與古文字研究》第 6 輯,上海古籍出版社,2015;秦鳳鶴《敦煌馬圈灣漢簡釋文校訂》,《中國文字研究》第 21 輯,上海書店出版社,2015;白軍鵬:《敦煌漢簡釋文校訂(二十則)》,《中國文字研究》第 22 輯,上海書店出版社,2015。

② 石聲漢:《齊民要術今釋》,北京:科學出版社,1958,8 頁。

③ 高亨:《商君書注譯》,北京:中華書局,1974,21 頁。

今按,字當釋"茝",武威醫簡88甲、乙均有"白四分","白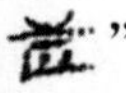"整理者釋爲"白茝",認爲即"白芷",①這是正確的。"白芷"爲中藥中常見的一味,古籍中"芷"與"茝"常通用,《史記·項羽本紀》中秦縣名"芷陽"在《秦始皇本紀》及《吕不韋列傳》作"茝陽"。

秦印有"茝陽少内",其"茝"字作,"茝陽癸"私印,"茝"字作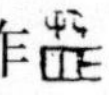。而秦漢隸書中"正"字如居延新簡EPT56.77A作、熹平石經作、校官潘乾碑作等與"臣"較爲接近,居延漢簡456.5A"正月"之"正"作,與"臣"相同,當是在上舉"正"形基礎上導致的訛混。大概正由於"正""臣"字形的接近,所以當時便有將"茝"下的"臣"形寫成"正"的情況。李翊夫人碑"蘭茝亡兮喪芝英","茝"字作,其下從"正"即爲其例。漢印中以"茝"爲姓或以之爲名者均有其例。如漢印"茝喜""侯茝"等。②

三 寂

☑□已免師家□知未就且復□☑ 666

"家"後一字《馬圈灣》未釋,《敦煌》《集成》皆釋"寄"。

今按,此字作,當釋爲宊。《方言》"宊,安静也"。《莊子·大宗師》"其容寂",《經典釋文》謂"寂,本亦作宊,崔本作宗"。③《楚辭·遠游》"野寂漠其無人",洪興祖謂"寂,一作宊"。④《玉篇》亦謂宊爲"宗寞"之"宗"。此字又見於漢碑,如孫根碑中的"闔門守宊",任伯嗣碑中的"官朝宊静"。

四 功

☑出三年必吉□六月卯毋爲土□□二三□三人□ 894

"土"後一字《敦煌》《集成》《馬圈灣》均未釋。今按,字作,當釋"功","土功"在古代典籍中常見。如《尚書·舜典》"惟荒度土功"。而此簡從内容上看當與"日書"有關。睡虎地秦簡《日書甲種》中有《土忌》兩篇,記載了很多"不可興土功"之日:

① 甘肅省博物館、武威縣文化館:《武威漢代醫簡》,北京:文物出版社,1975,17-18頁。
② 可參施謝捷先生《漢印文字校讀札記》(十五則),《中國文字學報》2008年第1期,北京:商務印書館,2008,73頁。
③ 國家圖書館所藏宋刻宋元遞修本及通志堂本皆誤作"寂,本亦作家,崔本作宗"。
④ [宋]洪興祖:《楚辭補注》,北京:中華書局,2002,168頁。

土徹,正月壬,二月癸,三月甲,四月乙,五月戊,六月己,七月丙,八月丁,九月戊,十月庚,十一月辛,十二月乙,不可爲土攻(功)。 104 正壹

正月寅、二月巳、三月申、四月亥、五月卯、六月午、七月酉、八月子、九月辰、十月未、十一月戌、十二月丑,當其地不可起土攻(功)。 131 背

正月亥、二月酉、三月未、四月寅、五月子、六月戌、七月巳、八月卯、九月丑、十月申、十一月午、十二月辰,是胃(謂)土神,毋起土攻(功),凶。 132–133 背

春三月戊辰、己巳,夏三月戊申、己未,秋三月戊戌、己亥,冬三月戊寅、己丑,是胃(謂)地衝,不可爲土攻(功)。 134–135 背

正月申,四月寅,六月巳,十月亥,是胃(謂)地杓,神以毀宫,毋起土攻(功),凶。 138 背

此外,在放馬灘秦簡中亦均有與之相關的對"土功"的禁忌。除去相同或相近的日忌外,我們將不同者録於下:

卯、丑、寅、午、辰、巳、酉、未、申、子、戌、亥,凡是謂地司空,不可操土攻(功),不必死亡。 乙 134

甲、乙、丙、丁、戊、己、庚、辛、任、癸,凡是謂十二毀,不可操土攻(功),木日長子死,土日中子死,水日少子死,百事皆然。 乙 140

在傳世選擇術文獻中,亦有相關記載。《協紀辨方書》有名爲"土符"的神煞,其稱"《總要曆》曰'土符,土神也。其日忌破土,穿井,開渠,築牆'。曆例曰'土符者,正月丑,二月巳,三月酉,四月寅,五月午,六月戌,七月卯,八月未,九月亥,十月辰,十一月申,十二月子。'"[①] 不過每月所忌之日與各簡文所載又不相同。

雖然有如此多的土忌日,但是却没有與本簡相合的"六月卯"。劉增貴先生在《睡虎地秦簡日書〈土忌〉篇數術考釋》一文中對有關土忌的問題做了較爲深入的研究,[②]對睡虎地秦簡138背的釋文,劉先生據"招搖合日"的忌日均爲各季首月,提出六月當爲七月的誤寫。所謂的"招搖合日"簡文作"正月乙卯,四月丙午,七月辛酉,十月壬子,是胃(謂)召(招)榣(搖)合日,不可垣,凶"。劉先生所論當是可信的。這種僅以正、四、七、十爲日忌月或代表月的情况在數術文獻中常見。劉文進一步提出簡138所記當是正月起於申而逐月運行的神煞。他擬測了這種名爲"地杓"的神煞的運行圖。

① [清]允禄等:《欽定協紀辨方書》卷六,文淵閣《四庫全書》本,臺灣商務印書館,2008,第811册,335頁。

② 劉增貴:《睡虎地秦簡日書〈土忌〉篇數術考釋》,中研院歷史語言研究所編著:《中研院歷史語言研究所集刊》第78本,第4分,臺北:中研院歷史語言研究所,2007。

外圈爲地杓，內圈爲月建

圖中“巳”與“寅”的位置與簡文互换,劉氏認爲當是簡文“誤抄顛倒”。從圖中可以看出,顛倒過來之後“地杓”與“月建”之一、七月忌日正相反,而四、十月的忌日相同,顯然更加合理。

如果按照劉氏的擬測,則“地杓”運行到六月則爲卯,也就是“六月卯”不可起土功。二簡所記相合。

值得注意的是放馬灘秦簡中亦有名爲“地杓”之神煞:

> 寅、巳、申、亥、卯、午、酉、子、亥、未、戌、丑,凡是謂地杓,不可垣。穿地井,到膝少子死,到要(腰)中子死,到夜(腋)長子死,到巠(頸)妻死,没人母父死。以它辰垣杓鄉(向),不死大凶;以辰垣它鄉(向),吝〈咎〉。延行以杓辰鄉(向),必死亡。”
>
> 乙 136 壹—乙 137 壹

而放馬灘秦簡中的“地杓”所值之日與睡虎地秦簡截然不同,而與睡虎地秦簡簡 131 背“不可起土功”之日忌相同,并同於放馬灘秦簡之“土禁”值日。孫占宇先生認爲睡虎地秦簡中的“地杓”與放馬灘秦簡中的“地杓”當爲兩個不同的神煞。①

五　肩

> 東郡范第二,絳昌八人。
> 東郡范第三,孫青良☑
> ……
>
> 1016

“良”字作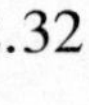,與“良”字形不類。今按,此字當釋爲“肩”。古人有以出生時身體特徵命名的習慣,如周公黑肩、魯成公黑肱、晋成公黑臀等。秦漢時期,這種情況也是較爲常見的。居延漢簡 62.32 有名“青臂”者,《陝西新出土古代璽印》著録一方漢私印,作:

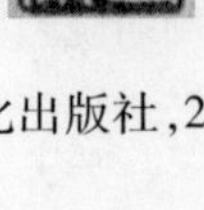

① 孫占宇:《天水放馬灘秦簡集釋》,蘭州:甘肅文化出版社,2013,157 頁。

爲“王青臂印”,[1]此外漢印中還有“田青臂”“蘇青臂”等;[2]而秦、漢印中均有名“青肩”者,[3]這更爲本文釋文提供了直接證據。

《禮記·曲禮》“名子者不以國,不以日月,不以隱疾,不以山川。”[4]不過這種説法也許不甚符合實情,就“不以隱疾”來看,古璽中常有以疾病命名的例子,而“青肩”“青臂”等似乎也是其反證。

六 眉

上黨郡五鳳四年戍卒壺關□　　　　脩成里閻備
庸同縣同里韓眉中□　　　　縣官衣橐　　　　1068

“眉”字作,從字形上看從尸從自,當釋“眉”。《説文》“眉,卧息也”,段玉裁謂“用力者必鼓其息,故引申爲用力之皃。”[5]阜陽漢簡《蒼頡篇》簡26“弘競翦眉”,北大簡《蒼頡篇》簡60亦同。“弘”“競”均有“强”義;而“翦”“眉”則均有勤勉作力之義。《爾雅·釋詁》“翦,勤也”。“眉”引申爲“用力”,朱鳳瀚先生謂“用力於事,亦即勤勞”。[6] 因此名“眉中”當有期其能勤勉之望。漢人以“×中”爲名者較常見,漢印中如“杜利中”“常安中”“臣謹中”等均爲其例。[7]

又,秦、漢印文中均有以“眉”爲名者,如秦印中有名“管眉”者,漢印中有名“陶眉”“吴眉”“張眉”者。陳鴻先生在《出土秦系文獻人名文化研究》中認爲秦印中取“眉”爲名者應與“武”“强”等相似,“當取强有力之義”。[8] 此亦可備一説。

① 伏海翔:《陝西新出土古代璽印》,上海書店出版社,2005,119頁。

② 見羅福頤編《漢印文字徵·四·十二下》,北京:文物出版社,1978。《十鐘山房印舉》卷一四著録有一枚兩面印,印文爲

上印當爲“田賓私印”,漢印及漢代簡牘“賓”字常作此形,下印則爲“田青臂印”。按照這種雙面印的慣例,上印當爲其名,即此人名爲“田賓”,下印爲其字,即“青臂”爲其字,如此,則可知古人不僅以身體特徵爲名,亦有以之爲字者。

③ 許雄志:《秦印文字彙編》,鄭州:河南美術出版社,2001,91頁。

④ 楊天宇:《禮記譯注》,上海古籍出版社,2004,16頁。

⑤ [清]段玉裁:《説文解字注》,上海古籍出版社,1981,400頁。

⑥ 北京大學出土文獻研究所:《北京大學藏西漢竹書》(壹),上海古籍出版社,2015,128頁。

⑦ 伏海翔:《陝西新出土古代璽印》,1433號印;許雄志:《鑒印山房藏古璽印菁華》,鄭州:河南美術出版社,2006,295號印;[清]汪啓淑:《漢銅印叢》,杭州:西泠印社,1998,38頁。

⑧ 陳鴻:《出土秦系文獻人名文化研究》,《福建師範大學學報(哲學社會科學版)》2014年第4期。

西北漢簡中"芀"字釋讀述考*

華東師範大學中國文字研究與應用中心 王錦城 魯普平

内容提要 西北漢簡中有一個字,常釋作"芀"和"艾"等,當改釋爲"芀"。其在簡文中有名詞和動詞兩種用法。作名詞的"芀"當訓解爲《説文》所謂的"葦華",而作動詞用的"芀"則通假爲"鉊",義爲用鐮刀割。

關鍵詞 西北漢簡 芀 芀 艾

肩水金關漢簡中屢見一個整理者釋作"芀"的字,見於以下簡文:

(1) □□八 □□二 茹十斤 馬矢六石
長椎一 □□三 芀一斤 煙造四
☑棓四 □□三 □四斗 沙造二 ☑
連椎四 …… 牛頭石卌 破釜一所
□□□ (73EJT21:182)[①]

(2) □□十四石
☑ 芀七斗 □□十四石☑

* 本文爲2014年國家社科基金一般項目"戰國秦漢簡帛古書通假字聲系及資料庫建設"(14BYY163)、2016年教育部人文社科重点研究基地"十三五"規劃重大項目"先秦古文字材料四種綜合整理與数据庫建設"(16JJD740009)階段性成果。

① 甘肅簡牘保護研究中心、甘肅省文物考古研究所、甘肅省博物館、中國文化遺産研究院古文獻研究室、中國社會科學院簡帛研究中心:《肩水金關漢簡》(壹)-(伍),上海:中西書局,2011-2016。以下所引金關漢簡均據此書。

……　　　　　　　　　　　　　　　　　　　　　　　(73EJT21:250)

(3)艻橐一　布薰三　塢户上下級各一　　　　　　　　　(73EJT37:1549)

(4)艻一斗　☑　　　　　　　　　　　　　　　　　　(73EJD:370)

(5)艻、馬矢橐幣,負二筭　　　　　　　　　　　　　　(72EJC:119)

(6)水深一尺以上至二尺,不可艻葦,方日夜　☑　　　　　(73EJT37:87)

(7)☑十二月省卒艻葦☑　　　　　　　　　　　　　　　(73EJF3:565)

從簡文來看,該“艻”字可有兩種用法,一爲名詞,一爲動詞。其中簡(1)到(5)作名詞用,常出現於守禦器簿中,應該是一種守禦器具;簡(6)(7)作動詞用,大概是砍伐,割取的意思。

實際上,這個字在居延漢簡中已經較常出現,但是有多種釋法,我們暫時將其統一作“艻”,見於以下簡文:

(8)▩艻一斗。　　　　　　　　　　　　　　　　　　(EPS4T2.45)[①]

(9)艻、馬矢橐各一,毋　　　　　　　　　　　　　　　(506.1)[②]

(10)☑　一人□慈其七束,

☑　廿人艻慈其百　　束,率人八束。　　　　　　　　　(33.24)

(11)官易檄有書。檄到,遣卒艻葦,輒莫還持狀詣官易

(173.17+101.30+260.3)

(12)☑□卒艻胡麻☑　☑□視老母書☑　　　　　　　　　(123.63)

(13)其一人養。

定作八人,艻茭五百☑　　　　　　　　　　　　　　　(403.16)

簡(8)見於居延新簡,爲簽牌,當繫於裝“艻”的囊橐之上,上書所裝“艻”的數量。可知該字在居延漢簡中的用法和上述金關漢簡完全相同,也有兩種用法,其中簡(8)(9)作名詞用,簡(10)至(13)作動詞用。但是居延漢簡中,關於這個“艻”字,除釋作“艻”之外,還有“刈”“艾”“芀”等多種釋法。

釋作“艻”的作法較爲普遍,如見於居延漢簡的簡(9)至(13)《居延漢簡甲乙編》(下稱《甲乙編》)統一釋作“艻”;[③]簡(9)和簡(13)《居延漢簡釋文合校》(下稱《合校》)釋作

① 此種格式簡號的簡文屬居延新簡,引自張德芳主編《居延新簡集釋》,蘭州:甘肅文化出版社,2017。以下所引居延新簡均據此本。

② 此種格式簡號的簡文屬居延漢簡,凡見於新出紅外綫圖像版《居延漢簡》者,以新出紅外綫版爲準,參見簡牘整理小組《居延漢簡》(壹)-(叁),中研院歷史語言研究所專刊之一〇九,2014-2016;尚未見於新出本者,則據謝桂華、李均明、朱國炤《居延漢簡釋文合校》,北京:文物出版社,1987。以下所引居延漢簡均同。

③ 中國社會科學院考古研究所:《居延漢簡甲乙編》下册,北京:中華書局,1980,259、21、71、86、235頁。

“芀”;[①]簡(9)(10)(13)《中國簡牘集成》(下稱《集成》)也均釋作“芀”。[②]

釋作“刈”的主要是勞榦先生,如簡(10)(12)勞榦1960年《居延漢簡·考釋之部》均釋作“刈”,[③]簡(9)《居延漢簡·考釋之部》的釋文部分釋作“芀”,但在考證部分又釋作“刈”。[④]

裘錫圭先生把簡(9)至(13)中的“芀”均釋作了“芀”,但却認爲勞榦考證部分將簡(9)中的“芀”釋作“刈”是正確的,裘先生曾指出:

> 勞氏《考證》把506.1的“芀”字釋作“刈”(47頁),是正確的。“刈”的意思是用刀割草。“芀”字从“艸”从“刀”,正可會割草之意。“刈”字古本作“艾”。《詩·周頌·臣工》“奄觀銍艾”,《釋文》:“艾音刈。”《詩·周南·葛覃》“是刈是濩”,《釋文》“刈”作“艾”(這個“艾”跟當草名講的“艾”衹是偶然同形)。“芀”可以看作“艾”的變體。[⑤]

可知裘先生雖然根據字形將其釋作“芀”,但却認爲是“艾”的變體,爲刈割之義。關於動詞用法的簡(10)至(13),裘先生認爲把這些“芀”釋作“刈”,文義都很通順。而名詞用法的簡(9)中的“刈橐”,裘先生認爲當是刈草所用之橐,與刈橐并提的馬矢橐是揀馬糞用的。

這種看法影響較大。上述簡(13)《集成》雖然釋作“芀”,但却注釋謂:“芀,艾,通乂、刈,割也。他簡作伐茭。”[⑥]其後簡(10)的“芀”,《合校》釋作“艾”,[⑦]簡(11)和(12)的“芀”,《合校》和《集成》也均釋作“艾”。[⑧] 而最新整理出版的《居延漢簡》將已經發表的簡(10)(11)(12)中的“芀”也均釋作了“艾”。[⑨]

此外,釋“芀”的還有陳直先生。簡(11)的“芀”,《居延漢簡甲編》誤作“前”,陳直校釋爲“芀”,認爲是“鋤”字省文。[⑩] 其後陳直又於簡(10)的“芀”字下注釋謂:“廿人芀茭,當即廿人鋤茭之簡寫……鋤字簡寫作莇,本簡又將莇字簡寫作芀……《説文》有芀字,與扐字義相

① 謝桂華、李均明、朱國炤:《居延漢簡釋文合校》,北京:文物出版社,1987,607、553頁。

② 中國簡牘集成編輯委員會:《中國簡牘集成》,蘭州:敦煌文藝出版社,2001,第8册,131頁;第5册,87頁;第8册,25頁。

③ 參看謝桂華、李均明、朱國炤《居延漢簡釋文合校》,52、203頁。

④ 勞榦:《居延漢簡·考釋之部·居延漢簡釋文》,中研院史語所專刊之四〇,1960,33頁;勞榦:《居延漢簡·考釋之部·居延漢簡考證》,中研院史語所專刊之四〇,1960,47頁。

⑤ 裘錫圭:《漢簡零拾》,《文史》第12輯,北京:中華書局,1981,28頁。

⑥ 中國簡牘集成編輯委員會:《中國簡牘集成》,第8册,25頁。

⑦ 謝桂華、李均明、朱國炤:《居延漢簡釋文合校》,52頁。

⑧ 謝桂華、李均明、朱國炤:《居延漢簡釋文合校》,169、203頁。中國簡牘集成編輯委員會:《中國簡牘集成》,第5册,277頁;第6册,45頁。

⑨ 簡牘整理小組編:《居延漢簡(壹)》,“中研院”史語所專刊之一〇九,2014,103頁;簡牘整理小組編:《居延漢簡(貳)》,中研院史語所專刊之一〇九,2015,3、52頁。

⑩ 陳直:《“居延漢簡甲編”釋文校正(續)》,《考古》1960年第10期。

近，與本簡字義不合。”[1]可知陳直雖然釋作“艻”，但却認爲是“鋤”字省文。

而初師賓先生則根據該字的名詞用法和動詞用法的不同，將其分别釋作“艻”和“艻”。初師賓將屬於守禦器簿的簡(3)(9)中作名詞用的“艻”釋作“艻”，據《説文》認爲艻實指葦蒲類植物多毛刺之花實，順風揚撒，亦可眯刺敵人睛目，作用略同於糠秕灰末。而艻橐乃指儲備葦蒲艻絮的囊袋。對於簡(8)簽牌中的“艻”，初先生認爲字雖作“艻”，但應釋“艻”，釋艻或刈則文義不通，亦與守禦器的楬簽制度不合。

對於動詞用法的簡(10)(11)(13)，初先生認爲作“艻”，同扐、音勒，爲動詞。艻爲以手采集、束縛。艻字不當釋刈字，二者之間頗有區别。[2]

此外，薛英群先生亦將簡(3)(9)中的“艻”釋作“艻”，且據《説文》“艻，葦華也”的説法，認爲艻橐是盛葦華的袋子，其用途也應是防守時擲出，以眯敵目。[3]

從以上討論可以看出，關於所謂“艻”字的釋法，主要有“艻”“艾”“艻”三種。“艻”當是據字形作出，“艾”則主要據文義作出。而關於其訓解，則或雖釋作“艻”，却有“刈割”“葦華”等解釋；或雖釋作“艻”，却有“鋤”“采集”“刈割”等解釋，并無明晰統一的認識。

就目前來看，學者主要接受的是“艻”和“艾”的釋法。如《居延舊簡文字編》將簡(9)(11)(12)中的“艻”字收入“艾”字頭下，[4]而《漢代簡牘草字彙編》則收入“艻”字頭下。[5] 可知此字的釋讀十分複雜，需要結合全部字形和辭例來加以考察方能得出可靠的結論。

關於上引前12條簡文中所謂“艻”的字形，我們按引録順序列表對比如下：

西北漢簡所謂“艻”字字形表

簡號	73EJT21:182	73EJT21:250	73EJT37:1549	73EJD:370	72EJC:119	73EJF3:565
字形						
簡號	73EJT37:87	EPS4T2.45	506.1	33.24	173.17+101.30+260.3	123.63
字形						

從字形來看，所有這些字均爲同一字似無疑問。除了簡73EJT37:87和簡173.17+101.30

① 該段話中的“艻”，是“艻”字的誤寫，并非釋作“艻”。“恷”字爲“慈”的誤釋。參看陳直《居延漢簡研究》，北京：中華書局，2009，307-308頁。

② 初師賓：《漢邊塞守禦器備考略》，甘肅省文物工作隊、甘肅省博物館編《漢簡研究文集》，蘭州：甘肅人民出版社，1984，183-184頁。

③ 薛英群：《居延漢簡通論》，蘭州：甘肅教育出版社，1991，401頁。

④ 李瑶：《居延舊簡文字編》，吉林大學博士學位論文，2014，37頁。

⑤ 李洪財：《漢簡草字整理與研究·漢代簡牘草字彙編》，吉林大學博士學位論文，2014，20頁。

+260.3 中寫作從艸從刀以外,其他各字確實寫得像是從艸從力。這應該是上述各家將其釋"艻"的原因所在。不過從文義來看,釋"艻"在上引簡文中似乎并不能講通。

"艻"字辭書解釋爲"蘿艻"。如《玉篇・艸部》:"艻,蘿艻,香菜,亦云胡荽屬。"[①]《廣韻・德韻》:"艻,蘿艻,香草。"[②]可知其是一種香草的名稱,蘿艻即羅勒。"羅勒"《漢語大詞典》謂:"一年生草本植物。葉卵圓形,略帶紫色。花白色或淡紫色。莖與葉皆有香氣,可做香料及入藥。"[③]

羅勒典籍可見,《齊民要術・種蘭香》:"蘭香者,羅勒也。中國爲石勒諱,故改。今人因以名焉。且蘭香之目,美於羅勒之名,故即而用之。"[④]《太平御覽》引《鄴中記》曰:"虎諱勒,呼馬勒曰轡,羅勒曰香菜。"[⑤]可知其又名蘭香等,爲香菜名,可作香料及藥物使用。

由此以一種香菜作爲西北邊塞守禦器具,似乎不大可能,且"艻"没有動詞用法,因此上引簡文中所謂"艻"字的釋讀在文義上并無可通之處。

而且從字形來看,認爲所謂"艻"下部從"力"也是有問題的。實際上"刀"字在漢簡中常常寫成"力"形,如尹湾汉简"初"字,可作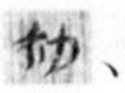、等形,又敦煌漢簡中"券"字,作形,均可以爲證。[⑥]

因此上述裘先生等將該字釋作"芀",從字形來講應該是正確的。其中簡(12)《裘錫圭學術文集》所加編按曰:"此簡即《甲乙編》乙圖版玖伍 123.63 號簡的上端,'芀'所从之'刀'原寫作'力',乃是訛體。"[⑦]此意見無疑非常正確。可知該字下部實不從"力",而是從"刀"。因此無論從字形還是文義來講,該字肯定不能釋作"艻",而應當釋作"芀"。

基於以上的討論,我們認爲上引簡文中的所謂"艻"字當釋作"芀"。至於説其是"艾"字變體,我們認爲恐怕也不妥當。既然明顯是從"艸"從"刀",可釋作"芀",則不大可能是"艾"字變體。

且從文義來講,如果考慮到該字的名詞用法,則釋"艾",認爲是"刈",即割草的意思的話,也并不可通。裘先生認爲"芀橐"即刈橐,當是刈草所用之橐,與刈橐并提的馬矢橐是揀馬糞用的。馬矢橐自然是裝馬糞的橐,則芀橐應該是裝"芀"這種東西的橐,而不是"芀"這個動作所用的橐。刈草和馬糞并不屬同一层面的東西。

西北漢簡常見有"葦橐"(73EJT10:26)、"藥橐"(73EJT25:93)、"衣橐"(34.15A)、"布

① [梁]顧野王:《大廣益會玉篇》,張氏澤存堂本,北京:中華書局,1987,66 頁。
② [宋]陳彭年:《宋本廣韻》,張氏澤存堂本,北京市中國書店,1982,509 頁。
③ 羅竹鳳主編:《漢語大詞典》第 8 卷,上海:漢語大詞典出版社,1991,1050 頁。
④ [北魏]賈思勰:《齊民要術》,北京:中華書局,1956,40 頁。
⑤ [宋]李昉等:《太平御覽》卷三五八,上海涵芬樓影印宋本,北京:中華書局,1960,1647 頁。
⑥ 李洪財:《漢簡草字整理與研究・漢代簡牘草字彙編》,182、186 頁。
⑦ 裘錫圭:《裘錫圭學術文集》第 2 卷,上海:復旦大學出版社,2015,86 頁。

橐"(217.30)等説法,橐前均爲表示所裝東西的名詞,并未見有"刈橐"這種説法。此外,"芀"還出現於守禦器簿和簽牌中,後接數量詞,有"芀一斤""芀一斗"這樣的説法,則無論如何也不能説是"刈一斤""刈一斗"。

因此我們認爲"芀"也非"艾"的變體,雖然其有"刈"的意思,但是并不能釋作"艾"。總之,"芀"字釋"芀"和"刈""艾"均不確,其爲"芀"字無疑。至於其含義,可以根據其在簡文中的兩種用法分别加以討論。

首先關於其名詞的用法。《説文》:"芀,葦華也。从艸,刀聲。"①《玉篇·艸部》:"芀,葦花也。"②《爾雅·釋草》:"葦醜,芀。"郭璞注:"其類皆有芀秀。"邢昺疏:"葦即蘆之成者。其類皆有芀秀也。"③陸德明《釋文》:"芀,字或作苕。"④可知"芀"本義爲蘆葦的花,也可以寫作"苕"。《荀子·勸學》:"以羽爲巢而編之以髮,繫之葦苕,風至苕折,卵破子死。"楊倞注:"苕,葦之秀也。"⑤不過該解釋爲蘆葦花的"苕"字,朱駿聲《説文通訓定聲》則認爲是假借爲"芀"。⑥

"芀"本義爲蘆葦的花,這在上引"芀"字作名詞用的簡文中於文義非常貼切。則上述初師賓和薛英群將"芀"的名詞用法從《説文》解釋爲蘆葦等的花穗,防守時撒出去,用以眯敵眼睛,應該是正確的。西北漢簡常見和"葦"有關的勞作,如"伐葦"(317.31)、"積葦"(133.21)、"載新葦"(73EJT23:979)等,可知西北邊塞蘆葦數量十分豐富,則收集蘆葦的花穗"芀"用作守禦器備,是非常符合常理的。

其次關於"芀"的動詞用法。上引簡文中可見有"芀葦""芀慈其""芀胡麻""芀茭"等。"慈其"有學者認爲是芨芨草。⑦"胡麻"在西北指稱油用亞麻,是一種油料作物。可知"芀"的物種多樣,其明顯有"刈"的意思也是毫無疑問的。

前面我們提到有關"芀"的字形中,簡73EJT37:87中"芀"下部明顯寫成了"刀"字。該簡原整理者釋作"芀",尉侯凱先生認爲其下部從刀,當釋爲"芀"。"芀"即"苕"字,讀爲"銚",《吕氏春秋·簡選》:"可以勝人之長銚利兵。"高誘注:"銚,讀曰葦苕之苕。"銚有砍削之意。并指出簡文"水深一尺以上,至二尺,不可芀葦",意謂水深一尺至二尺,便不可以砍伐蘆葦。⑧ 尉先生將簡73EJT37:87中的"芀"改釋"芀",無疑正確可從,其"芀"讀爲"銚"的意

① [漢]許慎:《説文解字》,陳昌治刻本,北京:中華書局,1963,20頁。

② [梁]顧野王:《大廣益會玉篇》,66頁。

③ [晋]郭璞注,[宋]邢昺疏:《爾雅注疏》卷八,[清]阮元校刻《十三經注疏》,北京:中華書局,1980,2630頁。

④ [唐]陸德明:《經典釋文》卷三〇,北京:中華書局,1983,428頁。

⑤ [清]王先謙:《荀子集解》,北京:中華書局,1988,5頁。

⑥ [清]朱駿聲:《説文通訓定聲》,北京:中華書局,1984,326頁。

⑦ 中國簡牘集成編輯委員會:《中國簡牘集成》,第10册,110頁;袁瑩:《"芮薪"考辨》,《考古與文物》2010年第1期;張麗萍、張顯成:《釋"慈其"及相關稱謂》,《敦煌研究》2016年第4期。

⑧ 尉侯凱:《讀〈肩水金關漢簡〉零札七則》,《西華大學學報》2017年第1期。

見亦值得注意。

需要指出的是,上述《吕氏春秋·簡選》之“長銚”,高誘注謂:“長銚,長矛也。”[①]這個意義上的“銚”讀曰葦苕之苕,《集韻》作田聊切。但是尉侯凱先生所謂有砍削之意的“銚”《集韻》作千遙切,和“苕”的讀音并不相同。且讀千遙切的“銚”字是否有砍削義,還是個疑問。讀千遙切的“銚”可能還是指“刈物之器”。

《詩·周頌·臣工》“庤我錢鎛,奄觀銍艾。”毛亨傳:“錢,銚。”孔穎達疏:“《説文》云:‘錢,銚,古田器。’《世本》云:‘垂作銚。’宋仲子注云:‘銚,刈也。’然則銚,刈物之器也。”[②]

尉侯凱先生所引爲宋仲子注“銚,刈也”,但是孔穎達認爲“銚”還是刈物之器。另外《莊子·外物》:“銚鎒於是乎始修。”成玄英疏:“銚,耜之類也。”陸德明《釋文》:“銚,削也,能有所穿削也。”[③]亦不能説明“銚”確有砍削義。

我們認爲作動詞用的“芀”當通假爲“鉊”。前述“芀”可以寫作或通假爲“苕”,而“苕”和“鉊”同爲“召”聲,音理上自可相通。《説文》:“鉊,大鐵也。从金,召聲。鎌謂之鉊,張徹説。”[④]王筠認爲“大鐵”的説法不可通,《説文解字句讀》曰:“此固不可通,然小徐本及汲古本作大鎌也,則與張徹説複,姑仍之。《釋名》:‘銍,穫禾鐵也。’則銍亦謂之銕。今鉊、銍二篆相次,或鉊爲銍之别名乎,然銍仍是鎌也。”[⑤]

可知“鉊”主要指鐮刀。又如徐鍇《説文解字繫傳》:“鉊,大鎌也。从金召聲,鎌或謂之鉊,張徹説。”[⑥]《方言》:“刈鉤,江淮陳楚之間謂之鉊、或謂之鐹,自關而西或謂之鉤、或謂之鎌、或謂之鍥。”[⑦]《管子·輕重己》:“耟耒耨懷鉊鉊,又櫑權渠緤緤,所以御春夏之事也必具。”劉績注:“鉊,鎌也。”[⑧]

其後“鉊”當由“鐮刀”義引申出了用鐮刀割的意思,《篆隸萬象名義》:“鉊,刈。”[⑨]前面王筠説“或鉊爲銍之别名”,“銍”義爲鐮刀,《説文》:“銍,穫禾短鎌也。”[⑩]此外,“銍”也有用鐮刀割的意思。如《小爾雅·廣物》:“截穎謂之銍。”[⑪]《玉篇·金部》:“銍,刈也。”[⑫]《廣韻·質

① 許維遹:《吕氏春秋集釋》,北京:中華書局,2009,183 頁。
② [漢]毛亨傳,[漢]鄭玄箋,[唐]孔穎達疏:《毛詩注疏》卷一九,[清]阮元校刻《十三經注疏》,591 頁。
③ [清]郭慶藩:《莊子集釋》,北京:中華書局,1961,943 頁。
④ [漢]許慎:《説文解字》,296 頁。
⑤ [清]王筠:《説文解字句讀》,北京:中華書局,1988,566 頁。
⑥ [清]徐鍇:《説文解字繫傳》,北京:中華書局,1987,269 頁。
⑦ [清]戴震:《方言疏證》,北京:中華書局,1985,111 頁。
⑧ 馬非百:《管子輕重篇新詮》,北京:中華書局,1979,730 頁。
⑨ [日]釋空海:《篆隸萬象名義》,日本《崇文叢書》本,北京:中華書局,1995,173 頁。
⑩ [漢]許慎:《説文解字》,296 頁。
⑪ [清]葛其仁:《小爾雅疏證》卷四,北京:中華書局,1985,77 頁。
⑫ [梁]顧野王:《大廣益會玉篇》,83 頁。

韻》:“銍,刈也。”[①]《詩·周頌·臣工》“命我衆人,庤我錢鎛,奄觀銍艾。”毛傳:“銍,穫也。”[②]

“銍”有鐮刀和用鐮刀割的意思,這和“鉊”的情况相同,亦可佐證“鉊”有用鐮刀割的意思。“艻”讀作“鉊”,義爲用鐮刀割取,則於上述簡文中作動詞用的“艻”來講文義十分通順。

綜上所述,我們認爲西北漢簡中常釋作“艻”和“艾”的字當改釋作“艻”,其在簡文中有名詞和動詞兩種用法。作名詞的“艻”當訓解爲《説文》所謂的“葦華”,而作動詞用的“艻”則通假爲“鉊”,義爲用鐮刀割。

附記:本文脱稿待刊期間,見到尉侯凱先生《居延漢簡中的“芀”和“芀橐”》一文,亦涉及居延漢簡中“艻”字的釋讀問題。本文與尉先生文章有些觀點相同,也有許多觀點不同。爲便交流,本文悉存原貌,對尉先生文章亦未稱引。尉先生文章發表在《中國農史》2017年第4期,請參看。

① [宋]陳彭年:《宋本廣韻》,450頁。

② [漢]毛亨傳,[漢]鄭玄箋,[唐]孔穎達疏:《毛詩注疏》卷一九,[清]阮元校刻《十三經注疏》,591頁。

符水療疾

——漢代醫療信仰的一個側面

北京師范大學歷史學院　汪桂海

内容提要　符水療疾是秦漢之際出現的一種治療疾病的巫術,施行巫術者將書寫在竹木簡牘或縑帛上的道符焚燒成灰燼,加水攪拌,讓患疾病者飲用,認爲進入體内的道符會發揮神秘的作用,將疾病之鬼驅走。符水療疾的信仰習俗在後來越演越烈,東漢末年,民衆信奉者趨之若鶩,成爲早期道教發展信徒的重要手段,并且在中國古代民間信仰中長期占據一席之地。

關鍵詞　道符　疾病　醫療　巫術　道教　民間信仰

漢代是一個巫鬼信仰盛行的時代,受到社會經濟和醫學發展水準的客觀限制,人們對疾病的成因還不可能有十分科學而清晰的認識,對一些疾病的解釋依然在相當程度上沿襲着先秦以來的的神秘觀念,相信疾病與鬼怪、邪魅、惡氣等有關。[①] 東漢王充《論衡·辨祟篇》説:"世俗信禍祟,以爲人之疾病死亡,及更患被罪,戮辱歡笑,皆有所犯。起功、移徙、祭祀、喪葬、行作、入官、嫁娶,不擇吉日,不避歲月,觸鬼逢神,忌時相害。故發病生禍,絓法入罪,至於死亡,殫家滅門,皆不重慎,犯觸忌諱之所致也。"又説:"人之疾病,稀有不由風濕與飲食者。當風卧濕,握錢問祟;飽飯饜食,齋精解禍,而病不治,謂祟不得;命自絶,謂筮不審,俗人之知也。"[②]批評當時愚昧的社會風氣,指出患病之後不求醫而欲求諸卜筮,是淺學無知的表

① 《左傳》昭公元年秦醫緩爲晋侯診病,説晋侯的病症是"近女室,疾如蠱。非鬼非食,惑以喪志。"孔穎達疏曰:"病,有鬼爲之者。"[清]阮元校刻:《十三經注疏》,北京:中華書局,1980,2024 頁。

② 黄暉:《論衡校釋》卷二四《辨祟》,北京:中華書局,1990,1008、1010-1011 頁。

現。王充的批評反映的祇是少數知識人士已經開始在一定程度上具備了科學觀念,而廣大的民衆囿於知識獲取的不足,特别是醫療條件的不足,面對疾病的痛苦之時,仍然傾向於采用巫術驅除疫鬼邪魅。在漢代驅鬼治療疾病的諸多手段中,有一樣東西特别值得注意,即道符。道符是民間信仰中施行法術時經常使用的一種驅使鬼神的圖形或符號,是驅鬼治鬼的衆多手段之一,是驅鬼治鬼的武器、工具、咒語等具體實物符號化、簡單化的産物。

道符在漢代以前很少見到,目前祇在睡虎地秦簡《日書乙種》中偶爾提到過一次:

> [出]邦門,可▨
> 行▨
> 禹符,左行,置,右環(還),曰□□
> □□右環(還),曰:"行邦▨
> 令行。"投符地,禹步三,曰:皋,
> 敢告▨符,上車毋顧,上▨　　　　(簡102三-106三,107貳)①

這是一個出邦國城門時施行的巫術,作法術者手執一件禹符,向左走幾步,把禹符放下,又向右轉身走幾步,念幾句咒語,然後再向右轉身走幾步,并撿起放置的禹符,再念咒語,同時將禹符投擲在地上,走禹步三次,第三次念咒語。最後大概應是撿起禹符,手持禹符上車直行,不回頭。經過這樣一種儀式,秦人認爲在禹符的護佑之下此次出行應該一路順風了。這是目前發現的巫術用符的最早記載,饒宗頤先生據此認爲:"施用符亦出於秦以前之巫術,不始於道教徒矣。"②

巫術中的符是如何出現的?不得而知。有的學者説,巫術中使用的符,最初應該模仿自現實政治軍事中的發兵符、通關符等。③ 這個推測有其合理性。衆所周知,地下出土的不少告地書、解除文之類的冥間文書,即模仿了現實政治生活中的文書形式。巫術中的符似乎也不應例外。漢代的符種類不一,有用於發兵的虎符、征調其他人員或物資使用的竹使符、通關用的符、進出某些戒備區域(如宫禁等)使用的符等。符大都分兩半,手持符者祇要與查驗人員手中的符相合,即可以令行事。符主要通過特定的形制和書寫於其上的文字來表達所代表的權威。《釋名·釋書契》:"符,付也。書所敕命於上,付使傳行也。亦言赴也,執以赴君命也。"④這是代表王命之符。至於西北漢簡中所見到的通關之符則代表所屬區域最高長

① 睡虎地秦墓竹簡整理小組編:《睡虎地秦墓竹簡》,北京:文物出版社,1990,240頁。

② 饒宗頤:《雲夢睡虎地秦簡日書研究》,饒宗頤、曾憲通:《雲夢秦簡日書研究》,香港中文大學出版社,1982,22頁;又饒宗頤、曾憲通《楚地出土文獻三種研究》,北京:中華書局,1993,419頁。

③ 胡新生:《中國古代巫術》,濟南:山東人民出版社,1998,57頁。

④ [東漢]劉熙撰,[清]畢沅疏證,[清]王先謙補,祝敏徹、孫玉文點校:《釋名疏證補》,北京:中華書局,2008,204-205頁。

官的命令。早期的道符尚未見到實物,秦簡《日書》提到的禹符是什麽樣子,也不是很清楚,不過,從後來的道符觀察,早期道符雖然有可能仿照王命之符,但更多的是借用了現實生活中符的强大權威的特點,以神靈譜系中處於頂端的某位高等級神靈(比如禹)的名義下達命令文書。比如漢代驅鬼避邪時通常使用類似"天帝使者""黄神越章"之類的印章加以封印。[①] 至於形制,道符似乎没有模仿虎符、通關符的樣子分爲左右兩半。

云夢秦簡《日書》裏的禹符假借禹的名義來控制或驅逐某些鬼魅,從而保障出行的平安。巫師既然能够用符驅逐此類鬼,也應該可以用符驅逐其他鬼,包括導致疾病之鬼。因此,療疾之符的出現應該與《日書》禹符不會相距很久遠。目前見到的最早的用於疾病治療之符,見於馬王堆漢墓帛書《五十二病方》,其中的"蠱"條曰:

> 蠱:
>
> 人蠱而病者:燔北鄉(向)并符,而烝(蒸)羊尼(眉),以下湯敦(淳)符灰,即□□病者,沐浴爲蠱者。[②]

該病方中的蠱是指男子少腹熱痛,小便白濁。後世又泛指由蠱毒結聚,肝脾受傷,絡脈瘀塞所致的鼓脹等病症,如蠱鼓、蠱脹、蠱毒等,症狀複雜,變化不一。[③] "北鄉(向)并符",有學者説是指朝北方向懸掛的桃符。[④] 此符是否桃符,尚難確定,特别是"并"字應該作何解釋,還有待進一步研究。但此病方中的符作爲一種用來驅逐致病鬼邪的道符,應該是可以確定的。

羊尼(眉),即羊臀部的肉。淳,沃也。《説文》:"淳,渌也。"徐灝注箋:"《考工記·鍾氏》:'染羽……淳而漬之。'鄭注:'淳,沃也。'又《㡛氏》:'湅帛,以欄爲灰,渥淳其帛……清其灰而盝之,而揮之;而沃之,而盝之;而塗之,而宿之。明日沃而盝之。'是沃與盝异。渌謂漬諸水中,沃則以水澆之。許訓淳爲渌,即所謂淳而漬之也。"[⑤]"以下湯敦(淳)符灰",即以羊肉湯澆在符灰上,讓符灰浸在湯水中。

該帛書病方的大意是,焚燒北向懸掛的道符,用蒸煮羊臀部的肉煮出的湯水澆灌、浸泡燃燒道符之後留下的灰燼,取這種符水讓患者服用,并用這種符水爲患者沐浴。這個藥方中,符作爲一種特别的驅鬼武器,開始登上治療疾病的舞臺。帛書《五十二病方》抄寫年代不

① 吴榮曾師《鎮墓文所見到的東漢道巫關係》指出:"當時在劾鬼文中總是以天帝使者、天帝神師、黄神的名義,去對妖鬼進行誅罰。所以在簡牘背面須用泥封之,并加蓋上相應的如'天帝使者'之類的印。"收入其著《先秦兩漢史研究》,北京:中華書局,1994,372頁。

② 裘錫圭主編:《長沙馬王堆漢墓簡帛集成(伍)》,北京:中華書局,2014,295頁。

③ 魏啓鵬、胡翔驊:《馬王堆漢墓醫書校釋(壹)》,成都出版社,1992,156頁注①。

④ 周一謀、蕭佐桃主編:《馬王堆醫書考注》,天津科學技術出版社,1988,220頁。

⑤ [清]徐灝:《説文解字注箋》卷一一上二,《續修四庫全書》本,第226册,上海古籍出版社,2002,450頁。

晚於秦漢之際，就醫方内容本身來説，出現年代應在《黄帝内經》纂成之前。[①] 説明古人以符水的手段療疾不應遲於此時。[②] 這與云夢秦簡《日書》中禹符的時代比較接近。

云夢秦簡《日書》禹符是何種式樣？因無實物佐證，難以臆測。不過，既名曰禹符，其上必然有表示禹的權威的文字或符號，後世道符上的那種神秘的圖形符號有可能在此時已經有了雛形。考古出土的漢代道符已經有很多例，[③]從這些道符材料看，後世形態的道符在漢代已經形成。這個時期的道符基本上以日月星辰和鬼、屍等字爲主，[④]主要是利用北斗、天帝、黄神等在漢代人心中極具威力的神靈來控制各種給人帶來疾病等厄運的鬼魅。下面列舉其中的幾個，以爲説明：

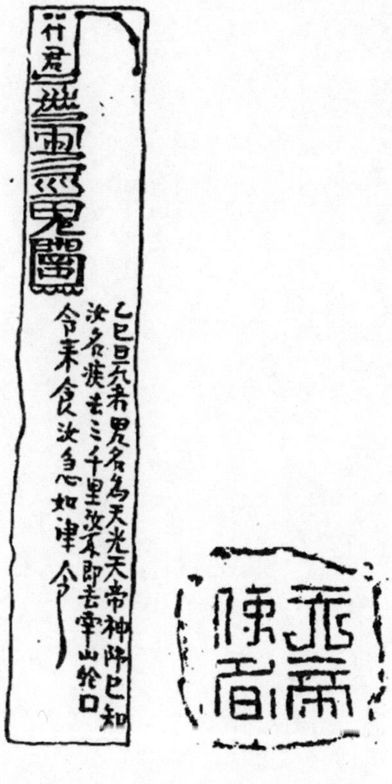

江蘇高郵邵家溝出土的符咒木牘和封泥(摹寫圖)

① 馬繼興、李學勤:《我國現已發現的最古醫方——帛書〈五十二病方〉》，馬王堆漢墓帛書整理小組編《馬王堆漢墓帛書》，北京:文物出版社，1979，179頁。

② 王育成:《略論考古發現的早期道符》，《考古》1998年第1期。

③ 吴榮曾師彙集當時能見到的六例出土道符資料，認爲“符的出現最遲不能晚於順帝陽嘉元年(133)。”見《鎮墓文所見到的東漢道巫關係》，收入其著《先秦兩漢史研究》，373-374頁。據王育成較爲新近的統計，目前至少有10件。見王育成《南李王陶瓶朱書與相關宗教文化問題研究》，《考古與文物》1996年第2期。另參王育成《東漢道符釋例》，《考古學報》1991年第1期；王育成《略論考古發現的早期道符》，《考古》1998年第1期；王育成《考古所見道教簡牘考述》，《考古學報》2003年第4期。

④ 吴榮曾:《鎮墓文所見到的東漢道巫關係》，收入其著《先秦兩漢史研究》，374頁。王育成:《東漢道符釋例》。

1960年江蘇高郵邵家溝東漢末年的一個遺址内出土了一枚劾鬼木牘,[①]上面畫了一個北斗七星的圖形,斗勺内書寫"北斗君"三字,[②]其下是變形的五個字,似爲"天帝煞鬼圖",説明了該圖形的含義。這兩部分構成了一組圖形。再下則爲文書形式的一段文字,内容是以命令惡鬼天光遠遠地離開此處,天帝神已經知道它的名字,再不走,天地神來了就會吃掉它,末尾是"急急如律令"。同時出土的還有一枚"天帝使者"封泥,説明文書命令的發布者巫師是以"天帝使者"的身份來舉行驅鬼儀式,傳達天帝的指令(見上圖)。王育成先生認爲此"天帝使者"封泥是用來封緘同出的朱書符咒木簡的,并引兩條資料爲證,一是陝西户縣漢墓出土朱書陶瓶上的陽嘉二年(133)解除文:

陽嘉二年八月
己巳朔六日甲戌,徐。
天帝使者,謹爲
曹伯魯之家移
央(殃)去咎,遠之千里。
咎□大桃,不得留。
□□至之鬼所,徐
□□。生人得九,死人
得五,生死异路,相
去萬里。從今以長
保孫子,壽如金
石,終無凶。何以爲信?
神莽厭(壓)壙,封黄
神地(越)章之印。如律
令![③]

該解除文中明確説要"封黄神越章之印"。

二是道書《太上三五正一盟威籙》卷三説:"上皇諸君符,朱書桃剌一尺六寸,剌頭當中封天帝使者。"又説:"夫欲召萬物神符,丹書桃剌長一尺六寸,封以天帝使者印。約以左索召

① 江蘇省文物管理委員會:《江蘇高郵邵家溝漢代遺址的清理》,《考古》1960年第10期。

② "北斗君"三字原誤釋作"符君",陸錫興、劉樂賢等學者皆認爲應讀作"北斗君",詳參陸錫興《"黄君法行"朱字刻銘磚的探索》,《考古》2002年第4期;劉樂賢《簡帛數術文獻探論》(增訂版),北京:中國人民大學出版社,2012,202–203頁。

③ 禚振西:《陝西户縣的兩座漢墓》,《考古與文物》1980年第1期。

鬼,其神立至。佩帶符,百鬼皆畏。”①因此,邵家溝出土“天帝使者”封泥原本也是用來封緘同出的符咒木牘。② 此説很正確。封泥上的印文反映的是天帝之類神靈的權威性,類似真實的官府文書上的皇帝璽印或官府印信,有了它,才能證明文書的可靠和權威。巫術中的此類文書基本仿照真實的官府文書而來,因此,需要有一枚能够證明最高天神的印信。結合秦簡《日書》、馬王堆帛書《五十二病方》中符水治蠱方的記載,甚至可以説,漢代術士所使用的符應該包括天帝使者之類的文書、道符和封泥三個部分,這才是一個真正完整的符。

與邵家溝東漢末年北斗圖類似的道符還見於陝西長安縣南李王村漢墓 M5 出土的朱書陶瓶上(見下圖):③

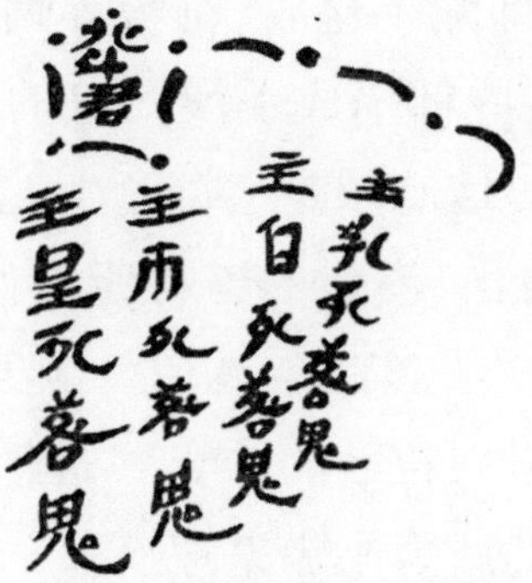

三里村東漢墓朱書陶瓶上的“北斗君”符摹本

該道符包括兩部分,第一部分是北斗星以及斗勺内書寫“北斗君”三字,第二部分是在北斗之下書寫二十個字,説明北斗主管乳死咎鬼、白(自)死咎鬼、師死咎鬼、星(腥)死咎鬼。這四種鬼都是給人帶來疾疫災難的惡鬼,皆歸北斗君主管,有北斗君在,它們就不敢禍害人。三里村朱書陶瓶上除了該符之外,同樣有一段解除文,但已經嚴重剥落,無法識讀。

考古發現的道符中還有比簡單的北斗君符複雜一些的,比如上文曾提到過的陝西户縣漢墓出土的曹氏朱書解除瓶,在以黄神名義發布的命令(解除文)之後畫了兩個符(見下圖)。④ 經王育成解讀,第一符是由峕(時)、日、月、尾、鬼五個字組成,第二符由象徵葦索的符號、太一鋒,以及“大天一,主逐敦惡鬼,以節”十個字組成。⑤

① 《正統道藏·正一部》,《中華道藏》,北京:華夏出版社,2004,第 8 册,411、412 頁。

② 王育成:《考古所見道教簡牘考述》。

③ 王育成:《南李王陶瓶朱書與相關宗教文化問題研究》。

④ 禚振西:《陝西户縣的兩座漢墓》,《考古與文物》1980 年第 1 期。

⑤ 王育成:《考古所見道教簡牘考述》。

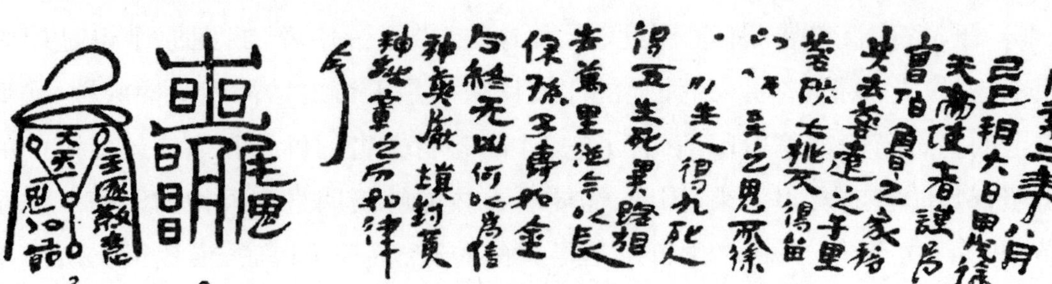

3　2　1

户縣曹氏瓶朱書解除文、畫符摹本

1.解除文　2.第一符　3.第二符

這些道符都有一個共同特點,即除了星辰、符號等圖案外,既有介於圖案和文字之間的變形文字,也有單純的説明文字,這些都構成了漢代符的幾個要素。越到後來,符的構成越趨於抽象化,越爲常人所不可辨識。這應該是道符産生、演化所遵循的一個規律。

從上面列舉的幾個例子可以看出,漢代的道符所要傳達的意思就是以天帝、北斗君、黄神等最高神靈的名義向鬼魅發布命令,該命令最初可能與真實的調兵虎符或其他使用符一樣,以文字爲主。後來則演變爲文書與符號的結合體,圖形符號由簡單向複雜不斷演變。漢代人正是以道符的形式,借用神靈的威力來驅鬼療疾。

因爲疾病發生在人的身體内,古人認爲是鬼進入或依附於人身,爲了有效驅鬼,遂産生了焚燒道符,符灰沖以水,讓患者以符水療疾的巫術,意在使天帝等神靈的强大威力進入身體内,從體内徑直將疾疫之鬼趕走甚至殺死。

秦漢之際已經出現的符水療疾巫術,之後越演越烈,東漢末年,民衆信奉者趨之若騖。《後漢書》卷三〇下《襄楷傳》李賢注引《江表傳》:

> 時有道士琅邪干吉,先寓居東方,來吴會,立精舍,燒香讀道書,製作符水以療病,吴會人多事之。孫策嘗於郡城樓上請會賓客,吉乃盛服趨度門下。諸將賓客三分之二下樓拜之,掌客者禁訶不能止。策即令收之。諸事之者,悉使婦女入見策母,請之。母謂策曰:"干先生亦助軍作福,醫護將士,不可殺之。"策曰:"昔南陽張津爲交州刺史,舍前聖典訓,廢漢家法律,常著絳袙頭,鼓琴焚香,讀邪俗道書,云以助化,卒爲蠻夷所殺。此甚無益,諸君但未悟耳。今此子已在鬼録,勿復費紙筆也。"即催斬之,縣首於市。①

這件事應該是發生在黄巾軍大起義之後,孫策無疑是吸取了張角爲首的太平道以符水爲民衆療疾來聚集力量,最終發動起義的教訓,所以,孫策一旦發現干吉通過製作符水療病的方式布道,吸引了包括士人階層在内的大量社會人員的信奉,嚴重擾亂了正常的社會秩序,削

① 《後漢書》卷三〇下《襄楷傳》,北京:中華書局,1965,1084頁。

弱了官方對社會的有效控制，迅速下令抓捕。雖然很多人通過孫策的母親爲干吉求情，孫策仍然很堅決地處死了干吉。

用符書、咒語治療疾病既然已經被民間廣泛認可和接受，就爲宗教集團傳播宗教思想，組織自己的力量，提供了很好的條件。東漢末年太平道和五斗米道等道教集團普遍采用以符水療疾的方式發展信徒，聚集力量，正是建立在這一民間信仰的深厚基礎之上。

衆所周知，張角建立太平道，在各個階層中發展信徒，尤其是在疫病流行之時，采用符咒治病，使大量流民信服太平道，加入到其隊伍中，爲黄巾軍暴動積蓄了力量。《後漢書》卷七一《皇甫嵩傳》：

> 初，巨鹿張角自稱"大賢良師"，奉事黄老道，畜養弟子，跪拜首過，符水咒説以療病，病者頗愈，百姓信向之。角因遣弟子八人使於四方，以善道教化天下，轉相誑惑。十餘年間，衆徒數十萬，連結郡國，自青、徐、幽、冀、荆、楊、兖、豫八州之人，莫不畢應。遂置三十六方。方猶將軍號也。大方萬餘人，小方六七千，各立渠帥。訛言"蒼天已死，黄天當立，歲在甲子，天下大吉"。以白土書京城寺門及州郡官府，皆作"甲子"字。中平元年，大方馬元義等先收荆、楊數萬人，期會發於鄴。元義數往來京師，以中常侍封諝、徐奉等爲内應，約以三月五日内外俱起……角等知事已露，晨夜馳敕諸方，一時俱起。皆著黄巾爲摽幟，時人謂之"黄巾"，亦名爲"蛾賊"。殺人以祠天。角稱"天公將軍"，角弟寶稱"地公將軍"，寶弟梁稱"人公將軍"，所在燔燒官府，劫略聚邑，州郡失據，長吏多逃亡。旬日之間，天下嚮應，京師震動。①

又《後漢書》卷七五《劉焉傳》記載張魯利用五斗米道發展力量，武裝割據：

> 魯字公旗。初，祖父陵，順帝時客於蜀，學道鶴鳴山中，造作符書，以惑百姓。受其道者輒出米五斗，故謂之"米賊"。陵傳子衡，衡傳於魯，魯遂自號"師君"。其來學者，初名爲"鬼卒"，後號"祭酒"。祭酒各領部衆，衆多者名曰"理頭"。皆校以誠信，不聽欺妄，有病但令首過而已。諸祭酒各起義舍於路，同之亭傳，縣置米肉以給行旅。食者量腹取足，過多則鬼能病之。犯法者先加三原，然後行刑。不置長吏，以祭酒爲理，民夷信向。朝廷不能討，遂就拜魯鎮夷中郎將，領漢寧太守，通其貢獻。

李賢注引《典略》曰：

> 初，熹平中，妖賊大起，三輔有駱曜。光和中，東方有張角，漢中有張脩。駱曜教民緬匿法，角爲太平道，脩爲五斗米道。太平道師持九節杖，爲符祝，教病人叩頭思過，因以符水飲之。病或自愈者，則云此人信道，其或不愈，則云不信道。脩法略與角同，加施

---

① 《後漢書》卷七一《皇甫嵩傳》，2299–2300 頁。

淨室,使病人處其中思過。又使人爲姦令祭酒,主以老子五千文,使都習,號"姦令"。爲鬼吏,主爲病者請禱。請禱之法,書病人姓字,説服罪之意。作三通,其一上之天,著山上,其一埋之地,其一沈之水,謂之"三官手書"。使病者家出米五斗以爲常,故號"五斗米師"也。實無益於療病,但爲淫妄,小人昏愚,競共事之。後角被誅,脩亦亡。及魯自在漢中,因其人信行脩業,遂增飾之。教使起義舍,以米肉置其中,以止行人。又教使自隱,有小過者,當循道百步,則罪除。又依月令,春夏禁殺。又禁酒。流移寄在其地者,不敢不奉也。[①]

張角爲首的黄巾起義和張脩、張魯等割據漢中,脱離朝廷控制,都是通過宗教發起的。根據這些記載,張角、張脩、張魯等道教首領在發展徒衆,傳播教義的過程中,最常用的手段就是用符書爲民衆治療疾病,但具體做法略有差异。張角是以"太平道師"的身份"持九節杖,爲符祝,教病人叩頭思過,因以符水飲之。病或自愈者,則云此人通道,其或不愈,則云不通道",即用符咒爲病人向神靈祝禱,并讓病人叩頭思過,然後讓他喝下符水。病人碰巧痊癒了,就説此人心誠,是真信太平道,病人没有痊癒,則説此人心不誠,不是真信太平道。[②] "因爲關於疾病、病因、疾病的治療的觀念乃是神秘的觀念,所以,對患者治療的失敗通常也象治療的成功那樣很容易得到解釋。"[③]張角通過對病人的偶然成功治癒,來宣傳其道術的所謂神秘威力,對失敗的治療則歸罪於患者"不通道"這樣無法驗證的原因,迫使社會民衆不敢不接受其教義,聽從其號令,最後竟然在十餘年間發展徒衆數十萬,甚至宫中的太監也成爲其信徒,足見當時社會上對符水療疾的信奉程度。而張角用的符水,應該與馬王堆帛書中的符水類似,是用竹木簡牘或絹帛,在其上書寫文字和道符,然後燒成灰,用水冲調而成。

張脩的方法是"略與角同",説明也采取了畫符祝禱,以符水飲患病者的辦法,衹是他專門提供了乾淨的居室,讓病人在淨室内反思過錯,而且培養、安排了一批專職人員負責爲病者請禱,這類人稱爲"鬼吏",請禱的方法是作文書,一式三份,稱爲"三官手書",上面書寫病人的姓名以及表示向神靈服罪之意,將三份文書分别放置到山上,表示送達天神;埋在地下,表示送達地祇;投入江河潭陂中,表示送達水神。這是漢代很流行的另一種治療疾病的巫術——禱疾,此暫不贅述。

張魯同樣是利用符書來發展徒衆,也采取讓病人懺悔罪過的辦法,以此獲取信徒對他的絶對忠誠。

---

① 《後漢書》卷七五《劉焉傳》,2435-2436頁。

② 《後漢紀》卷二四:"初,角弟良弟寶自稱太醫,事善道,疾病者輒跪拜首過,病者頗愈,轉相誑耀。十餘年間,弟子數十萬人,周遍天下,置三十六坊,各有所主。"是張角兄弟三人皆自稱太醫,以方術欺誑百姓,非獨張角一人爲之。張烈點校:《兩漢紀》,北京:中華書局,2002,473頁。

③ [法]列維-布留爾(Levy-Bruhl,Lucien)著,丁由譯:《原始思維》,北京:商務印書館,1995,267頁。

很顯然，無論張角，還是張脩、張魯等，他們采用的療疾手段無不取自漢代盛行的巫術之中。符水，請禱，讓病人悔過，這些方法簡單易行，隨時隨地都可以操作，不需要更多的道具，宗教儀式也不繁雜。很顯然，這些早期道教的首領是在經過對當時爲民衆信奉的各種療疾巫術進行篩選之後，不約而同地選擇了這幾種最簡便易行的方術。以符水爲主，輔以請禱、悔過，能够保證他們以及手下的骨幹人員在施行法術時與民衆直接接觸，從而有效影響民衆，在心理和精神上控制民衆，形成組織嚴密的宗教團體。同時，由於方法的簡便，提高了傳播教義的效率，所以張角可以在十多年裏"連結郡國，自青、徐、幽、冀、荆、楊、兖、豫八州之人，莫不畢應"，發展信徒數十萬；張脩、張魯也因此而擁兵自重，割據一方。

漢代，文字書寫的載體以竹木簡牘和縑帛爲主，現實中除了皇帝的調兵虎符爲青銅鑄造外，其他實用的符傳都是竹木或絲織品。漢代巫師和道教徒符水療疾時使用的符也應該是竹木或縑帛材質，這兩類材質的符都可以燒成灰，用水沖泡。但竹木或縑帛即便未被焚燒，埋藏在地下泥土中也容易腐朽、腐爛，不易保存，所以除了江蘇高郵邵家溝漢代遺址出土一例畫在木牘上的道符外，迄今還未見到其他書畫在竹木或縑帛上的道符。[①]

張角、張脩等道教首領之所以能够利用符書、符水爲民衆治療疾病的方式，在一定時間内迅速發展組織起來規模龐大的教團，是由於當時廣大民衆幾乎對治療疾病的各類巫術手段都抱着普遍的信仰，符書、符水療疾衹不過是衆多巫術醫療手段中的一種而已，正是在這一民間信仰背景之下，才給與了張角、張脩愚弄民衆、控制民衆的機會。值得注意的是，張角、張脩們使用過的療疾方法，在後世還在流傳。由日本學者丹波康賴編著，成書於公元984年的《醫心方》中，徵引了中國早期一些用吞服符書、符水治療疾病的醫方：

(1)卷一四《治魘不寤方》引《范汪方》："治魘死符法，魘死未久故可活方：書此符燒令黑，以少水和之，置死人口，懸鏡死者耳前，擊鏡呼死人，不過半日即生。，丹書之。"[②]

(2)卷一四《治諸瘧方》引《葛氏方》："破一大豆，去皮，書一片作'日'字，一片作'月'字，左手持'日'，右手持'月'，吞之立愈。向日服，勿令人知之。"[③]

(3)卷二三《治産難方》引《産經》云："以朱書吞之良。"[④]

① 2000年6月，天津薊縣劉家頂鄉大安宅村古井内挖出了一方漢代木牘。中國文物研究所的簡牘專家通過紅外綫儀器，初步釋讀出六行漫漶的字迹，推斷内容是漢魏時期道家方術文書。據報導看，該木牘似衹有文字，無道符。初步報導見梅雲鵬、盛立雙、姜佰國、趙程久《薊縣出土國内首見道教方術木牘文書 清理十餘口戰國、兩漢古井 出土各類遺物500件》，《中國文物報》2000年9月24日第1版。迄今尚無進一步的資料公布。

② ［日］丹波康賴撰，翟雙慶、張瑞賢等點校：《醫心方》，北京：華夏出版社，1993，228頁。

③ ［日］丹波康賴撰，翟雙慶、張瑞賢等點校：《醫心方》，234頁。

④ ［日］丹波康賴撰，翟雙慶、張瑞賢等點校：《醫心方》，372頁。

(4)同上,又方:"燒作灰,以水服即生。"①

(5)卷二三《治産難方》引《録驗方》云:"破大豆以夫名字書豆中,合吞之,即出。"②

(6)卷二三《治産難方》引《博濟安衆方》:"取牛屎中大豆一粒,一片書'父入'字,一片書'子出'字,吞之。"③

(7)卷二三《治逆産方》引《産經》云:"逆生符文: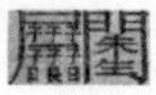。以朱書吞之大吉。"④

以上七個醫方,對應的是四種疾病。第一種,魘是作惡夢,在夢中受到驚嚇。魘死,是夢中死去。該醫方是朱書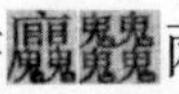兩個道符,用火燒黑,用水調和,放在死者口上,另使用鏡子,醫方認爲布道半日,死者就會活過來。

第二種,瘧是一種急性傳染病,患病者按時發冷發燒。醫方的建議是在剖開去皮的兩半大豆上分别書寫"日""月"二字,左手拿着書寫"日"字的豆瓣,右手拿着書寫"月"字的豆瓣,面向太陽,在别人不知道的情況下吞服。

第三種,産難即難産。因胎兒和産婦原因導致分娩困難,過程緩慢,甚至停止。用符治療這種急症的方法有四個,第一個方法是將朱書的符直接吞下;第二個方法是將燒成灰,用水調和,服下;第三個方法是將大豆剖開,在豆瓣中間書寫産婦的丈夫的名字,再將豆瓣合起來,讓産婦吞服;第四個方法也是用一粒大豆,但需要找取牛屎中未被牛消化掉的大豆,在兩個豆瓣上分别書寫"父入""子出",讓産婦吞服。吞服符、符水或書寫某些特定文字的大豆之後,醫方認爲胎兒就會順利産下。

第四種,逆産,指嬰兒脚先頭後的分娩過程。産婦如果吞服了朱書的逆生符文,就會生産順利,很吉利。

通過這些以符治療疾病的醫方可以看出,秦漢時期出現的道符療疾信仰在後世仍有很大的影響,在某種程度上,這與太平道和五斗米道以符水療疾來發展信徒的努力有一定關係。

附記:匿名審稿專家爲本文提出改進意見。郥文玲、趙凱等先生在本文修訂過程中予以惠助。2017年12月15日,將此文提交"出土文獻研究的新進展暨京師出土文獻研讀班年終學術報告會",得到與會的劉樂賢等先生指教。謹此一并致謝。

① [日]丹波康賴撰,翟雙慶、張瑞賢等點校:《醫心方》,372頁。
② [日]丹波康賴撰,翟雙慶、張瑞賢等點校:《醫心方》,372頁。
③ [日]丹波康賴撰,翟雙慶、張瑞賢等點校:《醫心方》,372頁。
④ [日]丹波康賴撰,翟雙慶、張瑞賢等點校:《醫心方》,372頁。

長沙五一廣場東漢簡牘“刻”與“鞫”狀考*

清華大學出土文獻研究與保護中心　李均明

内容提要　長沙五一廣場東漢簡牘所見具體案例中的“刻狀”形式，充分展現了其在訴訟過程中的作用。通過與同時代的“刻狀”做横向比較可以揭示其一般規律，與不同時代的西漢“刻狀”做縱向比較可以演示其變化。通過疏解以往未曾見過的東漢“鞫狀”，可知其爲適用於審訊論决階段的文書形式，主要内容是確認“刻狀”的真實性、對案件做進一步調查的結果及提出初步的判决意見與理由。“辤狀”性質則存在兩種可能：一爲綜合性的訴訟報告，二爲“鞫狀”之别稱。

關鍵詞　五一廣場簡牘　刻　鞫狀

長沙五一廣場東漢簡牘所見，有一案件之記載包含從舉刻到審訊調查乃至論决的全過程，其中“刻”與“鞫”的描述尤爲詳盡，爲我們深入研究東漢訴訟的文書形式及制度提供了不可多得的珍貴史料，試析如下。

（一）案：都鄉利里大男張雄，南鄉匠里舒俊，逢門里朱循，東門里樂竟，中鄉泉陽里熊趙皆坐。雄，賊曹掾。俊、循吏。竟驂駕。趙驛曹史。驛卒李崇當爲屈甫證。二年十二月廿一日，被府都部書逐召崇，不得。雄、俊、循、趙、竟典主者掾史，知崇當爲甫要證，被書召崇，皆不以徵逮爲意，不承用詔書。

*本文爲國家社科基金重大項目“五一廣場東漢簡牘的整理與研究”（15ZDB035）、清華大學自主科研項目“東漢簡牘的綜合研究”（2015THZWYX03）階段成果。

發覺得。

永初三年正月壬辰朔十二日壬寅,直符户曹史盛劾,敢言之。謹移獄,謁以律令從事,敢言之。 J1③:281—5A[①]

此件爲舉劾報告。簡文“直符户曹史盛劾”表明舉報人是正在值班的户曹史名盛者。直符史,值班佐史,《漢書・王尊傳》:“直符史詣閤下從太守受其事”,師古注:“直符史,若今當值佐史也。”[②]文中“案……發覺得”是舉劾被告的基本事實,通常稱爲“劾狀”。“永初三年……敢言之”爲呈文。收件方爲臨湘獄。

“劾狀”部分“案……俊、循吏”是對被告身份的認定。案,核查。《後漢書・鍾離意傳》“府下記案考之”,李賢注:“案,察之也。”[③]簡文中凡署“案”者,其後所述皆爲經過核查之事實。《五一選釋》48:“案文書……”、[④]《居延新簡》EPT52.83:“謹推辟,案過書刺……”、[⑤]《居延新簡》EPT51.189:“河平元年八月戊子,居延都尉誼、丞直謂居延甲渠鄣候。箕山隧長馮利不在署、第十一隧卒高青不候。移書驗問,案致言,會月十八日。書以月十九日食坐到。案甲渠候”。知核查是通過查閲有關檔案及客觀所見實現的。例(一)所見當亦然。上述被告身份的認定包括居住地、性别、姓名、職務。認定的結果如下:

都鄉利里大男張雄,賊曹掾。

南鄉匠里舒俊,小吏。

南鄉逢門里朱循,小吏。

南鄉東門里樂竟,驂駕。

中鄉泉陽里熊趙,驛曹史。

上述都鄉、南鄉、中鄉皆爲臨湘縣屬鄉,見下文坐罪名單。驂駕,主車駕,或史籍所謂參乘或司御,前者如《史記・項羽本紀》:“沛公之參乘樊噲者也。”[⑥]後者如《漢書・夏侯嬰傳》:夏侯嬰,“爲沛厩司御。”[⑦]

屈甫,姓名,被通報的重要犯人。而驛卒李崇是與此案相關的重要證人。據文末所見“永初三年”語,則簡文“二年”當指“永初二年”,時當公元108年。被,受。諸郡分部督察屬

① 長沙市文物考古研究所:《長沙五一廣場東漢簡牘發掘簡報》,《文物》2013年第6期,21頁,圖一五。

② 《漢書》卷七六《王尊傳》,北京:中華書局,1962,3228頁。

③ 《後漢書》卷四一《鍾離意傳》,北京:中華書局,1965,1406頁。

④ 長沙文物考古研究所、清華大學出土文獻研究與保護中心、中國文化遺産研究院、湖南大學嶽麓書院:《長沙五一廣場東漢簡牘選釋》,上海:中西書局,2015。本文簡稱《五一選釋》。

⑤ 甘肅省文物考古研究所、甘肅省博物館、文化部古文獻研究室、中國社會科學院歷史研究所:《居延新簡》,北京:文物出版社,1990。本文所引居延新簡均出自此書。

⑥ 《史記》卷七《項羽本紀》,北京:中華書局,1959,313頁。

⑦ 《漢書》卷四一《夏侯嬰傳》,2076頁。

縣,"被府都部書"指收到長沙郡都部相關機構(或督郵)的指令文書。指令的内容爲"逐召崇",施行結果爲"不得",故構成"知崇當爲甫要證,被書召崇,皆不以徵召爲意,不承用詔書"的犯罪事實。徵逮,徵召逮捕,《合校》157.13, 185.11:"律曰:贖以下,可檄,檄,勿徵逮。"[①]《居延新簡》EPS4T2.101:"移人在所縣道官,縣道官獄訊以報之,勿徵逮,徵逮者以擅移獄論。""不以徵逮爲意"指忽視徵召追逮的任務,故不作爲。"不承用詔書"指不執行詔書的命令,漢代罪名之一,《晉書·刑罰志》:"及舊典有奉詔不敬,不承用詔書,漢氏施行有小愆之反不如令,輒劾以不承用詔書,又減以丁酉詔書。"[②]

"發覺得"指被告人的罪行被發現。

與上述"劾狀"同時出土的還有一份拘捕犯罪人員的名單:

(二)臨湘耐罪大男都鄉利里張雄,年卌歲。
臨湘耐罪大男南鄉匠里舒俊,年卅歲。
臨湘耐罪大男南鄉逢門里朱循,年卅歲。
臨湘耐罪大男南鄉東門里樂竟,年卅歲。
臨湘耐罪大男中鄉泉陽里熊趙,年廿六歲。
皆坐吏不以徵逮爲意,不承用詔書。
發覺得。
永初三年正月十二日繫。　　J1③:201-30[③]

此名單形成日期爲"永初三年正月十二日",與例(一)"劾狀"發文日期同,當爲其附件,亦表明當時舉劾與拘捕同步進行。五一簡中尚見形式與例(一)相同的文例,録如下,以便比較。

(三)●案:都鄉滲陽里大男馬胡、南鄉不處里區馮皆坐。馮,生不占書。胡西市亭長今年六月……胡、馮及汎所從□▨
汝曹護我。胡、馮、亥、建、可即俱之老舍門。汎令亥、建、馮入老舍,得一男子,將出。胡、亥以將老出門。汎以所……建以所持矛刺老背,亥以▨
建辜二旬内其時立物故。汎、胡、建、馮、亥謀共賊殺人,已殺。汎本造計謀,皆行,胡……名數……馮□建格,物故。亥、建(?)及汎等别劾。
永元十六年七月戊午朔十九日丙子,曲平亭長昭劾,敢言之臨湘獄以律令從事,敢言之。
《五一選釋》1

此例所見内容雖與例(一)無關,但形式全同。"●案"以下至"别劾"爲"劾狀"本文,"永元

① 謝桂華、李均明、朱國炤:《居延漢簡釋文合校》,北京:文物出版社,1987。本文簡稱《合校》。
② 《晉書》卷三〇《刑法志》,北京:中華書局,1974,924頁。
③ 長沙市文物考古研究所:《長沙五一廣場東漢簡牘發掘簡報》,《文物》2013年第6期,21-22頁,圖一六。

十六年……”爲呈文。“劾狀”本文大致亦包括被告身份認定,犯罪事實及處理意見三個方面。這種類同當非偶然,如果不是當局對這種文書有格式的規定,也是長期約定俗成的結果。將它與其他簡牘所見西漢至東漢初年的“劾狀”相比較,亦可看出其一脈相承的淵源關係。

(四)建武五年五月乙亥朔丁丑,主官令史譚敢言之。
謹移劾狀一編,敢言之。
甲渠塞百石士吏居延安國里公乘馮匡,年卌二歲,始建國天鳳上戊六年三月己亥除署第四部,病咳短氣,主亭隧七所斥呼,七月□□除署第四部士吏。[案]:匡軟弱不任吏職,以令斥免。
·狀辭:公乘居延鞮汗里,年卌九歲,姓夏侯氏,爲甲渠候官斗食令史,署主官,以主領吏備盜賊爲職。士吏馮匡始建國天鳳上戊六年七月壬辰除署第十部士吏。案:匡軟弱不任吏職,以令斥免。
五月丁丑,甲渠守候博移居延。/掾譚
建武五年五月乙亥朔丁丑,主官令史譚劾移居延獄以律令從事。

《居延新簡》EPT68.1-12、30

今例(一)所見形式,與此例“●狀辭……主官令史譚劾移居延獄以律令從事”部分相類。《居延新簡》EPT56.118:“●右劾及狀”。這部分即屬於“狀”,即“劾狀”的部分。不同的是身份認定的内容中,此例不僅有被告人的身份認定,亦署原告的身份,即“公乘居延鞮汗里,年卌九歲,姓夏侯氏,爲甲渠候官斗食令史,署主官,以主領吏備盜賊爲職。”因爲例(一)呈文中已明署原告身份爲“直符户曹史盛”,所以對原告的身份没有再做專門的陳述是可以理解的。據此我們將例(一)(三)所見亦稱之爲“劾狀”當不失本意。

舉劾不法通常是在職官吏的職責,例(一)舉劾人是户曹史,例(三)爲亭長。五一簡屢見舉劾調查之執行報告,如:

(五)解止男子朱曾舍。樂即詣歆告,考問,辤具服,合驗,即歆樂證。案:秩無故入人廬舍,盜牛一頭,凡臧七千二百。秩盜臧五百以上,數罪,發覺得。均謹已劾,盡力實核,辤有增 《五一選釋》502

(六)矛。例亭長宋皋捕得,推求捽矛不得,爲不知何人所盜。捽刃賊殺之,捕得何人盜臧到百,亡。元已劾,逐捕有書。書到,趣推起逐捕何人,必發主名,捕得,處言。馮、蒼、元叩頭死罪死罪。 《五一》【二】520

(七)實謹已劾。盡力廣設方略陰,微求捕嵩,必得爲故。推辟何、充、倉等,還實核,辤有增异,正處復言。奉、配、實惶恐叩頭死罪死罪敢言之。 《五一》【二】528

(八)☑郁以盜賊受所監,臧皆二百

☑數罪。亭長朱种謹已劾。脩 《五一》【二】544

以上爲執法報告,涉舉劾,但非“劾狀”本文。舉劾人或皆爲官吏。

就司法管轄權而言,例(一)所見顯然屬於職務管轄的範圍,而例(三)所見則屬於地域管轄。被告對象既有官吏,也有百姓。

五一簡尚見“鞫狀”的説法,如:

(九)書考問朗、平、備等,辤皆曰:正月十五日文罪定,朗、純具鞫狀。署、逄未論決。文其日暮再穀後,都亭部男子慶杺鬭傷張湘。穀鳴,逄出追。朗、純以爲文已署 《五一》【二】470

此例涉刑事案件。“具鞫狀”指有完備的治獄斷獄報告。“鞫狀”一詞乃出土簡牘首見。鞫,《尚書·吕刑》“獄成而孚,輸而孚”,孔安國傳:“謂上其鞫劾文辭”,孔穎達疏:“漢世問罪謂之鞫。”[①]以下簡文則全面展現“鞫”之内涵。

(一〇)A面:

鞫:雄、俊、循、竟、趙大男,皆坐。雄,賊曹掾。俊、循,史。竟,騶駕。趙,驛曹史。驛卒李崇當爲屈甫證。二年十二月廿一日,被府都部書:逐召崇不得。雄、俊、循、竟、趙典主者掾史,知崇當爲甫要證,被書召崇,皆不以徵遝爲意,不承用詔書。發覺得。直符户曹史盛劾,辤

如劾。案:辟都、南、中鄉,未言。雄、俊、循、竟、趙辤:皆有名數,爵公士以上,癸酉赦令後以來無他犯,坐耐罪以上,不當請。

永初三年正月十四日乙巳,臨湘令丹、守丞皓、掾商、獄助史護以劾律爵咸論雄、俊、循、竟、趙,耐爲司寇,衣服如法,司空作,計其年。

B面:

得平 《五一選釋》144

“鞫”字以下是“鞫狀”的全部内容,包括:一、確定直符户曹史盛所提交“劾狀”的真實性。二、做進一步的核實調查。三、提出量刑意見及理由。四、做出判決。

“雄、俊、循、竟、趙大男……發覺得”完全與劾狀同,是對劾狀的肯定。“直符户曹史盛劾,辤如劾”明確舉劾責任人是户曹史盛,又表明審訊人贊同劾狀列舉的被告犯罪事實。

“辟都、南、中鄉”指向都鄉、南縣、中鄉做調查。辟,或稱“推辟”,調查。《居延新簡》

① [漢]孔安國傳,[唐]孔穎達等正義:《尚書正義》卷一九《吕刑》,[清]阮元校刻《十三經注疏》,北京:中華書局,1980,250-251頁。

EPF22.135:“謹推辟驗問”。《左傳》文公六年“辟刑獄”,杜注“辟,猶理也”,孔穎達疏:“辟獄者有事在官未斷者,令於今理治之也。”[①]都鄉、南鄉、中鄉分别爲被告居住地所在鄉,亦是户籍檔案等的存放處,故前往核實,證實被告身份籍貫無誤。

癸酉赦令或指東漢安帝永初元年頒布的大赦令。《後漢書·安帝紀》:“永初元年春正月癸酉朔大赦天下。”[②]

東漢時期之“耐罪”指二歲徒刑,《後漢書·光武帝紀》“耐罪亡命”,李賢注:“耐,輕刑之名。《前書音義》曰:‘一歲刑爲罰作,二歲刑已上爲耐。’”[③]

一些人在司法過程有特殊待遇,有罪必須“先請”,即向上級請示處理。《漢書·宣帝紀》:“吏六百石,位大夫,有罪先請。”[④]《漢書·平帝紀》:“公列侯嗣子有罪耐以上先請。”[⑤]《後漢書·光武帝紀》:“庚辰詔曰:吏不滿六百石下至墨綬長相有罪先請。”[⑥]由於上述被告都不符合“先請”的條件,故云“不當請”。

“永初三年”,時當公元109年。“爵咸”讀“爵減”,指因爵位而減刑。《漢書·薛宣傳》“况與謀者皆爵減完爲城旦”,師古注:“以其身有爵級,故得減罪而爲完也。况身及同謀皆從此科。”[⑦]《漢書·惠帝紀》“上造以上及内外公孫、耳孫有罪當刑及當爲城旦舂者,皆耐爲鬼薪、白粲”,師古曰:“上造,第二爵名也。”[⑧]安帝時當亦執行類似的舉措,故雄、俊、循、竟、趙等人得以減刑。

“衣服如法”當指按法律規定提供衣着服裝,如《張家山漢簡·金布律》:“諸内作縣官及徒隸,大男,冬稟布袍表裹七丈、絡絮四斤,絝二丈、絮二斤……”[⑨]之類,當然供給標準不一定相同。

“司空作”指在司空處勞作服刑。由司空管理刑徒的做法屢見於史籍,《漢書·百官表》“都司空”,如淳注:“(律),司空主水及罪人。”[⑩]《新書·階級》:“若夫束縛之,係紲之,輸之

---

① [晋]杜預注,[唐]孔穎達等正義:《左傳正義》卷一九上《文公六年》,[清]阮元校刻《十三經注疏》,北京:中華書局,1980,1843頁。

② 《後漢書》卷五《安帝紀》,206頁。

③ 《後漢書》卷一下《光武帝紀下》,51頁。

④ 《漢書》卷八《宣帝紀》,274頁。

⑤ 《漢書》卷一二《平帝紀》,349頁。

⑥ 《後漢書》卷一上《光武帝紀上》,35頁。

⑦ 《漢書》卷八三《薛宣傳》,3396頁。

⑧ 《漢書》卷二《惠帝紀》,85頁。

⑨ 張家山二四七號漢墓竹簡整理小組:《張家山漢墓竹簡[二四七號墓]》(釋文修訂本),北京:文物出版社,2006,65頁。

⑩ 《漢書》卷一九上《百官公卿表》,730頁。

司空,編之徒官。”[1]《論衡·辨祟》:“猶繫罪司空作徒。”[2]里耶秦簡所見,諸縣亦設有司空機構,管理徭役、刑徒等事務。此例所謂“司空”亦當指縣司空。

牘背見“得平”二字,乃後書批語,以草體寫就。平,公平適中。故“得平”是對案件處理結果的高度評價,但未知何人批示。治獄不公平亦構成犯罪,張家山漢簡《二年律令·具律》:“鞫獄故縱、不直,及診、報、辟故弗窮審者,死罪,斬左趾爲城旦,它各以其罪論之。”又“告,告之不審,鞫之不直,故縱弗刑,若論而失之,及守將奴婢而亡之,篡遂縱之,及諸律令中曰同法、同罪,其所與同當刑復城旦舂,及曰黥之,若鬼薪白粲當刑爲城旦舂,及刑畀主之罪也,皆如耐罪然。”[3]東漢時當亦然。

(一一)A 面:

永初三年正月壬辰朔　日　,臨湘令丹、守丞皓敢言之。謹移耐罪

大男張雄、舒俊、朱循、樂竟、熊趙辤狀一編,敢言之。

B 面:

掾祝商、獄助史黄護　　《五一》【二】437

從此例所見發文時間(皆爲永初三年正月)及涉及的人物(皆見雄、俊、循、竟、趙)考察,它與例(一)(二)(一〇)直接相關,皆圍繞同一案件陳述,而且是最後形成的報給長沙郡的上行文。由於文中未署具體的發文日期(僅見月份,未知何日發文),當爲草稿。辭,司法用語。辤,“辭”之异體。獄訟應答之語皆稱“辭”,《漢書·周勃傳》:“勃恐,不知置辭”,師古注:“辭,對獄之辭。”[4]“辤狀”即有關訴訟的報告。它有兩種可能:一是對張雄等坐罪案情况的重新歸納;二指例(一〇)所見“鞫狀”,即將之作爲附件上報。

綜上,例(一)(二)(一〇)(一一)反映了張雄、舒俊等五人訴訟案的完整過程:張雄等人玩忽職守的行爲被發現後,由所在機構的值班官員進行舉劾(類今公訴),核查其犯罪事實,確定罪行後加以拘捕,隨之移文臨湘獄處理。臨湘縣再次確認舉劾報告所列被告犯罪事實後,先到被告原居鄉核實身份等,再進一步審訊,而後依據有關律令條款及政策由縣令、丞、有關掾史共同做出判决。判决後須上報郡太守府。更可貴的是此案給我們展示了東漢“劾狀”及“鞫狀”的標本,爲我們進一步研究“狀”類文書提供了新的綫索。

---

① [漢]賈誼撰,閻振益、鍾夏校注:《新書校注》卷二《階級》,北京:中華書局,2000,80頁。

② 黄暉:《論衡校釋》卷二四《辨祟》,北京:中華書局,1990,1012頁。

③ 張家山二四七號漢墓竹簡整理小組:《張家山漢墓竹簡[二四七號墓]》(釋文修訂本),22頁。

④ 《漢書》卷四〇《周勃傳》,2056頁。

長沙五一廣場 J1③:264-294 號木牘所見文書製作流轉研究*

吉林大學文學院　李松儒
中國社會科學院歷史研究所　莊小霞

内容提要　長沙五一廣場出土東漢木牘 J1③:264-294 的文書結構依據筆迹和内容可分爲三部分:第一部分内容可命名爲“元興元年沮鄉别治掾倫言事”;第二部分内容(“·檄即日起賊廷”)爲臨湘縣賊曹對第一部分内容的處理;第三部分背面的“郵行”是第一部分“沮鄉别治掾倫言事”文書傳遞方式的説明。該木牘是合檄的一部分,應當是以完整的合檄形式(本文對此合檄進行了初步復原)從沮鄉遞送到臨湘縣由臨湘賊曹拆封、閱讀,并做了初步處理,即日將文書從賊曹發出送到其上級臨湘縣廷。通過對該木牘的流轉製作過程的考察,可以加深了解東漢晚期基層地方政府的文書製作流轉過程,進而探究東漢晚期基層地方政府的行政管理機制。

關鍵詞　五一廣場　東漢筆迹　合檄　鄉别治掾　文書流轉

* 基金項目:本文受到 2017 年國家社科基金一般項目“戰國秦漢三國簡帛字迹研究”(17BYY210)的資助。

長沙五一廣場J1③:264-294號木牘公布後即引起衆多學者的關注,[①]學者們除了對釋文等進行更深一步的考證外,亦對木牘文字反映的史實進行考證,如朱德貴、齊丹丹的文章就指出木牘J1③:264-294的内容展示了一幅"東漢和帝時期處理'度田'糾紛案件的真實歷史場景"。[②] 本文主要通過對該木牘的書寫筆迹和文書結構的分析,結合文書内容考察其所反映的文書製作流轉過程,希望藉此加深了解東漢晚期基層地方政府的文書運作和行政管理,并以此請教於方家。

一

爲了討論方便起見,茲先將長沙五一廣場出土東漢木牘J1③:264-294釋文迻録如下:

元興元年六月癸未朔六日戊子,沮鄉别治掾倫叩頭死罪,敢言之:倫以令舉度民田。今月四日,倫將力田陳祖、長爵番仲、小史陳馮、黄慮及蔡力度男子鄭尤、越蒙、張昆等流□田;力别度周本、伍談昭田。其日昏時,力與男子伍純争言鬥,力爲純所傷,凡創四所。輒將祖、仲等詣發所,逐捕純,不得。盡力與亭長李値并力逐捕純,必得爲故。倫職事無狀,惶恐叩頭,死罪死罪,敢言之。

① 圖版和釋文最早公布於長沙市文物考古研究所《湖南長沙五一廣場東漢簡牘發掘簡報》(《文物》2013年第6期,圖版見17頁,釋文見23頁。以下簡稱《發掘簡報》),相關研究文章如侯旭東《湖南長沙五一廣場東漢簡J1③:264-294考釋》,《田餘慶先生九十華誕頌壽論文集》,北京:中華書局,2014;李均明《長沙五一廣場東漢簡牘考證八則》,"史料與法史學"學術研討會,臺北,2014年3月26-28日;朱德貴、齊丹丹《長沙五一廣場東漢簡牘所見若干經濟史料初探》,楊振紅、鄔文玲主編《簡帛研究二〇一五(春夏卷)》,桂林:廣西師範大學出版社,2015;劉國忠《從長沙五一廣場J1③:264-294號木牘看東漢度田》,李宗焜主編《古文字與古代史》第4輯,臺北:中研院歷史語言研究所,2015。

② 朱德貴、齊丹丹:《長沙五一廣場東漢簡牘所見若干經濟史料初探》,191頁。

·檄即日起賊廷(A 面)

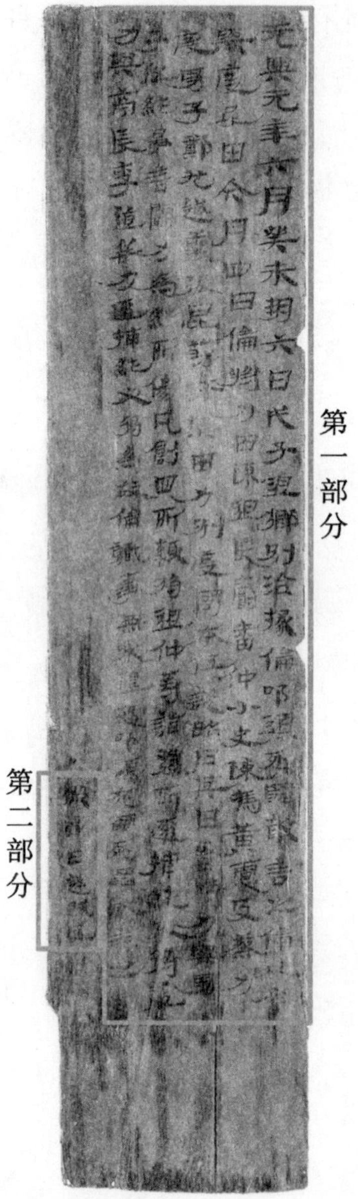

郵行(B 面)[①]

根據筆迹不同可將整個文書分爲三部分進行分析,即:正面(A 面)“·檄即日起賊廷”之前的内容爲第一部分;“·檄即日起賊廷”爲第二部分;背面(B 面)“郵行”爲第三部分。從該木牘的三部分文字字迹特徵上看,應該是由三個不同書手所寫,現將第二部分“檄即日起賊廷”與第一部分相關字迹進行對比如下:

① 本文所引釋文爲京師出土文獻研讀班參考諸家釋文整理而成,特此致謝。

第二部分	第一部分		

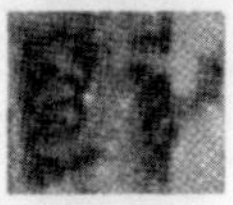			

從書寫空間上看,第二部分文字僅六個字,書寫空間寬裕,但是字迹書寫拘謹,文字結構緊湊,如"檄"字的"攵"旁中右斜筆,較垂直綫比較斜筆角度較小,作形,從文字形體上看,字迹形體較爲方正,略高一點;第一部分文字書寫舒展,如"敢"字的"攵"旁與第二部分"檄"字的"攵"旁中右斜筆比較,斜筆角度較大,作形,此部分文字形體偏扁,且寬。

從運筆特徵上看,第一部分字迹的横畫主要特徵是尖入平出,長横收筆處略有波折,形成燕尾,作形,如、、、、等,此特徵也體現在第一部分字迹的磔筆中,如、、、、、等;第二部分字迹未出現此類長横,雖然"走"旁最底部的筆畫收筆處僅有挑的動作,也未呈現燕尾,如。除此,還有以下幾方面的差别:

"辵"旁最底部的筆畫運向的不同。[①] 第二部分字迹的"廷"字最底部的筆畫近乎水平,如(),第一部分字迹的"辵"旁最底部的筆畫與水平綫所成角度略大,在行筆三分之二處時即開始向右上行筆,如、。

横折筆角度的不同。第二部分字迹的横折筆角度接近 90 度,如;第一部分字迹的横折筆角度較第二部分字迹的横折筆角度小,如、、等。此外,第二部分字迹的横折筆頓壓痕迹不明顯,如、等;第一部分字迹的横折筆頓壓痕迹較爲明顯,如、等。

從墨色上看,第二部分文字"檄即日起賊廷"幾個字較第一部分文字墨色濃重,一般墨色

① 筆畫運向特徵即指構成一個單字的筆畫運行方向。參看李松儒《戰國簡帛字迹研究——以上博簡爲中心》,上海古籍出版社,2015,166 頁。

差别往往是因爲不同時間段書寫造成的。[①]

再看 B 面第三部分僅“郵行”兩字,書寫空間充足,文字書寫用力且結構舒展,我們將其與正面字迹對比如下:

第三部分	第一部分				第二部分
					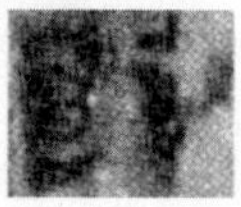

其中“郵”字兩個字部的搭配高低錯落,呈左高右低狀,如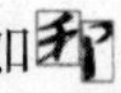,“郵”字右邊字部“卩”横折筆轉折處較圓轉,如;上文已述,第一部分字迹的横折筆頓壓痕迹較爲明顯;第二部分“即”之“卩”旁横折筆轉折處也較圓轉,但轉筆處所呈角度較大,如,與“郵”字對比可知,如,這些都與第三部分寫法不同。

B 面第三部分“行”字的横畫逆鋒入筆,起筆痕迹明顯,如,下壓後轉筆向右上行筆,筆行至一半再向右下行筆,收尾處用力頓壓形成燕尾,如,整個筆畫綫條看起來呈拱形,整個横畫貫穿牘寬的四分之三,作形,這是該部分文字字迹與第一部分文字字迹最爲明顯的差别。

根據以上幾方面,我們認爲此枚木牘 A 面的第一、二部分字迹及 B 面第三部分的字迹分别是由三個書手所寫的,該件文書結構亦可據此分成三部分進行分析。

二

上文主要從筆迹角度將 J1③:264-294 號木牘整件文書結構劃分爲由三個書手所寫的三部分,接下來主要結合秦漢文書格式和該文書的内容分析這三部分結構。

侯旭東先生曾指出“本文書從内容看屬於一種言事文書”,[②]確切講本文書的三部分内容中第一部分屬於言事文書的正文部分。根據“元興元年六月癸未朔六日戊子,沮鄉别治掾倫叩頭死罪,敢言之”以及“倫職事無狀,惶恐叩頭,死罪死罪,敢言之”這樣的語句,可以判定第一部分内容是以沮鄉别治掾倫的口吻寫成,第一部分的撰述者、書手無疑應當就是沮鄉别治

① 此特徵判斷書寫時間是相對而言的,即二次沾墨可能造成墨色較深,或沾墨水分較多造成墨色較淺,但是在書寫時墨色從濃到淡也是有漸變過程的。

② 侯旭東:《湖南長沙五一廣場東漢簡 J1③:264-294 考釋》,116 頁。

掾倫,具體内容是沮鄉别治掾倫向上級上報整個事件的經過:沮鄉别治掾倫在沮鄉度田時,發生吏民争鬥事件,男子伍純傷人并逃跑,沮鄉别治掾倫并表示自己將"盡力與亭長李徝并力逐捕純,必得爲故",該部分最後以"倫職事無狀,惶恐叩頭,死罪死罪,敢言之"爲結尾,這份言事文書的正式内容也到此結束。雖然第一部分的内容没有明確指出沮鄉别治掾倫"敢言之"的對象,但從"沮鄉别治掾倫叩頭死罪,敢言之"以及"倫職事無狀,惶恐叩頭,死罪死罪,敢言之"這類語句來看,其所指向的對象應當是沮鄉别治掾倫的上級機構,也就是臨湘縣廷,這從下文對本木牘函封簡復原的考述以及沮鄉别治掾這一職官的考察中可以得到進一步論證。

上述介紹展現了 J1③:264-294 號木牘第一部分的寫成過程及主要内容,即第一部分是沮鄉别治掾向上級臨湘縣廷匯報的一份"言事"文書的正文部分,而第三部分即 B 面的"郵行",指明了這份"言事"文書的傳遞方式和流轉情况:沮鄉别治掾撰寫了"言事"文書并通過"郵行"的方式傳遞到臨湘縣廷。之所以如此認爲,可以參考同批出土的函封簡對 J1③:264-294 號木牘的函封簡進行復原。五一廣場東漢簡牘編號一二〇的函封簡 CWJ1③:236(長 23.8 厘米,寬 6.5 厘米),釋文及圖版如下:[1]

書一封。
小武陵鄉助佐番廣言事。
詣如署。
永元五年二月甲午朔十六日己酉起。

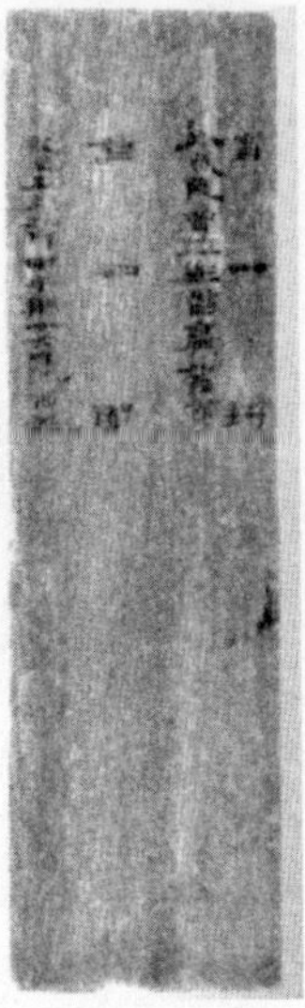

① 長沙市文物考古研究所、清華大學出土文獻研究與保護中心、中國文化遺産研究院、湖南大學嶽麓書院:《長沙五一廣場東漢簡牘選釋》,上海:中西書局,2015,釋文見 205 頁,圖版見 101 頁。

上簡性質爲“檄書的封蓋”,其内容“書四行文字,題署文件形式、内容概要及發出時間等。”[①]其中“題署文件形式”即指“書一封”,“内容概要”指“小武陵鄉助佐番廣言事”。函封簡CWJ1③:236的文書發出時間是“永元五年二月甲午朔十六日己酉起”,至於文書發出地點未寫,顯然是省略了,但因爲函封簡CWJ1③:236反映的是小武陵鄉鄉吏“助佐番廣”發文書到臨湘縣廷,所以發文地點很可能就是小武陵鄉。再如編號四四的函封簡CWJ1③:265-1:[②]

> ☑合檄一封。
>
> ☑北部賊捕掾李綏叩頭死罪言事。
>
> ☑詣如署。
>
> ☑延平元年八月十七日壬戌起長賴亭。

上述兩簡中的“詣如署”,整理者注釋函封簡CWJ1①:111時已指出其意指“按封檢題示文字送達”,[③]封檢題示的信息主要包括收件方及傳遞方式,傳遞方式即如J1③:264-294號木牘B面所署的“郵行”。必須指出的是,以上兩例中,CWJ1③:236、CWJ1③:265-1殘斷,不過既然寫了“詣如署”,那麽肯定分别在該封檢某處寫了收件方及傳遞方式。如長沙東牌樓東漢簡牘存有兩枚封匣,其中一枚命名爲“光和六年東部勸農郵亭掾周安言事”,釋文及圖版如下:[④]

		‖合　檄　一　封[⑤]
臨	湘	‖東部勸農郵亭掾周安言事
廷以	郵行	‖詣　如　署
		‖光和六年正月廿四日乙亥申时□駟□

① 長沙市文物考古研究所、清華大學出土文獻研究與保護中心、中國文化遺産研究院、湖南大學嶽麓書院:《長沙五一廣場東漢簡牘選釋》,205頁。

② 長沙市文物考古研究所、清華大學出土文獻研究與保護中心、中國文化遺産研究院、湖南大學嶽麓書院:《長沙五一廣場東漢簡牘選釋》,154頁。

③ 長沙市文物考古研究所、清華大學出土文獻研究與保護中心、中國文化遺産研究院、湖南大學嶽麓書院:《長沙五一廣場東漢簡牘選釋》,153頁。

④ 長沙市文物考古研究所、中國文物研究所編:《長沙東牌樓東漢簡牘》,北京:文物出版社,2006,釋文見71頁,圖版見11頁。

⑤ 原釋文爲“右檢一封”,鄔文玲先生指出此處當作“合檄一封”。詳參鄔文玲《漢簡中所見“合檄”試探》,吴榮曾、汪桂海主編《簡牘與古代史研究》,北京大學出版社,2012,126頁。

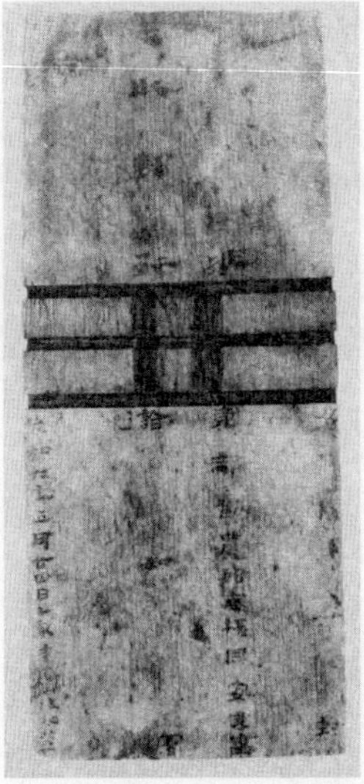

上簡中臨湘縣廷是收件方,文書發出地是"駟□亭","從秦漢時期的地方行政體系來講,'鄉亭'處在底層,簡而言之,即郡縣統轄鄉亭。"[①]以上所舉幾例從鄉亭發出的文書無疑都是官吏從臨湘下屬的鄉亭向臨湘縣廷上報文書。又,很明顯上簡"詣如署"的内容就是簡文中的如下内容:

臨　　　湘

廷以　　郵行

CWJ1③:236 中出現的"小武陵鄉"與 J1③:264-294 號木牘的"沮鄉"都應當是臨湘縣屬鄉,[②]而 CWJ1③:236 所載的"詣如署"的内容應當也就是上面這部分内容。除了上舉東牌樓東漢簡牘之例,目前所見長沙五一廣場東漢簡牘有兩例明確是"臨湘廷以郵行",分别是編號四一的封檢 CWJ1①:5:[③]

臨　　湘

　　　　　　□

廷以郵行

① 蘇衛國:《秦漢鄉亭制度初探》,哈爾濱:黑龍江人民出版社,2010,25 頁。

② "小武陵鄉"亦多見於走馬樓吴簡,爲臨湘縣屬鄉,如"長沙烝□年卌　狀陽白衣居臨湘 小武陵鄉埣丘"(肆·3956)、"入臨湘小武陵鄉五年佃帥限米十斛嘉禾五年十一月二日監丘"(捌·5726)。以上釋文分别見於長沙簡牘博物館、中國文化遺産研究院、北京大學歷史學系編著《長沙走馬樓三國吴簡·竹簡(肆)》,北京:文物出版社,2012;長沙簡牘博物館、中國文化遺産研究院、北京大學歷史學系編著《長沙走馬樓三國吴簡·竹簡(捌)》,北京:文物出版社,2015。"沮鄉"雖然簡文中没有明確的縣屬,但如侯旭東先生等都認爲"沮鄉亦應是臨湘縣的屬鄉"(侯旭東:《湖南長沙五一廣場東漢簡 J1③:264-294 考釋》,114 頁)。

③ 長沙市文物考古研究所、清華大學出土文獻研究與保護中心、中國文化遺産研究院、湖南大學嶽麓書院:《長沙五一廣場東漢簡牘選釋》,152 頁。

以及編號一三七的函封 CWJ1③:150:[①]

永初四年四月乙卯□▨
臨湘　　部赤坑共劫行人,得▨
廷以郵行　　所苦,復發,輒令玉田▨
所苦,囷勮物故,輒以所▨
死罪敢言之。▨

還有一例是編號一六三的封檢 CWJ1③:208"臨湘以郵行":[②]

長沙大守丞印
臨湘以郵行　　回
元興元年九月七日晝漏盡起

就目前東牌樓東漢簡牘和長沙五一廣場東漢簡牘所見的無論封簡還是函封簡,以臨湘縣廷爲收件人最爲多見。

此外,關於本木牘的尺寸,《發掘簡報》未提供,鍾芳華指出"A 面第一至六行,分别爲 29 字、27 字、29 字、28 字、31 字、6 字(共 150 字),則一行可容字 35 字上下。"并指出本木牘與木牘 CWJ1③:325-1-103(長 23.1 厘米,寬 5.1 厘米)尺寸略等。[③] 如此,J1③:264-294 號木牘亦與上舉五一廣場東漢簡牘 CWJ1③:236(長 23.8 厘米,寬 6.5 厘米)尺寸相近,而 CWJ1③:236 號木牘整理者稱其爲"合檄(部分)",形制"上端爲斜面,有殘斷痕迹。"[④]CWJ1③:236 號木牘其殘斷部分可參考上舉自稱"合檄"("合檄一封")的長沙五一廣場東漢木牘 CWJ1③:265-1,其形制"呈長方體,一側爲斜面,斜面下端殘損,簡文書於短面。"[⑤]以上所述應當都是"合檄"簡的一部分,此前研究者已指出縱斷面呈"﹂"型的"合檄"簡存在兩種形制,"一種爲兩側厚端較窄,如 2004 年 B 型封檢 1001 號及 1128 號;另一種爲兩側厚端較長,如 2010 年 D 型封檢 J1③:285 號",[⑥]這兩種"合檄"簡的形制分别如下圖所示:

① 長沙市文物考古研究所、清華大學出土文獻研究與保護中心、中國文化遺産研究院、湖南大學嶽麓書院:《長沙五一廣場東漢簡牘選釋》,215 頁。

② 長沙市文物考古研究所、清華大學出土文獻研究與保護中心、中國文化遺産研究院、湖南大學嶽麓書院:《長沙五一廣場東漢簡牘選釋》,233 頁。

③ 鍾芳華:《五一廣場 CWJ1:③264-294 號東漢木牘集釋》,2016 年 5 月京師出土文獻研讀班討論稿。

④ 長沙市文物考古研究所、清華大學出土文獻研究與保護中心、中國文化遺産研究院、湖南大學嶽麓書院:《長沙五一廣場東漢簡牘選釋》,204 頁。

⑤ 何佳、黄樸華:《東漢簡"合檄"封緘方式試探》,《齊魯學刊》2013 年第 4 期。

⑥ 何佳、黄樸華:《東漢簡"合檄"封緘方式試探》。

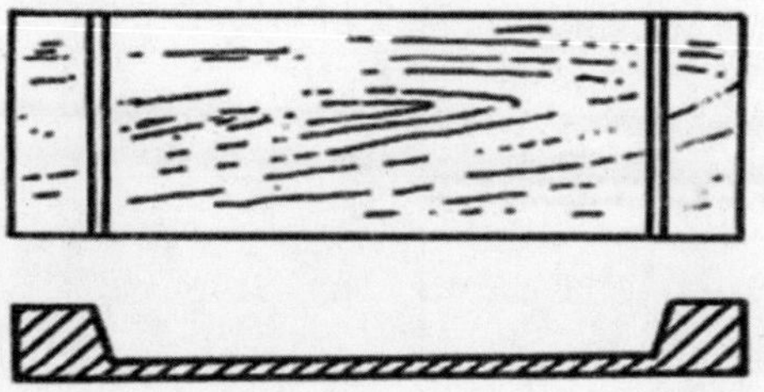

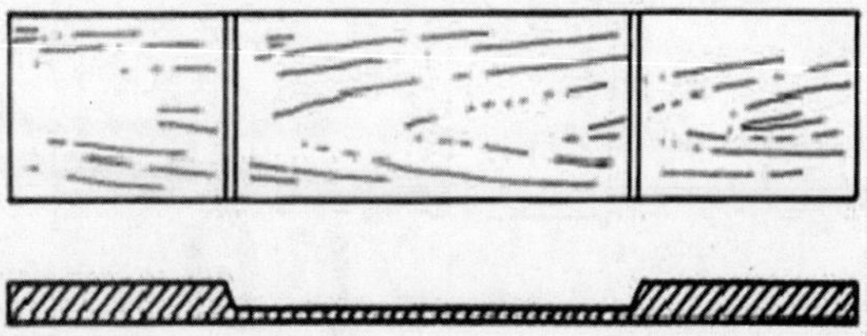

J1③:264-294 號木牘也正是一件完整合檄的一部分,其 A 面第二部分"·檄即日起賊廷"中的"檄"也就是對該件合檄的省稱,該合檄的完整形式我們可以參考此前學者的復原研究,其復原的具體形制可參考上面二圖。綜合所見五一廣場和東牌樓的函封簡,筆者大膽猜測木牘 J1③:264-294 第一部分可依例命名爲"元興元年沮鄉别治掾倫言事",是由臨湘縣屬轄的沮鄉送到臨湘縣廷的"言事"文書,同時還應該存在一枚函封簡,以下即是根據已知言事文書的函封簡所做合理推測而嘗試復原的"元興元年沮鄉别治掾倫言事"函封簡:①

(合檄/書)一封②

沮鄉别治掾(姓?)倫叩頭死罪言事

詣如署

元興元年六月癸未朔六日戊子(或者是戊子日後緊接着的某一天)起(發所/沮鄉)(背面)

臨　湘

廷　以(正面上凸)

原則上,該枚函封簡與 J1③:264-294 號木牘可契合,即此前學者研究復原的合檄之一種。③以上函封簡内容及形式主要參考了前舉五一廣場東漢簡牘函封簡 CWJ1③:236、CWJ1③:265-1、CWJ1①:5、CWJ1③:150 以及長沙東牌樓東漢簡牘"光和六年東部勸農郵亭掾周安言事"等簡,但與此前發現的合檄又稍有不同,因爲考慮其 B 面已有"郵行",所以僅補充缺失的内容,復原圖示如下:

① 本文中"函封簡"的稱呼源自五一廣場東漢簡牘整理者的命名,但正如鄔文玲先生指出"長沙走馬樓東牌樓東漢簡牘中的 B 型封檢和 C 型封檢很可能就是屢見於居延漢簡和敦煌漢簡之中的'合檄'的構成部件,二者契合成套,則爲'合檄'的形制和樣式之一……新疆尼雅遺址出土的佉盧文書中出現過與此類似的契合成套的木牘及封檢形制,由上下兩部分構成,斯坦因將其命名爲'矩形雙牘',稱上部的牘爲'封牘',下部的牘爲'底牘'。這種命名方式,或許可以爲東牌樓簡牘中的 B 型封檢和 C 型封檢的命名提供某些參照和啓發。"(鄔文玲:《漢簡中所見"合檄"試探》,126 頁)鄔文玲先生的東牌樓簡"合檄"研究對五一廣場出土東漢合檄有重要參考意義。另需作一説明,即此處復原中括號内的内容爲合理推測但又不能完全確定的内容。

② 由"·檄即日起賊廷"來看,此處更應當復原爲"合檄"。

③ 關於合檄的研究文章,主要包括于豪亮《居延漢簡釋叢》,《于豪亮學術論集》,上海古籍出版社,2015;裘錫圭《讀〈長沙東牌樓七號古井(J7)發掘簡報〉等文小記》,《湖南省博物館館刊》第 3 期,長沙:嶽麓書社,2006;鄔文玲《"合檄"試探》;何佳、黄樸華《東漢簡"合檄"封緘方式試探》。

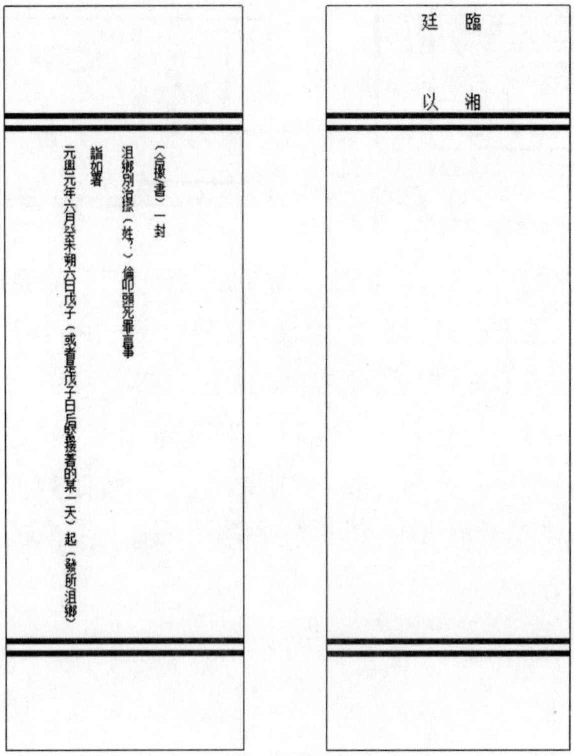

以上復原的函封簡與J1③:264-294號木牘的組合形式應當如下圖所示:

即 J1③:264-294 號木牘的 A 面與復原函封簡正面凹陷部分契合,J1③:264-294 號木牘背面(B 面)"郵行"與復原函封簡正面上凸部分組成如下内容:

臨　湘
　　　郵行
廷　以

在木牘凸面上書寫的例子還可參見長沙五一廣場東漢木牘 CWJ1③:285A,其"下端凸面所書爲文件發出傳送的起程時間、地點,字體大於正文。"[①]J1③:264-294 號木牘的 B 面與復原的函封簡凸面組成"臨湘廷以郵行",對應了復原函封簡背面所説的"詣如署"。B 面的"郵行",説明本件合檄是由郵人傳送,郵人的行書速度法律有明確規定,張家山漢墓竹簡《二年律令·行書律》規定:"郵人行書,一日一夜行二百里。"[②]本件木牘文書比較緊急,所以才會使用"郵行"的傳遞方式。

秦漢時期簡牘文書封檢的内容主要包括發文機構、收文機構以及郵遞方式等。一般來講文書都有封檢,汪桂海先生曾考證指出:"漢代官文書的封檢通常有正面、背面兩枚,其上皆題署收文者名稱。所不同的是,正面的封檢較厚,上刻封泥槽;背面的封檢則略薄,無封泥槽。"[③]雖然《發掘簡報》中尚未見到與本簡相應的封檢,但侯旭東先生已經注意到木牘上有明顯契口:"A 面左側有兩明顯契口,從 B 面看,契口處有編繩通過的痕迹,A 面未見。"[④]他據此推測:"當時應是在正面之上另外覆蓋一封檢後繫繩封緘,再傳送。"[⑤]根據上文考論,當時在正面之上確實是覆蓋了一枚"函封簡",于豪亮先生曾指出:

> 合檄必然是把文件寫在大小相等的兩片木板上,然後把有字的一面相向重合起來,再纏上繩子,印上封泥。上面的一片木板上必然要寫上收件人的地址和姓名,這樣,上面一片同時也起着封檢的作用。[⑥]

我們的復原和猜測也正與于豪亮先生的"合檄"研究契合,衹是我們復原的"合檄"形制又與于先生所説稍有不同。除了復原的形制是"凵"型,J1③:264-294 號木牘的 B 面之上應當有一個封泥槽(這個封泥槽懷疑是一個獨立的封泥匣,其大小正與 B 面上下兩個契口之間的位置吻合),印上封泥,然後再繫繩封緘,也正因爲如此,B 面"郵行"二字才會就寫在第一個契口之上,而"郵行"二字下方則是空白。

① 長沙市文物考古研究所、清華大學出土文獻研究與保護中心、中國文化遺産研究院、湖南大學嶽麓書院:《長沙五一廣場東漢簡牘選釋》,202 頁,圖版見 99 頁。

② 張家山漢墓竹簡整理小組:《張家山漢墓竹簡[二四七號墓]》(釋文修訂本),北京:文物出版社,2006,46 頁。

③ 汪桂海:《漢代文書的收發與啓封》,《簡帛研究》第 3 輯,南寧:廣西教育出版社,1998,322 頁。

④ 侯旭東:《湖南長沙五一廣場東漢簡 J1③:264-294 考釋》,117 頁。

⑤ 侯旭東:《湖南長沙五一廣場東漢簡 J1③:264-294 考釋》,117 頁。

⑥ 于豪亮:《居延漢簡釋叢》,《于豪亮學術論集》,106 頁。

根據筆迹分析,我們已經知道本件木牘的三部分是分别由三個書手所寫,那麽第三部分"郵行"的書手是誰呢?汪桂海先生曾指出:"漢代自中央到地方均設有專職官吏負責考課郵驛行書情況。《續漢書·百官志一》記載,太尉府有法曹,'主郵驛科程事'。郡縣兩級官府依仿太尉府設法曹,主管考課本區域内的郵驛行書工作……此外,郡吏中的督郵、縣吏中的郵書掾亦是掌郵驛行書事務者。""郵書掾的職掌應是負責本縣郵驛行書事務的督察。"①我們認爲縣郵書掾除了督察外,其職掌很可能還包括具體的郵驛行書事務,比如安排郵人傳送文書,并在封檢上題署。本件木牘顯然是由鄉送到縣廷,所以很可能是由鄉中負責郵驛行書事務的吏員在木牘上題寫了第三部分"郵行"等内容。

三

木牘第一部分中出现的"鄉别治掾",《發掘簡報》解釋爲"或指縣廷派駐諸鄉的掾職"。②李均明先生在《發掘簡報》意見基礎上進一步認爲"或由賊曹調往,故後文稱文件'起賊廷',即從賊曹辦公處所發出,而非從沮鄉之别治啓程"。③ 與《發掘簡報》及李均明先生的看法不同,侯旭東先生引敦煌漢簡等文獻指出此處的"别治"爲動詞,"表示離開通常的治所,在别處辦公"。進而認爲"沮鄉别治掾"的含義是指離開沮鄉治所,在該鄉界内别處辦公的掾,"而倫具體的辦公地點,應該就是 A 面最末一句提到的'賊廷'"。"沮鄉"亦應是臨湘縣的屬鄉。④ 我們同意侯旭東先生對"别治"等的解釋,但我們認爲《發掘簡報》解釋"鄉别治掾"爲"或指縣廷派駐諸鄉的掾職"更穩妥,"沮鄉别治掾"的含義很可能是指離開臨湘縣廷治所,在沮鄉界内辦公的掾,沮鄉别治掾履行的具體職責和辦公的地點在鄉不在縣。尹灣漢簡《東海郡下轄長吏名籍》載:

> 鹽官長琅邪郡東莞徐政,故都尉屬,以廉遷。
> 鹽官丞汝南郡汝陰唐宣,故大常屬,以功遷。
> 鹽官别治北蒲丞沛郡竹薛彭祖,故有秩,以功遷。
> 鹽官别治郁州丞沛郡敬丘淳於賞,故侯門大夫,以功遷。
> 鐵官長沛郡相莊仁,故臨朐右尉,以功遷。
> 鐵官丞臨淮郡淮陵龔武,故校尉史,以軍吏十歲補。

---

① 汪桂海:《漢代官文書制度》,南寧:廣西教育出版社,1999,191 頁。
② 長沙市文物考古研究所:《湖南長沙五一廣場東漢簡牘發掘簡報》。
③ 李均明:《長沙五一廣場東漢簡牘考證八則》,"史料與法史學"學術研討會,臺北,2014 年 3 月 26-28 日。
④ 以上觀點參見侯旭東《湖南長沙五一廣場東漢簡 J1③:264-294 考釋》,116 頁。

鐵官别作□丞山陽郡方與朱賢,故有秩,以功遷。[1]

以上是西漢晚期東海郡下轄長吏名籍,于振波先生曾指出上面簡文中的"别治"或"别作","從字面意義上看,當指分支或派出機構"。進而推斷"所謂'别治'或'别作',當是離官的不同稱呼而已"。[2] 其中"别治"的解釋,也應當大致適用於本文討論的"鄉别治掾"。另漢魏時期還有"别將"之説,如《漢書·高帝紀上》載:"五月,項羽拔襄城還。項梁盡召别將。"顔師古注:"别將,謂小將别在他所者。"[3]《三國志·魏志·明帝紀》載:"征東大將軍曹休又破其别將於尋陽。"[4]以上史料是可以作爲"鄉别治掾"的一個補充參考。

徐暢考察走馬樓簡所見孫吴"鄉勸農掾"時指出:"漢晋之際,由於縣級政權行政力的向下擴散,以及基層里吏行政功能的凸顯,鄉級原應承擔的各種定期、不定期事務,在實質上已爲縣派駐下鄉的廷掾,以及更基層的管理者如里魁、歲伍、月伍等所分有。"她認爲本木牘中出現的沮鄉别治掾"與東牌樓簡中的(臨湘)東(左)部勸農郵亭掾實爲一種性質,如《發掘簡報》所言,不是鄉部之屬吏,而是《續漢書·百官志》所記載的縣廷派出'監鄉五部'的廷掾。"[5]此觀點甚是。[6] 既然沮鄉别治掾是由縣廷派出的縣吏,其從鄉里發書給縣廷也很合理。此外,之所以認爲此件文書發自沮鄉,還與簡文中沮鄉别治掾倫所匯報的事件發生地相關。

本件木牘所敘述的發生度田糾紛的地點顯然是在沮鄉境内。第一部分簡文中有"輒將祖、仲等詣發所,逐捕純,不得"一句,其中"發所"京師出土文獻研讀班鍾芳華翻譯爲"發生的地點"[7],南朝宋劉義慶《世説新語·政事》記述東漢末年陳寔事迹:"陳仲弓爲太丘長,有劫賊殺財主,主者捕之。未至發所,道聞民有在草不起子者,回車往治之。"[8]其中"發所"用法與本簡一致。"發所"一詞又見於編號一一九函封簡 CWJ1③:227:

☑合檄一封。便長之印。詣如署。

① 連雲港市博物館、東海縣博物館、中國文物研究所、中國社會科學院簡帛研究中心編:《尹灣漢墓簡牘》,北京:中華書局,1997,93-94 頁。

② 于振波:《漢代的都官與離官》,《簡帛研究二〇〇二、二〇〇三》,桂林:廣西師範大學出版社,2005,225 頁。

③ 《漢書》卷一上《高帝紀上》,北京:中華書局,1962,14 頁。

④ 《三國志》卷三《魏志·明帝紀》,北京:中華書局,1959,92 頁。

⑤ 徐暢:《走馬樓簡所見孫吴"鄉勸農掾"的再研究——對漢晋之際鄉級政權的再思考》,《文史》2016 年第 1 期。

⑥ 關於漢末以來鄉一級管理者的來源,孫聞博先生指出"漢末三國之際,國家對鄉的管理經歷了由派出機構到派出部吏的轉化。"(孫聞博:《簡牘所見秦漢鄉政新探》,《簡帛》第 6 輯,上海古籍出版社,2011,473-474 頁)徐暢先生認爲:"無論勸農掾,或典田掾,衹是臨湘侯國部署巡察各鄉的廷掾的一個職位名目,他們的職責在縣諸曹指揮下,處理鄉部内的非常規事務,衹是每次外派駐鄉時,名目不同,或稱勸農掾,嘉禾五年以後,傾向於以典田掾稱之。三國孫吴不存在鄉行政機構、田地管理系統這兩套并存系統,而衹有縣級派出的廷掾。"(徐暢:《走馬樓簡所見孫吴"鄉勸農掾"的再研究——對漢晋之際鄉級政權的再思考》)

⑦ 鍾芳華:《五一廣場 CWJ1:③264-294 號東漢木牘集釋》。

⑧ [南朝]劉義慶著,徐震堮校箋:《世説新語校箋》,北京:中華書局, 1984,90 頁。

▨永初二年正月廿七日甲午起發所。[1]

根據秦漢文書書寫習慣,上簡中的"發所"是指文書發出的地點,如此,是否還可認爲本件文書中作爲事件"發生的地點"的"發所"也可以作爲文書發出的地點?不排除這種可能性。如此,則本件文書的"發所"很可能就是在沮鄉界内,當是沮鄉别治掾在沮鄉界内辦公,并從沮鄉界内發文給上級機構。

再者,第一部分中的"必得爲故",《發掘簡報》認爲"故,事也。'必得爲故'指以捕得罪犯爲職事",[2]李均明先生據居延漢簡 179.9"以必得爲故"爲證,指出這個詞是兩漢司法常用語。[3] 這裏的"必得爲故"實際上應是沮鄉别治掾倫對上級表決心和態度,所以就文書第一部分的内容而言,上級對於此事在此之前是完全不知情的,因此沮鄉别治掾倫上書説明這件事,衹是向上級匯報事情經過,并無處理結果,其匯報的上級機構如前所述最合適的處理機構應當就是賊曹。[4] 據此可以進一步確定這件文書的第一部分應當就是由沮鄉别治掾倫寫成然後被郵人送到(B 面的"郵行")臨湘縣廷或具體負責此事處理的曹署(極可能就是臨湘賊曹)。

綜上,《發掘簡報》所説鄉别治掾"或指縣廷派駐諸鄉的掾職"似乎更合理,即沮鄉别治掾爲縣廷派駐沮鄉的掾職,在沮鄉主持度田。沮鄉别治掾倫應當是將度田糾紛的情況上報到縣廷,而縣廷中這類糾紛案件通常是由賊曹負責處理。

四

以上主要討論了 J1③:264-294 號木牘的第一部分和第三部分,接下來主要討論第二部分。

如何解釋 J1③:264-294 號木牘第二部分内容"·檄即日起賊廷"?從字面上來看,此件文書自稱爲"檄",[5]并由"即日起賊廷"可知此文書的發送日期爲"即日"即當天,文書的發送

---

① 長沙市文物考古研究所、清華大學出土文獻研究與保護中心、中國文化遺産研究院、湖南大學嶽麓書院:《長沙五一廣場東漢簡牘選釋》,204 頁。

② 長沙市文物考古研究所:《湖南長沙五一廣場東漢簡牘發掘簡報》。

③ 李均明:《長沙五一廣場東漢簡牘考證八則》。

④ 《發掘簡報》載:"倫知情即率陳祖等赴事發地點,未捕得伍純,遂發此文向縣廷報告。"(長沙市文物考古研究所:《湖南長沙五一廣場東漢簡牘發掘簡報》)

⑤ 侯旭東先生指出本木牘"但它自稱爲'檄',或許屬於一般的'板檄'? 關於'檄',究竟屬於一種文體,還是某種特定形制的木牘,或不加封裝的'露布',還是兼而有之,仍有不少待解之謎。"(參見侯旭東《湖南長沙五一廣場東漢簡 J1③:264-294 考釋》,116 頁)關於此件文書爲何稱"檄",首先正如前文所説,本件木牘乃是合檄的一部分,所以稱"檄"也是理所當然。

地點按照官文書的書寫慣例則爲“賊廷”。

鍾芳華曾指出“從當時身爲桑鄉賊捕掾的掾珍向縣廷呈送文件時還需‘詣左賊’的情況看,《發掘簡報》和李均明先生將鄉吏發文機構理解爲縣曹的觀點有誤。這個‘賊廷’也不可能是經常作爲收件機構的‘賊曹’,故而侯旭東先生也衹含糊地表示‘賊廷’或指的是‘賊捕掾’的辦公地點。”[①]按,侯旭東先生原文如下:

本文書從内容看屬於一種言事文書,但自稱爲“檄”。并説明發送此文書的日期爲事發當天,表示此事得到及時處理與報告,儘管當事人尚未捕獲。此處“賊廷”或指的是“賊捕掾”的辦公地點,也是倫的文書發送地點,應該就是他當時辦公所在地。[②]

從鍾芳華舉桑鄉賊捕掾珍向縣廷呈送文件需“詣左賊”(CWJ1③:250)以及五一廣場簡出土文書情况來看(如上舉函封簡),鄉吏(小武陵鄉助佐)以及執行任務下派的縣吏(左部勸農郵亭掾、桑鄉賊捕掾)等發文給縣曹,其發文地點大都是在鄉亭。

從文書匯報的事件性質來看,也應當是由縣廷的賊曹來負責進行初步處理。《發掘簡報》:“賊廷,或指賊曹治所。”[③]文書第二部分中的“賊廷”應當就是縣廷的賊曹,是指臨湘縣廷下的賊曹治所。賊曹吏員比較多,“如《中部碑》等碑刻,既有以門下賊曹爲稱者,又有以右賊曹掾史爲稱者,其他記載中還有以賊捕掾爲稱者”。[④] 賊曹主盜賊事,《漢書》卷七六《張敞傳》:“敞(爲京兆尹)使賊捕掾絮舜有所案驗。”注云:“賊捕掾,主捕賊者也。”[⑤]“賊捕掾”專掌逐捕盜賊,至於度田之事,似乎并不在管轄範圍之内。不過考慮到第一部分沮鄉别治掾匯報的事件已經不是普通的度田糾紛,男子伍純的傷人行爲從法律上講已屬於“賊傷人”,亦在其職責範圍之内。五一廣場東漢木牘編號二五的 CWJ1③:305 釋文如下:[⑥]

君追殺人賊小武陵亭部。兼左賊史順、助史條白:待事掾王純言,前格殺殺人賊黄㑥、郭幽。今㑥同産兄宗、宗弟禹於純門外欲逐殺純。教屬曹今白。守丞護、兼掾英議請移書賊捕掾浩等考實姦君詐。白草。

延平元年四月廿四日辛未白。

---

① 鍾芳華:《五一廣場 CWJ1:③264-294 號東漢木牘集釋》。按:文中所説爲《選釋》編號七四 CWJ1③:250 載“桑鄉賊捕掾珍”,此處鍾芳華先生將“桑鄉賊捕掾”認作鄉吏。編號九五木兩行 CWJ1③:325-1-20 載“縣部賊捕掾珍”,“縣部賊捕掾珍”是否就是“桑鄉賊捕掾珍”?存疑。但正如前文提到孫聞博、徐暢二位先生的研究,此處“桑鄉賊捕掾珍”應當是縣吏。

② 侯旭東:《湖南長沙五一廣場東漢簡 J1③:264-294 考釋》,117 頁。

③ 長沙市文物考古研究所:《湖南長沙五一廣場東漢簡牘發掘簡報》。

④ 安作璋、熊鐵基:《秦漢官制史稿》,濟南:齊魯書社,2007,670 頁。

⑤ 《漢書》卷七六《張敞傳》,3223 頁。

⑥ 長沙市文物考古研究所、清華大學出土文獻研究與保護中心、中國文化遺産研究院、湖南大學嶽麓書院:《長沙五一廣場東漢簡牘選釋》,142 頁。

李均明先生指出上簡中的"待事掾"是縣曹掾,"《金石萃編》卷十《蒼頡廟碑》兩見'待事掾'負責縣廷雜務。有關治安事宜,如追捕罪人等,主要應由賊曹負責,而此案由待事掾處理,當爲臨時措施,非專職"。[①] 簡文又載"守丞護、兼掾英議請移書賊捕掾浩等考實姦詐",賊捕掾掌管治安事宜可見一斑。鄒水傑先生引《史記》卷一二四《游俠列傳》載郭解"執恭敬,不敢乘車入其縣廷"認爲"這裏的廷應爲進寺門後的庭院,或者説是寺門内的整個辦事之廷,非專指正堂"。[②] 而且"廷"可以是與派出機構相對而言,"表示縣寺之内"。[③] 文書第二部分中的"賊廷"應當就是縣廷的賊曹,賊曹的辦公地點在縣寺之内。

東牌樓東漢簡牘中有一枚殘簽牌,編號一〇一三,其上部有穿繩用的小孔,正、背各存文三行,大部分内容漫漶難辨,簡文如下:

右爲鄉□□□
□□
賊□□□□□□(正面)
右鄧掾□□
□□□
賊□□□□(背面)[④]

這應當是楬,即簽牌。楬,一般雙面書寫,也有單面書寫者。[⑤] 通常雙面書寫者,其正反面所標示的應是同一物。本枚簽牌爲雙面書寫,參照背面的内容,其正面的簡文或應爲"右爲鄉□□掾",此"鄉□□掾"與背面的"鄧掾"當爲同一人。正背面中的"賊□□□□□□""賊□□□□"則很可能與"賊曹"相關。根據殘文和形制來看,此枚簡應當是臨湘縣某屬鄉的掾吏向臨湘縣廷上報的文書的簽牌,這個簽牌應當是從鄉送到臨湘縣廷以後由賊曹所加。雖然本簡内容過於殘斷,但它表明屬鄉掾吏上報的文書顯然是經由賊曹處理,所以才會出現這樣一個簽牌。侯旭東先生利用長沙走馬樓吴簡研究臨湘侯國政務處理分工時,認爲"很多事務在各曹就可以處理完畢,無需繼續上報。這些已經辦完事務,亦要書寫事務摘要,并將相關文書整理成册,交由門下書佐,摘要彙總後定期上呈門下備案,文書則按事務封存(形成'×

① 李均明:《東漢木牘所見一樁未遂報復案》,西北師範大學歷史文化學院、甘肅簡牘博物館編《簡牘學研究》第5輯,蘭州:甘肅人民出版社,2014,112頁。

② 鄒水傑:《兩漢縣行政研究》,長沙:湖南人民出版社,2008,46頁。

③ 鄒水傑:《兩漢縣行政研究》,47頁。

④ 長沙市文物考古研究所、中國文物研究所編:《長沙東牌樓東漢簡牘》,115頁。

⑤ 莊小霞:《東牌樓簡"中倉租券簽牌"考釋》,《簡帛》第5輯,上海古籍出版社,2010,416頁。

曹言'類的簡)。"[①]就目前 J1③:264-294 號木牘來看,很可能因爲沮鄉别治掾倫上報的事件十分嚴重十分緊急(男子反抗度田、打傷鄉吏逃跑),賊曹無法處理,於是即刻上報上一級縣廷主事者,故有"·檄即日起賊廷"。

侯旭東先生認爲本件文書的第一部分和第二部分都是沮鄉别治掾倫所寫,"最左邊一行字迹無明顯差别,應是倫所書。"[②]侯文所説的"最左邊一行字迹"即指第二部分"·檄即日起賊廷",上文已經指出"·檄即日起賊廷"的筆迹與第一部分不相同,且其墨色濃重,與第一部分應該不是同一時間段所寫。依據墨迹濃淡不同判斷書寫時間不同,在五一廣場簡中并非獨有此例,如 J1③:264-294 號木牘整理者指出其中"'長沙太守丞印'六字墨迹較淡,當爲第二次書寫。"[③]侯旭東先生認爲"此件木牘所抄寫的當是文書正本,被遞送到臨湘縣廷後,經收件人拆封、閱讀却没有在文書上另做批示。"[④]我們認爲本件文書中"·檄即日起賊廷"應當就是賊廷的文書處理意見,即盡快向上級臨湘縣廷匯報,同時這也是文書傳送的時間、地點記録,如上舉 CWJ1③:285A 簡下端凸面書寫"永元十五年五月七日晝漏盡起府",整理者認爲"所書爲文件發出傳送的起程時間、地點"。[⑤]

東牌樓一〇〇一號簡整理者命名爲"光和六年監臨湘李永例督盗賊殷何上言李建與精張諍田自相和從書","從其首尾皆署'監臨湘李永例'等語,可知本文書的性質,當是監臨湘李永在收到督盗賊殷何所呈報的文書之後,再將其文書内容向有關部門條列呈報,因此這裏的'例'當作'列'解,意爲條列呈報或者列言"。[⑥] 下級會將文書内容向有關部門條列呈報,上級在回復下發文書時有時會引用下級之前呈報的内容,如五一廣場簡 J1③:285A:

> 府告兼賊曹史湯、臨湘:臨湘言,攸右尉謝栩與賊捕掾黄忠等别問僦趙明宅者完城旦徒孫詩,住立,詩畏痛自誣:南陽新野男子陳育、李昌、董孟陵、趙□□[等]劫殺明及王得等。推辟謁舍,亭例船刺無次公等名。縣不與栩等集問詩,詩自誣,無檢驗,又詩辭:於其門聞不處姓名三男子言渚下有流死二人。逐捕名李光、陳常等,自期有書。案□移湯書:詩辭:持船於湘中糴(糴)米,見流死人。縣又不緑(録)湯書而未殺,不塞所問,巨异不相應,何?咎在主者不欲實事。記到,湯、縣各實核不相應狀,明正處言,皆會月十

① 侯旭東:《湖南長沙走馬樓三國吴簡性質新探》,長沙簡牘博物館編《長沙簡帛研究國際學術研討會論文集》,上海:中西書局,2017,89 頁。

② 侯旭東:《湖南長沙五一廣場東漢簡 J1③:264-294 考釋》,116 頁。

③ 長沙市文物考古研究所、清華大學出土文獻研究與保護中心、中國文化遺産研究院、湖南大學嶽麓書院:《長沙五一廣場東漢簡牘選釋》,上海:中西書局,2015,139 頁。

④ 侯旭東:《湖南長沙五一廣場東漢簡 J1③:264-294 考釋》,116 頁。

⑤ 長沙市文物考古研究所、清華大學出土文獻研究與保護中心、中國文化遺産研究院、湖南大學嶽麓書院:《長沙五一廣場東漢簡牘選釋》,202 頁,圖版見 99 頁。

⑥ 鄔文玲:《長沙東牌樓東漢簡牘〈光和六年自相和從書〉研究》,《南都學壇》2010 年第 3 期。

五日。毋佝(何)㲄(繫)無罪、毆擊人。有府君教

五月九日開

永元十五年五月七日晝漏盡起府[①]

該木牘中長沙太守府告兼賊曹史湯、臨湘，首先説“臨湘言”，顯然臨湘縣此前曾向上級長沙太守府呈報了相關文書，這反映了縣與郡之間的文書流轉過程，至於鄉亭與縣廷的文書流轉過程，則可關注東牌樓東漢簡牘與五一廣場東漢簡牘中相關文書，鄉亭上報縣廷的文書實際上并不一定是在第一時間就交到了縣廷主事者(縣令、長或地位重要的縣丞)手中，而很可能是先被送到縣廷的曹署，經由曹署吏員的初步處理再上報到縣廷主事者手中，臨湘縣廷J1③:264-294號木牘的第二部分“·檄即日起賊廷”正是這一文書流轉過程的反映，即文書很可能是先送到了賊曹，然後再上報到縣廷主事者手中。[②] J1③:264-294號木牘所反映的文書流轉過程，也與漢代官衙的空間格局相合。日本學者佐原康夫結合文獻與和林格爾漢墓壁畫等，復原漢代上自丞相府，下至縣、道廷、傳舍中的官衙的空間格局，指出：各官衙的前方(接近南門的區塊，與居民住宅區接近的區塊)是屬吏工作場合的諸曹(列曹)，夾着一道中門(閤)，裏面是長官處理政務的堂及其前相當於中庭的廷的區塊，再往裏是長官的私人生活區塊(便座)，共分成三個部分。[③] 縣衙的空間格局也是從外(列曹)到裏(堂、廷)，送到縣廷的文書流轉過程也應是如此。

五

最後，在上文討論的基礎上，簡要總結J1③:264-294號木牘的流轉製作過程，并希望藉此對東漢晚期基層地方政府的行政管理機制有所了解。

---

① 長沙市文物考古研究所、清華大學出土文獻研究與保護中心、中國文化遺産研究院、湖南大學嶽麓書院：《長沙五一廣場東漢簡牘選釋》，202頁。

② 以上所述在筆者研究里耶秦簡“某官發”類簡時又得到進一步佐證，不嫌贅繁，兹將相關研究引述如下：

由里耶秦簡“某官發”類簡可知秦代官府文書的收發啓封根據文書發送方的指定由不同官府機構分别負責，送來的文書很可能是先經具體官府機構或吏員處理，然後再向上級匯報，比如以下三簡：

廷主吏發。8-52

廷户曹發。8-263

廷主吏發。8-347

縣廷的最高主管是縣令長，然而文書最初寄送到達時并不是全部由縣令長負責拆封，比如上面三簡分别是由給縣廷主吏拆封(簡8-52)、縣廷户曹拆封(簡8-263)、縣廷主吏拆封(簡8-347)，很可能之後再上報縣令長(參見莊小霞《里耶秦簡“某官發”類簡研究——兼釋“署某官某發”》，待刊)。

③ 參見佐原康夫《漢代の官衙と屬吏について》，《東方學報》第61册，1989，收入氏著《漢代都市機構の研究》，東京：汲古書院，2002，195-280頁。譯文轉引自[日]紙屋正和著，朱海濱譯《漢代郡縣制的展開》，上海：復旦大學出版社，2016，428頁。

木牘第一部分是以沮鄉别治掾倫的口吻寫成("沮鄉别治掾倫叩頭死罪,敢言之……倫職事無狀,惶恐叩頭,死罪死罪,敢言之"),執筆者應當就是沮鄉别治掾倫,此部分文書根據内容可以命名爲"元興元年沮鄉别治掾倫言事"。同時我們推測此件文書應有一枚函封簡,與之組成一件完整的合檄,根據五一廣場和東牌樓東漢簡牘所見函封簡的格式對這枚函封簡的内容進行了相應的復原。第一部分即"元興元年沮鄉别治掾倫言事"。文書首先由沮鄉送到臨湘賊廷,即賊曹的辦公治所,賊曹的官吏根據内容判斷其緊急程度,并進行初步處理,於是寫下了處理意見"·檄即日起賊廷","即日"説明賊曹認爲這件文書緊急,應當日匯報呈送上級臨湘縣廷處理。

從時間軸上來看,"元興元年六月癸未朔六日戊子"這一天沮鄉别治掾倫撰寫了此件文書的第一部分,第二部分的"即日"則是賊曹的官吏收到并處理文書第一部分的當日,應是"元興元年六月癸未朔六日戊子"之後的日子。第二部分"·檄即日起賊廷"的撰寫者是賊曹的官吏,也即對沮鄉别治掾倫匯報的情況進行初步處理的官吏,其處理的意見就是將沮鄉别治掾倫匯報的情況迅速向上一級的臨湘縣廷報告,同時也是文書傳送的時間、地點記録,此時文書屬於在縣寺之内的傳遞。可以説第一部分與第二部分賊曹的批示共同構成一份新的文書,這份新文書的接收方應當就是臨湘縣廷的主事者。

根據本文考論,這件木牘的第一部分是文書正本,應當是以合檄的形式被遞送到臨湘縣,首先由臨湘賊曹拆封、閲讀,并做出初步處理批示,其所做批示就是即日將文書從賊曹發出交給上一級處理,文書接下來要呈送的上一級很可能就是臨湘縣廷。[①] J1③:264-294 號木牘也從一個方面反映了東漢晚期基層地方政府的行政管理機制,鄉在發生事件後,根據事件性質將報告文書送到相應的縣廷曹署,負責的縣廷曹署則會對文書做初步的處理批示,再繼續上呈給上一級的縣廷主事者,由縣廷主事者對事件做進一步的處理。通過這枚木牘,可以清楚看到東漢時期從鄉一級上報到縣廷的文書,到了縣廷以後經由某曹(根據事件性質,分由列曹處理)處理,[②]再上交縣廷主事者的完整過程,這即是該類文書流轉的過程,同時也反

① 雖然《發掘簡報》稱"1 號窖位於東漢時期長沙府衙所在地。"(參見長沙市文物考古研究所《湖南長沙五一廣場東漢簡牘發掘簡報》,《文物》2013 年第 6 期,17 頁)但已有學者提出不同意見,認爲應當是臨湘縣廷的文書,如陳偉先生認爲"長沙五一廣場 1 號窖出土的東漢簡牘,就已披露的二十枚資料看,大致可判定爲臨湘縣廷的文書。"他還説:"本文是在 9 月 21 日上午於長沙楓林賓館召開'2013 長沙五一廣場東漢簡牘學術研討會'上討論時發言基礎上寫成的。會議開始前,筆者曾就五一廣場所出東漢簡牘應屬臨湘縣一事請教李學勤先生。李先生指出他也認爲屬於臨湘縣廷。侯旭東教授在會上發表時,指出例八(3:264-294)爲屬鄉至縣廷的文書。筆者發言後,李均明先生回應指出,就目前所見簡牘看,大多數應屬臨湘縣文書。"(以上均參見陳偉《五一廣場東漢簡牘屬性芻議》,簡帛網,2013 年 9 月 23 日)就目前材料來看,屬於臨湘縣廷文書的可能性很大,并且臨湘縣廷可能存在各署合署辦公的情況。

② 侯旭東先生研究走馬樓吴簡時指出"鄉與承辦具體事務的小吏不能直接將文書送到門下,必須先送到諸曹"(參見侯旭東《湖南長沙走馬樓三國吴簡性質新探》,89 頁)。又,侯旭東先生在 2017 年 12 月 12 日惠賜意見的信件中指出:"從吴簡看,所有的鄉呈送的上行文書均要注明是給某個具體的曹的。""看來東漢中期已是如此。"

映了當時地方層級行政管理。至於本文討論的這件文書所匯報的事件將如何處理,接下來的程序應當是臨湘縣廷繼續向長沙郡報告,臨湘縣廷上報時會撰寫一份新的下對上的上呈文書,會將J1③:264-294號木牘的第一部分内容條列呈報,同時加上臨湘縣廷對此事的處理意見。此時J1③:264-294號木牘作爲一份原始的正本文書,則會保存在臨湘縣廷,這也是我們今天能看到這份文書的原因。

附記:本文初稿完成後,感謝蘇俊林博士、徐暢博士審閲賜教。曾磊博士對本文的最終完成提供了非常寶貴的意見,特此感謝。同時,感謝侯旭東先生、鄔文玲先生、京師出土文獻研讀班各位師友的指正。

湖南長沙五一廣場東漢簡札記二則

中國人民大學國學院　李蘭芳

内容提要　長沙五一廣場出土的東漢簡牘中,J1③:314 反映了作徒赴遠地服刑的情况,J1③:315 則提供了大司農及其屬官的信息。通過對其内容的考釋,可以得到一些新認識:作徒在服刑地集中居住在一地,刑期結束后會被遣回原籍。東漢已在大司農下設護漕掾,西晋因襲;兩漢時期都設有東園匠,西漢時屬少府,東漢時或改屬大司農,與㮚官令相似,可補正史之闕。這有助於我們認識兩漢時期大司農、少府屬官設置的變更,及背後藴含的國家財政和帝室財政合二爲一的歷史變遷。

關鍵詞　五一廣場東漢簡牘　髡鉗　大司農　東園掾

2010 年 6-8 月,湖南省長沙市五一廣場地下 1 號窖出土了大量東漢簡牘。《湖南長沙五一廣場東漢簡牘發掘簡報》《長沙五一廣場東漢簡牘選釋》(以下簡稱"《選釋》")相繼公布了部分資料。這批簡牘内容豐富,以官文書爲主,涉及東漢早中期政治、經濟、司法、軍事等諸多領域,具有重要的史料價值。筆者在閲讀過程中發現簡 J1③:314、J1③:315 藴含豐富的歷史信息,擬分别加以考釋,以就正於讀者。

一

木兩行 J1③:314 釋文如下:

入書事,具簿。掾棠書言:作徒濟陰成武髡鉗龐綏等百六十八人刑竟,謹以本郡致書

校計,應詔書,歲刑遣歸田里。范、朗、崇叩頭死罪。即日書謹到,輒實占:均所居高遷里,[①]

"具簿",《選釋》注釋説:"陳直根據居延漢簡認爲是'對簿之詞'。或'具簿'和'掾'連讀,爲專有名詞。"這兩種説法可能都不對。西北漢簡中有不少關於"具簿"的記載:

移計餘諸員見要具簿●謹移應書一編敢☑ 26.10

□□月癸卯官告第四候　長記到馳詣官會
☑毋以它爲解急如　董雲叩頭唯卿幸爲持具簿奉賦
□ 113.12A

具簿
二千石□賦見爲刻印章曰　廣德内史章小府
千石□賦見爲刻印章曰　□□内丞書佐十人
秩各百石其一人護工 113.18[②]

・肩水官候建昭元年十月旦□□□具簿☑ 73EJT21:263

	□□	日□二		沙□
	連椎四	□□三	櫨□十	破釜
・守禦器具簿	木枓二	□□三	牛頭石廿	□□☑
	七尺板二		羊頭石三百	□□
	□□□弦二		□□	73EJT22:37[③]

又有"閱具簿":

槖他駮南驛建平元年八月驛馬閱具簿 502.7[④]

戍卒趙國柏人希里馬安漢等五百六十四人戍詣張掖署肩水部至□□到酒泉沙頭隧閱具簿□☑ 73EJT28:63A[⑤]

① 長沙市文物考古研究所等編:《長沙五一廣場東漢簡牘選釋》,上海:中西書局,2015,彩色圖版 11 頁,紅外圖版 71 頁,釋文注釋 145-146 頁。以下簡稱《選釋》。

② 謝桂華、李均明、朱國炤:《居延漢簡釋文合校》,北京:文物出版社,1987,39、184、185、599 頁。

③ 甘肅簡牘保護研究中心、甘肅省文物考古研究所、甘肅省博物館、中國文化遺産研究院古文獻研究室、中國社會科學院簡帛研究中心編:《肩水金關漢簡(貳)》下册,上海:中西書局,2012,30、48 頁。

④ 謝桂華、李均明、朱國炤:《居延漢簡釋文合校》,599 頁。

⑤ 甘肅簡牘博物館、甘肅省文物考古研究所、甘肅省博物館、中國文化遺産研究院古文獻研究室、中國社會科學院簡帛研究中心編:《肩水金關漢簡(叁)》下册,上海:中西書局,2013,84 頁。

《小爾雅·廣詁》載:“閱、搜、履、庀,具也。”王煦曰:“《説文》:‘閱,具數於門中也。’《衆經音義》引是文云:‘閱,具也。具數於門中曰閱也。’《周書·多方》云‘克閱於乃邑’,東晋孔傳云:‘汝能使我閱具於汝邑。’皆以閱爲具也。”又曰:“《説文》:‘具,共置也。’按:具,从目从廾,亦有數義。故算字从具,是其證也。”[①]《二年律令·津關令》載:“令將吏爲吏卒出入者名籍,伍人閱具,上籍副縣廷。”[②]彭浩、陳偉、工藤元男修改釋文爲“伍以閱具”,并引楊建觀點,認爲“閱具本身即有查點、計算之意”。[③] 黎明釗也采納這一看法。[④] 因此,筆者以爲 J1③:314 的“具簿”是“閱具簿”的省稱,指清點、計算作徒數量的文書。

“作徒濟陰成武髡鉗龐綏等百六十八人刑竟”,濟陰郡屬兖州,轄境在今山東西南部,成武是濟陰郡屬縣,原屬山陽郡。髡鉗,《説文·髟部》:“髡,鬄髮也。”《漢書·高帝紀》:“郎中田叔、孟舒等十人自髡鉗爲王家奴,從亡就獄。”師古注:“鉗,以鐵束頸也。”[⑤]這是本義,作爲刑名,“髡鉗”在秦漢時期不斷發生着變化。一般認爲,“髡鉗”是“髡鉗城旦舂”的省稱,至東漢時期已不是秦及漢初減死一等的重刑,而是指刑期五年的勞役刑。[⑥] 刑竟,指刑期已盡。

另外,本郡,當指濟陰郡。歲刑,即一歲刑,但此解文意不洽,暫且存疑。高遷里,臨湘鄉里名,是作徒濟陰成武髡鉗龐綏等百六十八人在臨湘縣的居所。長沙走馬樓三國吴簡中多見高遷里,三國東吴時期的高遷里之名或沿自東漢時期。

通過木兩行 J1③:314 可知,髡鉗城旦舂是有期勞役刑,這些作徒(不一定均爲髡鉗城旦舂)以縣爲單位統一管理,前往外郡服刑,且是距離遙遠的長沙郡。在服刑地,他們被記録在册,集中居住在一地,可能不與當地居民混住。刑期結束後,將被遣回故鄉。簡中的詔書當與恩赦作徒歸鄉有關,或與和帝永元年間的兩詔書相類。《後漢書·和帝紀》載:“(永元六年)秋七月,京師旱。詔中都官徒各除半刑,謫其未竟,五月已下皆免遣。”[⑦]又載:“(永元)十一年春二月,遣使循行郡國,稟貸被灾害不能自存者,令得漁采山林池澤,不收假税。丙午,詔郡國中都官徒及篤癃老小女徒各除半刑,其未竟三月者,皆免歸田里。”[⑧]

---

① 遲鐸集釋:《小爾雅集釋·廣詁》,北京:中華書局,2008,15 頁。

② 張家山二四七號漢墓竹簡整理小組編著:《張家山漢墓竹簡[二四七號墓]》(釋文修訂本),北京:文物出版社,2006,84 頁。

③ 彭浩、陳偉、[日]工藤元男主編:《二年律令與奏讞書:張家山二四七號漢墓出土法律文獻釋讀》,上海古籍出版社,2007,310-311 頁。

④ 黎明釗:《肩水金關漢簡的趙地戍卒》,《邯鄲學院學報》2014 年第 4 期。

⑤ 《漢書》卷一下《高帝紀下》,北京:中華書局,1962,67 頁。

⑥ 陳玲、張紅岩:《漢代髡鉗城旦刑考略》,《青海民族大學學報(社會科學版)》2010 年第 3 期;連宏:《秦漢髡、耐、完刑考》,《古代文明》2012 年第 2 期。

⑦ 《後漢書》卷四《和帝紀》,北京:中華書局,1965,179 頁。

⑧ 《後漢書》卷四《和帝紀》,185 頁。

二

木兩行J1③:315釋文如下:

永初四年七月癸未[朔][四]日丙戌,臨溈鄉嗇夫范,助佐朗、崇敢言之。廷下

詔書曰:大司農□言,東園掾翔、護漕掾洛(?)、守大倉令給事謁者郎中興、領籞官令(A)

臨溈鄉小官印

七月　日　郵人以來　　　　史　白開(B)[①]

J1③:315所録文書的時間爲"永初四年七月癸未[朔][四]日丙戌","四日"之"四"字迹模糊,難以辨識,但查王雙懷等《中華日曆通典》與饒尚寬《春秋戰國秦漢朔閏表》均合。以公元紀年法,此日爲公元110年8月6日。[②]

"臨溈鄉嗇夫范,助佐朗、崇"。臨溈,臨湘縣屬縣,因臨溈水而得名,位於今長沙市西北。溈水,酈道元《水經注》云:"潙水出益陽縣馬頭山,東逕新陽縣南,晋太康元年,改曰新康矣。潙水又東入臨湘縣,歷潙口戍東,南注湘水。"[③]關於"鄉嗇夫",整理者注釋稱:"鄉設有秩或嗇夫,負責一鄉事務。"[④]此説不準確。《續漢書·百官志》載:"鄉置有秩、三老、游徼。本注曰:有秩,郡所署,秩百石,掌一鄉人;其鄉小者,縣置嗇夫一人。皆主知民善惡,爲役先後,知民貧富,爲賦多少,平其差品。"[⑤]其中,"有秩"是有秩嗇夫的省稱,鄉嗇夫中有不够"有秩"級别者則是普通嗇夫。鄉有大小之别,長官級别因此有高低之分。[⑥] 由此也可見,臨溈鄉屬小鄉。"助佐",整理者認爲指諸鄉之佐史,掌文秘及雜務。除此例臨溈鄉助佐朗、崇外,《選釋》中還可見南鄉助佐普、廣成鄉助佐賜、小武陵鄉助佐番廣:

[永][元]十六年戊子朔七日甲午,南鄉有秩踊、助佐普叩頭死罪敢言之。

廷書曰:安成男子區意自言,故小武陵鄉佐孫倉以永元十四年(A)

---

① 長沙市文物考古研究所、清華大學出土文獻研究與保護中心、中國文化遺産研究院、湖南大學嶽麓書院編:《長沙五一廣場東漢簡牘選釋》,彩色圖版10頁,紅外圖版70頁,釋文注釋144-145頁。

② 王雙懷、方駿、陳佳榮、張錦華、樊英峰編:《中華日曆通典》,長春:吉林文史出版社,2006,1511頁。饒尚寬:《春秋戰國秦漢朔閏表》,北京:商務印書館,2006,219頁。

③ [北魏]酈道元著,陳橋驛校證:《水經注校證》卷三八《湘水》,北京:中華書局,2007,896頁。

④ 長沙市文物考古研究所、清華大學出土文獻研究與保護中心、中國文化遺産研究院、湖南大學嶽麓書院編:《長沙五一廣場東漢簡牘選釋》,145頁。

⑤ 《續漢書·百官志》,3624頁。

⑥ 仝晰綱:《秦漢鄉官里吏考》,《山東師大學報(社會科學版)》1995年第6期;張金光:《秦鄉官制度及鄉、亭、里關係》,《歷史研究》1997年第6期。

南鄉小官印。

六月　日　郵人以來。　　　　　　史　　　　白開。(B)　　　　J1③:325-1-105[①]

永初元年八月庚子朔廿一日庚申,廣成鄉有秩香、佐种、助佐賜叩頭死罪敢言之。

廷移府記曰:男子王石自言,女子溏貞以永元十四年中從石母列貸錢二萬,未(A)

廣成鄉印。

八月　日　郵人以來。　　　　　　史　　　　白開。(B)　　　　J1③:325-1-45[②]

書一封。

小武陵鄉助佐番廣言事。

詣如署。

永元五年二月甲午朔十六日己酉起。　　　　　　　　　　　　J1③:236[③]

《續漢書・百官志》及尹灣木牘東海郡吏員集簿等出土文獻的記載,表明鄉佐的職責是負責協助鄉嗇夫處理鄉里事務,"主民收賦税"。[④] 但目前所見傳世文獻及出土文獻中,少見鄉助佐的記載。五一廣場東漢簡牘的出土爲我們了解助佐,重新認識東漢鄉部的屬吏設置提供了新材料。從 J1③:325-1-45 看,助佐位次在佐之後,地位當低於佐。而 J1③:315 説明有的鄉,助佐不止一人。不過,助佐并非鄉特有的屬吏,據敦煌懸泉置漢簡ⅡT0114③:465 可知郡太守府亦有助佐:

閏月辛未,敦煌大守千秋、長史奉憙敢告中部宜禾都尉卒人,謂郡庫、守部千人、縣,寫移書到,亟召遣吏將日夜馳詣御史在所敦煌傳舍,物故白報。如律令,敢告卒人。/掾禹、守卒史尊、書佐義、助佐敞。[⑤]

通過此例文書署名可以發現,郡級屬吏中,助佐也位次最末,在佐、書佐等吏之後,地位較低。

"大司農□言,東園掾翔、護漕掾洛(?)、守大倉令給事謁者郎中興、領導官令",是臨湘縣廷所録中央下發詔書的内容,涉及大司農及其屬官。J1③:315 當爲文書册首簡,下有與之編連者,可惜目前不見。

大司農,東漢九卿之一,主農耕漕運等事。《續漢書・百官志》:"大司農,卿一人,中二千

① 長沙市文物考古研究所、清華大學出土文獻研究與保護中心、中國文化遺産研究院、湖南大學嶽麓書院編:《長沙五一廣場東漢簡牘選釋》,彩色圖版 19 頁,紅外圖版 79 頁,釋文注釋 160 頁。

② 長沙市文物考古研究所、清華大學出土文獻研究與保護中心、中國文化遺産研究院、湖南大學嶽麓書院編:《長沙五一廣場東漢簡牘選釋》,彩色圖版 36 頁,紅外圖版 96 頁,釋文注釋 195 頁。

③ 長沙市文物考古研究所、清華大學出土文獻研究與保護中心、中國文化遺産研究院、湖南大學嶽麓書院編:《長沙五一廣場東漢簡牘選釋》,彩色圖版 41 頁,紅外圖版 101 頁,釋文注釋 204-205 頁。

④ 《續漢書・百官志》,3624 頁。

⑤ 張俊民:《懸泉漢簡所見傳舍及傳舍制度》,《魯東大學學報(哲學社會科學版)》2010 年第 6 期。

石。本注曰:掌諸錢穀金帛諸貨幣。郡國四時上月旦見錢穀簿,其逋未畢,各具別之。邊郡諸官請調度者,皆爲報給,損多益寡,取相給足。丞一人,比千石。部丞一人,六百石。本注曰:部丞主帑藏。”[①]那麽,詔書所説大司農爲何人?《後漢書·梁慬傳》載:“何熙字孟孫,陳國人。……和帝偉之,擢爲御史中丞,歷司隸校尉、大司農。”[②]永初三年(109)年冬,“南單于與烏桓大人俱反。以大司農何熙行車騎將軍事”。[③] 永初四年(110)“三月,何熙軍到五原曼柏,暴疾,不能進,遣龐雄與慬及耿种步騎萬六千人攻虎澤。連營稍前,單于惶怖,遣左奥鞬日逐王詣慬乞降,慬乃大陳兵受之。單于脱帽徒跣,面縛稽顙,納質。會熙卒於師,即拜慬度遼將軍。”[④]都城洛陽(今河南洛陽)距長沙郡臨湘縣(今湖南長沙)約一千公里,考慮到山水阻隔,交通不便,但傳遞詔書花費的時間也不會超過 90 天。因此,詔書中所言大司農當非何熙,而是他的繼任者。但直至元初元年(115)九月,《後漢書·安帝紀》才有“辛未,大司農山陽司馬苞爲太尉”的記載,[⑤]而據簡 J1③:315 殘存筆劃,“大司農”后并非“苞”字。因此筆者猜測,何熙與司馬苞之間,還有人曾擔任過大司農之職,史書缺載,可惜 J1③:315 雖載但字迹不清。

東園掾,《漢書·百官公卿表上》載,東園匠十六官令丞是少府的屬官。[⑥] 顔師古注:“東園匠,主作陵内器物者也。”[⑦]安作璋、熊鐵基認爲:“作爲官署不當稱東園匠。”[⑧]所以,《漢書·霍光傳》顔師古又注:“東園,署名也。屬少府。”[⑨]另外,《續漢書·百官志》不言少府屬官有東園匠,安作璋、熊鐵基以爲東漢“尚方令似乎把考工、東園匠的職掌包括進來了”。[⑩] 似乎表明東漢取消了東園匠,但其職掌仍屬少府。不過,《後漢書》中多次出現了“東園祕器”“東園畫梓壽器”等記載,李賢注言:“東園,署名,屬少府。主作凶器,故言祕也。”[⑪]且據《續漢書·禮儀志》載,東園匠在大喪禮中扮演着一定的角色,如“東園匠、考工令奏東園祕器,表裏洞赤”“東園匠、武士下釘衽,截去牙”“祭服衣送皆畢,東園匠曰‘可哭’,在房中者皆哭”“東園匠奉封入藏房中”。[⑫] 可見,東漢時仍設有東園匠,但大約已改屬大司農,李賢注不當。關

---

① 《續漢書·百官志》,3590 頁。
② 《後漢書》卷四七《梁慬傳》,1593 頁。
③ 《後漢書》卷四七《梁慬傳》,1592 頁。
④ 《後漢書》卷四七《梁慬傳》,1593 頁。
⑤ 《後漢書》卷五《安帝紀》,211 頁。
⑥ 《漢書》卷一九上《百官公卿表上》,731 頁。
⑦ 《漢書》卷一九上《百官公卿表上》,732 頁。
⑧ 安作璋、熊鐵基:《秦漢官制史稿》,濟南:齊魯書社,2007,193 頁。
⑨ 《漢書》卷六八《霍光傳》,2949 頁。
⑩ 安作璋、熊鐵基:《秦漢官制史稿》,202 頁。
⑪ 《後漢書》卷一〇上《皇后紀上》,425 頁。
⑫ 《續漢書·禮儀志》,3141-3142 頁。

於原因，後文詳述。

護漕掾，當爲大司農屬官。《後漢書·光武帝紀下》載："（建武七年）二月辛巳，罷護漕都尉官。"[①]不見"護漕掾"。《晋書·職官志》："大司農，統……東西南北部護漕掾。"[②]可以推測，護漕掾是大司農屬官，且東漢時已設，西晋因循。

大倉令，即太倉令，大司農屬官。《續漢書·百官志》載，大司農下有"太倉令一人，六百石。本注曰：主受郡國傳漕穀。丞一人。"劉昭注引《漢官》曰："員吏九十九人"。[③] 給事謁者，光禄勛屬官。《續漢書·百官志》"光禄勛"下"謁者僕射一人，比千石。本注曰：爲謁者臺率，主謁者，天子出，奉引。古重習武，有主射以督録之，故曰僕射。常侍謁者五人，比六百石。本注曰：主殿上時節威儀。謁者三十人。其給事謁者，四百石。其灌謁者郎中，比三百石。本注曰：掌賓贊受事，及上章報問。將、大夫以下之喪，掌使弔。本員七十人，中興但三十人。初爲灌謁者，滿歲爲給事謁者。"[④]《漢舊儀》載："謁者缺，選郎中（令）美鬚〔眉〕大音者以補之。功次當遷，欲留增秩者，許之。"[⑤]《後漢書·雷義傳》"守灌謁者"下注云："《漢官儀》曰：'謁者三十五人，以郎中秩滿歲稱給事，未滿歲稱灌謁者。'"[⑥]由郎中補給事謁者的，有兩個例證。《司徒袁安碑》载，袁安"永平三年二月庚午，以孝廉除郎中。四[年]十一月庚午，除给事谒者"。[⑦]《竹邑侯相張壽碑》載，張壽"舉孝廉，除郎中、給事謁者，贊衛王臺"。[⑧]《後漢書·和帝紀》中，李賢注引闞姻《十三州志》載："謁者，秦官也。員七十人，皆選孝廉年未五十，曉解儐贊者。歲盡拜縣令、長（史）及都官府丞、長史。"[⑨]安作璋、熊鐵基據此認爲："似乎是當了一年謁者以後，即可拜任其他官職，如縣令、長史、都官府長史之類。"[⑩]由簡文"守大倉令給事謁者郎中"看，名興者是以郎中補爲謁者，且任謁者已滿一年，後以四百石的給事謁者守六百石的太倉令。

𨼆官令，即"導官令"。據《漢書·百官公卿表上》載，西漢時爲少府屬官，[⑪]東漢改屬大司農。《續漢書·百官志》"大司農"下"導官令一人，六百石。本注曰：主舂御米，及作乾糒。導，擇也。丞一人。"[⑫]關於"導官"與"𨼆官"，陳直認爲：

① 《後漢書》卷一下《光武帝紀下》，51 頁。
② 《晋書》卷二四《職官志》，北京：中華書局，1974，737 頁。
③ 《續漢書·百官志》，3590 頁。
④ 《續漢書·百官志》，3578 頁。
⑤ ［漢］衛宏撰，［清］孫星衍校集，周天游點校：《漢舊儀補遺》，北京：中華書局，1990，90 頁。
⑥ 《後漢書》卷八一《雷義傳》，2688 頁。
⑦ 高文：《漢碑集釋》，鄭州：河南大學出版社，1997，25 頁。
⑧ ［清］嚴可均編：《全後漢文》卷一〇一《竹邑侯相張壽碑》，北京：中華書局，1958，2033 頁。
⑨ 《後漢書》卷四《和帝紀》，180 頁。
⑩ 安作璋、熊鐵基：《秦漢官制史稿》，123 頁。
⑪ 《漢書》卷一九上《百官公卿表上》，731 頁。
⑫ 《續漢書·百官志》，3590 頁。

> 導官當作䆃官,䆃爲本字,導爲假借字。顔師古注:"導官主擇米。"《説文》:"䆃,禾也,從禾道聲。司馬相如曰:一莖六穗,䆃爲瑞禾,取嘉名也。"《封泥考略》卷一、三十六頁,有"䆃官䆃丞"封泥。長安胡氏亦藏有"䆃官䆃丞"印,可證導字原來作䆃。又《北堂書鈔》卷五十五引《環濟帝王要略》云:"䆃官令掌諸御米飛麪也。"導官作䆃官,與封泥漢印正合。又晋太康三年趙國高邑導官令中大夫馮恭墓門刻石,寫作導官,與《漢書》相同,知爲假借字,并非誤字。又按:漢代九卿屬官之令,僅有一丞者,其印文則稱爲某某丞印。此作"䆃官䆃丞",導官必有二丞,與本表不同。然證之《封泥考略》卷一、十三頁,有"䆃官丞印",僅有一丞,又與《百官表》相同。蓋封泥時代有先後,官名又屢置屢廢也(《唐書·百官志》仍寫作䆃官)。[①]

安作璋、熊鐵基《秦漢官制史稿》承襲此説。近年與"䆃官"相關的封泥又有出土,如漢景帝陽陵陵園封土東側15號外藏坑出土有"䆃官令印"封泥,長2.4厘米,寬2.35厘米,[②]"䆃"的寫法亦同於木兩行J1③:315,再次驗證了陳直的觀點。

另外,筆者在上文提出,東園匠在東漢時可能由少府改屬大司農。主要有兩個原因:第一,詔書中"大司農□言"的對象有四個,其中護漕掾、守大倉令給事謁者郎中、領䆃官令均爲大司農的屬官,按常理推斷,東園掾位列三者之前,亦當爲大司農屬官。第二,從西漢到東漢,少府的職能、機構發生了很大的變化。其財政收入方面的事務大大減少,《續漢書·百官志》本注曰:"承秦,凡山澤陂池之税,名曰禁錢,屬少府。世祖改屬司農,考工轉屬太僕,都水屬郡國。"[③]這表明,東漢時期國家財政和帝室財政逐漸合二爲一。[④] 較之西漢時期,其少府卿的職掌也大大縮小。《續漢書·百官志》本注曰:"(少府)掌中服御諸物,衣服寶貨珍膳之屬。"[⑤]關於這種變化,安作璋、熊鐵基、陸建偉、卜憲群等學者已經指出。[⑥] 或許䆃官令正是在這樣的歷史背景下由少府改屬大司農的,而東園匠與䆃官令情況相似。當然,也不能完全排除東園匠仍屬少府的可能性。

"臨湘鄉小官印",《選釋》中公布的五一廣場東漢簡中,除此處的"臨湘鄉小官印",還有前引J1③:325-1-105的"南鄉小官印"。此外,居延漢簡、肩水金關簡中亦多見小官印。勞榦認爲,通官即言得與朝籍者,鄉官及郡縣掾史不與朝籍,則非通官而用小官印矣。小官印

---

① 陳直:《漢書新證》,北京:中華書局,2008,99頁。

② 張琳、石寧:《西漢景帝陽陵出土的印章與封泥》,《收藏》2015年第15期。

③ 《續漢書·百官志》,3600頁。

④ 可參考[日]加藤繁《漢代國家財政和帝室財政的區别以及帝室財政的一斑》,收入其著《中國經濟史考證(第一卷)》,北京:商務印書館,1962,25-124頁。

⑤ 《續漢書·百官志》,3592頁。

⑥ 安作璋、熊鐵基:《秦漢官制史稿》,205頁;陸建偉:《漢代大司農的淵源及其演變》,《首都師範大學學報(社會科學版)》1998年第1期;卜憲群:《秦漢九卿源流及其性質問題》,《南都學壇》2002年第6期。

者,相對大官印而言。大官用方印,小官印於方印僅得其半,爲半通印,其秩級或在二百石以下。"漢世嗇夫俱用半通,鄉爲嗇夫所掌,故鄉印皆半通"。[①] 汪桂海的論述更明晰:"漢代官印可分兩大類,一爲吏員印,一爲官署印。吏員印是二百石以上官吏佩戴使用的官印,專官專印。官署印則是各個官署所有掾史等百石以下少吏共同使用的官印,這種印應是由專門的監印官吏監管,使用時需白請,用畢交回。二百石以上長吏是國家統一選舉除調的,故有專門頒授的官印;百石以下少吏由各官署自行辟除,非國家任命,故無專授官印,漢初吏員印與官署印在形制上無嚴格區别,皆爲方寸印。武帝元狩四年,爲嚴格百官印的等級劃分,對官印制度作了改革,其中規定吏員印爲方寸印,即通官印,官署印大小爲通官印之半,名半通印,又名小官印。"[②]其中,吏員印與官署印在形制上的區别始於武帝元狩四年(前 119)的看法,所據當爲《漢官儀》的記載:"孝武皇帝元狩四年,令通官印方寸大,小官印五分。"[③]此説不當,小官印的出現當早於武帝元狩四年(前 119)。《二年律令·賊律》載:"僞寫徹侯印,弃市;小官印,完爲城旦舂。"[④]《二年律令》的年代不晚於吕后年間。且漢景帝陽陵出土不少小官印的實物。如 15 號外藏坑出土"倉印",銅質,鼻鈕,邊長 0.81 厘米,寬 0.61 厘米;16 號外藏坑出土"右府",銅質,鼻鈕,邊長 0.74 厘米,寬 0.52 厘米;18 號外藏坑出土"府印",銅質,鼻鈕,邊長 0.75 厘米,寬 0.64 厘米;18 號外藏坑出土"西府",銅質,鼻鈕,邊長 0.71 厘米,寬 0.55 厘米;21 號外藏坑出土"山府",銅質,三角形鼻鈕,邊長 0.75 厘米,寬 0.49 厘米。[⑤] 以上諸印在形制上均爲通官印的一半大小。可見,漢武帝元狩四年(前 119)以前,官印制度上即有通官印、小官印的區别。所謂官印制度的改革,也許衹是漢武帝重申此令,執行得更爲嚴格。另外,仝晰綱認爲"有秩嗇夫"和"(無秩)嗇夫"區别之一在於是否佩有印綬。有秩嗇夫佩半通印,即小官印,(無秩)嗇夫無。其依據是李賢在注《後漢書·仲長統傳》"身無半通青綸之命"時引用的《十三州志》:"有秩嗇夫,得假半章印。"[⑥]但 J1③:315 中的臨湘鄉嗇夫范與 J1③:325-1-105 南鄉有秩踊均佩小官印,可見二者的區别并不在於印綬的有無。而李賢所引《十三州志》此句的句讀當如中華書局 1965 年的點校本:"有秩、嗇夫,得假半章印。"[⑦]

木兩行 J1③:314、J1③:315 均涉及范、朗、崇三人,且前者言"應詔書",後者稱"詔書

① 勞榦:《居延漢簡考證·小官印》,《中研院歷史語言研究所集刊》第 30 本上册,(臺北)精華印書館股份有限公司,1959,331-333 頁。

② 汪桂海:《漢印制度雜考》,《歷史研究》1997 年第 3 期。

③ [漢]應劭撰,[清]孫星衍校集,周天游點校:《漢官儀》,北京:中華書局,1990,188 頁。標點有改動。

④ 張家山二四七號漢墓竹簡整理小組編著:《張家山漢墓竹簡[二四七號墓]》(釋文修訂本),9 頁。

⑤ 張琳、石寧:《西漢景帝陽陵出土的印章與封泥》。

⑥ 仝晰綱:《秦漢鄉官里吏考》。

⑦ 《後漢書》卷四九《仲長統傳》,1651 頁。

曰"。J1③:313 載:"年卅四,爵公士,謹移人名如牒。范、朗、崇職事惶恐,叩頭死罪死罪敢言之。"①亦有范、朗、崇三人之名。另外,J1③:315 長 23.3 厘米,寬 2.9 厘米,J1③:313、J1③:314 均長 23.3 厘米,寬 2.8 厘米,尺寸基本一致。將三簡圖版并列,可看出兩道編繩的位置也相同,分别成一條直綫。J1③:315A 面與 J1③:313、J1③:314 的筆迹也一樣,"范、朗、崇"三字,尤其是"范"字末筆的特點十分明顯。因此筆者大膽猜測,其内容相關,可能來自同一册書,這一册書記録了漢安帝永初四年長沙郡臨湘縣臨潙鄉執行中央下達詔書的情況。它雖然殘缺不全,還有不少疑點尚未解決,但對於我們了解東漢時期的鄉級行政、作徒服刑情況大有裨益,特别是 J1③:315 反映出,東漢已在大司農下設護漕掾,西晋因襲;兩漢時期都設有東園匠,西漢時屬少府,東漢時或改屬大司農,與導官令相似,可補正史之闕。這有助於我們認識兩漢時期大司農、少府屬官設置的變更,及背後藴含的國家財政和帝室財政合二爲一的歷史變遷。

附記:本文是筆者於 2017 年 4 月在"京師出土文獻研讀班"匯報報告的修改稿,修改過程中得到了研讀班諸位師友的幫助;11 月收到外審專家兩次提出寶貴修改意見,深受啓發,謹致謝忱!

① 長沙市文物考古研究所、清華大學出土文獻研究與保護中心、中國文化遺産研究院、湖南大學嶽麓書院編:《長沙五一廣場東漢簡牘選釋》,彩色圖版 11 頁,紅外圖版 70 頁,釋文注釋 146-147 頁。

五一廣場東漢簡牘所見流民及客

——兼論東漢時期長沙地區流動人口管理

北京師範大學歷史學院　蔣丹丹

内容提要　五一廣場東漢簡牘資料表明,政府對當時長沙地區的流民及客等流動人口實施了有效管轄。臨湘縣通過對外來人口的登記和調查,掌握境内流民和客的信息,實現對流動人口的監控。對流民采取异地著籍政策,允許流民在流亡地占籍。大批來到長沙地區的客,以傭作為生,成爲當地雇傭勞動力的重要組成部分。

關鍵詞　東漢　五一廣場簡　流民　客

湖南長沙五一廣場東漢簡牘的時代"書於東漢中期偏早,紀年有'章和''永元''永興''延平''永初'等。其中最早者爲漢章帝章和四年(實際爲漢和帝永元二年,90),最晚者爲漢安帝永初五年(112)"。[①] 這個歷史時期東漢的流民問題較爲突出,史籍對章、和、安、順四帝時如何處理流民問題的記載頗詳。[②] 五一廣場東漢簡牘中有關流民的記録,恰可與史籍相對應,爲我們認識東漢中期長沙地區的流民問題提供了第一手資料。除流民外,還有幾則關於客的記載,揭示了長沙地區的流動人口面貌。本文擬結合傳世文獻和西北漢簡,就五一廣場東漢簡牘所見流民及客略作探討,不當之處,敬請師友指正。

---

① 長沙市文物考古研究所:《湖南長沙五一廣場東漢簡牘發掘簡報》,《文物》2013 年第 6 期。以下簡稱爲《簡報》。

② 關於東漢時期流民問題的研究主要有羅彤華《漢代的流民問題》,臺北:臺灣學生書局,1989;孫如琦《東漢的流民和豪族》,《浙江學刊》1993 年第 3 期;李偉、雍際春《兩漢流民問題初探》,《蘭臺州大學學報》2001 年第 1 期;張小晶《兩漢流民與漢代社會》,西北大學碩士學位論文,2007。

一　五一廣場東漢簡牘中的流民

五一廣場東漢簡牘中有兩則關於流民的記録,迻録如下:

書輒逐召,迺考問,辤:本縣奇鄉民,前流客,占屬臨湘南鄉樂成里。今不還本鄉,執不復還歸。臨湘願以詔書隨人在所占,謹聽受占。定西　　CWJ1①:85①

等實核流民王忠,户一、口四,出付益陽。合、均未言☑　　CWJ1③:265-13②

CWJ1①:85 中"流客",整理小組注釋:輾轉他鄉之人,即流民。③ "流客"一詞還見於甘肅甘谷漢簡:

延熹元年十二月壬申朔十二日甲申,宗正臣櫃、丞臣敬頓首死罪上尚書。臣櫃頓首死罪死罪,謹案文書,永壽三年三月十六日,蜀郡大守植書言:乙酉示章詔書:"宗室審諸侯:五屬内,居國界,有罪請;五屬外,便以法令治。流客雖五屬内,不得行復除。"

28-29④

這是東漢桓帝延熙元年(159)的一道詔書,石洋先生認爲"流客"是官府對流民的身份標識,與整理小組的看法一致。⑤

CWJ1①:85 簡文前後缺失,不清楚文中所述流民的具體姓名,爲叙述方便,姑且將之稱爲甲。據文意,官府以文書追逐召唤甲前來,對甲進行詢問,供詞稱:"原本是臨湘縣奇鄉民,此前成爲流民,後到臨湘縣南鄉樂成里占著户籍。現在并没有歸還本鄉,也不會再歸還。"臨湘縣願意按詔書要求,隨甲現在所在地占籍,接受甲的占籍要求。《漢書·宣帝紀》載"流民自占八萬餘口",顔師古注曰:"占者,謂自隱度其户口而著名籍也。"⑥

CWJ1③:265-13 的性質,《簡報》認爲是調查流民名册。益陽,長沙郡屬縣,見《續漢書·郡國志》。⑦ 王忠一家四口原是益陽縣人,流亡至臨湘縣。臨湘縣對境内流民開展調查

① 長沙市文物考古研究所、清華大學出土文獻研究與保護中心、中國文化遺産研究院、湖南大學嶽麓書院編:《長沙五一廣場東漢簡牘選釋》,上海:中西書局,2015,123 頁。其中"輒"字,《選釋》作"輙",高智敏在京師出土文獻研讀班彙報時認爲當作"輒",CWJ1③:314、CWJ1③:325-4-43 也有此字,釋文皆作"輒",今從。

② 長沙市文物考古研究所、清華大學出土文獻研究與保護中心、中國文化遺産研究院、湖南大學嶽麓書院編:《長沙五一廣場東漢簡牘選釋》,238-239 頁。

③ 長沙市文物考古研究所、清華大學出土文獻研究與保護中心、中國文化遺産研究院、湖南大學嶽麓書院編:《長沙五一廣場東漢簡牘選釋》,123 頁。

④ 李均明、何雙全編:《散見簡牘合輯》,北京:文物出版社,1990,5 頁。

⑤ 石洋:《兩漢三國時期"傭"群體的歷史演變——以民間雇傭爲中心》,《中國史研究》2014 年第 3 期。

⑥ 《漢書》卷八《宣帝紀》,北京:中華書局,1962,248 頁。

⑦ 長沙市文物考古研究所:《湖南長沙五一廣場東漢簡牘發掘簡報》,《文物》2013 年第 6 期。

登記,核實王忠的家庭情況後,製成名册發給益陽縣。

以上即五一廣場東漢簡牘中所見關於流民的兩則記録,第一則反映了流民在本縣内部的流動,第二則反映的則是流民在本郡内部的流動。傳世文獻中鮮見流民在同縣内流動的記載,但有在同郡内流動的例子,《後漢書・韓韶傳》載韓韶爲潁川郡嬴縣縣長時,"賊聞其賢,相戒不入嬴境。餘縣多被寇盜,廢耕桑,其流入縣界求索衣糧者甚衆。韶愍其飢困,乃開倉賑之,所稟萬餘户。"[①]CWJ1①:85簡提供了較爲詳細的流民著籍信息,有助於我們認識東漢時期的流民管理方式。

二　東漢時期流民著籍管理

史籍中對流民的稱呼有多種,如流人、流冗、流亡、流庸等。漢哀帝時,諫大夫鮑宣曾分析流民産生的原因,將之總結爲"七亡":

> 凡民有七亡:陰陽不和,水旱爲災,一亡也。縣官重責更賦租税,二亡也。貪吏并公,受取不已,三亡也。豪强大姓蠶食亡厭,四亡也。苛吏繇役,失農桑時,五亡也。部落鼓鳴,男女遮迣,六亡也。盗賊劫略,取民財物,七亡也。[②]

引發流民的主要原因包括自然災害、繁徵苛斂、豪强兼并、戰争、盗賊等。又,徐幹在《中論・民數》中指出户籍的重要性:

> 故民數者,庶事之所自出也,莫不取正焉。以分田里,以令貢賦,以造器用,以製禄食,以起田役,以作軍旅;國以之建典,家以之立度。[③]

民數即名數,指户籍。官府通過户籍制度,將民衆登録於户籍上,徵派賦税及徭役,并實現對人口的控制。流民脱籍流亡,不僅影響國家的賦税收入和徭役徵發,而且危害社會的安定及政權的穩固。因此,脱籍的流民歷來爲官府所重視,政府采取各種措施安撫流民。

流民問題幾乎貫穿整個東漢,呈現出持續時間長、流民人數多、分布範圍廣、危害嚴重等特點。有學者指出,東漢政府爲解决流民問題,采取了一系列措施,如賜"流民欲自占者爵""假民公田"、移民戍邊、移民屯墾、賑濟流民等。其中,東漢政府始終將動員流民歸籍當作一項國策,突出反映在以"賜爵"作爲誘惑流民占籍的手段。自明帝至順帝,幾乎在每次賜爵的同時,都賜"流民欲自占者爵"。[④] 今不避煩冗,舉幾例如下:

① 《後漢書》卷六二《韓韶傳》,北京:中華書局,1965,2063頁。
② 《漢書》卷四二《鮑宣傳》,3088頁。
③ [魏]徐幹撰,孫啓治解詁:《中論解詁》,北京:中華書局,2014,370-371頁。
④ 參見孫如琦《東漢的流民和豪族》,《浙江學刊》1993年第3期。

(明帝永平十二年)五月丙辰,賜天下男子爵,人二級,三老、孝悌、力田人三級,流民無名數欲占者人一級。①

(章帝建初元年)冬十月丁未,大赦天下。賜民爵,人二級,爲父後及孝悌、力田人三級,脱無名數及流人欲占者人一級。②

(和帝永元八年)春二月己丑,立貴人陰氏爲皇后。賜天下男子爵,人二級,三老、孝悌、力田三級。民無名數及流民欲占者一級。③

(安帝永初三年)春正月庚子,皇帝加元服。大赦天下。賜王、主、貴人、公、卿以下金帛各有差。男子爲父後,及三老、孝悌、力田爵,人二級,流民欲占者人一級。④

(順帝永建元年)春正月甲寅,詔曰:"賜男子爵,人二級,爲父後、三老、孝悌、力田人三級,流民欲自占者一級。"⑤

根據統計,自明帝至順帝,共下詔賜"流民欲自占者爵"達 17 次,其中明帝 5 次(中元二年、永平三年、永平十二年、永平十七年、永平十八年)、章帝 3 次(建初元年、建初三年、建初四年)、和帝 4 次(永元三年、永元八年、永元十二年、元興元年)、安帝 2 次(永初三年、元初元年)、順帝 3 次(永建元年、永建四年、陽嘉元年)。

對於脱籍的流民,究竟是遣回原籍,還是聽其在流亡處占籍? 章、和、順帝時期,關於流民曾屢頒詔令,都涉及到這個問題。漢章帝建初元年(76)春正月,詔三州郡國:

流人欲歸本者,郡縣其實稟,令足還到,聽過止官亭,無雇舍宿。⑥

以上詔書規定:流民若歸本籍,所過郡縣要提供飲食和住宿援助。元和元年(84)春二月甲戌,詔曰:

王者八政,以食爲本,故古者急耕稼之業,致耒耜之勤,節用儲蓄,以備凶災,是以歲雖不登而人無饑色。自牛疫已來,穀食連少,良田吏教未至,刺史、二千石不以爲負。其令郡國募人無田欲徙它界就肥饒者,恣聽之。到在所,賜給公田,爲雇耕傭,賃種餉,貰與田器,勿收租五歲,除筭三年。其後欲還本鄉者,勿禁。⑦

是年發生牛疫,谷食連少,令郡國募貧窮無田之民到其他土地肥饒的地方耕作,所到郡國應

① 《後漢書》卷二《孝明帝紀》,114 頁。
② 《後漢書》卷三《孝章帝紀》,129 頁。
③ 《後漢書》卷四《孝和帝紀》,181 頁。
④ 《後漢書》卷五《孝安帝紀》,212 頁。
⑤ 《後漢書》卷六《孝順帝紀》,252 頁。
⑥ 《後漢書》卷三《孝章帝紀》,132 頁。
⑦ 《後漢書》卷三《孝章帝紀》,145 頁。

賜予公田、雇以耕傭、貸給糧種、出租農具、免除田租五年和算賦三年,之後若是想再回原籍,也不會禁止。自然災害下,易産生流民 ,此處"募人無田欲徙它界就肥饒者"很可能就包含流民。

漢和帝永元六年(94)三月庚寅,詔曰:

> 流民所過郡國皆實稟之,其有販賣者勿出租税,又欲就賤還歸者,復一歲田租、更賦。①

詔書規定:流民從事販賣,不用繳納租税。流民還本鄉者,免除一年田租和更賦。永元十五年(103)春閏月乙未,又詔曰:

> 流民欲還歸本而無糧食者,過所實稟之,疾病加致醫藥;其不欲還歸者,勿强。②

以上詔書又規定:流民返歸原籍,若無糧食,所過之郡縣要提供糧食,給予病者醫藥。若不想返回原籍,也不强迫。

漢順帝永建二年(127)二月甲辰,詔曰:

> 稟貸荊、豫、兗、冀四州流冗貧人,所在安業之;疾病致醫藥。③

允許荊、豫、兗、冀四州的流民在當地安家樂業。

上述詔令顯示,在流民的著籍問題上,東漢政府對流民回歸家鄉提供種種優待政策,積極鼓勵和支持流民還歸原籍地,但同時也允許流民在流亡地安居,甚至占籍於流亡地,如CWJ1①:85所反映的臨湘縣内的流民,從奇鄉流亡到南鄉後,不返本鄉而占籍於南鄉,這是在同一個縣内流亡,但官府并不强迫流民必須回到原來的鄉里,而是隨其意願,聽其占籍,即"願以詔書隨人在所占"。CWJ1①:85簡文中提到的"詔書"對流民問題的處理與前文所引詔書的根本精神吻合。雖然不能確定簡文中所依據的詔書具體爲何,但是前文所引漢和帝永元十五年(103)春閏月乙未詔及漢順帝永建二年(127)二月甲辰詔對了解簡文中提及的詔書内容有重要參考價值。CWJ1①:85簡依據的詔書可能規定了流民可以在流亡地占籍,如此,則可以補充東漢時期對流民的安撫政策,允許占籍相對於允許流民在流亡地安居而言是更進一步的措施。

縱觀傳世文獻和五一廣場東漢簡牘中有關流民的記載,東漢政府對待流民的態度還是比較寬鬆的,只要能將流民重新納入户籍系統以承擔國家賦役,不管是返回原籍地,還是在流亡所在地占籍,均尊重流民個人的意願。而且,從五一廣場東漢簡牘來看,地方政府在對

---

① 《後漢書》卷四《孝和帝紀》,178頁。
② 《後漢書》卷四《孝和帝紀》,191頁。
③ 《後漢書》卷六《孝順帝紀》,254頁。

待流民問題上,確實貫徹執行了國家規定。東漢政府的流民措施也確實富有成效,特别是在著籍問題上的寬鬆態度,許多地區得以招撫流民,增加轄區户口數,而這也是地方官吏考課的一個重要標準。史籍中經常能看到善於招徠流民的地方官吏,如和帝時魯相汝郁"以德教化,百姓稱之,流人歸者八九千户。"[①]安帝時不其縣令童恢"耕織種收,皆有條章。一境清静,牢獄連年無囚。比縣流人歸化,徙居二萬餘户。"[②]招徠流民成爲地方官的政績,這大概也是地方官員積極貫徹詔令政策的動力,這對理解五一廣場東漢簡牘記載的臨湘縣地方官員對待流民問題的態度也有一定借鑒意義,即 CWJ1①:85 載"臨湘願以詔書隨人在所占,謹聽受占"。

三　五一廣場東漢簡牘所見客

五一廣場東漢簡牘中有幾則關於客的記載,反映了長沙地區存在不少的客,如 CWJ1③:198-3:

> □,宏念可讓(釀)爲酒,遣丸於市,市米一斛,令若、炊爲讓(釀)酒。酒孰(熟),胡客從宏沽酒一杅,直卅。歆復沽一杅,直卅。後不處日,閔復沽二器,直錢二百。脩復沽一器,直錢百。建沽一[③]

提到客購買酒。《説文·宀部》:"客,寄也。"段玉裁注:"字從各,各异詞也。故自此托彼曰客。引申之曰賓客。"[④]《後漢書·馬援傳》:"於是詔武威太守,令悉還金城客民。歸者三千餘口,使各返舊邑。"李賢注曰:"金城客人在武威者。"[⑤]客即現居住地不是户籍所在地的人口。客的含義非常豐富,涵蓋的類型也很多,學界對客的身份性質多有研究,高敏先生曾將客概括为四类:一是一般意義的"賓客"之"客",二是依附於一定的主人而充當其心腹爪牙和爲虎作倀的"門客""刺客"和"食客",三是身份低下的受剥削受壓迫的依附農民性質的"客",四是雇傭勞動者性質的客。他還指出,到了東漢時期,以"客"命名的雇傭勞動者增多。[⑥] 本文所討論的客即第四種類型的客。

先来看五一廣場東漢簡牘 CWJ1③:263-42、CWJ1③:261-105:

---

① 《後漢書》卷三六《賈逵傳》,1240 頁。

② 《後漢書》卷七六《循吏传·童恢传》,2482 頁。

③ 長沙市文物考古研究所、清華大學出土文獻研究與保護中心、中國文化遺産研究院、湖南大學嶽麓書院編:《長沙五一廣場東漢簡牘選釋》,220 頁。

④ [漢]許慎撰,[清]段玉裁注:《説文解字注》,上海古籍出版社,1981,341 頁。

⑤ 《後漢書》卷二四《馬援傳》,836 頁。

⑥ 高敏:《試論漢代的雇傭勞動者》,收入其著《秦漢史論集》,鄭州:中州書畫社,1982,197-199 頁。

江陵世，會稽綱，下坯徐、建、申，交阯孟、信、都，不處年中，各來客。福，吏次今年四月六日兼庾亭長。伯賣篷，孟債爲桂陽送穀。船師張、建、福辟車卒，月直

CWJ1③:263-42[①]

之湘西推求伯，時伯在輔所。與綱、建俱還，伯便詣縣，孟、次辟（避）側不問。福鞭（鞭）元、毆世、詭伯，無所隱切，即綱、建、申等證。案：福，吏；孟，負伯錢；次，譊辯。告

CWJ1③:261-105[②]

CWJ1③:263-42中“各來客”，整理小组注：各來爲客。[③] 世、綱、徐、建、申、孟、信、都八人從外地來到臨湘縣爲客。這些客的來源地相當廣泛，有南郡（轄江陵縣）、會稽郡、下邳國、交趾郡。據CWJ1③:263-42，孟、建二人在臨湘縣從事運輸事業。孟從伯處購買了篷[④]，用來爲桂陽郡運送穀物。建是一名船師，CWJ1③:325-1-140中有“船師王皮”，記載“皮船載官米財”，運輸“米四千五百斛”至“屯營”，領取“僦米六百卅斛”。[⑤] 對於船師的身份，有學者認爲是私人船隻或船隊的所有者，主要以受雇運輸爲營生。[⑥] 此説可從。孟或爲私人船主，建與張、福則是一支船隊，辟有車卒，他們受雇於人，以取“月直”，即賺取傭金。《漢書·陳勝傳》載“勝少時，嘗與人傭耕。”顔師古注曰：“傭耕，謂受其雇直而爲之耕，言賣功傭也。”[⑦]《後漢書·班超傳》載班固“爲官寫書，受直以養老母。”[⑧]同書《桓榮傳》記桓榮：“貧窶無資，常客傭以自給，精力不倦，十五年不闚家園。”[⑨]客傭，指客居异地爲傭。上述孟、建二人即客居臨湘，以傭作爲生。

客與流民皆是流動人口，區别在於是否在籍，流民屬於脱籍流亡人員，客是從原籍地遷移到寄居地，并未脱籍。有學者指出客和流民之間有關聯，認爲客的來源較爲廣泛，多是流民、破産的農民、貧困的自由民等，他們應“募”於豪民、吏家，受雇於訾家、富室，索取傭金。[⑩]

---

① 長沙市文物考古研究所、清華大學出土文獻研究與保護中心、中國文化遺産研究院、湖南大學嶽麓書院編：《長沙五一廣場東漢簡牘選釋》，228頁。

② 長沙市文物考古研究所、清華大學出土文獻研究與保護中心、中國文化遺産研究院、湖南大學嶽麓書院編：《長沙五一廣場東漢簡牘選釋》，222頁。

③ 長沙市文物考古研究所、清華大學出土文獻研究與保護中心、中國文化遺産研究院、湖南大學嶽麓書院編：《長沙五一廣場東漢簡牘選釋》，228頁。

④ 篷，整理小組釋爲某種帶篷的船具，見《廣韻·東韻》：“篷，織竹夾箬覆舟也。”（長沙市文物考古研究所、清華大學出土文獻研究與保護中心、中國文化遺産研究院、湖南大學嶽麓書院編：《長沙五一廣場東漢簡牘選釋》，229頁）

⑤ 長沙市文物考古研究所：《湖南長沙五一廣場東漢簡牘發掘簡報》，《文物》2013年第6期。

⑥ 朱德貴、齊丹丹：《長沙五一廣場東漢簡牘所見若干經濟史料初探》，楊振紅、鄔文玲主編《簡帛研究二〇一五（春夏卷）》，桂林：廣西師範大學出版社，2015，194頁。

⑦ 《漢書》卷三一《陳勝傳》，1785頁。

⑧ 《後漢書》卷四七《班超傳》，1571頁。

⑨ 《後漢書》卷三七《桓榮傳》，1249頁。

⑩ 薛英群：《居延漢簡通論》，蘭州：甘肅教育出版社，1991，356頁；王元林：《敦煌、居延漢簡契約論》，西北師範大學文學院歷史系、甘肅省文物考古研究所編《簡牘學研究》第3輯，蘭州：甘肅人民出版社，2002，208頁。

這種説法容易讓人誤以爲流民可隨意轉化爲客,忽視了流民和客在户籍體系中的差别。流民爲人傭作者,稱爲"流庸"。《漢書·昭帝紀》載昭帝始元四年(前83)詔:"比歲不登,民匱於食,流庸未盡還。"顔師古注曰:"流庸,謂去其本鄉而行爲人傭作。"[①]張家山漢簡《奏讞書》有"它縣人來流庸(傭)",[②]亦表明流庸是從外地來務工的。但流庸在本質上仍然是流民,爲人傭作只是爲謀生而從事的工作而已,與不脱籍的客還是有區别的。

在人口流動過程中,舉家遷徙也是常態:

> 輒部賊曹掾黄納、游徼李臨逐召賢。賢辭:本臨湘民,來客界中,丞爲洞所殺。後賢舉家還歸本縣長賴亭部杆上丘,去縣百五十餘里。書到,亟部吏與納并力逐召賢等,必得,以付納　　CWJ1③:264-30[③]

賢攜全家於"界中"爲客,CWJ1③:265-13中王忠舉家從益陽縣到臨湘縣成爲流民。

由於材料有限,尚不清楚臨湘縣對客采取的管理政策。西北漢簡中有許多關於客的記載,其中涉及到邊塞地區對客的管理,可以提供參考。在西北漢簡中,客常見的稱謂有"客""客子""客民",今各舉一例:

> ☐正月乙酉之官使客　　257·9[④]
>
> 功曹私僕使民及客子田茭不給公土上事者,案致如法。　　E.P.T58:38[⑤]
>
> 常及客民趙閎、范翕等五人俱亡,皆共盜官兵。　　E.P.T68:60[⑥]

王子今先生研究了上述稱謂,指出"客"是一種體現户籍管理狀況的身份標誌,"客子""客民"的社會身份都是合法的。[⑦] 這些到河西地區的客,有受雇於人,賺取傭金者;也有做買賣,販賣衣物等各類物品的:

> 建武三年十二月癸丑朔辛未,都鄉嗇夫宫敢言之:廷移甲渠候書曰:去年十二月中取客民寇恩爲
>
> 就,載魚五千頭到觻得,就賈用牛一頭、穀廿七石。恩願沽出時行錢卌萬,以得卌二

---

① 《漢書》卷七《昭帝紀》,221頁。

② 張家山二四七號漢墓竹簡整理小組:《張家山漢墓竹簡[二四七號墓]》(釋文修訂版),北京:文物出版社,2006,109頁。

③ 長沙市文物考古研究所、清華大學出土文獻研究與保護中心、中國文化遺産研究院、湖南大學嶽麓書院編:《長沙五一廣場東漢簡牘選釋》,231頁。

④ 謝桂華、李均明、朱國炤:《居延漢簡釋文合校》,北京:文物出版社,1987,425頁。

⑤ 張德芳主編:《居延新簡集釋(四)》,蘭州:甘肅文化出版社,2016,268頁。

⑥ 張德芳主編:《居延新簡集釋(六)》,186頁。

⑦ 王子今:《居延簡及敦煌簡所見"客"——漢代西北邊地流動人口考察札記》,收入其著《秦漢社會史論考》,北京:商務印書館,2006,247-251頁。

萬,又借牛一頭。 E.P.F22:29[①]

〼□得毋有侵假籍貨錢財物以惠貿易器

〼□等不賞責衣物刀劍衣物客民所證所言,它如爰書。敢言之。

E.P.T57:97[②]

客在當地擁有的田地稱爲"客田":

建平五年八月戊□□□□廣明鄉嗇夫宏、假佐玄敢言之:善居里男子丘張自言與家買客田居

延都亭部,欲取檢。謹案:張等更賦皆給,當得取檢,謁移居延,如律令。敢言之。

505·37A[③]

王子今先生主張客田應是由外來的"客"從事耕作的田地。[④] 侯宗輝先生認爲在田前冠以"客"字,可能是表明田地主人的身份,從而與土著人口占有的田地加以區别,推測這是地方政府機構主持分配給客民的田地,准許其在當地安置家業。[⑤]

官府掌握所轄區域内客的信息,居延漢簡載:

第有毋客等四時如律令 16·3[⑥]

對此,薛英群先生分析:"'客氏'所居之縣、官需及時上報,即所謂'有毋客等,四時如律令',也就是要求'有毋四時考',隨時報告。這裏我們可以看出,即使是流動性很强的'客民',也還是有人管理,來迹去蹤記録在案,也不是可以隨意流動的黑人黑户,反映了封建專制主義的强化。"[⑦]

津關縣道等機構對所經過的人口進行詳細登記,爲官府掌握流動人口提供了可能性。登録内容包括姓名、籍貫、年齡、長相、膚色等,五一廣場東漢簡牘有:

零陵湘鄉南陽鄉新亭里男子伍次,年卅一,長七尺,黑色。持梻,船一樓(艘),絹三束,矛一隻〼 CWJ1③:263-59[⑧]

---

① 張德芳主編:《居延新簡集釋(七)》,218頁。

② 張德芳主編:《居延新簡集釋(四)》,255頁。

③ 謝桂華、李均明、朱國炤:《居延漢簡釋文合校》,607頁。

④ 王子今:《漢代"客田"及相關問題》,收入其著《秦漢社會史論考》,267頁。

⑤ 侯宗輝:《漢簡所見西北邊塞的流動人口及社會管理》,《中國邊疆史地研究》2011年第1期。

⑥ 謝桂華、李均明、朱國炤:《居延漢簡釋文合校》,25頁。

⑦ 薛英群:《居延漢簡通論》,356頁。

⑧ 長沙市文物考古研究所、清華大學出土文獻研究與保護中心、中國文化遺産研究院、湖南大學嶽麓書院編:《長沙五一廣場東漢簡牘選釋》,177頁。

……同里男子彭宗,年廿五,長七尺□☑　　CWJ1③:263-67[①]

CWJ1③:263-59記録了來自零陵郡的男子伍次的詳細信息。敦煌漢簡中亦見相關記載,并提到客:

循客令居趙放,字子阿,年卌所,爲人中壯,黄色,毋須。　　538[②]

興客不審郡縣姓,名習,字嚴,年卅所,爲人短壯,黄色,毋鬚,短面。　　683[③]

但簡文中統計的信息不是指“循客”“興客”,而是指他們後面所列的“趙放”“習”,王子今先生推測“客”前的“循”“興”可能是人名。[④] 客從外地遷入時,當地的津關在登記信息時不會直接注明是否爲客,但結合上引“第有毋客等四時如律令”來看,他們應另有一份關於客的名册,定時向上彙報,從而實現對客的監控。

客在寄居地是否著籍?有學者討論過這個問題,但由於資料太少,尚不能給出確切答案。薛英群先生説“各地客民是否在當地著籍,目前還不太清楚。”[⑤]侯宗輝先生主張客可在當地入籍定居,但没有指出這種看法的依據。[⑥] 唐長孺先生在討論唐代括客時,認爲客户一經附籍即是百姓,并無附籍而又是“客”的規定,未見附籍以後仍在一定期限内稱作客户的記載。[⑦] 唐先生所述唐代的客指依附於豪族佃作的农民,不屬於國家控制下的編户齊民,與本文所討論的雇傭勞動者性質的客有所不同。但唐先生考慮的思路是有借鑒意義的,客既在官方檔案中登載爲“客”,表明其并未在當地著籍。若已經著籍,便和當地人一樣,没有必要再注明爲“客”。

通過以上對五一廣場東漢簡牘中的流民及客的探討,可以看出長沙地區擁有不少流動人口,臨湘縣對這些流動人口采取的管理政策不一。臨湘縣對流民開展調查,製成名册,從而掌握境内流民具體情況。傳世文獻記載國家規定允許流民在流亡地安居,五一廣場東漢簡牘則補充了流民占籍信息,臨湘縣允许流民在當地占籍,不僅揭示了東漢中期長沙地區實行流民异地著籍政策,也是我們進一步認識東漢時期流民政策的一個具體案例。來自各地的客到達長沙地區,以傭作爲生,賺取傭金,成爲當地的雇傭勞動力。臨湘縣通過對外來人口的登記,掌握客的姓名、數量等信息,實現對客的監控。

---

① 長沙市文物考古研究所、清華大學出土文獻研究與保護中心、中國文化遺産研究院、湖南大學嶽麓書院編:《長沙五一廣場東漢簡牘選釋》,178頁。

② 甘肅省文物考古研究所編:《敦煌漢簡》,北京:中華書局,1991,240頁。

③ 甘肅省文物考古研究所編:《敦煌漢簡》,245頁。

④ 王子今:《居延簡及敦煌簡所見“客”——漢代西北邊地流動人口考察札記》,254頁。

⑤ 薛英群:《居延漢簡通論》,356頁。

⑥ 侯宗輝:《漢簡所見西北邊塞的流動人口及社會管理》。

⑦ 唐長孺:《唐代的客户》,收入其著《山居存稿》,武漢大學出版社,2013,121-122頁。

吴簡所見臨湘"都鄉吏民簿"里計簡的初步復原與研究*
——兼論孫吴初期縣轄民户的徭役負擔與身份類型

吉林大學古籍研究所　連先用

内容提要　走馬樓發掘吴簡中的柒·圖14、41、42和捌·圖1、2、3、4、5等8幅揭剥圖(包括所附散簡)中的竹簡,除少數闌入簡外,均屬於一份由12個里構成的"都鄉吏民簿"。該簿完成於嘉禾六年,係都鄉應縣廷的要求,爲派役而編製的,其性質并非户籍。在製作上,由鄉將各里獨立編造的吏民簿套連而成。藉助揭剥圖及有關竹簡在内容和外部特徵上的關聯,可對其中一些里的結計簡做出較爲完整、準確的復原。透過里計簡,可知吴初縣轄民户由特殊民户、"不任役"户和"應/事役民"户三部分構成。特殊民户又分爲"吏卒户""限米户"和"差役户",他們常年受到國家更爲直接、嚴格的控制和支配。但是,吴初一般徭役的主要承擔者仍然是普通編户。

關鍵詞　走馬樓吴簡　都鄉吏民簿　里計簡　徭役　身份

一　引言

長沙走馬樓吴簡是我國迄今單次出土數量最多的簡牘,[①]在内容上以嘉禾年間(232—

*本文爲"吉林大學研究生創新基金資助項目2017160"及國家社科基金項目"走馬樓吴簡所見孫吴人口問題研究"(15AZS004)階段性成果。

① 這批竹簡目前已刊布7卷,分别爲走馬樓簡牘整理組编著《長沙走馬樓三國吴簡·嘉禾吏民田家莂》,北京:文物出版社,1999;走馬樓簡牘整理組编著《長沙走馬樓三國吴簡·竹簡》[壹]、[貳]、[叁]、[肆]、[柒]、[捌],北京:文物出版社,2003、2007、2008、2011、2013、2015。以下簡稱《田家莂》《竹簡》[壹]《竹簡》[貳]等。

237)臨湘侯國的各類名籍與賬簿爲主,這改變了長期以來相關史料匱乏的局面,極大地推動了孫吴史(特别是孫吴基層社會史)的研究。吴簡名籍簡中,又以吏民簿爲最多,①它們是研究孫吴初期人口管理、賦役徵發、家庭結構等重要問題的直接材料,刊布伊始便是學界關注的熱點。經過近二十年的探索,包括吏民簿在内的吴簡研究,已取得了長足的進步。特别是,在中日學者的共同倡導和實踐之下,簡册復原已成爲推動吴簡研究走向深入的重要手段,充分利用簡牘遺存信息和考古學整理信息、充分重視竹簡及簿書之間的横向、縱向聯繫的簡册復原方法,也日趨成熟。② 在此背景下,一些鄉、里的吏民簿得到了初步的復原,③爲有關問題的探討提供了堅實的基礎。但是,這些復原工作都是基於考古學整理信息比較有限且殘斷嚴重的采集簡而展開的,復原結果較少且多不完整,這在一定程度上限制了研究的進一步深入。

近年,經過科學考古發掘和整理的吴簡陸續公布。這些簡是根據其所在的位置,分區、分段、分坨整理的,各段之間的相對位置關係明確,每坨又均有相應的揭剥圖,④所含簡牘的完整程度也勝於采集簡。這些無疑爲有關簿書的復原提供了更爲理想的條件。就目前所見

① "吏民簿",是指吴簡中那些以"〇鄉謹列(〇年所領)吏民人名(妻子)年紀(口食)爲簿"爲標題簡的簿書。汪小烜先生首倡此名(參看其著《走馬樓吴簡户籍初論》,北京吴簡研討班編《吴簡研究》第1輯,武漢:崇文書局,2004,144頁),之後爲不少學者所接受。但是,汪氏係以"吏民簿"指代吴簡的"户籍類文書",我們在使用中則不含有這樣的性質判斷。另外,這類簿書有不少暫時還找不到相應的標題簡,其屬鄉可以判斷的,我們稱之爲"〇鄉吏民簿"。

② 吴簡簿書復原的方法大體上可分爲兩種:第一種以侯旭東、凌文超、鷲尾祐子、關尾史郎等先生爲代表,注重對揭剥圖、盆號等考古學整理信息及竹簡形制、筆迹、編痕等簡牘遺存信息的利用。對此,凌文超先生有系統總結,參看其著《走馬樓吴簡簿書復原整理芻議》,原刊彭衛主編《歷史學評論》第1卷,北京:社會科學文獻出版社,2013,後修訂爲其著《走馬樓吴簡采集簿書整理與研究》第9章《吴簡文書學研究芻議》,桂林:廣西師範大學出版社,2015,455-472頁。第二種則由鄧瑋光先生首倡,强調在第一種復原方法的基礎上,充分利用不同簿書對於同一内容的多方記録,以及同一簿書内各種項目之間的邏輯與數量關係。參看其著《走馬樓吴簡三州倉出米簡的復原與研究——兼論"横向比較復原法"的可行性》,《文史》2013年第1輯,231-254頁;《對三州倉"月旦簿"的復原嘗試——兼論"縱向比較復原法"的可行性》,《文史》2014年第2輯,5-35頁。當然,這兩種方法并不是對立的,衹是側重點有所不同,在研究中需要綜合運用。

③ 相關成果主要有:侯旭東《長沙走馬樓吴簡〈竹簡[貳]〉"吏民人名年紀口食簿"復原的初步研究》,原刊《中華文史論叢》2009年第1期,修訂稿收入其著《近觀中古史:侯旭東自選集》,上海:中西書局,2015,81-107頁;凌文超《走馬樓吴簡采集簡"户籍簿"復原整理與研究——兼論吴簡"户籍簿"的類型與功能》,原刊長沙簡牘博物館等編《吴簡研究》第3輯,北京:中華書局,2011,後修訂爲其著《走馬樓吴簡采集簿書整理與研究》第3章《户籍簿及其類型與功能》,96-153頁;侯旭東《長沙走馬樓吴簡"嘉禾六年(廣成鄉)弦里吏民人名年紀口食簿"集成研究:三世紀初江南鄉里管理一瞥》,原刊邢義田、劉增貴主編《第四屆國際漢學會議論文集:古代庶民社會》,臺北:中研院,2013,修訂稿收入其著《近觀中古史:侯旭東自選集》,108-142頁;凌文超《孫吴户籍之確認——以嘉禾四年南鄉户籍爲中心》,原刊楊振紅、鄔文玲主編《簡帛研究二〇一四》,桂林:廣西師範大學出版社,2014,後修訂爲其著《走馬樓吴簡采集簿書整理與研究》第2章《嘉禾四年南鄉户籍與孫吴户籍的確認》,12-95頁;[日]關尾史郎《長沙呉簡吏民簿の研究(上)—「嘉禾六(二三七)年廣成鄉吏民簿」の復元と分析—》,《人文科学研究》137,2015,27-98頁。

④ "揭剥圖"是"簡牘揭剥位置示意圖"的簡稱,見各卷《竹簡》下册的《附録一》。對於不同卷次的揭剥圖,本文以"卷次·圖〇"表示,如"柒·圖32",指《竹簡》[柒]下册《附録一》中的圖三十二。

的發掘簡而言,吏民簿所占比重甚大,但相應的復原成果還很少。[①] 因此,對發掘簡中的吏民簿進行系統的復原,就成爲吴簡研究中的一項重要課題。然而,相關竹簡數量龐大,全部復原非短時間内所能完成,衹能以簿書爲中心,逐個進行。在對單個吏民簿進行復原之前,我們結合揭剥圖等外緣信息,仔細研讀了發掘簡中的全部户口簡。[②] 在這一過程中,發現"都鄉吏民簿"(定名詳下文)保存最爲完整,復原條件最爲成熟,故决定首先對該簿進行復原。本文是對其中各里結計簡(簡稱"里計簡")的初步復原與研究。

在吴簡中,各鄉吏民簿均由所轄各里構成,里計簡往往是其重要組成部分。學界對於里計簡的復原成果,目前僅見2份。第一份爲侯旭東先生所復原的"廣成鄉嘉禾六年吏民人名年紀口食簿"中的廣成里結計簡:[③]

1. 右廣成里領[吏]民五十户口食二百九[十][□][人](貳·1671·1·15)[④]
2. 　　·其五户尪羸老頓貧窮女户(貳·1705·1·67)
3. ☐　·定應役民廿户(貳·1704·1·66)
4. 　　其一户給朝丞(貳·1702·1·63)
5. 　　其二户給郡園父　·(貳·1701·1·62)
6. 　　□□人□□[被]病物故(貳·1672·1·16)

這是吴簡研究中利用揭剥圖進行簡册復原的首次嘗試,但由於以上竹簡在揭剥圖中并不連續,各簡的排列次序是經過人爲調整以後的結果。[⑤] 侯氏也認爲,除了簡1可以肯定排在最前面之外,其餘五簡的次序尚待研究。[⑥] 儘管如此,這份復原結果仍使我們初步明確,這類吏民簿的里計簡大致要統計里的總户口數、"應役民"户數、"尪羸老頓貧窮女户"數、"被病物

① 最近,鷲尾祐子先生利用揭剥圖,復原出不少成組家庭簡,其中有一部分涉及發掘簡,詳見其著《資料集:三世紀の長沙における吏民の世帯—走馬楼呉簡吏民簿の戸の復原—》,東京外国語大学アジア・アフリカ言語文化研究所,2017。除此之外,尚未見其他相關復原成果。

② "户口簡"是指那些記録各家人口信息的竹簡,包括户人簡、家庭成員簡、户計簡、里計簡以及其他與之相關的各類竹簡。目前吴簡中所見"户口簡",多數都屬於"吏民簿"。

③ 侯旭東:《長沙走馬樓吴簡〈竹簡[貳]〉"吏民人名年紀口食簿"復原的初步研究》,96頁。

④ "貳·1671·1·15"中的數字,依次指卷次、出版號、揭剥圖號、揭剥順序號,以下皆同。由於《竹簡》[貳]中衹有一幅揭剥圖,原無編號,爲統一體例起見,我們稱之爲"貳·圖1"。又,《竹簡》各卷釋文對簡文中的空格均進行了統一,即不論簡文原留空多少,釋文一律空兩格(或一格),這不利於反映簡文本身的格式。這裏借鑒侯旭東先生的做法(見其著《長沙走馬樓吴簡〈竹簡[貳]〉"吏民人名年紀口食簿"復原的初步研究》,87頁),對於不頂格而從第一欄開始書寫的(一般爲各類小計簡),低一格;對於從第二欄開始頂格書寫的(一般爲家庭成員簡、分項統計簡),低三格;對於從第三欄開始頂格書寫的,低六格;其他情況,酌情留空。

⑤ 沈剛先生基本贊同侯氏對里計簡各個項目的排列順序,并在增删統計項目之後,對吴簡里級吏民簿的結計簡做了一般性的格式復原,參看其著《吴簡户籍文書的編製方式與格式復原新解》,原刊《人文雜誌》2010年第2期,後修訂爲其著《長沙走馬樓三國竹簡研究》第1篇第1章《户籍文書的編製方式與格式復原》,北京:社會科學文獻出版社,2013,15頁。

⑥ 侯旭東:《長沙走馬樓吴簡〈竹簡[貳]〉"吏民人名年紀口食簿"復原的初步研究》,96頁,注①。

故"人數、各類特殊民户數等多方面的數據。

另一份里計簡則來自凌文超先生所復原的"小武陵、南鄉等吏民人名年紀口食簿":[①]

7. 其一百卅八人男(叁·4315·2·48)

8. 其八十一人[女](叁·4311·2·44)

9. 其一户給軍吏 下品(叁·4303·2·36)

10. 其五户□□民 [下]品(叁·4302·2·35)

11. 其七户□□女户不任調 下品之下(叁·4301·2·34)

12. 定領役民卅七户(叁·4300·2·33)

從揭剥圖上看,[②]簡8—12從右至左連續排列,與圖中的家庭簡排列方向相同,簡7亦與之相去不遠。因此,這份復原結果的準確性很高,基本能够反映出各簡排列的原始次序,即:男女口數—各類特殊民户數—"□□女户不任調"户數—"應役民"户數。在此基礎上,凌文超先生將前述廣成里吏民簿中簡2—5的排列次序調整爲:

4. 其一户給朝丞(貳·1702·1·63)

5. 其二户給郡園父 ·(貳·1701·1·62)

2. ·其五户尪羸老頓貧窮女户(貳·1705·1·67)

3.☑ ·定應役民廿户(貳·1704·1·66)[③]

其後,侯旭東先生對其原有排序亦有所修訂,認爲"廣成鄉嘉禾六年吏民人名年紀口食簿"中各里的結計簡應該"先是里統計簡,然後是里内男女人口的合計、尪羸老頓貧窮女户的户數、各種吏的户數、各種給吏的户數、各種雜役(如郡醫師之類)的户數,最後應是'定應役民'的户數。'被病物故'者的統計,可能列在男女人口合計之後"。[④] 侯先生還注意到,簡5左側存在以下一簡:

13. ·魁 蔡 喬 [主][⑤](貳·1700·1·61)

繼而考證出蔡喬爲廣成里的户人,同時擔任該里里魁,是廣成里吏民簿的抄寫者,而簡13則

① 凌文超:《走馬樓吴簡采集簿書整理與研究》第3章《户籍簿及其類型與功能》,122頁。

② 圖見《竹簡》[叁]下册《附録一》,909頁。

③ 凌文超:《走馬樓吴簡采集簿書整理與研究》第3章《户籍簿及其類型與功能》,123頁。不過,對於簡6的位置,凌先生未做説明。

④ 侯旭東:《長沙走馬樓吴簡"嘉禾六年(廣成鄉)弦里吏民人名年紀口食簿"集成研究:三世紀初江南鄉里管理一瞥》,127頁。

⑤ 原釋做"·羅(?) 蔡 喬 □",據侯旭東先生意見改,參看其著《長沙走馬樓吴簡"嘉禾六年(廣成鄉)弦里吏民人名年紀口食簿"集成研究:三世紀初江南鄉里管理一瞥》,128頁。

應該位於這一吏民簿的末尾。[①] 這是一個重要的發現,但同樣的情況是否也存在於其他鄉里,還需進一步的研究。

張榮强先生認爲,凌文超先生對廣成里結計簡排列次序的調整符合實際。他還進一步注意到,在“小武陵、南鄉等吏民人名年紀口食簿”的里計簡中,各種特殊民户(即“軍吏”“□□民”)與“不任調”“(應)役民”的數量相加(1+5+7+37),恰好符合一里50户的標準。[②] 這一發現十分重要,由此可以推知,此類里計簡的完整形式應符合“特殊民户+‘不任調’户+‘應役民’户=里總户數”的等式,這爲更多相關里計簡的完整復原,增添了又一關鍵性的綫索。

此外,在上述復原展開之前,整理者已先行披露了《竹簡》[肆]中兩組屬於“中鄉吏民簿”的里計簡:[③]

14. ·集凡五唐里魁周□領吏民五十户口食二百八十九人(肆·380·2·155)
15. 其一百六十二人男(肆·379·2·154)
16. 其一百廿七人女(肆·378·2·153)
17. 其四户縣吏(肆·377·2·152)
18. 其二户郡吏(肆·376·2·151)
19. 其□户州吏(肆·374·2·149)
20. 其五户給新吏(肆·373·2·148)
21. 其一户縣卒(肆·372·2·147)
22. 其一户佃帥(肆·371·2·146)
23. ·集凡東扶里魁鄧(?)□領吏民户五十五口食二百七十七人(肆·428·2·203)
24. 其一百五十二口男人(肆·427·2·202)
25. 其一百廿五口女人(肆·426·2·201)
26. 其二户給卒(肆·425·2·200)
27. 其一户給郡吏(肆·424·2·199)

---

① 侯旭東:《長沙走馬樓吴簡“嘉禾六年(廣成鄉)弦里吏民人名年紀口食簿”集成研究:三世紀初江南鄉里管理一瞥》,128頁。

② 張榮强:《再論孫吴簡中的户籍文書——以結計簡爲中心的討論》,《北京師範大學學報(社會科學版)》2014年第5期,87頁。

③ 李均明、宋少華:《〈長沙走馬樓三國吴簡〉竹簡[四]内容解析八則》,中國文物研究所編《出土文獻研究》第8輯,上海古籍出版社,2007,184-185頁。此處五唐里和東扶里屬於同一份“中鄉吏民簿”,楊芬先生對此有詳細考證,參看其著《孫吴嘉禾年間臨湘中鄉所轄里初步研究》,《中日長沙吴簡學術研討會論文集》,長沙:2011年3月。此文蒙楊芬先生提供,謹致謝意!

從揭剥圖上看,[1]上述竹簡都是連續排列的,幾乎不用做任何調整,因而準確度很高,可爲其他里計簡的復原提供參考。但是,其中缺少對"應役民"等項目的統計,應該并不完整。

由於缺少足够多、足够完整的樣本作爲依據,不同學者對於相關簿書的性質意見不一。不少學者將吴簡中的吏民簿都視作户籍,[2]整理者在介紹前述"中鄉吏民簿"的里計簡時,亦稱其爲"諸里户籍的統計小結"。[3] 凌文超先生認爲,一些吏民簿本身并非户籍,而是因日常行政需要而以户籍爲依據編製的"户籍簿"。同時,又根據"小武陵、南鄉等吏民人名年紀口食簿"和"廣成鄉嘉禾六年吏民人名年紀口食簿"的里計簡中含有"定應役民"户數統計簡,指出這兩份吏民簿均是爲派役而製作的"户籍簿"。[4] 侯旭東先生則進一步認爲,已刊吴簡中尚未見到户籍,"廣成鄉嘉禾六年吏民人名年紀口食簿"係爲來年安排役而由里、鄉製作的花名册,其編製并非臨時性的工作,而是年復一年的日常任務。[5] 不過,張榮强先生仍主張,這類吏民簿具有基礎台賬的作用,是户籍無疑。[6]

里計簡還反映出,吏民簿中各里由不同身份的人户構成,其徭役負擔有所不同。以往研究對於這一問題也有不同的認識。李均明先生仔細分析了各種身份的含義,認爲吴初户口分爲吏、民兩大類,民户又分爲應役民與老頓殘疾女户等非應役民。應役民指符合服徭役條件或正在服徭役的百姓,包括兵卒、雜役、師佐、商賈、普通民户及私學子弟、私客等,平時從事各種擅長的行業,應役時服從國家需要,輪换值更。[7] 侯旭東先生將里計簡中的民户分爲各種吏與卒家、承擔給吏與雜役的户,不任役的尪羸老頓貧窮女户,以及"定應役民"户。[8] 這種分類將"吏""卒"等從"應役民"户中剔除,更符合里計簡所體現的實際狀況。張榮强先生把各類民户劃分爲"吏卒户"和"民户",後者又包括"不任調"户和"應役民"户。他仔細分析了各類"不任調"户的歷史源流,并提出"役"至少包含了"調"的内容,不單指狹義的徭役,也

---

① 《竹簡》[肆]下册《附録一》,762頁。

② 相關論著較多,凌文超先生曾擇要予以梳理,參看其著《走馬樓吴簡采集簿書整理與研究》第2章《嘉禾四年南鄉户籍與孫吴户籍的確認》,13-14頁。

③ 李均明、宋少華:《〈長沙走馬樓三國吴簡〉竹簡[四]内容解析八則》,184頁。

④ 凌文超:《走馬樓吴簡采集簿書整理與研究》第3章《户籍簿及其類型與功能》,136-137頁。

⑤ 侯旭東:《長沙走馬樓吴簡"嘉禾六年(廣成鄉)弦里吏民人名年紀口食簿"集成研究:三世紀初江南鄉里管理一瞥》,135-139頁。

⑥ 張榮强:《再論孫吴簡中的户籍文書——以結計簡爲中心的討論》,88頁。

⑦ 李均明:《長沙走馬樓吴簡所反映的户類與户等》,饒宗頤主編《華學》第9、10輯(1),上海古籍出版社,2008,267-275頁;李均明:《走馬樓吴簡人口管理初探》,卜憲群、楊振紅主編《簡帛研究二〇〇六》,桂林:廣西師範大學出版社,2008,265-268頁。

⑧ 侯旭東:《長沙走馬樓吴簡"嘉禾六年(廣成鄉)弦里吏民人名年紀口食簿"集成研究:三世紀初江南鄉里管理一瞥》,136頁。

包括以口算賦爲主體的賦税。"不任調"户和"應役民"户,即分别指免除和承擔賦役的民户。[①] 在以上研究的基礎上,我們可將里計簡中的民户分爲特殊民户(吏、卒、帥、客等)、"不任役"户和"應役民"户。[②]

總的來看,目前學界對里計簡的復原與研究業已取得不少進展,但復原結果不多,且皆有殘缺。在研究中也存在不少分歧,對於特殊民户的研究還相對不够。分歧的解决,研究的推進,離不開復原工作的進一步展開。本文對"都鄉吏民簿"中各里結計簡的復原,旨在提供更多完整可靠的樣本,并在此基礎上,對有關問題提出新的見解。不當之處,敬請學界批評指正。

二 研究對象的選取

本文的研究對象包括《竹簡》[柒]、[捌]中的8幅揭剥圖所含的全部竹簡,分别爲《竹簡》[柒]中的圖14、圖41、圖42,[③]《竹簡》[捌]中的圖1、圖2、圖3、圖4、圖5。[④] 此外,有些揭剥圖後面還附有不成坨的散簡,由於這些散簡是按區位歸并整理的,[⑤]與相應揭剥圖中的竹簡關係緊密,這裏也一并納入研究的範圍。這些竹簡共4518個編號,絶大多數都是户口簡,我們暫且稱之爲"户口簡群Ⅰ"。之所以選取上述材料爲研究對象,主要是基於以下原因:

(1)從位置上來看,8幅揭剥圖所對應的簡坨緊密相連,編號依次爲Ⅱb㊻、Ⅱc㉔、Ⅱc㉕、Ⅱc㉖、Ⅱc㉗、Ⅱc㉘、Ⅱc㉙、Ⅱc㉚。據整理者介紹,編號中的三種字符分别代表竹簡現場揭取時所在的區位號、段號和小段(坨)號,"儘管揭取是在小心翼翼地進行,但由於現場揭取是人爲地分切成若干段坨,就可能將原來一卷的簡册人爲地分離開來,以致原爲一卷的簡册,被分成若干段坨"。[⑥] 因此,坨號相鄰、相近的竹簡有可能原本屬於同一個完整的簡册。我們所選取的8坨竹簡,除Ⅱb㊻以外,編號完全相連。而Ⅱb㊻同樣處在Ⅱ區,從整理者所提供

---

① 張榮强:《再論孫吴簡中的户籍文書——以結計簡爲中心的討論》,75-81頁。此外,蘇俊林先生也曾對吴簡中"吏"與"民"的種類和等級進行過歸納,參看其著《孫吴基層社會身份秩序研究——以走馬樓吴簡爲中心》,湖南大學博士學位論文,2016,168-197頁。

② 吴簡中,"不任役"或作"不任調",如簡11;或作"不注役""不任調役",如"□八户罰估不注役"(壹·959)、"其卌户各窮老及刑踵女户下品之下不任調役"(叁·6375)。

③ 《竹簡》[柒]下册《附録一》,903、952、957頁;

④ 《竹簡》[捌]下册《附録一》,799、801、803、806、809頁;

⑤ 《竹簡》[柒]下册《附録一》,878頁;《竹簡》[捌]下册《附録一》,796頁。

⑥ 宋少華:《長沙三國吴簡的現場揭取與室内揭剥——兼談吴簡的盆號和揭剥圖》,長沙簡牘博物館等編《吴簡研究》第3輯,5頁。

的簡牘分布總圖來看,①b 段和 c 段有一部分是相互疊壓在一起的,因此該坨簡也很有可能與其他 7 坨相連屬。

(2)從揭剥圖來看,竹簡有字面相對或朝向一面,較少存在竹簡有字面相背的情況,説明這些竹簡有可能原爲編在一起的一卷。②

(3)從内容上看,各坨所包含的絶大多數都是單純的户口簡,闌入簡很少。更爲重要的是,各坨包含里名大體相同,主要有高遷里、常遷里、富貴里、變中里、夫秋里、③吉陽里、宜陽里、進渚里、陽貴里、春平里、④浦里、⑤X 里(里名未知,以大男、縣吏等身份開頭),并且每一里中的户人都没有出現重名,呈現出互補性:⑥

表一:不同簡坨/揭剥圖所含里名

揭剥圖	坨號及所含竹簡號	里名
柒・圖 14	Ⅱb㊵(1678—1970)	夫秋里、吉陽里、宜陽里、進渚里、陽貴里、X 里、浦里⑦
柒・圖 41	Ⅱc㉔(4707—4956)	高遷里、常遷里、富貴里、變中里、夫秋里、吉陽里、宜陽里、進渚里、陽貴里、春平里、X 里、浦里
柒・圖 42	Ⅱc㉕(4957—6153)	高遷里、常遷里、富貴里、變中里、夫秋里、吉陽里、宜陽里、進渚里、陽貴里、春平里、X 里、浦里
捌・圖 1	Ⅱc㉖(1—73)	高遷里、富貴里、浦里

① 《竹簡》[捌]下册《附録一》,798 頁。

② 柒・圖 42 上半部分有 4 層竹簡有字面朝上,與其上方的簡層有字面相對,暗示此部分或屬另一簡册。但是,這衹是表面現象,因爲其中并不包含新的里名,内容上與該圖其他部分及"户口簡群Ⅰ"中的其他竹簡相互補充,屬於同一簡册無疑。詳參連先用《試論吴簡所見的"黄簿民"與"新占民"》,《文史》2017 年第 4 輯,96-97 頁。

③ 個别寫作"天税里",整理者已經指出。

④ "春",圖版中均作""(柒・1790),《竹簡》[柒]中釋作"春",本文統一做"春"。

⑤ "浦",《竹簡》[柒]釋作"酒"。案,該字圖版作"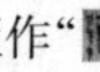"(捌・8),釋作"浦"字更爲合理。關於"浦"及"酒"字的更多寫法,參看王保成《三國吴簡文字研究》下篇《長沙走馬樓三國吴簡文字編》,安徽大學博士學位論文,2013,763、989 頁。

⑥ 值得注意的是,我們在復原與研究過程中發現,在不同揭剥圖中,各里從内而外的排列次序存在兩種完全相反的情況。例如柒・圖 42 中,各里排列次序爲:高遷里—常遷里—富貴里—變中里—夫秋里—吉陽里—宜陽里—進渚里—陽貴里—春平里—X 里—浦里(?),而捌・圖 5 中各里的次序恰恰相反。柒・圖 42 與捌・圖 5 對應的是"户口簡群Ⅰ"中規模最大的兩坨竹簡,如果揭剥圖不誤,那就意味着它們實際上是内容相同,而收卷方向或各里編次相反的兩份册書。但是,由於它們没有任何的交叉重複,并呈現出高度的互補性,屬於同一簡册無疑。簡册在埋藏地下以及出土時雖經受了不同程度的擾動,但這些擾動不可能造成各里順序整齊劃一地完全顛倒。我們懷疑,各里排列順序相反是由於一些揭剥圖弄反了有字面的朝向。鑒於柒・圖 42 大體上分成有字面相對的上下兩部分,出現錯誤的可能性較小,這裏暫時統一按照該圖所反映出來的順序排列各里。

⑦ 該坨還有一枚釋文不確定的"平樂里"户人簡:"[平][樂]里户人[公][乘][郡][吏]曹□年□筭一　[子][男]□……"(柒・1926・14・249)。該簡爲二人連記簡,而"户口簡群Ⅰ"中户人簡采用或部分采用二人連記方式的衹有春平里、陽貴里和 X 里。案圖版,"平樂"之"平"做"",下面的"日"字清晰可辨,應爲"春"字。該簡長 24cm,寬 0.8cm,與春平里相合,周圍還可以找到 2 枚春平里户人簡:柒・1945・14・268、柒・1960・14・283。可見,此"平樂里"應即"春平里"。

續表

揭剥圖	坨號及所含竹簡號	里名
捌·圖2	Ⅱc㉗(74—188 附散簡 189—313)	夫秋里、吉陽里、宜陽里、進渚里、陽貴里、春平里、浦里
捌·圖3	Ⅱc㉘(314—481)	高遷里、常遷里、富貴里、變中里、夫秋里、吉陽里、宜陽里、進渚里、陽貴里、春平里、X里、浦里
捌·圖4	Ⅱc㉙(482—662)	夫秋里、吉陽里、宜陽里、進渚里、陽貴里、春平里、浦里
捌·圖5	Ⅱc㉚(663—2623 附散簡 2624—2778)	高遷里、常遷里、富貴里、變中里、夫秋里、吉陽里、宜陽里、進渚里、陽貴里、春平里、X里、浦里①

(4)各里家庭簡在内容與格式上都存在比較明顯的差异,但不同揭剥圖中,同里家庭簡的内容與格式特徵却完全一致。②

(5)從形制、編痕間距上看,各里户人簡也存在差异,但散見於不同坨的同里户人簡則完全一致:

表二:各里户人簡的長、寬和編痕間距③

序號	里名	長	寬	編痕間距
1	高遷里	22.3—23.8 絶大多數:23.1—23.7	0.7—1.0	7.0—8.4
2	常遷里	23.2—24.6 絶大多數:24—24.5	0.6—0.9	7.7—8.5
3	富貴里	21.7—24.3④ 絶大多數:23.6—24.2	0.6—0.9	7.2—8.2
4	變中里	23.4—24.3 絶大多數:24—24.2	0.7—0.9	7.7—8.4
5	大秋里	23.5—24.6 絶大多數:23.5—24	0.6—1.2	7.3—8.6

---

① 該坨中還有:"[谷]陽里户人公乘吴興年廿六筭一"(捌·855·5·193);"東陽里户人公乘私學程溥年卌一腹心病"(捌·856·5·194)。案圖版,後者"東"做"",應爲"宜"字;前者上端劈裂,難以辨識,考慮到二者緊鄰,該簡應該也是宜陽里户人簡。在後面的統計中,亦將其計入宜陽里。

② 爲免枝蔓,這一點我們將另文探討。

③ 相關數據均係測量圖版所得,單位爲厘米(cm)。需要説明的是,竹簡長度較易測量,一般取其最長處數據,而其寬度則往往上下不一,我們擇取其較均匀處的數據。又,兩道編繩往往會留下不止兩道編痕,編痕本身也具有一定寬度,測量數據取内道編痕間的最短距離,而不計編痕本身的寬度。從測量結果來看,同里户人簡編痕間距存在 0.5-1.4cm 的浮動範圍。這是由於簡册較長,編繩之間并非絶對平行,同時編痕邊界往往不甚清晰,測量數據較長、寬而言受主觀因素影響更多。

④ 案,"富貴里户人公乘鄭□年七十六"(柒·5107·42·151)與其他富貴里户人簡及同頁其他竹簡的圖版相比,均顯細小,其長度僅有 21.7cm,是富貴里户人簡中惟一一枚短於 23.6cm 的。這可能并非該簡的實際大小,兹捨而不計。

續表

序號	里名	長	寬	編痕間距
6	吉陽里	22.7—24.8 絶大多數:23.3—24.2	0.6—1.0	7.5—8.3
7	宜陽里	23.1—24.1① 絶大多數:23.6—24.1	0.6—1.0	7.1—8.2
8	進渚里	23.3—24.6 絶大多數:24.0—24.5	0.7—0.9	7.6—8.2
9	陽貴里	23.4—24.5 絶大多數:23.4—24.2	0.6—0.9	7.1—8.2
10	春平里	23.1—24.5 絶大多數:23.8—24.2	0.7—1.0	6.7—8.1
11	X里	23.6—24.3	0.6—1.0	7.7—8.4
12	浦里	22.6—23.3	0.8—1.0	7.9—8.4

(6)“户口簡群Ⅰ”中各里户人簡的數量,往往能够符合或接近相應里的總計簡中所顯示的户數:

表三:各里户人簡數量與總計簡

序號	里名	户人簡數量②	總計簡
1	高遷里	50③	集凡高遷里魁黄播領吏民五十户口食三百八十六人④(捌・1686・5・1024)
2	常遷里	51⑤	集凡常遷里魁黄春領吏民五十户口食四百廿[二]人⑥(柒・5454・42・498)

① 宜陽里户人簡中,“宜陽里户人公乘逢紒(?)年卅六苦風病”(捌・2592・5・1930)長度僅21cm,查看圖版,該簡所在及附近幾頁圖版中的竹簡均較正常竹簡短小,有可能是由縮放不當所致。其所反映的長度很可能要短於原簡,進渚里户人簡捌・2571、陽貴里户人簡捌・2556亦存在這種問題,其實際數據不明,兹捨而不計。

② 這一統計的對象主要是那些里名清晰的户人簡,但“户口簡群Ⅰ”的户人簡中還有一部分是里名不清或殘缺的。對此,我們在注文中做了少量考辨,但仍有一些户人簡的歸屬,需要做進一步的甄别。

③ “户口簡群Ⅰ”釋文中原有“[高][遷][里][户][人]……”(捌・1591・5・929)。不過,從圖版上看,該簡字迹模糊,衹有“人”字比較清晰。更爲重要的是,簡文并没有頂格書寫,其主體部分寫在第二欄。由此看來,該簡實非户人簡,故在統計中將其捨去。

④ “六”,原釋做“一”,據圖版改。

⑤ 查看圖版,常遷里户人簡有一些相當模糊。因此,我們認爲,那多出來的一枚户人簡,當是由某枚竹簡釋文有誤所造成的。

⑥ “[二]”原釋做“一”,據圖版改,詳參後文。

續表

序號	里名	户人簡數量	總計簡
3	富貴里	46①	█集凡富貴里魁鄭理領吏民五十户口食三百五十九人②(柒·5593·42·637)
4	變中里	44③	█集凡變中里魁吴巴所領吏五十户口食三百五十四人④(柒·5253·42·297)
5	夫秋里	47	集凡夫秋里魁吴明領吏民五十户口食三百十九人(柒·5021·42·65)
6	吉陽里	40	右吉陽里魁番羊領吏民五十户口食三百八十二人⑤(柒·5865·42·909)
10	春平里	34	集凡春平里領吏民一百□□户口食三百六十三人(捌·463·3·150)
12	浦里	50⑥	集凡横溪丘魁□□領吏民五十户口食二百八十八人⑦(捌·1392·5·730)
7	宜陽里	50	☒吏民五十户口食三百卌二人(捌·2636) ☒吏民□十户口食三百五十□人⑧(捌·2727)
8	進渚里	41	
9	陽貴里	38	
11	X里	29	

綜合以上因素,我們認爲“户口簡群Ⅰ”原本應爲一個由12個里構成的完整簡册,現在我們看到的是其主體部分。由於各里家庭簡在形制、内容、格式等方面差异明顯,借鑒鷲尾

① 據原釋文,“户口簡群Ⅰ”中的富貴里户人簡有3枚是二人連記,即:柒·6049·42·1093、捌·611·4·130、捌·708·5·46,格式與富貴里户人簡(一人一簡)不合。查看圖版,并考慮其位置、格式等,它們當爲陽貴里户人簡,故此處不計,而計入陽貴里户人簡中。又,“□貴里户人公乘鄧客年卌六　腹心病”(捌·1959·5·1297)據其位置、格式看,當屬於富貴里,故計入。

② “三”原釋做“二”,據圖版改,詳參後文。

③ “户口簡群Ⅰ”有“□中里户人公乘陳敗年卅六　苦風病”(捌·1164·5·502),當爲變中里户人簡,故計入。

④ 整理者注:“吏”下脱“民”字。又,頂端“█”原釋缺,據圖版補。

⑤ “二”原釋做“四”,據圖版改,詳參後文。

⑥ 據原釋文,“户口簡群Ⅰ”中“浦里户人公乘鄧會年六十九(?)”(捌·2013·5·1351)長24.3cm,與其他浦里户人簡明顯不合,并且所處位置竹簡受到擾動較小,主要分布的是富貴里和變中里竹簡,其圖版亦不清晰。而“浦里户人公乘劉立年卅八”(捌·802·5·140)左側殘缺,簡文亦十分模糊,且其長度(23.4cm)亦長於其他浦里户人簡。我們認爲以上兩簡應非浦里竹簡,在統計中將其排除。

⑦ 該簡可確定爲浦里總計簡,考證詳後文。

⑧ “十”原釋做“□”,據圖版補。

祐子先生對“廣成鄉嘉禾六年吏民人名年紀口食簿”編製方式的判斷方法,[①]可知該簿的製作也不是一次性的,而應是先由各里獨立編製,然後依由鄉將其次套連而成。

三　“都鄉吏民簿”的確認與初步分析

從標題簡看,吴簡中的吏民簿均是以鄉爲單位呈送的,[②]簡例如下:

28.南鄉謹列嘉禾四年吏民户數(?)口食人名年紀簿(壹・9088)

29.小武陵鄉[謹][列]嘉禾四年吏民人名妻子年紀簿[③](壹・10153・1・3)

30.廣成鄉謹列嘉禾六年吏民人名年紀口食爲簿(貳・1798)

31.[樂](?)鄉謹列嘉禾四年人名年紀爲簿　☐[④](貳・7957)

32.[中][鄉][謹][列]嘉禾五年[所][領]吏民人名年紀爲簿(柒・575)

“户口簡群Ⅰ”中這份由12個里構成的吏民簿也不應例外。但由於標題簡缺失,各里又不冠鄉名,該簿究屬何鄉,很難直接判斷。

不過,大量的户人簡爲解決問題提供了直接的綫索。經過與入米、入錢、户品出錢簡及田家莂的仔細比對,我們發現“户口簡群Ⅰ”中的許多户人姓名與都鄉存在對應關係。這種對應涉及10個里,共32組,即:

(1)高遷里[⑤]

33.高遷里户人公乘州卒朱萇年廿四(捌・1465・5・803)

---

① [日]鷲尾祐子:《長沙走馬樓吴簡連記式名籍簡的探討——關於家族的記録》,長沙簡牘博物館等編《吴簡研究》第3輯,70-87頁。

② 吴簡中還有一些里的吏民簿的標題簡,如:“平樂里□[谷]□謹列……　☐”(壹・9005);“廣成里謹列所□吏人名年紀爲簿”(壹・8655);“[廣][成]里謹列[領]任吏民人名年紀口食爲簿”(貳・1797)。但是,有關吏民簿是先呈送到鄉的,而非由里直接提交至縣,這在“廣成鄉嘉禾六年吏民人名年紀口食簿”中體現得非常明顯,可參侯旭東《長沙走馬樓吴簡〈竹簡[貳]〉“吏民人名年紀口食簿”復原的初步研究》,87頁。

③ 簡頂端原釋有“☐”,“[謹][列]”原釋做“□”,據凌文超先生意見改,參看其著《走馬樓吴簡采集簿書整理與研究》第3章《户籍簿及其類型與功能》,101頁。

④ “[樂](?)”,原釋做“縣”。案,“縣鄉”在吴簡中未見其例。據圖版,“縣”字做“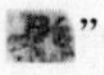”,亦似“樂”字,而樂鄉在吴簡中例證甚多,據改。

⑤ 由於涉及到户人簡與不同性質簡牘的對應關係,這裏將其與户品出錢簡的對應關係統一排在最前面,與其他簡牘的對應關係則按照卷次及出版號順序列在後面。

34.都鄉男子朱萇故户中品出錢八千侯相▨[1](壹·379正)

35.高遷里户人公乘毛布年七十四　刑左手[2](捌·1141·5·479)

36.入都鄉嘉禾二年所貸嘉禾元年税禾還米三斛𠚤嘉禾二年十二月廿日東溪丘男子毛布關邸閣李嵩付倉吏黄諱潘慮[3](柒·2207·16·1)

37.入都鄉東薄丘男子毛布二年布二匹𠚤嘉禾二年九月十六日烝弁付庫吏殷連受(壹·7510)

38.高遷里户人公乘壬吉年六十四盲右目(柒·4860·41·154)

39.東溪丘男子壬吉……[4](4·293)

40.高遷里户人公乘胡秩年卌三　刑左足(捌·1603·5·941)

41.東溪丘男子胡秩……(4·294)

42.入都二年所貸嘉禾元年吏帥客限米三斛𠚤嘉禾二年十月十五日東溪丘男子莫得(?)關邸閣李嵩付倉吏黄諱史潘慮受[5](柒·2221·16·15)

43.高遷里户人公乘衛(士)何城年卌六第一[6](捌·1617·5·955)

44.入都鄉口筭錢五百一十𠚤嘉禾元年十一月五日桀□丘何誠付庫吏▨[7](壹·1623)

45.高遷里户人公乘謝稠年卅六　筭一(捌·1649·5·987)

46.入都鄉嘉禾二年税米九斛𠚤嘉禾二年十月廿三日新唐丘謝稠關邸閣李嵩付倉吏黄諱番慮受(捌·4645)

(2)常遷里

① 廣成鄉廣成里亦有名爲“朱萇”者:“民男子朱萇年六十七□□亭復人　萇妻大女礼年卌三筭一　·”(貳·1773·1·170);“嘉禾四年廣成里户人公乘朱萇年六十六刑左足給亭雜人”(肆·2042)。參看侯旭東《長沙走馬樓吴簡“嘉禾六年(廣成鄉)弦里吏民人名年紀口食簿”集成研究:三世紀初江南鄉里管理一瞥》,130-131頁。此“朱萇”與“户口簡群Ⅰ”中的“朱萇”爲重名無疑。

② 高遷里户人毛布又見於“高遷里户人公乘毛布年卅□　妻大女思年卅九”(壹·1656),兩者年齡差距太大,應非同一人。又,“刑”字或釋作“荆”,本文統一做“刑”。

③ “邸”因整理者不同,或釋作“埅”,本文統一做“邸”。

④ “壬”原釋做“王”,據圖版改。又,此處省略號係本文爲節省篇幅所加,簡41同。

⑤ 整理者注:“都”下脱“鄉”字。又,“邸”原釋做“摶”,據圖版及文例改。

⑥ 括號中“士”據整理者意見補。

⑦ 該簡中的“誠”與上簡中的“城”字圖版分别做“”“”,應爲同一字。至於隸定爲“城”或“誠”哪一個更爲合適,不易判斷。

47.常遷里户人公乘何孫年廿七筭一　(柒·5149·42·193)

48.都鄉大男何孫故户下品出錢☐(貳·6549 正)

49.常遷里户人公乘張曹年七十　盲兩目(捌·1127·5·465)

50.都鄉男子張曹故户中品[出][錢][八][千][侯][相]　☐(叁·1213 正)

51.常遷里户人公乘唐丁年五十八筭一(捌·1728·5·1066)

52.都鄉男子唐丁故户下品出☐(貳·6902 正)

53.常遷里户人公乘張近年廿五給縣吏①(捌·1742·5·1080)

54.[都]鄉縣吏張近故户下品出錢四千[四]☐②(貳·7012 正)

55.[常][遷]里户人公乘吴張年六十九雀右手指(捌·1768·5·1106)

56.入都鄉嘉禾二年税米廿六斛六斗ⅢX嘉禾二年十月七日禾丘吴張關邸閣李嵩付☐③(捌·2779·6·1)

(3)富貴里

57.富貴里户人公乘郡吏文湛年六十(捌·356·3·43)

58.入都鄉嘉禾二年郵卒限米三斛ⅢX嘉禾二年九月廿七日唐中丘文湛關邸閣李嵩付倉吏黄諱史潘慮受(捌·3940·13·145)

59.富貴里户人公乘縣吏孫義年廿五(捌·1309·5·647)

60.[入]都鄉吏孫義[還][黄][武]五年税米四斛ⅢX嘉禾元年八☐(叁·1178)

(4)變中里

61.變中里户人公乘逄政年卅五　筭一(捌·1133·5·471)

---

① "近",原釋做"延"。查圖版,該字做"",似"近"字。又,Ⅱb㉚中有"嘉禾五年常遷里户人公乘張近年卅[五]給縣吏"(柒·1068·8·265),與簡53構成對應關係("廿""卅"之不同,係圖版不清所致),這進一步説明。"延"當爲"近"字之誤釋。

② "[都]"原釋做"□"。案,《竹簡》[貳]中的户品出錢簡皆出於"都鄉"和"模鄉",但二者格式不同,特别是前者背面有字,後者單面書寫(參[日]安部聰一郎著,劉峰譯《典田掾、勸農掾的職掌與鄉——對長沙吴簡中所見"户品出錢"簡的分析》,楊振紅、鄔文玲主編《簡帛研究二〇一五(春夏卷)》,桂林:廣西師範大學出版社,2015,238—239、243頁)。而簡54背面寫有"入錢畢民自送牒□☐",正與都鄉相合,故簡54必屬都鄉無疑,據補。

③ "吴張"又見於平鄉和小武陵鄉:"入平鄉税米二斛三斗胄畢ⅢX嘉禾元年十一月廿六日泊丘吴張付三州倉[吏][谷][漢][受]"(肆·2288);"入小武陵鄉税米五斛胄米畢ⅢX嘉禾元年十一月二日唫丘大男吴張付三州倉吏谷☐"(肆·3448)。他們與都鄉的"吴張"當係同名。

62.☑都鄉男子逢政(?)故户中品☑[①](貳·6539正)

63.變中里户人公乘盧尾年卅六刑左手(捌·2259·5·1597)

64.都鄉大男盧尾故户下品出錢☑(貳·7927正)

65.變中里户人公乘潘文年五十筭一(柒·5500·5·1597)

66.入都鄉嘉禾二年税米卅六斛八斗𠥁嘉禾二年十月廿七日懷溲丘男子番文關邸閣李嵩付倉吏黄諱□☑(捌·4105·14·126)

67.☑□𠥁嘉禾二年十月五日因疒丘大男潘文付庫吏☑[②](叁·6348)

68.入都鄉因疒丘大男烝□二年布三匹三丈五尺☑(壹·6884)

69.入都鄉二年新調布一匹𠥁嘉禾二年八月廿日因疒丘歲伍吴滏民黄漢付庫吏殷連受(貳·5318)

(5)夫秋里

70.夫秋里户人公乘州吏黄星(?)年卅七[③](柒·5709·42·753)

71.都鄉男子黄星故户上品出錢一萬二千侯相☑[④](壹·430正)

72.夫秋里户人公乘番通年五十筭一(捌·100·2·27)

73.都鄉男子潘通故户上品出錢一萬☑(貳·7787正)

74.夫秋里户人公乘吴夏年八十九(捌·1993·5·1331)

75.都鄉男子吴夏故户中品出錢八千侯相　☑(叁·712正)

(6)宜陽里

76.宜陽里户人公乘潘令年五十九[⑤](捌·2442·5·1780)

77.都鄉男子潘令故户上品出錢一萬……☑(叁·1215正)

78.入都鄉懷溲丘嘉禾□年税米九十二斛七斗𠥁嘉禾元年二月八日大男潘令關邸

---

① “逢政”又見於“☑鄉男子逢政故户下品出錢四千四百侯相☑”(貳·7245正),該簡背有“☑入錢畢民自送牒還縣不得持☑”,故此“逢政”亦當爲都鄉人(參252頁注②)。

② 簡66、67中的“潘(番)文”雖然屬於不同的丘,但皆屬都鄉,因此變中里中的“潘文”屬於都鄉的可能性很大。

③ “黄星”又見於:“大男黄星年卅三　□□□從年□□☑”(壹·5640);“私學黄星　星兄黄张□民昷□不上星□”(肆·3976)。他們與夫秋里户人黄星或年齡相差較多,或身份不同,應爲重名關係。

④ “星”,原釋做“旱”,據圖版改。

⑤ 令原釋做“今”,據圖版改。

閣郭〼(貳·276)

79.宜陽里户人公乘樊建年卌一　苦苔病(捌·119·2·46)

80.入都鄉嘉禾元年税米十七斛四斗ⅢⅩ嘉禾元年正月十七日坉中丘力田樊建民潘洲關邸閣郭據付倉吏黄諱史番慮(貳·2726)

(7)進渚里

81.進渚里户人公乘朱敬年六十四(捌·2271·5·1609)

82.都鄉男子朱敬故户上品出錢一萬二千侯相〼(壹·172正)

83.入都鄉嘉禾二年布二匹三丈五尺ⅢⅩ嘉禾二年八月廿日磐石丘朱敬付庫吏　連受[1](貳·5347)

84.進渚里户人公乘張春年七十親盲[2](捌·2433·5·1771)

85.都鄉男子張春故户中品〼(貳·6705正)[3]

86.進渚里户人公乘王大年八十(柒·6004·42·1048)

87.入都鄉民還貸食嘉禾元年税禾還米五斛ⅢⅩ嘉禾二年十二月廿二日逢渚丘王大關邸閣李嵩付倉吏黄諱潘慮(柒·2254·16·48)

88.進渚里户公乘朱政年六十六(捌·798·5·136)

89.入都鄉□石丘男子朱政二年布九匹二丈七尺ⅢⅩ嘉禾二年〼(壹·8323)

90.進渚里户人公乘劉恒年卌七筭一(柒·1823·14·146)

91.入都鄉二年所貸食嘉禾元年税禾還米七斛ⅢⅩ嘉禾三年三月一日進渚丘男子劉(?)恒關邸閣李嵩付倉吏黄諱史潘慮受(柒·95·2·32)

92.入都鄉二年所貸元年税禾還米七斛五斗ⅢⅩ嘉禾二年十一月廿二日進渚丘大男劉恒關邸閣李嵩付倉吏黄諱史潘慮受(柒·2214·16·8)

(8)陽貴里

---

① 整理者注:"庫吏"下脱"殷"字。

② 整理者注:"親"與"新"通。

③ "都"原釋做"□",據格式補,參252頁注②。"張春"又見於:"都鄉州吏張春故户下品出錢□〼"(貳·6706正);"賣(?)鄉大男張春租(?)□□〼"(叁·934甲);"軍吏張春年十八"(叁·2963);"大男張春年七十一"(捌·52·1·52)。從身份、年齡上看,他們與進渚里户人張春應爲重名關係。

93.〼(陽)貴里户人公乘潘乇年廿二筭一　妻小年十八筭一[1](捌·2517·5·1855)

94.入都鄉二年所貸嘉禾元年税米五十九斛ⅢⅩ嘉禾三年五月十一日泉溲丘男子番乇關邸閣李嵩付倉吏黄諱番慮受(柒·120·3·13)

(9)春平里

95.春平里户人公乘伍貴年□十四　踵足(捌·159·2·86)

96.入都鄉嘉禾二年税米卅二斛ⅢⅩ嘉禾二年十月三日桃奇丘五貴關邸閣李嵩付倉吏諱史潘慮受[2](捌·2867·6·89)

(10)浦里

97.浦里户人公乘黄智年六十一風病(捌·1545·5·883)

98.都鄉横溪丘男子黄智(陸·總47898)[3]

99.浦里户人公乘州卒周碩年卌(捌·998·5·336)

100.都鄉州卒周碩故户中品出錢八千侯□〼(貳·7127正)

101.浦里户人公乘許倩年卅五(捌·1645·5·983)

102.都鄉男子許靖新户中品出錢九千侯相……年五月十二日典田□□[4](貳·2943正)

103.浦里户人公乘壬勉年五十四(捌·869·5·207)

104.入都鄉嘉禾二年新調……ⅢⅩ嘉禾二年六月廿一日横溪丘男子壬勉付庫吏殷連受[5](貳·5617)

如此衆多的人名對應,説明“户口簡群Ⅰ”與都鄉密切相關。特别是,根據我們的統計,已刊户品出錢簡寫明爲都鄉并且姓名完整者共46枚,其中15個人名也出現在户口簡中,而

① “户口簡群Ⅰ”中有“富貴里”和“陽貴里”,但前者户人簡衹載户人一人,後者則爲二人連記,因此,這裏的“〼貴里”可斷定是“陽貴里”。在表三中,亦將其列入統計。

② 吴簡中,作爲姓氏的“伍”“五”互通,“五貴”即“伍貴”。此外,中鄉亦見“五貴”:“入中鄉嘉禾二年所調布二匹□□ⅢⅩ嘉禾二年十一月十九日小赤丘大男五貴付庫吏殷連受”(貳·5317),但中鄉并無春平里(參楊芬《孫吴嘉禾年間臨湘中鄉所轄里初步研究》)。因此,春平里之“伍貴”與中鄉之“五貴”衹是重名關係。

③ 轉引自凌文超《走馬樓吴簡上中下品户數簿整理與研究——兼論孫吴的户等制》,《中國經濟史研究》2016年第3期,169頁。

④ 按圖版,“靖”字左側模糊,或當爲“倩”字。

⑤ “壬”原釋做“王”,據圖版改。

這 15 個人名全部都能在“户口簡群Ⅰ”中找到,[①]并且其中有 12 個人名衹出現在“户口簡群Ⅰ”中。[②] 這表明“户口簡群Ⅰ”與都鄉之間的聯繫絶非出於偶然。我們認爲,以上 10 里應該都屬於都鄉。此外,吉陽里儘管没有與都鄉對應的人名,但從揭剥圖上看,該里簡層正好夾雜在宜陽里與夫秋里兩個都鄉之里中間,[③]據此判斷,吉陽里應該也屬於都鄉。X 里則主要分布在簡册的外緣,由於保存下來的户人簡最少,人名又多不清晰,以之爲依據而考察出來的明確人名對應關係幾乎没有。[④] 不過,考慮到吴簡吏民簿以鄉爲單位來提交,且其餘 11 個里皆屬都鄉,我們認爲 X 里應該也是都鄉屬里。

對於以上判斷,也存在一些不利的證據,需要再加辨析。其一,上述對應人名中,存在個别身份不一致者。[⑤] 這又分爲兩種情況,一種是户人簡中標明“吏”“卒”等身份,但對應簡例中衹寫“男子”或不記身份,簡 33、43、57、70 及其對應簡例即屬此類;另一種是簡 79 和簡 80,同一人名,後者中有“力田”身份,而户人簡中却没有。但是,我們不能據此即否定他們是同一人,必須要考慮到,這些對應人名所在簿書的功能是不同的。相對而言,“户口簡群Ⅰ”中的吏民簿更加重視吏民身份的精確登記,里計簡中還要對此進行統計(詳後),而户品出錢簡、入米簡、入錢簡衹是完納憑證,將“吏”“卒”等省寫或記做“男子”,并不影響其功能的發揮。另外,以上人名均出現在嘉禾年間,[⑥]大體上可以視作是同時期的,但其絶對時間則有差别,因而也不能排除同一人身份發生變化的可能。[⑦] 至於第二種情况中的“力田”,其在吏民簿中從未出現過,與“吏”“卒”等性質應該不同,因而户人簡中不記,也是可以理解的。退一步説,即便排除以上 5 例,“户口簡群Ⅰ”中與都鄉人名、身份相同的户人還有 27 個,仍能證明其屬於都鄉。

其二,在通過人名對應關係尋找“户口簡群Ⅰ”所屬之鄉的過程中,我們也發現其中有一些人名與都鄉以外的其他鄉相對應。這在前面的注釋當中已經指出了一些,其主要原因應該是重名。吴簡所見人名皆爲單名,故重名現象相當多見,例如,“户口簡群Ⅰ”中的富貴里、

① 其餘 31 枚都鄉户品出錢簡爲:壹・170、壹・171、壹・173、壹・291、壹・377、壹・378、壹・433、貳・2941、貳・3493、貳・3496、貳・3497、貳・3618、貳・6754、貳・6755、貳・6764、貳・6789、貳・6890、貳・6892、貳・6944、貳・7405、貳・7786、貳・7926、貳・8005、叁・714、叁・715、叁・716、叁・868、叁・869、叁・874、叁・1214、叁・1216。

② 其餘 3 個涉及到姓名的重複,有關情況在前文中已經注出。

③ 參 246 頁注⑥。

④ 該里中“大男張春”與户品出錢簡有對應,但吴簡中有多個張春,參 254 頁注③。

⑤ 户人簡中的“公乘”在賬簿簡中多寫做“大男”“男子”,這種情況不能認爲是身份不同。又,簡 59 中的“縣吏”,簡 60 中做“吏”,這不過是省略的寫法,也并非身份有别。

⑥ “都鄉吏民簿”中户人的年齡是嘉禾五年或嘉禾六年的數據,詳下。

⑦ 侯旭東先生在探討廣成鄉弦里户人與田家莂中弦丘吏民的對應關係時,也曾遇到過同一人名存在不同身份的問題。侯先生亦認爲,身份變化是其原因之一,參看其著《長沙走馬樓吴簡“嘉禾六年(廣成鄉)弦里吏民人名年紀口食簿”集成研究:三世紀初江南鄉里管理一瞥》,116-119 頁。

常遷里和高遷里的一些户人名也與中鄉存在對應關係：

105.富貴里户人公乘謝主年卅五筭一(柒·5113·42·157)

106.入中鄉還二年所貸嘉禾元年税米三斛ⅢⅩ嘉禾二年十二月九日小赤丘男子謝主關邸閣李嵩付倉吏黄諱史潘慮受(柒·85)

107.常遷里户人公乘張平年五十一(柒·5179·42·223)

108.入中鄉嘉禾二年税米七斛六斗ⅢⅩ嘉禾二年九月廿六日山下丘男子張平關邸閣李嵩付倉吏黄諱潘慮受(捌·3886)

109.高遷里户人公乘五客年七十　踵兩足(捌·1618·5·956)

110.☐禾二年税米十一斛ⅢⅩ嘉禾二年正月十八日小赤丘大男五客(?)☐(貳·5708)

111.入中鄉嘉禾元年租米七斛ⅢⅩ嘉禾元年十一月六日小赤丘大男潘□關邸閣郭據付倉吏黄諱史番慮受[1](貳·498)

但是,根據楊芬先生的研究,中鄉下轄7個里,分别爲東扶里、小赤里、緒中里、曼溲里、五唐里、梨下里、平眃里。[2] 顯然,這些對應關係不能使我們得出“户口簡群Ⅰ”中的上述三里屬於中鄉的結論。實際的情况應該是,都鄉與中鄉包含着姓名相同的人口。在吴簡中,謝、張、五爲常見的姓氏,主、平、客也都是常見的人名,因而很容易産生姓名相同現象。

又如,吴簡中以“客”爲名的人特别多,“户口簡群Ⅰ”中的宜陽里與進渚里即各有“李客”一人：

112.宜陽里户人公乘李客年六十四(柒·1774·14·97)

113.進渚里户人公乘李客年卌筭一刑腹(柒·4782·41·76)

《竹簡》[肆]中平樂里户人簡亦見“李客”：

114.嘉禾四年平樂里户人公乘李客年卅三筭一(肆·2495·10·44)

他們顯然是3個重名的户人。

除了以上所舉,“户口簡群Ⅰ”中的户人名與都鄉以外之鄉相對應的情况就衹剩下8例了,玆分里羅列如下：

(1)高遷里

115.高遷里户人公乘鄧蘭年五十七筭一(捌·1434·5·772)

① 就目前吴簡所見,小赤丘皆屬中鄉,簡例尚有貳·5468、叁·3166、叁·3168。

② 楊芬:《孫吴嘉禾年間臨湘中鄉所轄里初步研究》。

116.入平鄉嘉禾二年税米三斛四斗胄畢|||Ж嘉禾二年十月十四日伍社丘鄧蘭關邸閣董基付三州倉吏鄭黑受(壹·7319)

(2)富貴里

117.富貴里户人公乘文平年八十二(柒·4853·41·147)

118.入平鄉税米二斛二斗胄畢|||Ж嘉禾元年十一月廿六日□沂丘文平付三州倉吏谷漢受(肆·2295)

119.富貴里户人公乘周平年六十九　平妻思年六十二(捌·708·5·46)

120.入廣成鄉嘉禾二年税米十五斛胄畢|||Ж嘉禾二年十月廿一日周陵丘周平關邸閣董基付三州倉吏鄭黑受(壹·7287)

(3)變中里

121.變中里户人公乘謝(?)買年卌筭一(柒·5640·42·684)

122.入小武陵鄉税米八斛三斗胄畢|||Ж嘉禾元年十一月十六日松杭丘大男謝買付三州倉吏俗漢受[1](肆·3179)

(4)吉陽里

123.吉陽里户人公乘謝客年六十(捌·1899·5·1237)

124.入平鄉三年襍税米三斛胄畢|||Ж嘉禾元年十二月十八日盡丘男子謝客付三州倉吏谷漢受(叁·3691)

(5)進諸里

125.進渚里户人公乘烝忠年六十三刑右足[2](柒·5820·42·864)

126.模鄉大男烝忠新户下品出錢五千五百九十四錢臨湘侯相　嘉禾五年十二月十八日模鄉典田掾烝若白(肆·1394)

(6)春平里

127.春平里户人公乘潘有年廿二筭一　有□□年六十六(柒·4713·41·7)

128.入平鄉税米六斛胄畢|||Ж嘉禾元年十一月二日杷丘潘有付三州倉吏谷漢受(肆·

① 整理者注:"俗"通"谷"。

② 吴昌縣也有一"烝忠":"物故財模師吴昌烝忠子男致年十一□"(叁·2187)。

3962)

129.入平鄉嘉禾二年租米六斛冑畢𝍣嘉禾二年十月廿八日東丘番有關邸閣董基付三州倉吏鄭黑受(壹·3221)

130.入平鄉嘉禾二年吏番有子弟限米十☐(壹·3828)

131.入平鄉二年四六佃吏限米七斛冑畢𝍣嘉禾三年四月八日東丘吏番有關邸閣董基付三州倉吏鄭黑受(柒·1607)

132.春平里户人公乘[謝][生]年☐☐☐☐(捌·197)

133.入東鄉嘉禾五年税米六斛𝍣嘉禾六年二月十八日倉丘謝生關主記梅綜付☐(貳·8243)

134.入東鄉[倉]丘男子謝生二年[財]☐(壹·93)

這些對應關係分散在6個里當中,又分别指向平鄉、廣成鄉、模鄉、小武陵鄉、東鄉等5個鄉,而富貴里、春平里還分别同時對應着2個鄉,顯然不能據此認爲"户口簡群Ⅰ"從屬多鄉。以上8個人名用字常見,因而重名應該是造成上述現象的主要原因。

其三,"户口簡群Ⅰ"中的高遷里、吉陽里之名,均見於"嘉禾四年小武陵鄉吏民人名妻子年紀簿",[①]而宜陽里又見於"嘉禾四年南鄉吏民户數口食年紀簿"。[②] 這似乎意味着,它們應分别屬於小武陵鄉和南鄉。然而,實際情況并非如此。在"户口簡群Ⅰ"中,高遷里、吉陽里和宜陽里户人簡的全部或大多數都保存了下來(參表三),但將其與小武陵鄉、南鄉中同名里下的户人簡相比較(參表四、表五),却找不到任何一組相同的人名。并且同一里名下的户人數量之和,哪怕衹計其姓名完具者,也均超過甚至遠遠超過50户的正常規模。[③] 由此看來,"户口簡群Ⅰ"中的高遷里、吉陽里、宜陽里與小武陵鄉高遷里、吉陽里以及南鄉宜陽里僅僅是同名的關係,實際上并非一里。[④] 進而,也就不能以此否定"户口簡群Ⅰ"中的高遷里、吉陽里、宜陽里屬於都鄉。

---

① 凌文超:《走馬樓吴簡采集簿書整理與研究》第3章《户籍簿及其類型與功能》,96-115頁。

② 凌文超:《走馬樓吴簡采集簿書整理與研究》第2章《嘉禾四年南鄉户籍與孫吴户籍的確認》,22-80頁。

③ 鷲尾祐子先生最早注意到,嘉禾六年廣成鄉的户數爲"……五十户",而該鄉所轄的廣成里、弦里以及一個名稱不明的里户數也是50户,進而推測"屬於廣成鄉的里的户數全部爲50或者是50的倍數,官府爲方便起見,將一定數量的户機械式地分配爲一里,來確定里的範圍的可能性很大",但"其他鄉里不一定也一樣"(説見其著《長沙走馬樓吴簡連記式名籍簡的探討——關於家族的記録》,80頁)。張榮强先生進一步指出,50户是吴簡中一里的標準户數(參見其著《再論孫吴簡中的户籍文書——以結計簡爲中心的討論》,86-87頁),其説可從。據表三,"户口簡群Ⅰ"中高遷里、吉陽里户數均爲50户;宜陽里爲50户的可能性也較大,即便超出,應該也不會超出太多。

④ 采用同樣的方法,可以發現吴簡中同名而异里的現象還有不少,其原因尚待進一步研究。

表四:“户口簡群Ⅰ”及小武陵鄉高遷里、吉陽里户人對照表①

	户口簡群Ⅰ	嘉禾四年小武陵鄉吏民人名妻子年紀簿②
高遷里	□山(柒·4779)、徐就(柒·4780)、徐逿(柒·4817)、壬吉(柒·4860)、萬□(柒·4876)、益主(柒·4898)、李囷③(柒·5266)、潘吕(柒·5304)、毛從(柒·5319)、陳建(柒·5321)、謝十(柒·5323)、毛常④(柒·5341)、潘倨(柒·5346)、何曠(柒·5472)、陳盡(柒·5493)、陳複(柒·5505)、毛宜(柒·5995)、張客(捌·64)、唐飥(捌·775)、胡孫(捌·943)、區薩(捌·973)、毛布(捌·1141)、伍錢(捌·1191)、石張(捌·1251)、陳鸞(捌·1276)、雷與(捌·1278)、周宗(捌·1413)、黄橎(捌·1427)、潘河(捌·1430)、鄧蘭(捌·1434)、吴碩(捌·1462)、朱萇(捌·1465)、烝頭(捌·1495)、李楊(捌·1532)、唐耀(捌·1546)、吴香⑤(捌·1578)、黄咨(捌·1582)、何持(捌·1594)、胡秩(捌·1603)、莊懸(捌·1611)、郭潢(捌·1613)、何城(捌·1617)、五客(捌·1618)、蔡市(捌·1637)、謝稠(捌·1649)、黄跑(捌·1651)、毛尾(捌·1662)、度買(捌·1806)、潘澎(捌·1808)、毛曹(捌·1811) 合計:50人 姓名完具者:48人	五棠(壹·10293)、張像(壹·10289)、□□(壹·10298)、賈約(壹·10398)、蔡嬰(壹·10401)、五將(壹·10407)、張喬(壹·10412)、烝約(壹·10430)、李牛(壹·10433)、聶首(壹·10449)、苗霸(壹·10048)、文□(壹·10056)、孫宗(壹·10059)、胡□(壹·10063)、□□(壹·10064)、松棐(壹·10080)、唐□(壹·10223)、黄毛(壹·10306)、鄭宜(壹·10315)、唐星(壹·10321)、……(壹·10329) 合計:21人 姓名完具者:15人

① 一些姓名釋文中原有“(?)”,表中爲方便排列而予以删除。兹列相關姓名如下:潘吕(?)、陳複(?)、區高(?)、夏曹(?)、趙(?)條(?)、吴盛(?)、光鐵(?)、張惕(?)。

② “小武陵、南鄉等吏民人名年紀口食簿”中也有3個高遷里户人,其中還有一位與“嘉禾四年小武陵鄉吏民人名妻子年紀簿”中的“五將”爲同一人。參看凌文超《走馬樓吴簡采集簿書整理與研究》第3章《户籍簿及其類型與功能》,131、134頁。

③ “囷”原釋做“風(?)”,據圖版改。

④ “常”原釋做“棠”,據圖版改。

⑤ “香”原釋做“畓”,據圖版改。

續表

	户口簡群Ⅰ	嘉禾四年小武陵鄉吏民人名妻子年紀簿②
吉陽里	五魯(柒·1825)、潘羊(柒·1832)、李買(柒·1866)、□脫(柒·1874)、曹勝(柒·1891)、程非(柒·4729)、□魯(柒·4731)、區高(柒·4970)、緹陽(柒·5046)、夏曹(柒·5069)、趙條(柒·5138)、潘葛(柒·5161)、李樂(柒·5673)、□□(柒·5707)、陳迪(柒·5741)、吴盛(柒·5785)、賁府(柒·5810)、區幡(柒·5816)、□□(柒·5819)、妻鐵(柒·5829)、陳麦(柒·5844)、李民(柒·5846)、李藥(柒·5861)、吴衆(捌·108)、潭騎(捌·334)、賁漢(捌·438)、黄堅(捌·515)、區興(捌·540)、光舊(捌·557)、謝武(捌·925)、陳謝(捌·927)、周里(捌·1717)、謝客(捌·1899)、黄海(捌·2277)、李襄(捌·2281)、光鐵(捌·2309)、胡高(捌·2330)、霍逸(捌·2331)、范會(捌·2478)、區勝(捌·2506) 合計:40人 姓名完具者:36人	文□(壹·9524)、鄧角(壹·9670)、胡恕(壹·10042)、□純(壹·10089)、張設(壹·10090)、殷敍(壹·10094)、□陵(壹·10099)、勇羊(壹·10107)、 趙安(壹·10111)、胡……(壹·10113)、吴帛(壹·10118)、……(壹·10129)、勇顗(壹·10139)、篛追(壹·10149)、文□(壹·10158)、逢杲(壹·10169)、廖□(壹·10175)、……(壹·10180)、張惕(壹·10182)、胡禿(壹·10230)、勇□(壹·10346)、蔡饒(壹·10350)、區張(壹·10367)、文啓(壹·10370)、董得(壹·10371)、李瑋(壹·10374)、區深(壹·10376)、孫潘(壹·10381)、勇客(壹·10385)、彭囊(壹·10393)、李奇(壹·10405)、謝苣(壹·10458)、朱就(壹·10462)、何林(壹·10529) 合計:34人 姓名完具者:25人

表五:“户口簡群Ⅰ”及南鄉宜陽里户人對照表①

户口簡群Ⅰ	嘉禾四年南鄉吏民户數口食年紀簿②
李客(柒·1774)、謝禺(柒·1784)、文達(柒·1789)、廖露(柒·1798)、潘市(柒·1806)、陳蔣(柒·1807)、笄具(柒·4727)、□□(柒·4908)、李騆(柒·4925)、區客(柒·4960)、李安(柒·4966)、徐孝(柒·5027)、絢貴(柒·5768)、謝□(柒·5778)、陳胄③(柒·5793)、黄思(柒·5880)、趙誰(柒·5905)、唐盧(柒·5912)、蔡布(柒·5917)、謝遠(柒·5931)、唐大(柒·5940)、李南(柒·5957)、黄敷(柒·5960)、彭沛(柒·6024)、黄這(捌·74)、樊建(捌·119)、密米(捌·123)、黄逢(捌·423)、李穀(捌·552)、黄碚(捌·558)、黄能(捌·560)、武食(捌·577)、吴興(捌·855)、程溥(捌·856)、丁蔣(捌·861)、樊縣(捌·910)、□衣(捌·930)、石會(捌·1523)、樊如④(捌·2328)、楊升(捌·2350)、夏招(捌·2381)、周同(捌·2408)、吴順(捌·2414)、張航(捌·2441)、潘今(捌·2442)、莫篤(捌·2457)、謝隆(捌·2469)、潘巡(捌·2488)、逢象(捌·2511)、逢紒(捌·2592) 合計:50人 姓名完具者:47人	劉桓(壹·8928)、區規(壹·8962)番霸(壹·9007)、□□(壹·9010)、鄧樵(壹·9020)、孟識(壹·9030)、劉豔(壹·9065)、徐熙(壹·9085)、夏隆(壹·9090)、許紹(壹·9129)、劉温(壹·9142)、桓彝(壹·9143)、黄高(壹·9146)、虞囊(壹·9153)、陳顔(壹·9156)、董厚(壹·9157)、黄竦(壹·9164)、靳佑(壹·9207)、徐營(壹·9219)、□□(壹·9235)、徐朝(壹·9289)、文雄(壹·9306)、文慎(壹·9309)、張厥(壹·9322)、郭像(壹·9323)、鄧佳(壹·9338)、劉高(壹·9339)、莫先(壹·9341)、吕詔(壹·9345)、何統(壹·9356)、黄阿(壹·9360)、文□(壹·9384)、□化(壹·9396)、周禿(壹·9409)、胡狁(壹·9422)、趙緒(壹·9472)、文胤(壹·9495) 合計:37人 姓名完具者:33人

綜合正反兩方面的分析,基本可以肯定,“户口簡群Ⅰ”中的12個里均屬於都鄉。以其爲主體的吏民簿,姑可稱之爲“都鄉吏民簿”。通過這份殘缺的吏民簿,首先可以推測都鄉所轄的户口規模。據表三,“户口簡群Ⅰ”中現存10枚里總計簡,其中8枚明確爲50户。簡

① 一些姓名釋文中原有“(?)”,表中爲方便排列而予以删除。兹列相關姓名如下:謝禺(?)、區(?)客、唐盧(?)、周同(?)、張航(?)、逢紒(?)、趙緒(?)。

② 案,“小武陵、南鄉等吏民人名年紀口食簿”中也有3枚宜陽里户人簡,凌文超先生據南鄉轄有宜陽里認爲此宜陽里亦屬南鄉(説見其著《走馬樓吴簡采集簿書整理與研究》第3章《户籍簿及其類型與功能》,121-122頁)。不過,由於無法排除同名里的可能性,這一判斷尚嫌證據不足。由於吴簡吏民簿均是以鄉單位提交的,我們認爲此宜陽里當屬於小武陵鄉,“小武陵、南鄉等吏民人名年紀口食簿”中應當也不包含小武陵鄉以外的簡。對此,我們已另作專文,兹不贅述。

③ “胄”原釋做“胃(?)”,據圖版改。

④ 原釋有誤,修訂情況詳後。

捌·2727所在里爲"□十户",其口數(350多人)與都鄉50户里中的口數相當,因而,其户數應該也就是50户。而根據簡捌·463,春平里的户數爲"一百□□户",也就是説,該里户數達到甚至有可能超過100户,這是"户口簡群Ⅰ"同時也是目前所見吴簡中所僅有的情况。[①]但是,該里人口却祇有363人,户均不超過3.63人。都鄉已知爲50户的各里中,浦里人口最少(288人),但户均也達到5.76人;其餘各里除夫秋里(319人)以外,都接近或超過363人,也就是説,其户均人口數量均接近或超過春平里的2倍。這些情况顯然不合常理。從圖版上看,簡捌·463中"里"與"口食"之間的文字都很模糊,難以辨識。我們認爲,春平里的實際户數應該也是50或50上下。事實上,各里整齊劃一爲50户或其上下的現象在吴簡中是普遍存在的,以往學界探討較多的廣成鄉、中鄉也是如此。[②] 然則,由12個里構成的都鄉的總户數應在600户上下。據表三,已知10里的平均口數約356人,據此推算,都鄉在籍總人數應在4272人上下。

一般認爲,都鄉即縣治所在之鄉,[③]其户口數量也應該是諸鄉中最多的。據楊振紅先生考證,吴簡時代臨湘侯國下轄鄉的數量爲12個,"分别是:都鄉、東鄉、西鄉、南鄉、北鄉、中鄉、廣成鄉、樂鄉、模鄉、平鄉、桑鄉、小武陵鄉,其中,北鄉尚待進一步證實"。[④] 到目前爲止,"北鄉"簡例依然極少,且相關圖版均不清晰,應該可以排除。值得注意的是,《竹簡》[捌]中還有5枚"新茨鄉"的入米簡,兹舉一例:[⑤]

135.新茨鄉區近入嘉禾二年吏客米十斛胄畢𠁩嘉禾二年十一月六日付郭浦倉吏劉達受副曹(捌·4524)

查對圖版,"新茨"字迹清晰,釋文没有問題。但是,"新茨鄉"入米所付"郭浦倉吏劉達"爲此前所未見,加以有關竹簡數量太少,其爲臨湘屬鄉的可能性不大。由此看來,臨湘侯國應下轄11個鄉。假定每個鄉的户數都達到了都鄉的水平(以600户計),那麽臨湘侯國的户數也

① 吴簡中尚有"□還里領吏民户二百五十五户口一千一百一十三人收□□口筭錢合六萬二千一百一十八錢"(壹·9407)。但是,據文例,該簡應是對鄉的統計,其釋文存在疑問。參看凌文超《走馬樓吴簡采集簿書整理與研究》第2章《嘉禾四年南鄉户籍與孫吴户籍的確認》,58頁,注①。

② 參看[日]鷲尾祐子《長沙走馬樓吴簡連記式名籍簡的探討——關於家族的記録》,80頁;[日]關尾史郎《長沙呉簡吏民簿の研究(上)—「嘉禾六(二三七)年廣成鄉吏民簿」の復元と分析—》,39-40頁;楊芬《孫吴嘉禾年間臨湘中鄉所轄里初步研究》。

③ 王毓銓:《漢代"亭"與"鄉""里"不同性質不同行政系統説——"十里一亭……十亭一鄉"辨正》,原刊《歷史研究》1954年第2期,收入其著《萊蕪集》,北京:中華書局,1983,17頁;裘錫圭:《嗇夫初探》,中華書局編輯部編《雲夢秦簡研究》,北京:中華書局,1981,232頁。

④ 楊振紅:《長沙吴簡所見臨湘侯國屬鄉的數量與名稱》,卜憲群、楊振紅主編《簡帛研究二〇一〇》,桂林:廣西師範大學出版社,2012,144頁。

⑤ 其餘四枚新茨鄉入米簡爲:捌·4521、捌·4522、捌·4523、捌·5480。

不過6600户。實際上,其他各鄉總計簡中所見的户口數均遠不及都鄉:①

136.☑右小武陵鄉領四年吏民一百九十四户口九百五十一人收更口筭錢合□□一千三百卅四錢②(壹・4985)

137.・集凡樂鄉領嘉禾四年吏民合一百七十三户口食七百九十五人　☑(壹・8482)

138.・右廣成鄉領吏民二百一十六☑③(壹・4801)

139.□凡廣成鄉領吏民五十户口食二千三百一十人(貳・2529)

140.☑集凡中鄉領吏民三百卌九户口食二千七十一人④(肆・899)

因此,臨湘的實際户數必定遠少於6600户。楊芬先生曾取中鄉户數(349户)爲中間值,推測臨湘侯國總户數大概在4000户左右,⑤實際情况應當與此相去不遠。

據《續漢書・郡國志》,順帝永和五年(140)長沙郡下轄13個縣,共255854户,⑥平均每縣約19681户。臨湘爲長沙郡治所,户數當在20000以上。兩相對比,可見經過漢末的動蕩以後,⑦臨湘在籍人口的減耗是相當嚴重的。如所周知,在籍人口寡少是魏晋時代的一個特點,也是整個孫吴時期都存在的嚴重問題,其原因除了戰亂所導致的死喪以外,還有大量的人口爲逃避國家賦役而脱籍,其中又有相當一部分依附於豪强大族、將領等私門之下。⑧ 而在籍人口的逃亡也不斷在發生,吴簡中即有不少吏民叛走的記録。⑨

① 需要説明的是,一些鄉的總計簡所反映的并非全鄉的實際户數。據侯旭東先生研究,簡138或即屬於此種情况,參看其著《長沙走馬樓吴簡〈竹簡[貳]〉"吏民人名年紀口食簿"復原的初步研究》,99-100頁。簡136、137人口亦過少,所統計的很可能也不是所在鄉的全部户口。

② 原釋有不少錯漏,此據凌文超先生校訂後的釋文,參看其著《走馬樓吴簡采集簿書整理與研究》第3章《户籍簿及其類型與功能》,103-104頁。

③ 簡文頂端"・"原釋缺,據圖版補。

④ "二"原釋做"一",據圖版改。

⑤ 楊芬:《孫吴嘉禾年間臨湘中鄉所轄里初步研究》。

⑥ 《後漢書志》卷二二《郡國四》,北京:中華書局,1965,3485頁。

⑦ 漢末長沙地區較大的動亂有長沙蠻亂、張羨劉表之争、孫權劉備之争等。參看王素《漢末吴初長沙郡紀年》,長沙簡牘博物館、北京吴簡研討班編《吴簡研究》第2輯,武漢:崇文書局,2006,50-52、61-63、81-83頁。

⑧ 參唐長孺《魏晋南北朝隋唐史三論——中國封建社會的形成和前期的變化》,北京:中華書局,2011,20-28頁。

⑨ 對於吏户的叛走,吴簡中有專門的名籍,學界多有探討,參看黎石生《長沙市走馬樓出土"叛走"簡探討》,《考古》2003年第5期,86-91頁;沈剛《走馬樓三國吴簡所見"叛走"簡賸義》,原刊《江漢考古》2009年第1期,後修訂爲其著《長沙走馬樓三國竹簡研究》第1篇第3章《"叛走"簡剩義》,31-39頁;周能俊《走馬樓吴簡"叛走"考釋》,《南京曉莊學院學報》2012年第2期,21-27頁;凌文超《走馬樓吴簡采集簿書整理與研究》第4章《郡縣吏兄弟叛走人名簿與懲處叛走者》,154-169頁。民的叛走,有時也會在吏民簿的注記中體現出來,如"户口簡群Ⅰ"中即有:"吉陽里户人公乘陳迪年卌三盲左目以十一月卅日叛走"(柒・5741),"宜陽里户人公乘楊升年五十一　苦腹病　叛走"(捌・2350)。

此外,我們還可以對“都鄉吏民簿”的用簡數量做一粗略的估算。如前所述,“户口簡群Ⅰ”現存竹簡共4518個編號,其主體是“都鄉吏民簿”,闌入簡較少。考慮到都鄉總人數爲4272人左右,各里家庭簡除陽貴里及部分春平里、X里簡以外,又基本都是一人一簡,再加上户計簡、里計簡等,“都鄉吏民簿”的用簡總量應不少於4500枚。這是吴簡中迄今所見最大的一份簿書,以一簡0.8厘米計,再考慮到竹簡間的縫隙,這一完整簡册的總長度將在36米以上。侯旭東先生指出:“册書的構成與規模也是隨着用途與保管方式的變化而變動不居的,經常使用的册書可能會比較輕薄,存檔時可能會按照一定規矩將相關册書套連在一起而變得厚重。”[①]具體到吏民簿,由於其以鄉爲單位上呈,册書規模的大小就主要取決於該鄉在籍人口的數量。[②] 吴簡所見各鄉人口動輒數以千計,這就决定了鄉級吏民簿的規模一般都比較龐大。4500枚簡還衹是一次一個鄉的吏民簿的規模,全縣11個鄉的吏民簿加起來,其規模之巨可想而知。吏民簿中是否存在户籍,還有待進一步研究,[③]但其基本内容與用簡規模應與之相去不遠。在這種情况下,各縣的户籍幾乎不可能再全部上呈至郡。不少學者指出,在簡牘書寫時代,縣是保存户籍的最高一级行政機構,[④]這種認識無疑是合乎實際的。

四　吉陽里結計簡的復原與里計簡復原模板的建立

以上我們確認了“户口簡群Ⅰ”中的12個里同屬於都鄉,接下來要嘗試對各里的結計簡進行復原。首先將“户口簡群Ⅰ”中所有的里計簡抽出來,可以發現它們雖然具體内容不同,但大致上可分爲以下幾類:(1)總計簡,基本格式爲“集凡○○里領吏民○○户口食○○人”;(2)分項統計簡(簡稱“分計簡”),包括“(被病)物故”人數統計簡、“定(領)見人”數統計簡、特殊民户數統計簡、“不任役”户數統計簡、“(應/事)役民”户數統計簡;[⑤](3)主者簡,

---

① 侯旭東:《長沙走馬樓吴簡〈竹簡[貳]〉“吏民人名年紀口食簿”復原的初步研究》,100頁。

② 影響册書規模的另一重要因素是書寫方式。吴簡吏民簿以一人一簡最爲常見,但亦有二人或三人連記者,如果一鄉的吏民簿全部采用連記方式書寫,無疑可以大大節省用簡數量。

③ 相關争論,可參凌文超《走馬樓吴簡采集簿書整理與研究》第2章《嘉禾四年南鄉户籍與孫吴户籍的確認》,12-15頁。

④ 吕思勉:《論中國户口册籍之法》,收入其著《中國社會史》,上海古籍出版社,2007,382頁;張榮强:《〈前秦建元籍〉與漢唐間籍帳制度的變化》,原刊《歷史研究》2009年第3期,收入其著《漢唐籍帳制度研究》,北京:商務印書館,2010,246-248頁;韓樹峰:《論漢魏時期户籍文書的典藏機構的變化》,《人文雜誌》2014年第4期,72-80頁。

⑤ 莊小霞先生認爲,吴簡中“役民”“應役民”與“事役民”存在區别,分别指正常承擔徭役的百姓、受徵召服勞役的百姓以及承擔具體某類事務的百姓(參看其著《走馬樓吴簡所見孫吴徭役制度——走馬樓吴簡“役民”、“應役民”、“事役民”辨析》,長沙簡牘博物館編《長沙簡帛研究國際學術研討會論文集》,上海:中西書局,2017,221-228頁)。此前,李均明先生指出它們衹是寫法不同(參看其著《長沙走馬樓吴簡所反映的户類與户等》,274頁)。從“都鄉吏民簿”來看,這幾個詞的細微差异,應該是由各里獨立製作時用詞不完全一致所致,并無本質區别。

基本格式爲"魁〇〇主"。[①] 這與以往學界復原的里計簡基本相同,同時也説明這12個里的結計簡應該有着比較統一的項目和格式。因此,如果能够從中復原出一組完整的里計簡,那麽其他各里結計簡的復原就可以之爲模板來進行。

由於"户口簡群Ⅰ"中的絶大多數竹簡都是成坨簡,其中所受擾動較小的部分,往往能够比較準確地反映出簡册編排的原貌,也最有可能從中復原出完整的里計簡。我們發現,"户口簡群Ⅰ"中的里計簡有一些是連續排列的,以下一組尤其值得注意:

141. 定領見人三百七十六人　其 一百九十六人男 / 一百八十人女 (柒·5889·42·933)

142. 其二户私學(柒·5888·42·932)

143. 其一户四六佃吏(柒·5887·42·931)

144. 其一户新吏[②](柒·5886·42·930)

145. 其二户郡吏(柒·5885·42·929)

146. 其十二户尫羸窮老不任役(柒·5884·42·928)

147. 定領事役民卅二人(柒·5883·42·927)

148. 魁　潘　羊　主(柒·5882·42·926)

這組里計簡處在柒·圖42(參圖一)下層竹簡幾何中心的正下方,有字面朝上,圍繞簡册中軸綫順時針(從右至左)緊密排列。在該組竹簡正上方和正下方的平行簡層中,還可見順時針整齊排列的成組家庭簡:

149. 吉陽里户人公乘區幡年五十三刑左手(柒·5816·42·860)

150. 幡妻思年卌一筭一(柒·5815·42·859)

151. 子男誰年十歲刑左足(柒·5814·42·858)

152. 誰男弟栂年六歲(柒·5813·42·857)

153. 男姪兄年十三腹心病(柒·5812·42·856)

154. 右幡家口食五人　筭二　訾　五　十(柒·5811·42·855)

① 學界對各里結計簡的分類和稱呼頗不一致,如凌文超先生稱各里户口數的總計簡爲"里計簡",各分項統計簡爲"分計簡",參看其著《走馬樓吴簡采集簿書整理與研究》第3章《户籍簿及其類型與功能》,122頁。關尾史郎先生則將里的結計簡總稱爲"帳户簡",其下包括"集計簡""主者簡""細目簡"(包括不課户數、死没者數),參看其著《長沙呉簡吏民簿の研究(上)—「嘉禾六(二三七)年廣成鄉吏民簿」の復元と分析—》,39-42頁。

② 據圖版,"其"上似乎還有一行字迹。

155.進渚里户人公乘胡顟年卅三筭一(柒·5983·42·1027)
156.　　妻婢年廿三筭一(柒·5982·42·1026)
157.　　顟男弟弼年廿一筭一(柒·5981·42·1025)
158.　　弼妻思年十七筭一(柒·5980·42·1024)
159.　　從男弟適年十五筭一(柒·5979·42·1023)
160.　　適妻汝年十六筭一(柒·5978·42·1022)
161.　　適女弟伏年十歲(柒·5977·42·1021)
162.　　伏男弟松年八歲(柒·5976·42·1020)

163.進渚里户人公乘張颜年六十一(柒·6011·42·1055)
164.　　妻當年卌四筭一(柒·6010·42·1054)
165.　　子男春年十六筭一(柒·6009·42·1053)
166.　　春女弟姑年十三(柒·6008·42·1052)
167.　　姑男弟壄年十二(柒·6007·42·1051)
168.　　壄女弟免年五歲(柒·6006·42·1050)
169.　·右颜家口食六人　筭二　訾　五　十(柒·6005·42·1049)

86.進渚里户人公乘王大年八十(柒·6004·42·1048)
170.　　妻思年六十五(柒·6003·42·1047)
171.　　子女怒年十三(柒·6002·42·1046)
172.　　怒男弟生年八歲聾右耳(柒·6001·42·1045)
173.　　從男姪葱年九歲(柒·6000·42·1044)
174.　右大家口食五人　訾　五　十(柒·5999·42·1043)

由此可知,這些竹簡所在的位置受到擾動相對較小,這種順時針排列的順序也應是其在“都鄉吏民簿”中的原始編次。

值得注意的是,在簡142—147中,各色民户的排列順序是:特殊民户(私學、四六佃吏、新吏、郡吏)—“不任役”户—“事役民”户,而且其數量之和正好爲50户,這些均與“小武陵、南鄉等吏民人名年紀口食簿”中的里計簡相同。這一方面説明,上述排列順序應是某些吏民簿内里計簡的一般次序。另一方面,如果簡142—147中間没有脱簡的話,那麽,這組里計簡之前應有一枚户數爲50的總計簡。這時,在簡141右側不遠處,我們找到一枚吉陽里總計簡,其户數恰好是50户:

175.　右吉陽里魁番羊領吏民五十户口食三百八十四人(柒・5865・42・909)

更爲重要的是,該簡中的“魁番羊”與簡148中的“魁潘羊”相照應。吴簡中“番”“潘”相通。案圖版,此處“番”字做“”,左側有三個若隱若現的點畫,似是三滴水。因而,此處“番”可校釋爲“潘”。由此可知,簡175就是上述成組里計簡中所缺少的總計簡。此外,我們在“户口簡群Ⅰ”中還找到:

176.吉陽里户人公乘潘羊年卅七筭一(柒・1832・14・155)

此簡益證以上諸簡均屬以潘羊爲里魁的吉陽里。

不難注意到,吉陽里總計簡中的人數(384)要比簡141中的“定領見人”數(376)多出8人,説明總計簡之後還應有需要减去的項目。“户口簡群Ⅰ”中有以下一組連續排列的結計簡:①

177.・集凡魁區薩領故户卅户人合二百六十一人②(捌・1569・5・907)

178.　・其一百六十七人男人(捌・1570・5・908)

179.　・其九十四人女(捌・1571・5・909)

180.　其四人被病物故(捌・1573・5・911)

181.　定見二百五十七人(捌・1572・5・910)

在這組結計簡中,“定見”人數加上“被病物故”人數恰好等於魁區薩所領人口的總數(257+4=261)。由此可知,吉陽里結計簡中所缺少的應爲“被病物故”簡。

這時,我們在簡148的正下方找到:

182.　其六人前後被病物故(柒・5904・42・948)

該簡與簡141—148緊鄰,同時也是這組里計簡附近唯一的一枚“被病物故”簡,因此,它很有可能就是吉陽里結計簡中所缺少的那枚竹簡。但從數量上看,該簡與簡141中的“定領見人”相加(6+376=382),却比總計簡中人數(384)少2人。查看圖版,簡141、182均較清晰,惟簡175中的“四”字做“”,③該字兩横之間有兩個竪畫,但左右兩側均未見筆迹。我們認爲,中間的兩道竪畫可能衹是污迹,因而,該字應釋作“二”字。這樣就基本可以肯定,簡182與其餘9簡爲一組。此外,據圖版,簡175中“吉陽里”之上應爲兩個字,其中第二字做

① 這組竹簡并非里計簡,因爲根據“高遷里户人公乘區薩年五十七　筭一”(捌・973・5・311)可知“區薩”爲高遷里户人,而高遷里别有里魁與里計簡,詳下。

② 該簡頂端留有約容一字之空格,基本可視作頂格書寫。

③ 吴簡中“二”“四”的更多寫法,可參王保成《三國吴簡文字研究》下篇《長沙走馬樓三國吴簡文字編》,887-888、963-964頁。

“”，顯然不是“右”字，而應爲左側殘損的“凡”字；同時，“户口簡群Ⅰ”中其餘各里總計簡皆以“集凡”開頭（參表三），可知“吉陽里”之前的兩字應校訂爲“集凡”。這樣，完整的吉陽里結計簡就應該是：

集凡吉陽里魁潘羊領吏民五十户口食三百八十二人（柒·5865·42·909）

其六人前後被病物故（柒·5904·42·948）

定領見人三百七十六人　其 一百九十六人男 / 一百八十人女（柒·5889·42·933）

其二户私學（柒·5888·42·932）

其一户四六佃吏（柒·5887·42·931）

其一户新吏（柒·5886·42·930）

其二户郡吏（柒·5885·42·929）

其十二户尪羸窮老不任役（柒·5884·42·928）

定領事役民卅二人（柒·5883·42·927）

魁　潘　羊　主（柒·5882·42·926）

這組竹簡，首次展現了吴簡吏民簿中里計簡的一種完整形式。對這一完整的樣本進行深入的分析，有助於進一步復原“都鄉吏民簿”中其餘各里的結計簡，同時也能爲吴簡中其他相類吏民簿里計簡的復原提供參考。首先，根據吉陽里結計簡，可以推知“都鄉吏民簿”中各里結計簡的一般形式，即：

集凡○○里魁○○領吏民○○户口食○○人

其○人前後被病物故

定領見人三百七十六人　其 ○○人男 / ○○人女

其○户○○

其○户○○

……

其○户尪羸窮老不任役

定領事役民○○户[①]

① 案，“户”在吉陽里中做“人”，但吴簡中以“户”更爲普遍，故模板中寫做“户”。不過，也不能簡單認爲“人”爲訛寫，因爲這種情況在吴簡中還有：“定領役民卅二人”（柒·5564·42·608）、“定領役民二百六十一人　□”（捌·5495·17·131）。“應/事役民”的服役是否有可能采取户出一人的方式？目前還不明確。

魁〇〇　主

其中,各統計項目之間存在數量對應關係,即:

特殊民户+“不任役”户+“應/事役民”户=總計簡户數

定(領)見人+被病物故=總計簡口數

末簡“魁〇〇主”與總計簡中又均寫有里魁姓名,形成首尾照應。

其次,吉陽里結計簡在揭剥圖中排列集中,這是因爲其所處位置經受擾動較小。但是,由於發掘簡一般都是成坨出現,即便經過較大擾動,同一揭剥圖内原本編在一起的竹簡,除去隔中軸綫相對稱的情況,[①]應該也不會相距太遠。因此,在復原過程中,對於同一幅揭剥圖内的竹簡,應充分注意有關竹簡的位置關係,避免隨意結合。

第三,在外部特徵上,吉陽里結計簡長23.8—24.6cm,寬0.8—1cm,整體比較齊整。同時,這些數據也與吉陽里户人簡完全一致(參表二)。由此可知,同一里的結計簡應有比較統一的形制,并且與該里家庭簡保持基本一致。將這些竹簡的圖版放到一起(參圖三),[②]可以看到它們不僅形制、筆迹相同,而且還有着完全一致的編痕樣式:上道編繩在每枚竹簡的有字面均留下兩道編痕,下道編繩在每枚竹簡有字面則均留下一道編痕。這些共同的特徵,使這組簡呈現出很强的整體感,從而進一步證實了復原的可靠性。推而廣之,復原結果是否可靠,需要經過圖版的驗證;在其他復原綫索缺失而無法確定某簡是否屬於某里結計簡的情況下,亦可從圖版的角度來决定取捨。[③]

第四,在内容上,儘管“户口簡群Ⅰ”中僅見40枚吉陽里户人簡(參表三),還有10枚缺失,其家庭簡暫時也無法完整復原,但仍能發現,吉陽里結計簡與其家庭簡(特别是户人簡)之間存在着對應關係。一方面,如前所述,里計簡中的里魁“潘羊”亦見於户人簡,可知里魁的擔任者原則上應爲該里的户人,此點可印證前述侯旭東先生的推論。另一方面,吉陽里結計簡中的項目和數據也可在該里家庭簡特别是户人簡中找到對應簡例,如簡182顯示吉陽里有6人“被病物故”,該里户人簡中即可找到1個被病物故者:

183.吉陽里户人公乘吴[盛](?)年六十九以過年十一月[廿][日]病物故[④](柒·5785·42·829)

① 下文所復原的變中里便是此種情況。

② 本文中,復原圖皆附在文末,圖中諸簡從右向左的排列順序與正文中的復原結果對應。又,限於版面,各里竹簡圖版均縮小爲原大的95%。

③ 鄧瑋光先生在復原出米簡的過程中,已初步運用過這種方法,參看其著《走馬樓吴簡“出米簡”的復原與研究》,楊振紅、鄔文玲主編《簡帛研究二〇一五(春夏卷)》,213-216頁。

④ 整理者注:按吴簡户籍格式,“病”上應脱“被”字。

其餘5個“被病物故”者具體是誰,目前尚不得而知。但可以肯定,如果一里當中存在物故者,其結計簡中應有對“物故”人數及“定(領)見人”數的統計項目。

又如,簡142顯示吉陽里有2户私學,户人簡中恰好可以找到對應簡例:

184.吉陽里户人公乘私學區[勝]年卅六苦風病(捌·2506·5·1844)

185.吉陽里户人公乘私學□[脱]年卌二筭一聾耳(柒·1874·14·197)

本質上看,結計簡與家庭簡是統計結果與統計對象的關係,這種關係可以爲復原提供更多的綫索,也有助於提高復原的準確性。

五 其餘各里結計簡的復原(上)

以上,我們藉助揭剥圖及竹簡之間的對應關係,復原出了完整的吉陽里結計簡,并總結出一個里計簡模板和若干一般性復原原則。以此爲基礎,可以進一步嘗試對“都鄉吏民簿”中其他各里的結計簡做出盡可能完整、準確的復原。由於涉及里的數量較多,而剩餘7枚完整的總計簡,有4枚分布在柒·圖42之中,因此復原就首先從這4個里開始。各里以復原條件的優劣爲先後,對於其中所涉及到的有關問題,則隨文予以討論。

(一)常遷里

常遷里結計簡是“户口簡群Ⅰ”中除吉陽里以外,復原條件最好的。我們在柒·圖42中首先找到:

186.集凡常遷里魁黄春領吏民五十户口食四百廿一人(柒·5454·42·498)

187.　　其十四人前後被病物故(柒·5453·42·497)

188.　定領見人四百[八]人　其 二百六十二人男 / 一百卌六人女 (柒·5452·42·496)

189.　　其四户郡縣吏(柒·5451·42·495)

190.　　其一户縣卒(柒·5450·42·494)

其中,簡187—190在揭剥圖中順時針連續排列,應爲一組。這組竹簡周圍分布的户人簡皆屬常遷里,[①]由此可知,它們應與簡186一樣爲常遷里結計簡。但是,“定領見人”數與“被病物故”人數之和(408+14=422),却比簡186中的421人多1人。查對圖版,簡186中“一”字

① 相關竹簡編號爲:柒·5413·42·457、柒·5416·42·460、柒·5439·42·483、柒·5441·42·485、柒·5444·42·488、柒·5447·42·491、柒·5464·42·508。

做“”,該字爲編繩所經,但編痕下有一短横尚依稀可辨,故該字應校訂爲“[二]”。進而,以上諸簡均屬常遷里。

在簡187—190左下方不遠處,我們又找到2枚順時針排列的結計簡:

191. 定領事役民卅七户(柒·5513·42·557)

192. 魁 黄 春 主(柒·5512·42·556)

參照吉陽里結計簡,可知它們應爲常遷里結計簡的最末兩簡。此外,在這兩簡與前引成組常遷里結計簡之間的簡層中,還分布着另外3枚結計簡:

193. 其二户私學帥客(柒·5477·42·521)

194. 其一户劉口驛兵(柒·5492·42·536)

195. 其五户貧羸老頓不任[役](柒·5491·42·535)

將這3枚竹簡與上述結計簡合在一起,其中的特殊民户、“不任役”户與“事役民”户數相加(8+5+37),正好等於總計簡中的50户。由此看來,它們應該也是常遷里結計簡的一部分。這樣,常遷里結計簡的初步復原結果就是:

集凡常遷里魁黄春領吏民五十户口食四百廿[二]人(柒·5454·42·498)

其十四人前後被病物故(柒·5453·42·497)

定領見人四百[八]人 其 二百六十二人男 / 一百卅六人女 (柒·5452·42·496)

其四户郡縣吏(柒·5451·42·495)

其一户縣卒(柒·5450·42·494)

其二户私學帥客(柒·5477·42·521)

其一户劉口驛兵(柒·5492·42·536)

其五户貧羸老頓不任[役](柒·5491·42·535)

定領事役民卅七户(柒·5513·42·557)

魁 黄 春 主(柒·5512·42·556)

這組竹簡長24.3—24.9cm,寬0.7—0.8cm,不僅與常遷里户人簡相合(參表二),且較吉陽里結計簡更爲齊整。從圖版上看(參圖四),各簡編痕、筆迹風格一致,整體感極强,這説明它們確屬一組。在内容上,里魁“黄春”亦見於户人簡:

196. 嘉禾五年常遷里户人公乘黄春年六十一踵兩足(捌·1476·5·814)

這表明常遷里里魁與吉陽里一樣,由本里户人所擔任。而簡 189、190 中的“郡縣吏”“縣卒”也都有與之對應的常遷里户人簡:

197.常遷里户人公乘烝枯年廿一雀右手指給郡吏(捌·725·5·63)

53.常遷里户人公乘張近年廿五給縣吏(捌·1742·5·1080)

198.常遷里户人公乘張樂年廿五給縣吏(柒·5952·42·996)

199.常遷里户人公乘石宜年五十一刑佐手給縣卒[①](捌·1700·5·1038)

這進一步證明了復原結果的可靠性。

值得留意的是,簡 189、190 中的“郡縣吏”“縣卒”在户人簡中分别寫作“給郡吏”“給縣吏”和“給縣卒”。以往研究或認爲吴簡中“某吏”與“給某吏”是兩種不同的身份,前者是“吏”,後者是“民”,衹是臨時從事吏的工作;[②]前者免除算賦,而後者仍需納算。[③] 但亦有學者指出,二者衹是對同一種身份的不同書寫。[④] 從常遷里的情況來,“給吏”不僅可以寫作“吏”,而且同樣無需納算,[⑤]這説明“給吏”與“吏”確實衹是寫法不同,并無本質區分。另一方面,簡 189 中的“郡縣吏”對應的是“給郡吏”和“給縣吏”兩種民户,可知它并非泛稱,而是對性質相近項目的合并。這種情況在里計簡中相當多見,如簡 193 中的“私學帥客”,其所指的應該也是“私學”和“帥客”兩種身份,二者性質、地位相當。

據表三可知,常遷里户人簡在“户口簡群Ⅰ”中保存得相當完整(51 枚),但除去“給郡吏”“給縣吏”之外,其中却未見“私學”“帥客”“劉口驛兵”,[⑥]也未見其他特殊民户的注記。從前面的校驗情況來看,復原結果錯誤的可能性很小。那麽,户人簡所反映的特殊民户的種類、數量與里計簡不能完全照應的現象是如何造成的?我們認爲,除了書寫中可能發生遺漏之外,一個比較大的可能是,“吏”“卒”“兵”“私學”等信息原則上應附着於户人,但有一些則添加在相關家庭成員之後,如“户口簡群Ⅰ”中即有:

---

① 整理者注:“佐”應爲“左”之通假。

② 韓樹峰:《走馬樓吴簡中的“真吏”與“給吏”》,長沙簡牘博物館、北京吴簡研討班編《吴簡研究》第 2 輯,31-33 頁;韓樹峰、王貴永:《孫吴時期的“給吏”與“給户”——以走馬樓吴簡爲中心》,長沙簡牘博物館等編《吴簡研究》第 3 輯,93-100 頁;侯旭東:《長沙走馬樓三國吴簡所見給吏與吏子弟——從漢代的“給事”説起》,《中國史研究》2011 年第 3 期,39 頁。

③ 韓樹峰:《走馬樓吴簡中的“真吏”與“給吏”》,27 頁。

④ 黎虎:《説“給吏”——從長沙走馬樓吴簡談起》,《社會科學戰綫》2008 年第 11 期,88-91 頁;凌文超:《走馬樓吴簡采集簿書整理與研究》第 3 章《户籍簿及其類型與功能》,120 頁;沈剛:《吴簡中的諸吏》,原刊《吉林師範大學學報(人文社會科學版)》2012 年第 6 期,後修訂爲其著《長沙走馬樓三國竹簡研究》第 3 篇第 1 章《諸吏問題》,154 頁。又,楊振紅先生曾折中兩説,認爲“給吏”與“真吏”是兩種不同的身份,但又均可稱作州、郡、縣吏或吏(參看其著《吴簡中的吏、吏民與漢魏時期官、吏的分野——中國古代官僚政治社會構造研究之二》,《史學月刊》2012 年第 1 期,27-29 頁)。

⑤ “户口簡群Ⅰ”所見常遷里家庭簡中,筭的注記是相當嚴格的。

⑥ 户人簡中的“給郡縣吏”人數亦較結計簡中少 1 個。

200.　　[這]妻男弟[希]年廿四筭一給郡卒(柒·4730·41·24)

201.　　府男弟歸年十八給吏(柒·5703·42·747)

202.　　樂大妻年卅七給軍吏[①](捌·1623·5·961)

203.　　[汝]男弟當年十八給車吏[②](捌·1831·5·1169)

204.　　子男[敬]年廿一[給]州吏　[敬]男弟郡年十五筭一(捌·2181·5·1519)

205.　　[盡]母[棗]年八[十][六]　[盡]男弟衆年廿給州吏(捌·2587·5·1925)

但這目前衹是一種推測,實際原因尚無從確知。由於這種不完全對應情况的存在,在後續的復原當中,不應不加辨析地將那些與户人簡没有對應關係的特殊民户統計簡排除在外,而應該在綜合考察位置、形制、筆迹、編痕等多方面的因素之後,再予决定。

(二)夫秋里

常遷里結計簡的完整復原雖然存在一些問題,但大體上仍證明了以吉陽里結計簡爲模板進行復原的可行性,也爲其他里計簡的復原提供了又一可供參考的樣本。這時,我們注意到柒·圖42頂端的夫秋里總計簡,以及其附近的3枚分項統計簡:

206.集凡夫秋里魁吴明領吏民五十户口食三百十九人(柒·5021·42·65)

207.　　其二人前後被病物故(柒·5000·42·44)

208.　定領見人三百一十七人　其 一百八十七人男 / 一百卅人女 (柒·4998·42·42)

209.　　·其一户[軍](?)[吏][③](柒·4988·42·32)

這4枚竹簡雖不連續,但在揭剥圖上相距不遠,所處簡層相當。簡206—208中數值又恰好符合"定領見人數+被病物故人數=總計簡人數"的等式,可知它們皆爲夫秋里結計簡無疑。簡209處在以上3簡之間,緊貼一枚夫秋里户人簡:"夫秋里户人公乘龔解年卅三刑左足"(柒·5005·42·49)。更爲重要的是,在47枚夫秋里户人簡中(參表三),又恰好有軍吏一人:

210.夫秋里户人公乘潘沙年廿二踵足二月死(柒·5574·42·618)

由此看來,簡209亦應屬於夫秋里。

接下來,我們又在柒·圖14中找到該里結計簡的最後一簡:[④]

---

① 整理者注:"大妻"下應脱人名。

② 整理者注:"車"應爲"軍"之誤。

③ "·",原釋缺,據圖版補。

④ 圖見《竹簡》[柒]下册《附録一》,903頁。

211.　　　　魁　吴　明　主[①]（柒・1880・14・203）

這進一步證實，柒・圖14與柒・圖42存在互補關係。該簡周圍還簡分布着：

212.　定領吏民凡（?）卌二户[②]（柒・1858・14・181）

213.　　　・其一户步侯還民[③]（柒・1862・14・185）

214.　　　其一户郵卒（柒・1869・14・192）

215.　　　其一户郡吏（柒・1877・14・200）

216.　　　其一户郵卒（柒・1881・14・204）

217.　定領見人三百一人（柒・1883・14・206）

218.　　　其一户軍吏（柒・1887・14・210）

與之伴出的還有3枚夫秋里户人簡：

219.天税里户人公乘□□年六十二[④]（柒・1860・14・183）

220.夫秋里户人乘常敌年卅刑右手[⑤]（柒・1876・14・199）

221.天税里户人公乘吴生年五十筭一[⑥]（柒・1890・14・213）

這表明上述結計簡與夫秋里關聯密切。但是，由於夫秋里結計簡中已有"定領見人"及"軍吏"，故簡217與218應屬其他里。而簡216僅長22cm，寬0.6cm，過於短小，也應排除。又根據：

222.夫秋里户人公乘步侯還民這龍年八十一（捌・2182・5・1520）

223.夫秋里户人公乘郵卒吴坦年五十一鎋右手踵足（捌・2341・5・1679）

可知簡213、簡214應屬夫秋里。

夫秋里中的特殊民户還有：

70.夫秋里户人公乘州吏黄星（?）年卅七（柒・5709・42・753）

224.夫秋里户人公乘新吏吴該年卌六盲左目（柒・5719・42・763）

225.夫秋里户人乘吏客這傳年卅筭一（捌・518・4・37）

---

① "魁"前原釋有"……"，據圖版刪。又，吴明應該也是夫秋里户人。簡223中，"吴坦"之"坦"圖版做""，亦似"明"字。

② 據文例，"吏"當爲"役"之訛寫。

③ "・"，原釋缺，據圖版補。

④ 整理者注：吴簡屢見"夫秋里"，未見"天税里"，此處"天税"應爲"夫秋"之省誤。

⑤ 整理者注："乘"上脱"公"字。

⑥ 整理者注：吴簡屢見"夫秋里"，未見"天税里"，此處"天税"應爲"夫秋"之省誤。

226. 夫秋里户人公乘佃帥龔溲年[六]十一(捌・2179・5・1517)

這樣,夫秋里中的特殊民户相加,共7户,與簡212中的"定領吏民"合計爲49户,衹比夫秋里總户數少1户。這恐怕不是偶然的,簡212應該也屬夫秋里。考慮到夫秋里尚少3枚户人簡(參表三),缺失的1户,可能是其他名目的特殊民户,[①]也有可能是1户"不任役"户。此外,我們在柒・圖42中還發現:

227. ・其一户新吏(柒・5195・42・239)

該簡雖然與簡206—209相去較遠,但恰好與簡224構成對應關係,且在外部特徵上也與其他夫秋里結計簡基本相符(參圖五)。考慮到柒・圖42上半部分各里竹簡分布較爲雜錯,[②]這裏也將其視作夫秋里結計簡。

從形制上看,上述確定爲夫秋里的結計簡長23.3—24.1cm,寬0.7—0.9cm,與該里户人簡基本一致(參表二)。將其圖版放到一起(參圖五),整體感也很强。由於"户口簡群Ⅰ"中没有找到可以確定屬於夫秋里的"州吏""吏客""佃帥"的統計簡,暫時衹能將這些項目擬構出來。那麽,完整形式的夫秋里結計簡大體應爲:

集凡夫秋里魁吴明領吏民五十户口食三百十九人(柒・5021・42・65)

其二人前後被病物故(柒・5000・42・44)

定領見人三百一十七人 其 一百八十七人男 / 一百卅人女 (柒・4998・42・42)

其一户州吏

・其一户[軍](?)[吏](柒・4988・42・32)

・其一户新吏(柒・5195・42・239)

・其一户步侯還民(柒・1862・14・185)

其一户郵卒(柒・1869・14・192)

其一户吏客

其一户佃帥

其一户……

定領吏民凡(?)卌二户(柒・1858・14・181)

魁 吴 明 主(柒・1880・14・203)

① 我們曾考慮簡215可能是那缺失的一簡,但將其圖版與其他夫秋里結計簡放到一起之後,發現其編痕樣式與其他簡不同,且整體靠上,故排除。

② 參連先用《試論吴簡所見的"黄簿民"與"新占民"》,96-97頁。

(三)富貴里

沿着上面的復原思路,我們在柒·圖42中又找到:

228.▋集凡富貴里魁鄭理領吏民五十户口食二百五十九人(柒·5593·42·637)

229.　　其三人前後被病物[故](柒·5592·42·636)

230.　定領見人三百五十六人　其 一百九十五人男 / 一百六十一人女 (柒·5556·42·600)

這3枚竹簡在揭剥圖中距離很近,形制基本一致(長23.8—23.9cm,寬0.9—1cm),但"定領見人"數加上"被病物故"人數(356+3=359),却恰好比該里總計簡中的人數(259)多了100人。核對圖版,簡228中"二百五十九"之"二"做"",顯然是"三"字。這樣,以上3簡在數字上就完全可以確定爲一組了。

接下來,我們在捌·圖5(參圖二)中找到:

231.　　　　[魁]鄭　浬　[主](捌·2023·5·1361)

而富貴里中又有:

232.[富][貴]里户人公乘鄭浬年五十九　筭一(捌·2016·5·1354)

查看圖版,簡228中的"理"做"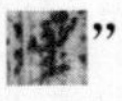",左側的三滴水比較清晰,應改釋爲"浬"。由此可知,簡231是富貴里結計簡中的最末一簡,這也進一步印證了捌·圖5與柒·圖42的互補性。

據表三,"户口簡群Ⅰ"中現存富貴里户人簡46枚,僅缺失4枚,其中特殊民户有:

233.富貴里户人公乘吏客唐光年卌八風病　[刑](?)左手(柒·5252·42·296)

234.[富]貴里户人公乘吏客監騰年七十一(捌·2045·5·1383)

235.富貴里户人公乘佃客文元年六十二　腹心病(捌·1160·5·498)

57.富貴里户人公乘郡吏文湛年六十(捌·356·3·43)

59.富貴里户人公乘縣吏孫義年廿五(捌·1309·5·647)

這時,我們在簡228—230左側不遠處找到:

236.　　其一户州吏(柒·5588·42·632)

237.　　其一户縣吏(柒·5678·42·722)

簡237恰與簡59構成對應關係,當爲富貴里結計簡。簡236與簡228、229處在同一簡層,且其形制、筆迹均與富貴里結計簡十分相近,也有可能是富貴里結計簡。但是,現存46枚富貴里户人簡中却并没有州吏。不過,從圖版上觀察,上述可確定屬於富貴里的結計簡上,上下兩道編繩在每枚竹簡的有字面均留下兩道稀疏的印痕,這在"都鄉吏民簿"各里結計簡中相當獨特,而簡236恰恰具有同樣的特徵(參圖六)。綜合看來,該簡應當也是富貴里結計簡中的一枚。

富貴里結計簡獨特的編痕樣式,連同形制、筆迹等外部特徵,也爲復原成果的進一步擴大提供了關鍵的綫索。在"户口簡群Ⅰ"剩餘的里計簡中,有且衹有以下4枚結計簡滿足以上條件:

238.　　其三户吏客(捌·398·3·85)

239.　　其三户官[贇]民(捌·400·3·87)

240.　　其十三户刑踵貧窮老孤寡不任役(捌·490·4·9)

241.　定領事役廿九户(捌·481·3·168)

這些簡與前述富貴里結計簡出現在不同的揭剥圖中,但基本都是以上復原結果所缺失的項目。尤其是,據簡233、234,現存富貴里户人簡中有2户吏客。查看圖版又發現,簡235中"佃客"之"佃"字在圖版中幾乎完全磨滅,難以辨識,也有可能是"吏"字,這樣便與簡238中的統計數字完全對應。簡238既爲富貴里結計簡,那麽與之緊鄰的簡239也不應例外。

將以上4枚竹簡與前述富貴里結計簡放到一起(參圖六),可以看到它們風格一致,渾然一體。惟簡241竹簡較其他簡略短,下道編痕也不甚清晰,暫時還不能完全確定。不過,這些結計簡中的數字之和(3+3+13+29=48),與前面復原結果中的2户特殊民户相加,恰好是該里的全部户數50户,這恐怕并非巧合。由此看來,將簡238—241視作富貴里結計簡,應該是可以成立的。① 至此,完整形式的富貴里結計簡可復原如下:

▉集凡富貴里魁鄭浬領吏民五十户口食三百五十九人(柒·5593·42·637)

　其三人前後被病物[故](柒·5592·42·636)

定領見人三百五十六人　其 一百九十五人男 / 一百六十一人女(柒·5556·42·600)

　其一户州吏(柒·5588·42·632)

　其一户縣吏(柒·5678·42·722)

　其三户吏客(捌·398·3·85)

　其三户官[贇]民(捌·400·3·87)

① 需要指出的是,據簡57,該里還應有1户郡吏,但結計簡中却没有相應的統計項目。這種不對應的情況,是復原存在紕漏,還是原本如此?目前尚不清楚。

其十三户刑踵貧窮老孤寡不任役(捌・490・4・9)

定領事役廿九户(捌・481・3・168/存疑)

魁鄭　浬　主(捌・2023・5・1361)

(四)變中里

變中里總計簡出現在柒・圖42的上半部分:

242.■集凡變中里魁吴巴所領吏五十户口食三百五十四人(柒・5253・42・297)

與之粘連在一起的還有1枚“被病物故”人數統計簡:

243.　　　　其六人前後被病物故(柒・5271・42・315)

該簡的形制、編痕與簡242吻合。并且,户人簡顯示變中里至少有3人物故:

244.變中里户人公乘朱金年卌二筭一　金以正月廿九日病死(柒・5080・42・124)

245.變中里户人公乘黄條年五十七　條以今年五月十日被病物故應除(柒・5176・42・220)

246.變中里户人公乘石雙年六十一　以過年八月廿六日被病物故(柒・5610・42・654)

由此應能肯定,簡243爲變中里結計簡。

變中里里魁吴巴亦爲該里户人:

247.變中里户人公乘吴巴年卅五　踵兩足(捌・2070・5・1408)

以之爲綫索,我們在柒・圖42的下半部分,又找到了其按順時針方向排列的末尾兩簡:

248.　定領役民卅二人(柒・5564・42・608)

249.　　　　　魁　吴　巴　主(柒・5561・42・605)

其附近的結計簡,除去前面復原已使用過的以外,衹剩下:

250.　　　　其十五户窮老不任役(柒・5526・42・570)

該簡處在簡248、249之前(即右側),形制、編痕等與上述變中里結計簡相合(參圖七),又恰好是變中里結計簡所缺項目,因此基本可以確定它們本爲一組。這些竹簡與簡242、243分别處於中軸綫的上下兩側,二者之間隔着不少簡層。這説明,同組竹簡有時會因收卷或經受擾動等而分散到中軸綫兩側。

根據表三,變中里在“户口簡群Ⅰ”中的户人簡數量達到44枚,可知多數都保存了下來。其中有2個特殊民户:

251.變中里户人公乘軍吏宋春年卌七(柒·5702·42·746)

252.[變]中里户人公乘郡吏黄滲年卅一(捌·1204·5·542)

簡242上方不遠處正好有:

253.　　　其一户軍吏(柒·5102·42·146)

該簡形制合於變中里,左側還分布有4枚變中里户人簡:

254.變中里户人公乘□□年廿[苦]喉病(柒·5039·42·83)

255.變中里户人公乘李[喬]年卅八筭一(柒·5057·42·101)

244.[變][中]里户人公乘[朱][金]年卌二筭一　[金]以正月廿九日病死(柒·5080·42·124)

256.[變][中]里户人公乘逢禮年卌一筭一　刑右手(柒·5096·42·140)

可見簡253屬於變中里的可能性也很大。但是,從圖版上看,該簡編痕間距與其他變中里結計簡基本相同,但兩道編痕位置均略偏下(參圖七),因而其是否確屬變中里,還存在疑問。此外,我們未能找到可靠的“郡吏”統計簡。這時,特殊民户、“不任役”户、“應/事役民”户三項相加(2+15+32)爲49户,僅比變中里總户數(50)少1户。考慮到變中里户人簡尚缺少6枚,這一結果基本上能够證實上述復原的準確性。在補充出缺失項之後,完整的變中里結計簡應如:

▊集凡變中里魁吴巴[所]領吏五十户口食三百五十四人(柒·5253·42·297)

[其][六][人][前][後]被病物故(柒·5271·42·315)

定領見人三百卌八人　其 ○○人男 / ○○人女

其一户郡吏

其一户軍吏(柒·5102·42·146/存疑)

其一户……

其十五户窮老不任役(柒·5526·42·570)

定領役民卅二人(柒·5564·42·608)

魁　吴　巴　主(柒·5561·42·605)

六　其餘各里結計簡的復原(中)

除柒·圖42外,捌·圖5(參圖二)中也保留了兩枚完整的總計簡。并且,捌·圖5是已刊吴簡中最大的一幅揭剥圖,包含多達1961枚竹簡,這對於復原十分有利。接下來,我們就以此圖中的兩枚總計簡爲中心,繼續展開復原。

(五)高遷里

高遷里總計簡出現在捌·圖5中的中部,并與1枚"被病物故"簡緊貼:

257.集凡高遷里魁黄膰領吏民五十户口食三百八十六人(捌·1686·5·1024)

258.　　　其六人前後被病物故(捌·1664·5·1002)

兩簡外部特徵一致,且高遷里確有物故者,[①]它們應該本爲一組。與簡258僅一簡之隔還有:

259.　定領見人二百八十四人　其 百卅九人男 / 百卌五人女 (捌·1625·5·963)

該簡與以上兩簡外部特徵完全相同,又聚集出現,屬於一組的可能性很大。但這裏"定領見人"數加"被病物故"數(284+6=290)遠少於總計簡中的人數(386),然而在"户口簡群Ⅰ"中也没有發現其他合適的"定領見人"簡,故簡259衹好暫時存疑。

與前述諸里一樣,高遷里里魁黄膰亦爲該里户人:

260.高遷里户人公乘黄膰年卅七筭一　苦腹心病(捌·1427·5·765)

以其爲綫索,我們在同一幅揭剥圖中又找到:

261.　　　　　魁　黄　膰　主(捌·1479·5·817)

這無疑是高遷里結計簡中的最後一簡。

在簡261與簡257—259之間,還缺少特殊民户統計簡、"不任役"户統計簡和"定領見人"統計簡。由於高遷里户人簡保存得相當完整(50枚,參表三),我們可以直接據此推知該里結計簡中特殊民户的種類和數量:

262.高遷里户人公乘軍吏徐就年卅三(柒·4780·41·74)

33.高遷里户人公乘州卒朱萇年廿四(捌·1465·5·803)

---

① 據户人簡,該里至少有兩人物故:"高遷里户人公乘陳[複](?)[年][八][十][八]……正月十日被病物故"(柒·5505·42·549);"高遷里户人公乘雷與年七十九　以六年正月五日被病物故"(捌·1278·5·616)。

263.高遷里户人公乘縣卒周宗年廿七(捌·1413·5·751)

43.高遷里户人公乘衛(士)何城年卌六筭一(捌·1617·5·955)

264.高遷里户人公乘潘澎年六十六　□口度(卒)[①](捌·1808·5·1146)

在簡258、257的順時針方向不遠處恰好連續排列着:

265.　　其一户縣卒(捌·1796·5·1134)

266.　　其[一]户州卒[②](捌·1829·5·1167)

267.　　[其]一户軍吏(捌·1830·5·1168)

268.　　其一户漻口度卒(捌·1833·5·1171)

269.　　其一户漻口驛兵(捌·1859·5·1197)

270.　　其三户佃帥衛士(捌·1860·5·1198)

這組結計簡基本可與簡262—264相對應,衹是簡269中的"漻口驛兵"及簡270中的"佃帥"在高遷里户人簡中未見。但是,將其圖版與簡257、258、261拼在一起以後,可以看到它們在形制、筆迹、編痕等方面渾然一體(參圖八)。特別是,在編痕樣式上,上道編繩在這些竹簡上均留下兩道并攏或接近并攏的印痕,下道編繩所經之處則均留下兩道舒朗的編痕。這一特徵不見於"户口簡群Ⅰ"中其他里的結計簡,而爲高遷里所獨有。[③] 再考慮到前面完整的常遷里結計簡中也存在特殊民户統計簡與户人簡不完全對應的情況,我們認爲,簡265—270應該也屬於高遷里。

除去上述8個特殊民户,高遷里的其餘民户應主要屬於"應/事役民"户與"不任役"户,二者之和應達到或接近42户。這時,我們在上述高遷里結計簡的右上方恰好找到:

271.　定事役卅三户(捌·1552·5·890)

272.　　其五户窮老不任役(捌·1699·5·1037)

273.　定事役廿一户(捌·1727·5·1065)

這些竹簡長23.7—23.9cm,寬0.8—0.9cm,與高遷里相符合。但是,簡273户數過少,而簡271與簡272户數相加(33+5)爲38户,則與42户較爲接近;并且,它們在編痕樣式等外部特徵上也恰好同於前述高遷里結計簡(參圖八),而簡273則不然。因此,簡271與簡272應該就是高遷里所缺失的兩簡。這時,仍有4户缺失,但我們暫時還無法找到相應的竹簡。這

---

① "卒",據整理者意見補。又,"□",原釋做"[尉]"。圖版中,該字殘泐嚴重,無法辨識,據改。

② "[一]"原釋做"二"。圖版中,該字爲編繩所經,上面短横亦似編痕,故改釋爲"一"。

③ 簡259亦存在這種特徵,其爲高遷里結計簡的可能性也因此而進一步增强。

樣,在對缺項進行擬構之後,高遷里結計簡的完整形式大體應如:

集凡高遷里魁黄播領吏民五十户口食三百八十六人(捌·1686·5·1024)

其六人前後被病物故(捌·1664·5·1002)

定領見人二百八十四人　其 百卅九人男 / 百卅五人女 (捌·1625·5·963/存疑)

其[一]户州卒(捌·1829·5·1167)

其一户縣卒(捌·1796·5·1134)

[其]一户軍吏(捌·1830·5·1168)

其一户漻口度卒(捌·1833·5·1171)

其一户漻口驛兵(捌·1859·5·1197)

其三户佃帥衛士(捌·1860·5·1198)

其四户……

其五户窮老不任役(捌·1699·5·1037)

定事役民卅三户(捌·1552·5·890)

魁　黄　播　主(捌·1479·5·817)

(六)浦里

與以上各里不同,"户口簡群Ⅰ"中没有明確爲浦里的結計簡。不過,該里户人簡寬0.8—1cm,而其長度僅爲22.6—23.3cm,比其他11里都要短(參表二)。"户口簡群Ⅰ"中符合浦里形制特徵的總計簡衹有捌·圖5中的:

274.集凡横溪丘[魁]□□領吏民五十户口食二百[八]十八人(捌·1392·5·730)

該簡以"集凡○○丘"開頭,前所未見,但從格式及户口數上看,應當也是某個里的總計簡。據揭剥圖,簡274四周分布着許多浦里户人簡,如:

275.[浦]里户人公乘鄧丑年卅六(捌·1266·5·604)

276.浦里户人公乘任禿年卌九(捌·1335·5·673)

277.浦里户人公乘張伍年六十三　中品(捌·1340·5·678)

278.浦里户人公乘謝頃年廿七(捌·1358·5·696)

279.浦里户人公乘何湛年卅九(捌·1359·5·697)

280.浦里户人公乘張虎年卅六(捌·1410·5·748)

97.浦[里][户][人][公][乘]黄[智]年六十一風病(捌·1545·5·883)

281.浦里户人公乘朱誂年卌二(捌·1585·5·923)

更爲重要的是,據前引簡99—100、103—104,浦里户人黄智、壬勉皆屬横溪丘,這樣的例子還有:

282.浦里户人公乘李從年七十五(柒·4850·41·144)

283.⍁□六斛‖嘉禾二年十月廿七日横溪丘大男李從關邸閣李嵩付倉吏黄諱史番慮受(捌·3939·13·44)

99.浦里户人公乘州卒周碩年卌(捌·998·5·336)

284.⍁□税米十斛‖嘉禾□年十月十七日横溪丘州卒周碩關邸閣馬統付倉吏……⍁(捌·5275·15·2)

從現有情況來看,浦里户人衹與横溪丘對應。由此看來,簡274爲浦里總計簡的可能性極大。

繼續以形制爲綫索,我們又找到:

285.　　　　　魁　何　湛　主(柒·4838·41·132)

該簡長23cm,寬0.9cm,與浦里簡完全相符;而何湛正是浦里户人(見簡279),由此可知,該簡爲浦里結計簡之末簡。參照前面的復原,該簡與總計簡中的"魁"名應當一致。那麽,如果簡274爲浦里總計簡的判斷不誤的話,其"魁"後面的"□□"應即"何湛"。查對圖版,簡274後的第一個"□"做"",與簡279、285中的"何"("""")相近,應即"何"字;第二個"□"做"",左側的三滴水也十分清晰。這樣看來,我們前面的判斷是正確的,簡274中的"□□"應校釋爲"何湛"。

上述判斷有助於澄清所謂"丘魁"問題。吴簡中"丘""魁"相連之例,此前僅見於:

286.⍁嘉禾二年布二匹三丈九尺‖嘉禾二年八月廿三日曼溲丘魁黄誼付庫吏殷連受(貳·5458)

《竹簡》[捌]中新出:

287.⍁六日断坏丘魁李力大男陳散關邸閣郎中李嵩監倉掾黄諱史潘慮受(捌·3864·13·69)

288.⍁禾二年十月十八日厭下丘魁鄭升關邸閣李嵩付倉吏黄諱番慮受(捌·3920·13·125)

289.⍁月十八日厭下丘魁鄭升關邸閣李嵩付倉吏黄諱番慮受(捌·3981·14·2)

290.☐□年[十][一]月[七]日厩下丘魁鄭升關邸閣李嵩付倉吏黄諱番慮受(捌·4060·14·81)

阿部幸信先生認爲,"丘魁"是"丘"中所置的"魁",參與賦税繳納是其職責之一,也有負責管理民户的可能。[①] 柿沼陽平和于振波先生也認爲存在"丘魁"一職,[②]沈剛及侯旭東先生則對此持保留態度。[③] 孫聞博先生認爲,"丘魁"并非一詞,"某丘魁"指的是居住於該丘的里魁。[④] 從浦里總計簡来看,"横溪丘魁何[湛]"實際上就是浦里之里魁,"丘魁"確非一詞,[⑤]可見孫聞博先生的判斷是符合實際的。但"浦里魁"寫做"横溪丘魁",恐怕不僅僅是由於該魁居於横溪丘,因爲每個里魁都是丘中的居民,而其他各里總計簡中却都没有以里魁所居之丘代替里名。如前所述,目前所見浦里户人衹與横溪丘對應,這可能是"横溪丘魁"與"浦里魁"成爲等價概念的主要原因。當然,這一推測還需要更多材料的證實。

另外,由於"横溪丘魁"簡爲浦里總計簡,而吴簡所見横溪丘皆與都鄉存在對應關係,除了前面所舉的例子以外,還有:

291.入都鄉横溪丘[男]☐(壹·5015)

292.入都鄉横溪丘男子謝德入新布二匹〣嘉禾二年十一月廿日烝弁☐(壹·8271)

293.入都鄉嘉禾二年調布二匹〣嘉禾二年七月十九日横溪丘男子謝德(?)李□付庫吏殷連[受](貳·5314)

294.入都鄉嘉禾二年火種租田米三斛〣嘉禾二年十月廿七日横溪丘民鄭高關邸閣李嵩付倉吏黄諱史潘慮受(捌·2860)

295.入都鄉嘉禾二年火種租米吴平斛米三斛〣嘉禾二年十月廿七日横溪民張仵關邸閣李嵩付倉吏黄諱史[慮][⑥](捌·3925)

---

① [日]阿部幸信:《長沙走馬樓吴簡所見的"調"——以出納記録的檢討爲中心》,長沙簡牘博物館等編《吴簡研究》第3輯,243頁。

② [日]柿沼陽平:《孫吴貨幣經濟的結構和特點》,《中國經濟史研究》2013年第1期,34頁;于振波:《走馬樓吴簡所見鄉級行政》,長沙簡牘博物館編《長沙簡帛研究國際學術研討會論文集》,117頁。

③ 沈剛:《長沙走馬樓三國吴簡所見鄉、丘、里關係臆解》,原刊中國魏晋南北朝史學會、山西大學歷史文化學院編《中國魏晋南北朝史學會第十屆年會暨國際學術研討會論文集》,太原:北嶽文藝出版社,2012,後修訂爲其著《長沙走馬樓三國竹簡研究》第1篇第4章《鄉、丘、里關係臆解》,47頁;侯旭東:《長沙走馬樓吴簡"嘉禾六年(廣成鄉)弦里吏民人名年紀口食簿"集成研究:三世紀初江南鄉里管理一瞥》,129頁,注②。

④ 孫聞博:《走馬樓吴簡所見鄉官里吏》,長沙簡牘博物館等編《吴簡研究》第3輯,275-276頁。

⑤ 簡80中有"坨中丘力田樊建民潘洲",其中"力田"是樊建的身份,"民"是"潘洲"的身份,我們顯然不能將"丘力田"視爲一詞。此亦旁證"丘魁"之"魁"是對後面所接人名的修飾語,表示其人具有"魁"的身份。

⑥ 整理者注:"慮"上下應分别脱"潘""受"二字。案,"横溪"後當脱"丘"字。又,"户口簡群Ⅰ"中有"浦里户人公乘張伍年六十三　中品"(捌·1340·5·678)。"伍""仵"音同形近,二者或係一人。

這又進一步佐證浦里屬於都鄉。

與高遷里一樣,浦里户人簡保存十分完整(50枚,參表三),據此可以直接判斷出其中特殊民户的種類和數量:

99.浦里户人公乘州卒周碩年卌(捌·998·5·336)

296.浦里户人公乘州卒潭奴年五十(捌·1037·5·375)

297.浦里户人公乘縣卒胡苗年廿二(捌·914·5·252)

298.浦里户人公乘縣卒潭著年卅一(捌·938·5·276)

299.浦里户人公乘佃帥周倉年六十(捌·1178·5·516)

"户口簡群Ⅰ"中形制合乎浦里并且具備州卒、縣卒、佃帥項目的結計簡衹有:

300.　　其三户縣卒(捌·883·5·221)

301.　　其二户州卒(捌·1061·5·399)

302.　　其一户佃帥出限米(捌·718·5·56)

這些竹簡周圍皆有浦里户人簡分布,[①]因而基本可以肯定其爲浦里結計簡。但簡300中的"三户縣卒"比浦里中的2户多1户,查看圖版,"三"字比較清晰,應非誤釋。這多出來的一户"縣卒"是出於筆誤還是另有原因,尚不清楚。

據户人簡,浦里民户有物故者:

303.浦里户人公乘蔡窟年五十　死(捌·777·5·115)

那麽,浦里結計簡中也應有"被病物故"和"定領見人"兩項。在"户口簡群Ⅰ"中,合乎浦里形制特徵的相應結計簡衹有:

304.　　其廿一人被病物故　其一百一十五人男(捌·1273·5·611)

305.　　定領口食七百八十五人　其一百七十人女(捌·1187·5·525)

這兩枚竹簡在揭剥圖中相距不遠,與簡274、301也很近,爲浦里結計簡的可能性很大。簡304與簡305中的男女口數相加爲285人,與簡305中的"定領口食"數的個位、十位數相同。由於"都鄉吏民簿"中各里以300多人爲常,最多也不過400多人,簡305中的百位數可能有誤。案圖版,"七"做"",兩横畫之間似爲污迹,因此該字亦可釋作"二"。這樣,簡304與簡305就可以確定爲一組。簡305中的285人與浦里總計簡中的288人十分接近,如果它確

① 簡301與下面的簡305接近,周圍浦里户人簡有:捌·1059·5·397、捌·1157·5·495。簡300與簡302在揭剥圖中相距不遠,其周圍分布的浦里户人簡有:捌·745·5·83、捌·776·5·114、捌·777·5·115、捌·840·5·178、捌·869·5·207、捌·914·5·252、捌·938·5·276、捌·992·5·330、捌·998·5·336。

爲浦里結計簡的話,那麼該里"被病物故"數應爲 3 人。簡 304 中的"被病物故"數多達 21 人,似不相符。不過,此數與都鄉其他各里中的 2—14 人相比明顯過多,存在疑問。查看此簡圖版,"廿一"做"",亦似"三"字。綜合這些因素,應能肯定,簡 304 與簡 305 爲浦里結計簡。值得注意的是,簡 305 中"定領見人"寫作"定領口食",在第二欄頂格書寫,并且男女人數均采用大字,其男口數還借用了簡 304 第三欄的空白(參圖九)。這些情况均與其他各里不同,應是書手個人習慣所致。

"户口簡群Ⅰ"中還有 2 枚形制與浦里相合的"應/事役民"結計簡:

306.　[定]應役民[卅]一户①(捌·464·3·151)

307.　定領事役廿九户(捌·481·3·168)

簡 307 相對較長(23.3cm),且上道編痕比較偏下,也有可能屬於其他某里。而簡 306 長 22.9cm,衹能爲浦里結計簡。查看圖版,該簡的編痕、字迹等外部特徵與其他浦里結計簡完全一致。特别是,其内容全部寫在第二欄,這與其他各里明顯不同,却和前述簡 305 相一致(參圖九)。綜合以上因素,可以確定簡 306 爲浦里結計簡。

除去以上諸簡,"户口簡群Ⅰ"中形制特徵與浦里相符的里計簡還有:

308.　其一户急州領船師(捌·748·5·86)

309.　其二户養官牛(捌·753·5·91)

這兩枚竹簡在揭剥圖中與前述簡 302、306、300 很近,爲浦里結計簡的可能性很大。然而,"急州領船師"與"養官牛"的注記不僅不見於浦里户人簡,而且在整個"户口簡群Ⅰ"中也未有其例。但將它們與前述浦里結計簡拼合在一起,却如合符契(參圖九)。綜合這些因素,并考慮到常遷里、富貴里及高遷里中亦有類似情况存在,我們認爲簡 308、309 應該也是浦里結計簡。

此時,浦里結計簡中還缺少對於"不任役"户的統計,但"户口簡群Ⅰ"中未能找到形制合乎浦里的"不任役"户統計簡,我們姑且擬構爲"其十户貧老尪羸不任役"。這樣,浦里結計簡的大體完整形式應爲:

集凡横溪丘[魁]何[湛]領吏民五十户口食二百[八]十八人(捌·1392·5·730)

其[三]人被病物故　其一百一十五人男(捌·1273·5·611)

定領口食[二]百八十五人　其一百七十人女(捌·1187·5·525)

① "[卅]"原釋做"廿",據圖版改。

其二户州卒(捌·1061·5·399)

其三户縣卒(捌·883·5·221)

其一户佃帥出限米(捌·718·5·56)

其一户急州領船師(捌·748·5·86)

其二户養官牛(捌·753·5·91)

其十户貧老尪羸不任役

[定]應役民[卅]一户(捌·464·3·151)

魁 何 湛 主(柒·4838·41·132)

七 其餘各里結計簡的復原(下)

前面,我們嘗試復原出“都鄉吏民簿”中7個里的結計簡。這些里均有完整的總計簡,并且有關總計簡均出自竹簡數量最多且保存情況相對完好的柒·圖42和捌·圖5,因而復原結果總體較好。與之相比,剩下5個里衹有1枚出於捌·圖3的完整總計簡,復原難度很大。但參照復原模板,充分利用已知的簡牘遺存信息和考古學整理信息,仍能對其做出不同程度的探索。

(七)春平里

剩餘竹簡中惟一一枚完整的總計簡屬於春平里:

310.集凡春平里……口食三百六十三人①(捌·463·3·150)

該簡長23.8cm,與春平里户人簡基本相合,但寬度達到1.2cm,不僅明顯寬於該里户人簡,而且也寬於“都鄉吏民簿”中其他各里的結計簡(參表二)。這表明春平里結計簡與其家庭簡的製作很可能并非同時,而應是在家庭簡完成之後獨立製作的。

春平里户人簡目前僅存34枚(參表三),可知該里還有不少竹簡缺失,但其里計簡獨特的形制仍爲進一步的復原提供了綫索。“户口簡群Ⅰ”中,寬度與簡310基本相合的竹簡還有:

311. 定領役民…… ☑②(柒·4742·41·36)

312. [其][□][户][養]官牛(捌·174·2·101)

① 原釋做“集凡春平里領吏民一百□□户口食三百六十三人”,據圖版改。辨析過程參看前文。

② 原釋做“……里領吏民…… ☑”,據圖版改。

313. 其一户州領船師(捌·183·2·110)

314. 其六十一户孤寡窮老不任役……(捌·192)

315. 其五户私學出限米(捌·229)

316. 其二户新吏出限米(捌·239)

317.⍁ 其十七户佃帥吏客出限米(捌·644·4·163)

318. 其五户官逆民(捌·666·5·4)

319. 其二户困渚劉口驛兵(捌·677·5·15)

320. 其□户□□出限米[①](捌·681·5·19)

321.⍁十二户州軍吏(捌·2711)

322.⍁ 其十二户□□□□⍁(捌·2716)

323.⍁吏出限米(捌·2772)

但是,我們不能將這些竹簡都視作春平里結計簡。如簡 314 中的"不任役"户數多達 61 户,比一個里的户數還要多,因而其統計口徑不可能是春平里或其他某里,而更可能是整個都鄉。[②] 我們注意到,在前面較完整的復原結果中,"不任役"户的總數恰好就是 60—61(參表六),這恐怕并非巧合。我們認爲,簡 314 應該就是對整個都鄉中"不任役"户的統計。[③] 若此,則這種較寬的結計簡除部分屬於春平里以外,還應包含一些鄉計簡,不過現在尚無法將二者清晰地區分開來。[④] 其中是否還存在其他里的結計簡,亦不明確。因此,對於春平里結計簡的探索,也祇能到此爲止。

(八)進渚里、宜陽里、陽貴里、X 里

在以上 8 里的結計簡復原結束之後,"户口簡群Ⅰ"中完整的總計簡便使用完畢了。這時,進渚里、宜陽里、陽貴里、不明里的結計簡已不可能完整復原。不過,里魁姓名在總計簡、主者簡及户人簡中的反復出現,仍爲我們確定有關竹簡的歸屬提供了綫索。例如,"户口簡群Ⅰ"中有:

324. 魁 米 省 主(捌·791·5·129)

該簡無疑爲某里結計簡之末簡,但在"户口簡群Ⅰ"没有與之對應的總計簡。不過,以"米

① 原釋做"其□户私學出限米"。案圖版,"私學"二字完全磨滅,據改。

② "户口簡群Ⅰ"中的"其五百□⍁"(捌·2679)有可能也是如此。

③ 這也就意味着,"都鄉吏民簿"中還有一些里不存在"不任役"户。换言之,"不任役户"并非各里的必備民户類型。

④ 不過,那些數量明顯較大的結計簡(簡 317、321、322),更可能是鄉計簡。

省”爲綫索,我們在“户口簡群Ⅰ”之外找到:

325.[集][凡][進][渚]里魁朱省領吏[民]☑(捌·4879)

案圖版,簡 324 中“米”()字與簡 325 中的“朱”()字一致,應釋爲“朱”。由此可知,簡 324 應屬進渚里。這也説明,“都鄉吏民簿”中的少數竹簡會離散在“户口簡群Ⅰ”之外。

在“户口簡群Ⅰ”中,我們還發現:

326.進渚里户人公乘米將年卅十一　筭一[①](捌·146·2·73)

據圖版,“米將”作

亦似“朱省”,若這一判斷無誤,則説明進渚里之里魁也是所在里之户人。“户口簡群Ⅰ”現存 41 户進渚里户人簡(參表三),由於其中没有出現特殊民户,復原暫時也祇能到此爲止。

按照以上思路,我們又找到:

327.宜陽里户人公乘逢紵(?)年卅六苦風病(捌·2592·5·1930)

328.　　　　　魁　逢　[紡]　主(捌·2359·5·1697)

據圖版,簡 327 中的“紵”與簡 328 中的“[紡]”分别做“”“”,兩者應當是同一個字。并且,簡 328 上下均分布着宜陽里簡:

329.宜陽里户人公乘樊如年六十□苦風病[②](捌·2328·5·1666)

330.[宜]陽里户人公乘夏招年卅二筭一(捌·2381·5·1719)

331.　　　[招]母妾年六十九(捌·2382·5·1720)

332.　　　妻紫年卅筭一(捌·2383·5·1721)

333.　　　子男兒年三歲(捌·2384·5·1722)

334.[宜][陽]里户人公乘[周][同](?)年六十七[踵]病足(捌·2408·5·1746)

據此斷定,簡 328 當爲宜陽里結計簡之末簡。“户口簡群Ⅰ”中有宜陽里户人簡共 50 枚(參表三),該里全部户數很可能也是 50 户。其中特殊民户有:

① 整理者注:“卅十一”中“十”爲衍字。

② 原釋作“宜陽里户人彊男弟户年十三臨病年六十□苦風病”,據圖版改。

335. 宜陽里户人公乘州吏陳胄年卌三(柒・5793・42・837)

336. 宜陽里户人公乘私學程溥年卅一腹心病(捌・856・5・194)

337. 宜陽里户人公乘佃帥□衣年五十一　刑手[1](捌・930・5・268)

但我們在“户口簡群Ⅰ”中没有找到與之明確對應的結計簡。

復原工作進行至此,“户口簡群Ⅰ”中還剩下爲數不少的結計簡,它們中的大多數都應屬於進渚里、宜陽里、陽貴里和X里。但是,要進一步作出精確的復原,還缺少有力的綫索,因而暫時衹能將其依類排比如下:[2]

(1)總計簡

338. ☑吏民五十户口食三百卌二人(捌・2636)

339. ☑吏民□十户口食三百五十□人(捌・2727)

(2)“定(領)見人”及男女口數統計簡

217. 定領見人三百一人(柒・1883・14・206)

340. 定領見人三百人　其 一百七十九人男 / 一百廿一人女 (捌・741・5・79)

341. 定見……四人(捌・1081・5・419)

342. 定領見三百廿九人(捌・2599・5・1937)

343. ☑□四百三人　其 二百五十人男 / □百五十二人女 (捌・2705)

344. 其一百一十五人男　其(?)一百一人女(柒・5311・42・355)

345. 其 □□□□□ / 一百三人女 (捌・23・1・23)

346. 其一百卌四人男(捌・602・4・121)

347. 其一百七十一人女(捌・618・4・137)

(3)特殊民户統計簡

348. 其五户佃帥吏客(柒・1847・14・170)

---

① 整理者注:“衣”上□左半殘缺,右半爲“易”。

② “户口簡群Ⅰ”中還有一些針對“黄簿民”與“新占民”的小計簡,它們與里計簡性質不同,參連先用《試論吴簡所見的“黄簿民”與“新占民”》,89-122頁。

215. 其一户郡吏(柒·1877·14·200)

216. 其一户郵卒(柒·1881·14·204)

218. 其一户軍吏(柒·1887·14·210)

349.☐ 其□户吏客(捌·210)

350.☐ 其二户劉口度卒驛兵(捌·233)

351. 其三户官業民(捌·597·4·116)

352. 其□户新吏……(捌·615·4·134)

353. 其八户黄簿民(捌·623·4·142)

354. 其八户黄簿民(捌·624·4·143)

355. 其十户縣役(?)民(捌·739·5·77)

356. 其十二户府縣樵炭民(捌·797·5·135)

357. 其十三户官樵民(捌·2069·5·1407)

358. 其三户南民(捌·2550·5·1888)

359. 其六户佃帥(捌·2551·5·1889)

360. 其二户佃帥(捌·2558·5·1896)

361. 其□户私學 出限米①(捌·2575·5·1913)

362.☐ 其一户州吏(捌·2605·5·1943)

363.☐ 其二户佃帥私學限米(捌·2610·5·1948)

364.☐ 其二户郵卒出限米(捌·2669)

(4)"應/事役民"户數統計簡:

365. 定領役民卌三户(捌·620·4·139)

366. 定應事役廿四户(捌·826·5·164)

273. 定事役廿一户(捌·1727·5·1065)

① "□"原釋做"卅",據圖版改。

367.　定應事[役]民卅九户[1](捌·2552·5·1890)

(5)主者簡:

368.　　　魁聶厚　主(捌·607·4·126)

369.　　　魁 □ □ [主](捌·1738·5·1076)

儘管這些竹簡分别歸屬於哪些里、應該如何組合還需要進一步探討,但通過以上分類,可知進渚里、宜陽里、陽貴里和X里的結計簡在基本項目和格式上應同於已復原的都鄉各里。由此看來,"都鄉吏民簿"各里家庭簡之間雖然存在較大差异,但其結計簡則具有相當高的一致性,這將爲該簿性質與功能的判斷提供重要依據。

八　"都鄉吏民簿"的年份與性質

"都鄉吏民簿"各里結計簡的初步復原與分析已如上述,接下來要進一步考察這一簿書製作的年份及其性質。

在"户口簡群Ⅰ"中,幾乎所有的户人簡都不寫年份,惟一的例外是:

196.嘉禾五年常遷里户人公乘黄春年六十一踵兩足[2](捌·1476·5·814)

而發掘簡Ⅱb㉚(對應柒·圖8)中也保存着一份常遷里吏民簿,其户人簡絶大多數都標明了"嘉禾五年"(236)。兩份吏民簿中同一户人的年齡相同,其例甚多,兹舉3例:

370.常遷里户人公乘張羅年六十五(柒·5208·42·252)
371.嘉禾五年常遷里户人公乘張羅年六十五(柒·1153·8·350)
372.常遷里户人公乘孫赤年卌六筭一(捌·1820·5·1158)
373.嘉禾五年常遷里户人公乘孫赤年卌六筭一(柒·809·8·6)
374.常遷里户人公乘壬種年廿三筭一(捌·1977·5·1315)
375.嘉禾五年常遷里户人公乘壬種年廿三筭一(柒·1167·8·364)

由此看來,"都鄉吏民簿"中常遷里所反映的是嘉禾五年的情况。此外,一些吏民物故的時間也在嘉禾五年:

376.　　張妻客年卅六　以五年十二月廿一日被病物故(捌·887·5·225)

---

① 除去以上所列,"户口簡群Ⅰ"中還有:"[領][役][⍁]"(捌·273)。該簡殘缺不清,難以確定是否爲"應/事役民"户數統計簡,暫列此備考。

② 如前所述,黄春爲常遷里里魁,該簡寫明年份,或許與此有關。

377.　　頭妻金年十二　以五年十二月被病物故(捌·1490·5·828)

378.　　妻□年□十二　以嘉禾五年十月廿日被病死(捌·2215·5·1553)

但是,并不能據此認爲整份"都鄉吏民簿"即製作於嘉禾五年,因爲"户口簡群Ⅰ"中還有一些户人或家庭成員物故於嘉禾六年(237):

379.高遷里户人公乘雷與年七十九　以六年正月五日被病物故(捌·1278·5·616)

380.　　斗男弟舉年廿一筭一　以六年正月三日被病物故[1](柒·5435·42·479)

381.　　妻可卌八筭一　以六年正月一日被病物故(捌·67·1·67)

382.　　嫂弟紫年五十一踵足　以六年正月七日被病物故(捌·85·2·12)

383.　　子男推年四歲　以六年三月廿五日匆故(捌·1610·5·948)

由於吴簡吏民簿均是嘉禾年間的,這裏的"六年"也只能是"嘉禾六年"。案圖版,以上竹簡中"被病物故"的注記均寫在第三欄,其字體、墨迹與所在竹簡第一欄或第二欄無别,應爲一次性書寫完成的。這樣看來,"都鄉吏民簿"中包括高遷里在内的一些里的吏民簿所反映的情况應不得晚於嘉禾六年。考慮到吴簡所見全部紀年簡的下限均在嘉禾六年,[2]"都鄉吏民簿"整體完成和提交的時間應當也是此年,其更爲準確的名稱應爲"嘉禾六年都鄉吏民簿"。

同屬一個鄉的吏民簿,不同的里所反映的却是前後兩年的情况,這看似有違常理,但在吴簡中却不是孤立的現象。例如,在凌文超先生所復原的"小武陵、南鄉等吏民人名年紀口食簿"中,高遷里與平陽里中有關人口的年齡是嘉禾四年(235)的,而東陽里所反映的數據却與之存在一年之差。凌先生認爲,"小武陵、南鄉等吏民人名年紀口食簿"是在户籍基礎上爲派役而製作的"户籍簿",年份不同是由於其所依據的是前後兩年的户籍。[3] 鄧瑋光先生則認爲,這種簿書屬於一般名籍,"强調人名與人數,所以在作成初始簿籍時,可能會登記不同年的數據"。[4] 同類情形還見於:

384.嘉禾六年東扶里户人公乘李厽年五十一筭一(肆·419·2·194)

385.嘉禾五年緒中里户人公乘大女楊姑年六十一(肆·494·2·269)

根據楊芬先生的研究,此處"嘉禾六年東扶里"與"嘉禾五年緒中里"屬於同一份"中鄉吏民

① "六",原釋做"過",據圖版改。

② 參《竹簡》各卷《附録》中的"紀年索引"。

③ 凌文超:《走馬樓吴簡采集簿書整理與研究》第3章《户籍簿及其類型與功能》,132頁。

④ 鄧瑋光:《試論吴簡名籍的製作周期及相關問題》,卜憲群、楊振紅主編《簡帛研究二〇一二》,桂林:廣西師範大學出版社,2013,179頁。

簿",[①]其説可從。

"都鄉吏民簿"將不同年份的户口簡編在一起,這就决定了其性質不可能是户籍,而應當如凌文超、侯旭東先生所説的那樣,是應侯國要求,爲特定目的而編製的。那麼,其目的是什麼呢? 如前所述,不同里的家庭簡在形制、内容、格式、年份等方面存在差异,這與各里分别獨立承擔製作任務有關,但同時也説明,縣、鄉對此并無統一要求,這樣做也不至於影響簿書功能的發揮。然而,從前面的復原結果來看,各里的結計簡雖然有時也存在細微的差异,但其項目類型、基本格式則幾乎完全相同。顯然,里計簡才是縣、鄉所關心的重點,因而對此亦有較爲嚴格、統一的要求。這樣,里計簡就成爲判斷"都鄉吏民簿"製作目的之關鍵。

從各種項目的數量對應關係來看,里計簡在形式上是一個大的計算式,而"定(領)見人"和"定領應/事役民"則是其計算結果。它們與"其"類簡不同,一般從第一欄開始書寫,這明顯具有强調的作用。所謂"定",即清點計算後表示實際情况的意思。[②] 這種用法在秦漢簡牘中已頗有其例,吴簡中也相當常見,如田家莂中"定收田"的"定"字即是此義。[③] 由此可知,"都鄉吏民簿"中各里都相當注重對於"見人"與"應/事役民"數量的統計。[④] 如前所述,孫吴初期,人口脱籍現象較爲嚴重。國家實際掌握的户口("定見人")是賦役所出,[⑤]也是維持國家機器運轉的根本命脈,因而必然要定期或不定期地予以清查,以獲知"定見人"的變化情况,如:

386.☑□□□□定(?)見人名年紀爲簿言(貳・6956)

387.☑曹言……人死叛定見爲簿事八月廿一日兼田曹史□□[白](柒・2973)

一般而言,户口清查的目的主要是爲了基於人身的賦税徵收和徭役派發。從"都鄉吏民簿"的内容來看,訾、筭注記與否,因里而异。[⑥] 相反,各里結計簡中均有對各類特殊民户、"不任役"户以及"應/事役民"户的詳細統計,同時也没有摻雜對新占民户、故户、户品等其他項目的統計。這樣看來,"都鄉吏民簿"爲派役而編製的特徵是比較明顯的。其中"應役民"的"役"也當爲單純的徭役,而與徵收口算錢等賦税無關。

---

① 楊芬:《孫吴嘉禾年間臨湘中鄉所轄里初步研究》。

② [日]永田英正著,張學鋒譯:《居延漢簡研究》下册,桂林:廣西師範大學出版社,2007,481-482頁;邢義田:《尹灣漢墓木牘文書的名稱和性質——江蘇東海縣尹灣漢墓出土簡牘讀記之一》,原刊《大陸雜誌》第95卷第3期,1997,修訂稿收入其著《地不愛寶:漢代的簡牘》,北京:中華書局,2011,120-123頁。

③ 路方鴿:《〈嘉禾吏民田家莂〉"定收田"考》,《中國農史》2013年第2期,48-49頁。

④ 邢義田先生曾推測,吴簡吏民簿中所謂"定見"與後世"貌閲"相似,"見"即"現",也就是親身出現,點名核實,以爲定數,參見其著《尹灣漢墓木牘文書的名稱和性質——江蘇東海縣尹灣漢墓出土簡牘讀記之一》,121頁,注⑧。

⑤ 《宋書》卷二《武帝紀》:"凡租税調役,悉宜以見户爲正"(北京:中華書局,1974,29頁)。這雖然是劉宋的史料,但反映的實際上也是秦漢魏晋南北朝時期的一般狀况。

⑥ 關於這一點,我們將另文探討。

不難注意到,“都鄉吏民簿”的製作方式及其結計簡的内容與格式,與學界探討較多的“廣成鄉嘉禾六年吏民人名年紀口食簿”幾乎完全相同,[①]其性質應該也是一致的。至於它們是否是爲來年派役而作,其編造是否爲年度性的,暫時還不能斷言。[②] 相比之下,“小武陵、南鄉等吏民人名年紀口食簿”就比較特别了。一方面,該簿中各里的形制、格式比較齊整,[③]另一方面,其里計簡中没有“物故”和“定見”人數統計簡以及主者簡,各色民户統計簡之下又均有户品注記。没有“物故”等簡或許還可以説是由相關竹簡缺失所致,而統一的户品注記所體現出的特殊性則不容否認。前面談到,凌文超先生曾認定“小武陵、南鄉等吏民人名年紀口食簿”與“廣成鄉嘉禾六年吏民人名年紀口食簿”一樣是爲派役而作,但基於上述差异,我們認爲其性質、功能應該有所不同。至於其究竟因何而作,尚有待進一步的研究。

值得進一步思考的是,“都鄉吏民簿”與“廣成鄉嘉禾六年吏民人名年紀口食簿”不僅具有相同的性質、功能和製作方式,而且時間也在同一年。這恐怕不是偶然的,它們應當是根據縣的統一部署而製作的,是同一次文書行政的結果。正如侯旭東先生所指出的那樣,吴簡中出土的涉及人户的各類簿書均是鄉、里應侯國要求,爲某種特定目的而製作的上行文書的組成部分。[④] 由於吴簡中所見的吏民簿集中在嘉禾四年到嘉禾六年,[⑤]用簡數量雖多,但從文書行政的角度來考察,它們不過是縣廷主導下的幾次文書行政所遺留下來的檔案。認識到這一點,或許有助於在研究中進一步突破鄉里的局限,而對吴簡所見的吏民簿有更爲宏觀的把握。

---

① 參看侯旭東《長沙走馬樓吴簡〈竹簡[貳]〉“吏民人名年紀口食簿”復原的初步研究》,81-107頁;[日]鷲尾祐子《長沙走馬樓吴簡連記式名籍簡的探討——關於家族的記録》,65-87頁;侯旭東《長沙走馬樓吴簡“嘉禾六年(廣成鄉)弦里吏民人名年紀口食簿”集成研究:三世紀初江南鄉里管理一瞥》,108-112頁;[日]關尾史郎《長沙呉簡吏民簿の研究(上)—「嘉禾六(二三七)年廣成鄉吏民簿」の復元と分析—》,27-98頁。

② 侯旭東先生認爲這類吏民簿是爲來年派役而製作,主要依據是“廣成鄉嘉禾六年吏民人名年紀口食簿”中廣成里户人的年齡衹比嘉禾四年廣成里中的相同户人大一歲,因而推斷“廣成鄉嘉禾六年吏民人名年紀口食簿”製作於嘉禾五年(參看侯旭東《長沙走馬樓吴簡“嘉禾六年(廣成鄉)弦里吏民人名年紀口食簿”集成研究:三世紀初江南鄉里管理一瞥》,129-131頁)。但是,由“都鄉吏民簿”及前引“中鄉吏民簿”可知,同一鄉級吏民簿内各里在年份上有時會存在差异,有的與全鄉簿書提交的年份相同,有的則提前一年。至於其原因,有可能是因爲編製此類簿書的命令下達給各里時是前一年的年底,而提交的截止日期則是第二年的年初(“都鄉吏民簿”中嘉禾六年物故時間皆在正月,惟簡383爲三月,不排除筆誤的可能),不同的里執行編製任務的快慢不同,或作於前一年年底,或作於第二年年初,遂造成同一鄉的吏民簿中出現兩個前後相連的年份。不管這一推測能否成立,廣成里户人年齡爲嘉禾五年的情况都不足以説明“廣成鄉嘉禾六年吏民人名年紀口食簿”的完成時間是嘉禾五年。進而,也就不能斷言“廣成鄉嘉禾六年吏民人名年紀口食簿”之類的吏民簿是爲來年派役而製作。至於這類吏民簿的製作是否爲年度性的,由於缺少確切的同鄉同類簿書作參照,現在也無法證實。

③ 凌文超:《走馬樓吴簡采集簿書整理與研究》第3章《户籍簿及其類型與功能》,121-132頁。

④ 侯旭東:《長沙走馬樓吴簡“嘉禾六年(廣成鄉)弦里吏民人名年紀口食簿”集成研究:三世紀初江南鄉里管理一瞥》,138頁。

⑤ 參簡28-32。

九　孫吴初期縣轄民户的徭役負擔與身份類型

透過"都鄉吏民簿"各里的結計簡,可知該鄉所掌握的吏民亦由特殊民户、"不任役"户和"應/事役民"户三部分構成,與"小武陵、南鄉等吏民人名年紀口食簿"和"廣成鄉嘉禾六年吏民人名年紀口食簿"所體現的情況相同。這種三分之局,在都鄉、中鄉、南鄉等"上中下品户數簿"中表現得也十分清晰。[①] 由此看來,三種民户的區分,乃是臨湘侯國的普遍現象,同時也是孫吴初期基層社會的一個縮影。三國時期,除了國家之外,掌握大量人口的還有豪强大族等非國家勢力,而國家領民有時也不是全屬郡縣。[②] 因此,嚴格來講,吴簡吏民簿所反映的祇是縣廷所能够掌握的民户。[③] 不同民户之間存在着顯著的差异,這首先表現在其徭役負擔上。

三種民户當中,"應/事役民"的含義最爲明確,即需要服役的民户。對於他們服何種役,如何服役,結計簡中没有説明。張榮强先生認爲,其所應承擔的是"臨時性派徵的力役,没有也不可能在户口資料中預作標注"。[④] 侯旭東先生則認爲,他們承擔的是"正常徭役",并謂之"正役"。[⑤] 無論哪種表述更爲確切,都肯定了"應/事役民"户所承擔的徭役不是長期、固定的,我們亦贊同這一點。"不任役"户的情況也比較清楚,在吴簡中,這類民户有"貧窮""老頓""孤寡""尫羸"(或"刑踵""罰估")"女户"等多種名色,其所以不用服役,是由於自身生計艱難,没有承擔徭役的能力,學界對此已有共識。[⑥] 與以上兩種民户相比,特殊民户的情況就比較複雜了,[⑦]因而需要着重予以探討。

在吏民簿中,標記爲各種名目的吏、卒、帥、客、私學等身份的一般都是每個家庭中的户人,家庭成員很少。但是,從里計簡來看,整户却都擁有與其户人相一致的身份屬性。孟彦

① 凌文超:《走馬樓吴簡上中下品户數簿整理與研究——兼論孫吴的户等制》,161-175頁。

② 何玆全:《三國時期國家的三種領民》,原刊《食貨》第1卷第11期,1935,收入《何玆全文集》第1卷《中國社會史論》,北京:中華書局,2006,95頁;朱子彦、孫祥偉:《三國人口辨析》,《社會科學輯刊》2010年第4期,190-191頁。

③ 參楊芬《孫吴嘉禾年間臨湘中鄉所轄里初步研究》。

④ 張榮强:《孫吴簡中的户籍文書》,原刊《歷史研究》2006年第4期,收入其著《漢唐籍帳制度研究》,108頁。

⑤ 侯旭東:《長沙走馬樓吴簡"嘉禾六年(廣成鄉)弦里吏民人名年紀口食簿"集成研究:三世紀初江南鄉里管理一瞥》,136頁。

⑥ 參張榮强《説"罰估"——吴簡所見免役資料試釋》,原刊《文物》2004年第12期,收入其著《漢唐籍帳制度研究》,123-129頁;于振波《略論走馬樓吴簡中的户品》,原刊《史學月刊》2006年第2期,收入其著《走馬樓吴簡續探》,臺北:文津出版社,2007,64-65頁;李均明《長沙走馬樓吴簡所反映的户類與户等》,275-276頁;張榮强《再論孫吴簡中的户籍文書——以結計簡爲中心的討論》,76-81頁。

⑦ 張榮强先生曾提出,特殊民户"這些名目繁多的雜役,就是唐代的色役"(見其著《吴簡中的户品問題》,原刊北京吴簡研討班編《吴簡研究》第1輯,收入其著《漢唐籍帳制度研究》,174頁)。此説具有啓發性,但色役畢竟是唐代的概念,其與特殊民户所服之役的關係,值得進一步研究。

弘先生在研究"吏户"時,已有這樣的推測。[①] 現在可以從"都鄉吏民簿"中舉出確鑿的例證來,例1:

33. 高遷里户人公乘州卒朱萇年廿四(捌·1465·5·803)

388. 萇妻止年十九筭一(捌·1466·5·804)

389. 萇兄通年卌二筭一 苦腹心病(捌·1467·5·805)

390. 通妻吴年卅六筭一[②](捌·1468·5·806)

391. 通子女汝年七歲[③](捌·1469·5·807)

392. 右萇家口食十二人 筭五 訾 五 十(捌·1441·5·779)

例2:

224. 夫秋里户人公乘新吏吴該年卅六盲左目(柒·5719·42·763)

393. 該妻襄年卅三 筭一(柒·5718·42·762)

394. 母妾年九十二(柒·5717·42·761)

395. 該兄藥年六十三(柒·5716·42·760)

396. 藥妻年滿年卌筭一[④](柒·5715·42·759)

397. 藥子男鹿年十八[⑤](柒·5714·42·758)

398. 鹿妻具年十五筭一(柒·5713·42·757)

399. 鹿男弟赤年七歲(柒·5712·42·756)

400. 赤男弟巡年六歲 該子男甲年四歲(柒·5711·42·755)

401. 右該家口食十人(柒·5710·42·754)

例1家庭簡不够完整,此户衹有户人朱萇爲州卒,其兄通42歲,却并非州卒。[⑥] 例2是一組完整的家庭簡,户人吴該爲新吏,其兄子鹿已經18歲,且没有任何疾病,但也没有擔任新吏。從前面的復原結果來看,與這兩組家庭簡對應的結計簡分别是"其一户州卒""其一户新吏"。也就是説,衹要一人(通常是户人)擔任吏、卒、帥、客等,該户即被統計爲相應名目的特

① 孟彦弘:《吴簡所見的"子弟"與孫吴的吏户制——兼論魏晋的以户爲役之制》,武漢大學中國三至九世紀研究所編《魏晋南北朝隋唐史資料》第24輯,武漢大學文科學報編輯部,2008,20頁。

② "通"原釋做"還",據圖版改。

③ "通"原釋做"還",據圖版改。

④ 整理者注:前"年"應爲衍字。

⑤ 正常情況下該簡應有"筭一"之注記,這裏不知是漏記還是簡文磨滅。

⑥ 值得注意的是,此人"苦腹心病"。不過,對於特殊民户而言,疾病并不能使其免除相應的役,如簡197中的烝枯"雀右手指"仍需給郡吏,簡199中的石宜"刑佐手"仍要給縣卒。

殊民户,全家均無需“應役”。這是特殊民户的共同特徵。

在三國鼎立的局勢下,孫吴的徭役是十分沉重的。孫權嘉禾三年(234)詔云:“兵久不輟,民困於役。”[①]赤烏元年(238)詔又云:“自孤興軍五十年,所役賦凡百皆出於民。天下未定,孽類猶存,士民勤苦,誠所貫知。然劳百姓,事不得已耳。”[②]因此,如此衆多的特殊民户不可能全被免除力役,他們在實際上也承受着相當於甚至重於一般徭役的剥削。結合已有研究,并根據身份以及向國家承擔義務的不同,特殊民户大體可分爲三種。[③]

第一種是“吏卒户”,一般指州吏、郡吏、縣吏、軍吏和州卒、郡卒、縣卒。[④] 他們在身份上與“民”有别,這在“廣成鄉嘉禾六年吏民人名年紀口食簿”的户人簡中體現得相當明顯。[⑤]圍繞孫吴初期“吏户”是否已經産生,學界曾有激烈的争論。高敏先生認爲,吏役制在吴初已經成立,諸吏已是國家的特殊服役者,具有區别於民籍的特殊户籍。[⑥] 黎虎先生的觀點恰恰相反,他認爲吴簡中的“吏”與“民”共籍,同爲國家編户齊民,其經濟、政治等方面的權利和義務相同,而“吏”稍優於普通編户,并不存在獨立的“吏户”。[⑦] 于振波先生亦持類似觀點,指出“給吏”“給卒”爲特殊徭役,普遍由貧困户擔任,但其身份與普通民户并無明顯區别。[⑧]與之不同,韓樹峰先生認爲,如果以“空户從役”及世襲性作爲判斷標準,孫吴時期并不存在獨立的“吏户”。但從吴簡中看,“吏”已趨於卑微化,這一過程最終將導致“吏户”的形成。[⑨]沈剛、侯旭東、凌文超先生亦認爲“吏户”尚在形成之中。[⑩]

孟彦弘先生則提出了新的視角,認爲判斷“吏户”的標準是看其是否具有身份性,乃至世

---

① 《三國志》卷四七《吴書·吴主傳》,北京:中華書局,1982,1140頁。

② 《三國志》卷四七《吴書·吴主傳》,1142頁。

③ 凌文超先生認爲吴簡中的特殊民户存在“給吏”與“給役”之分,前者爲正式的吏、卒,後者係從民衆中徵發的雜役,如“給驛兵”“給子弟”等(凌文超:《走馬樓吴簡隱核州、軍吏父兄子弟簿整理與研究——兼論孫吴吏、民分籍及在籍人口》,《中國史研究》2017年第2期,103-104頁)。這與本文的分類存在相通之處,可參看。

④ 此外,“尚書史”“子弟”等,應當也屬於“吏卒户”。

⑤ 關尾史郎先生對該簿的户人簡做了集成,參看其著《長沙呉簡吏民簿の研究(上)—「嘉禾六(二三七)年廣成鄉吏民簿」の復元と分析—》,45-61頁。

⑥ 高敏:《從〈嘉禾吏民田家莂〉中的“諸吏”狀況看吏役制的形成與演變——讀長沙走馬樓簡牘札記之六》,原刊《鄭州大學學報(哲學社會科學版)》2001年第1期,收入其著《長沙走馬樓簡牘研究》,桂林:廣西師範大學出版社,2008,44-53頁。

⑦ 黎虎:《“吏户”獻疑——從長沙走馬樓吴簡談起》,《歷史研究》2005年第3期,53-60頁。此後,黎先生又以此爲基本論點發表了《魏晋南北朝“吏户”問題再獻疑——“吏”與“軍吏”辨析》,《史學月刊》2007年第3期,19-27頁;《魏晋南北朝“吏户”問題三獻疑》,《史學集刊》2006年第4期,13-21頁;《魏晋南北朝“吏户”問題四獻疑》,《宜春學院學報》2016年第10期,1-9頁。

⑧ 于振波:《略論走馬樓吴簡中的户品》,《走馬樓吴簡續探》,68-71頁。

⑨ 韓樹峰:《走馬樓吴簡中的“真吏”與“給吏”》,33-38頁。

⑩ 沈剛:《長沙走馬樓三國竹簡研究》第1篇第3章《“叛走”簡剩義》,32-33頁;侯旭東:《長沙走馬樓三國吴簡所見給吏與吏子弟——從漢代的“給事”説起》,42頁;凌文超:《走馬樓吴簡采集簿書整理與研究》第4章《郡縣吏兄弟叛走人名簿與懲處叛走者》,160-162頁;凌文超:《走馬樓吴簡隱核州、軍吏父兄子弟簿整理與研究——兼論孫吴吏、民分籍及在籍人口》,103頁。

襲性。吴簡中的諸吏固然没有單獨的户籍,但這一時期的吏已具有身份性(户主爲吏,則該户所屬人丁即爲吏),這樣的户,即可以視作"吏户"。[①]"吏户"是否成立與其是否有單獨的户籍、地位高低、義務輕重等没有必然聯繫。[②]楊振紅先生認爲"真吏"符合此標準,是專門的"吏户"。[③]蔣福亞先生也認爲,吴簡中的吏户是客觀存在的,儘管他們在户籍中與一般民户編在一起,但已經有某些特殊群體的迹象,故而鄉、里結計簡才有單獨統計的必要。[④]

上述争論産生的主要原因在於資料不足以及判斷標準不一,若從現有材料本身出發,我們贊同孟彦弘等先生的看法。吴簡中的"吏"確已具有身份性,并且還呈現出世代傳襲的傾向。[⑤]"都鄉吏民簿"也表明,衹要户人爲吏,相關家庭即可被統計爲相應的"其〇户〇吏",以此言之,"吏户"作爲一種不同於普通編户的特殊民户的確是存在的。"吏户"的這些特徵,也體現在"卒户"身上,[⑥]這是二者可以并聯考察的基礎。

吴簡中有多枚關於州、軍吏的木牘,從中可以更爲直接地看到這類民户是如何服役的。兹舉一枚爲例:

> 402.廣成鄉勸農掾區光言:被書,條列州吏父兄子弟狀、處、人名、年紀爲簿。輒隱核鄉界,州吏七人,父兄子弟合廿三人。其四人刑踵聾歐病,一人被病物故,四人真身已送及隨本主在宫,十二人細小,一人限佃,一人先出給縣吏。隱核人名、年紀相應,無有遺脱。若後爲他官所覺,光自坐。嘉禾四年八月廿六日破莂保據。(57)[⑦]

在這枚木牘中,"州吏七人"當指7個身爲州吏的户人,"父兄子弟"23人則爲這7個"吏户"的

① 孟彦弘:《吴簡所見"事"義臆説——從"事"到"課"》,長沙簡牘博物館、北京吴簡研討班編《吴簡研究》第2輯,207-208頁。

② 孟彦弘:《吴簡所見的"子弟"與孫吴的吏户制——兼論魏晋的以户爲役之制》,13頁。

③ 楊振紅:《吴簡中的吏、吏民與漢魏時期官、吏的分野——中國古代官僚政治社會構造研究之二》,23-34頁。

④ 蔣福亞:《走馬樓吴簡經濟文書研究》第1章第2節《諸吏向封建政府依附民的轉化——從〈嘉禾吏民田家莂〉中的州吏談起》,北京:國家圖書館出版社,2012,51-54頁。

⑤ 參看孟彦弘《吴簡所見的"子弟"與孫吴的吏户制——兼論魏晋的以户爲役之制》,1-22頁;侯旭東《長沙走馬樓三國吴簡所見給吏與吏子弟——從漢代的"給事"説起》,34-42頁;蔣福亞《走馬樓吴簡經濟文書研究》,53-54頁;凌文超《走馬樓吴簡舉私學簿整理與研究——兼論孫吴的占募》,《文史》2014年第2輯,63頁;凌文超《走馬樓吴簡采集簿書整理與研究》第4章《郡縣吏兄弟叛走人名簿與懲處叛走者》,160-162頁。

⑥ 吴簡中有"草言府大男五杭不是卒子弟不應給卒事　八月卅日兼兵曹掾潘[因](?)白"(柒·770),這最能體現出"卒"的世襲性。參看徐暢《走馬樓簡所見孫吴臨湘縣廷列曹設置及曹吏》,長沙簡牘博物館等編《吴簡研究》第3輯,333頁。

⑦ 木牘釋文及編號據徐暢《走馬樓吴簡竹木牘的刊布及相關研究述評》,武漢大學中國三至九世紀研究所編《魏晋南北朝隋唐史資料》第31輯,上海古籍出版社,2015,40頁。這類木牘目前共見4枚,其中3枚收入徐文,另一枚見於捌·3342①。關於這些木牘,學界已有相當多的討論,徐文對此有詳盡梳理,兹不一一列舉。最新研究,參看凌文超《走馬樓吴簡隱核州、軍吏父兄子弟簿整理與研究——兼論孫吴吏、民分籍及在籍人口》,81-104頁;沈剛《長沙走馬樓隱核州吏、軍吏父兄子弟木牘補論》,長沙簡牘博物館編《長沙簡帛研究國際學術研討會論文集》,190-198頁。

男性家庭成員。[①] 在吴簡中,州、郡、縣等吏是泛稱,他們屬於具體的部門,有具體的職務。[②] 爲吏本身即是服役,學界習稱之爲“職役”。[③] 這種役應由作爲吏的户人來承擔,而其家庭成員,除去“刑踵聾歐病”“被病物故”“細小”無法服役以外,或“真身已送及隨本主在宫”,或“限佃”,或“給縣吏”,全部都在服役。[④] 可見,“吏户”表面上無需“應役”,實際上却是空户從役。“卒户”的服役方式,現在還不明確,推測當與“吏户”相近。

第二種特殊民户在身份上仍是“民”,并以繳納限米爲主要特徵,可稱之爲“限米户”。[⑤] 王素等整理者最早據吴簡賬簿類竹簡及孫休永安元年(258)十一月壬子詔認爲,限米的繳納者均爲新吏、佃卒、佃吏、客、兵客、郵卒、衛士、故帥子弟等一類非國家“正户”,他們繳納限米,是爲了免役。[⑥] 于振波先生根據《竹簡》[壹]中的材料認爲,限米的徵收標準是“畝收二斛”,[⑦]這在官府所徵收的土地租税中最爲沉重,按照當時的生産力水平估算,二斛限米已占去一畝地的大部分收穫。[⑧] “衹有其他賦税徭役得到減免的屯田客,才有可能承擔如此沉重的土地租税……或者説,限米是屯田的租税”。[⑨] “郵卒”“衛士”“校士”“新吏”“金民”“私學”“佃帥”等特殊民户即屯田中的勞動者,其户籍與普通民籍不同,他們被官府組織起來從事軍屯或民屯,并在繳納限米之後,減免其他的賦税徭役。[⑩] 蔣福亞先生亦主張,限米的繳納者即“屯田勞動者”,并對其做了進一步的分析。[⑪] 孟彦弘先生也曾推測,繳納限米者無需再向國家承擔一般百姓所需承擔的其他種種賦役負擔,但没有將他們定性爲屯田民。[⑫]

---

① 參看孟彦弘《吴簡所見“事”義臆説——從“事”到“課”》,207 頁。

② 吴簡中有一些縣吏的屬曹和具體職務比較明確,參徐暢《走馬樓簡所見孫吴臨湘縣廷列曹設置及曹吏》,350-351 頁,表三;楊振紅《吴簡中的吏、吏民與漢魏時期官、吏的分野——中國古代官僚政治社會構造研究之二》,31-32 頁。

③ 唐長孺先生最早將吏定性爲職役(見其著《三至六世紀江南大土地所有制的發展》,收入其著《唐書兵制箋證(外二種)》,北京:中華書局,2011,39 頁),此後一直爲學界所沿用。

④ 參侯旭東《三國吴簡兩文書初探》,《歷史研究》2001 年第 4 期,173-174 頁;蔣福亞《走馬樓吴簡經濟文書研究》第 1 章第 2 節《諸吏向封建政府依附民的轉化——從〈嘉禾吏民田家莂〉中的州吏談起》,66 頁。

⑤ 身份是“民”與繳納限米,是判斷“限米户”的兩個不可或缺的條件。“吏卒户”中的郡吏、郡卒也多與限米聯繫在一起,但身份與“民”不同,因而不能將其視爲“限米户”。

⑥ 王素、宋少華、羅新:《長沙走馬樓簡牘整理的新收穫》,《文物》1999 年第 5 期,38 頁。王素先生後又提出,永安元年壬子詔中諸吏繳納限米僅是爲了免除從軍,説見其著《長沙走馬樓吴簡時代特徵新論》,《文物》2015 年第 12 期,65 頁。

⑦ 吴簡中亦見限米畝收 1.6 斛的,但這樣的剥削率同樣很高,參陳榮傑《走馬樓吴簡佃田、賦税詞語研究》(原題《走馬樓吴簡佃田、賦税詞語匯考》,西南大學博士學位論文,2012),北京:人民出版社,2016,120 頁;蔣福亞《走馬樓吴簡經濟文書研究》第 2 章第 3 節《吴國前期屯田(下)》,215 頁。

⑧ 于振波:《走馬樓吴簡中的“限米”與屯田》,收入其著《走馬樓吴簡初探》,臺北:文津出版社,2004,29-30 頁。

⑨ 于振波:《走馬樓吴簡中的“限米”與屯田》,32 頁。

⑩ 于振波:《走馬樓吴簡中的“限米”與屯田》,41 頁。

⑪ 蔣福亞:《吴簡所見孫吴前期屯田——兼論吴魏民屯的區别》,《中華文史論叢》2008 年第 1 期,30-45 頁;蔣福亞:《走馬樓吴簡經濟文書研究》第 2 章第 3 節《吴國前期屯田(下)》,192-231 頁。

⑫ 孟彦弘:《吴簡所見的“子弟”與孫吴的吏户制——兼論魏晋的以户爲役之制》,12 頁。

儘管存在分歧,多數學者在"限米户"無需服徭役或者徭役可以得到減免這一點上存在共識。[①] 從"都鄉吏民簿"各里的結計簡看,賬簿簡中所見需要出限米的特殊民户都被排除在"應/事役民"以外,他們不用服役這一點是確定無疑的。特别是,在"都鄉吏民簿"的一些結計簡中,這些民户之後明確有"出限米"的注記(見簡302、315、316、317、320、323、361、363、364),涉及佃帥、私學、新吏、吏客、郵卒等。這些注記説明特殊民户繳納限米是有制度規定的,同時也是對其無需"應役"的直接解釋。然而,"限米户"雖然不用服役,但沉重的限米負擔却將其牢牢地束縛在土地上,他們所承受的剥削實際上是常年的。

對於"限米户",還有幾點需要説明。其一,"限米户"雖然與其他民户存在區别,但并不能稱之爲"非國家正户民"或"非正户民"。[②] 吴簡中屢見的"正户民"均是與"遺脱"相對言的,如木牘J22—2695中有:"文父廣奏辭:'本鄉正户民,不爲遺脱。'輒操黄簿審實,不應爲私學。"[③] "限米户"既列名於鄉里吏民簿,顯然并非"遺脱",而是縣、鄉所轄的"正户民"。其二,孫吴的屯田制度目前還很不明確,[④]加以"屯田限米"或"屯田民限米"衹是諸多限米名目中的一種,因而將所有"限米户"都定性爲屯田民,也缺少充分的證據。[⑤] 其三,"限米户"身份多樣,所承受剥削的方式和程度也存在差异。其中,佃吏、佃帥、佃客等大概純粹以耕作爲業,以繳納限米爲主要經濟負擔。而諸如度卒、郵卒等,他們在繳納限米以外,可能還要承擔與擺渡、文書傳遞等有關的職役,[⑥]果如此,則其負擔就更加沉重了。

第三種特殊民户可以稱之爲"差役户",他們主要從事官府所差派的特定工作,而無需再服他役,其身份也是"民"。"都鄉吏民簿"中屬於此種類型的民户包括"養官牛"户、"府縣樵炭民"、"官樵民"、"縣役(?)民"、"官贊民"、"官業民"、"船師"等。其服役方式,可以"養官

① 侯旭東先生認爲限米與田(而非身份)的性質有關,與諸家觀點不同,參看其著《走馬樓竹簡的限米與田畝記録——從"田"的類型與納"米"類型的關係説起》,長沙簡牘博物館、北京吴簡研討班編《吴簡研究》第2輯,157-171頁。

② "限米户"爲非國家"正户"的説法經由王素等先生提出以後,贊同其説者甚多。袁延勝先生最近專門探討了吴簡中的"正户民"問題,仍將"私學""吏帥客"等限米户排除在"正户民"之外(參看其著《論吴簡中的"正户民"》,長沙簡牘博物館編《長沙簡帛研究國際學術研討會論文集》,215-220頁)。

③ 徐暢:《走馬樓吴簡竹木牘的刊布及相關研究述評》,31頁。

④ 參唐長孺《三至六世紀江南大土地所有制的發展》,27-29頁;高敏《東吴屯田制略論》,原刊《中州學刊》1982年第6期,修訂稿收入其著《魏晋南北朝社會經濟史探討》,北京:人民出版社,1987,80-103頁;高敏《長沙走馬樓三國吴簡中所見孫吴的屯田制度》,原刊《中國史研究》2007年第2期,修訂稿收入其著《長沙走馬樓簡牘研究》,143-150頁;蔣福亞《吴簡所見孫吴前期屯田——兼論吴魏民屯的區别》,《中華文史論叢》2008年第1期,13-57頁;蔣福亞《走馬樓吴簡經濟文書研究》第2章《〈竹簡〉所見吴國前期屯田》,144-231頁。

⑤ 參侯旭東《走馬樓竹簡的限米與田畝記録——從"田"的類型與納"米"類型的關係説起》,159-160頁;陳榮傑《走馬樓吴簡佃田、賦税詞語研究》,118頁。

⑥ 關於吴簡中郵卒的研究,參看王子今《走馬樓簡所見"郵卒"與"驛兵"》,北京吴簡研討班編《吴簡研究》第1輯,317-326頁;沈剛《試論走馬樓吴簡中的"郵卒"》,原刊《吉林師範大學學報(人文社會科學版)》2011年第4期,後修訂爲其著《長沙走馬樓三國竹簡研究》第3篇第4章《郵卒》,178-187頁。

牛"户爲例來説明。《竹簡》[肆]中保存着一份"官牛簿",[①]有些養官牛者可在吏民簿中找到,如:

403.民男子張客年五十二刑右足養官牛　客妻大女愁(?)年卌五(貳·2448)

404.黄牯牛一頭齒六歲四月左角長一尺變烏色任耕本蔡長牛差民張客養(肆·1444)

405.⊠□色夬鼻本蔡劉牛差民張客養(肆·1529)

406.民男子謝張年卅八養官牛　妻大女泓年卅八(貳·2280)

407.⊠角長二寸五分變烝(?)采色本張可牛差民謝民謝張養(肆·1604)

簡403、406出於"廣成鄉嘉禾六年吏民人名年紀口食簿"中的某個里,[②]而"官牛簿"則製作於嘉禾五年(236),[③]兩簿所反映的當是同一年或前後兩年的數據。[④] 這些民户爲官府養牛,所養之牛有時還不止一頭。雖然"養官牛"衹是注在户人之下,但這項差役無疑會累及全家。"都鄉吏民簿"里計簡中也有兩枚針對"養官牛"户的統計簡(簡309、312),説明"養官牛"之差役是附着於户的。這樣的户不在"應/事役民"之列,他們所從事的"養官牛"顯然也與一般民户所承擔的臨時性徭役不同,而是一種相對長期和固定的勞役。

總的來看,吏民簿中所見的三種民户,除去"不任役"户外,[⑤]"應/事役民"户和特殊民户實際上都要爲國家服役。其區别在於,"應/事役民"户一般承擔的是臨時性的徭役,而"特殊民户"則要經年累月地爲國家服行或變相地服行相對固定的勞役。這種區分,反映出國家對不同民户采取了不同的管理和剥削方式,也反映了編户民的分化。"不任役"户早已存在,它們除了家庭條件困難以外,與"應/事役民"户并無本質區别。特殊民户則不同,他們常年受到國家更爲直接、嚴格的控制和支配。在此背景下,"吏""卒"已成爲與"民"不同的身份,并且呈現出世襲化的傾向。其他特殊民户的身份雖然仍是"民",但在徭役上也與普通民户存在較爲明顯的

---

① 參熊曲《走馬樓吴簡中的官牛簿》,中國文化遺産研究院編《出土文獻研究》第11輯,上海:中西書局,2012,280-294頁;凌文超《漢、吴官牛簿整理與研究》,卜憲群、楊振紅主編《簡帛研究二〇一一》,桂林:廣西師範大學出版社,2013,192-202頁;凌文超《走馬樓吴簡官牛簿補考》,102頁,長沙簡牘博物館編《長沙簡帛研究國際學術研討會論文集》,98-106頁。

② [日]關尾史郎:《長沙呉簡吏民簿の研究(上)—「嘉禾六(二三七)年廣成鄉吏民簿」の復元と分析—》,59頁。

③ 參看凌文超《走馬樓吴簡官牛簿補考》,102頁。又,此前熊曲先生曾推斷該簿的製作時間爲嘉禾三年(234),參看其著《走馬樓吴簡中的官牛簿》,281頁。相對而言,凌説更爲合理,本文從之。

④ 該簿中廣成里簡製作於嘉禾五年(參侯旭東《長沙走馬樓吴簡"嘉禾六年(廣成鄉)弦里吏民人名年紀口食簿"集成研究:三世紀初江南鄉里管理一瞥》,130-131頁),簡403、406也有作於此年的可能。

⑤ 值得注意的是,吴簡中有3枚記録"尪羸民"繳納限米的竹簡:"入嘉禾三年尪羸民限米□□斛"(叁·1916);"入四年尪羸民限米卅□斛"(叁·2042);"入三州倉運嘉禾三年尪羸民限米五十一斛四斗　五　月　入　倉"(柒·3313)。若釋文不誤,則説明"尪羸不任役"户在個别情況下,也要繳納限米。陳榮傑先生認爲這是對弱勢群體的特殊關照,參看其著《走馬樓吴簡佃田、賦税詞語研究》,133-135頁。

差异。①

在强調特殊民户之特殊性的同時,對於其在維繫國家機器運轉中的地位和作用還需要有恰當的估量。這裏仍以"都鄉吏民簿"爲着眼點,將較完整的里計簡中各類民户的數量對比情况製成下表:

表六:"都鄉吏民簿"各里不同民户的數量和比重②

里名	總户數	特殊民户數		"不任役"户數		"應/事役民"户數	
高遷里	50	12	24%	5	10%	33	66%
常遷里	50	8	16%	5	10%	37	74%
富貴里	50	8	16%	13	26%	29	58%
變中里	50	3	6%	15	30%	32	64%
夫秋里	50	7—8	14%—16%	0—1	0%—2%	42	84%
吉陽里	50	6	12%	12	24%	32	64%
浦里	50	9	18%	10	20%	31	62%
合计	350	53—54	15.1%—15.4%	60—61	17.1%—17.4%	236	67.4%

據表中數據,特殊民户在全體吏民中僅占約15%,而"應/事役民"所占比重則約爲67%。雖然統計樣本較少,但都鄉以至臨湘侯國的一般情况應該也與此相去不遠。因此,我們也不能誇大各種特殊民户的作用。③ 就力役而言,他們所服之役衹是國家全部力役中的一部分,一般徭役的主要承擔者仍然是普通編户。

一〇 結論

以上,我們將《竹簡》[柒]、[捌]中所見位置相近、内容緊密相關的8坨户口簡(包括各坨後所附散簡)予以并聯,建立"户口簡群I"。進而通過人名對應關係,確認其爲包含高遷里、常遷里、富貴里、變中里、夫秋里、吉陽里、宜陽里、進渚里、陽貴里、春平里、浦里、X里等12個里的"都鄉吏民簿"。都鄉各里户數均爲50户或其上下,總户數應爲600户左右,約合4272人。登

① 韓樹峰、王貴永先生指出,吴簡中的"給户"(相當於本文所説特殊民户的一部分)似有身份化、卑微化的趨勢,或爲北朝"雜户"的淵源(參見其著《孫吴時期的"給吏"與"給户"——以走馬樓吴簡爲中心》,108頁)。這是一個值得進一步思考的方向。

② 比重計算結果,按四捨五入原則保留一位小數。

③ 以往關於"吏户"的研究中,對其地位和作用的估計有時高於實際。如孟彦弘先生曾推測,"吏之所以會與兵一樣,成爲民以外的又一較爲龐大的群體,可能是因爲一般的力役是由吏來承擔了,就像宋代的廂兵一樣,普通百姓從制度上説,不再有力役的負擔"(見其著《吴簡所見的"子弟"與孫吴的吏户制——兼論魏晋的以户爲役之制》,21頁)。

載這些民户的“都鄉吏民簿”,用簡數量應不少於4500枚,總長度可達36米以上。由於都鄉是臨湘侯國户口最多的鄉,擁有11個鄉的臨湘侯國,總户數應遠少於6600户,估計衹有4000户左右。這與東漢和帝時期的20000户以上相比大爲減少,除了戰亂所直接導致的死喪以外,大量的人口爲逃避國家賦役而脱籍,也是其重要原因。

借助於“户口簡群I”中的揭剥圖,以及有關竹簡在内容和外部特徵等方面的關聯,我們嘗試對“都鄉吏民簿”中各里的結計簡做了盡可能完整、準確的復原。在此基礎上,確認“都鄉吏民簿”并非户籍,而是應縣廷的要求,爲派役而編造的,其完成和提交時間應爲嘉禾六年。在製作流程上,該簿係由各里獨立製作以後,經過鄉的套連而成。但由於縣廷在本次文書行政中所關心的主要是里計簡中的統計數據,而對於各里家庭簡却没有統一而嚴格的要求,故“都鄉吏民簿”中各里家庭簡在内容、格式、形制、筆迹甚至年份上均存在明顯差异。這些特徵與“廣成鄉嘉禾六年吏民人名年紀口食簿”幾乎完全相同,二者應當是根據縣的統一部署而製作的,是同一次文書行政的結果。

復原過程中,還探討了學界存在争議的“給吏”和“丘魁”問題。常遷里户人簡中的“給○吏”,在結計簡中被統計爲“其○户○吏”,并且無需納算。這證實“給吏”與“吏”實際上衹是寫法不同,并無本質區别。對於浦里結計簡的復原則表明,“横溪丘魁”實爲“浦里魁”,“丘魁”并非一職,“魁”仍是“里魁”之義。另外,還確認里魁原則上由本里户人擔任。

透過復原以後的各里結計簡,可知吴初縣轄民户由特殊民户、“不任役”户和“應/事役民”户三部分構成。“應/事役民”承擔官府臨時徵派的徭役,“不任役”户則因其慘淡的社會經濟狀況而被免除徭役,但除了家庭條件困難以外,與“應/事役民”户并無本質區别。特殊民户則不同,他們雖無需“應役”,但實際上却要承擔或變相地承擔相當於甚至重於一般徭役的剥削。根據向國家承擔義務的不同,特殊民户大體可分爲“吏卒户”“限米户”和“差役户”三種。他們常年受到國家更爲直接、嚴格的控制和支配,但其作用不宜誇大,吴初一般徭役的主要承擔者仍然是普通編户。

2016年7月—2017年2月初稿

2017年8—10月修訂

2017年12月定稿

附記:本文是在沈剛師的指導下完成的,匿名審稿專家亦提出了許多十分重要的修改意見。就揭剥圖中的疑問,還曾請教過長沙簡牘博物館的宋少華先生和楊芬先生。謹在此一并致以衷心的感謝! 惟文中的失誤與不足,則概由本人負責。

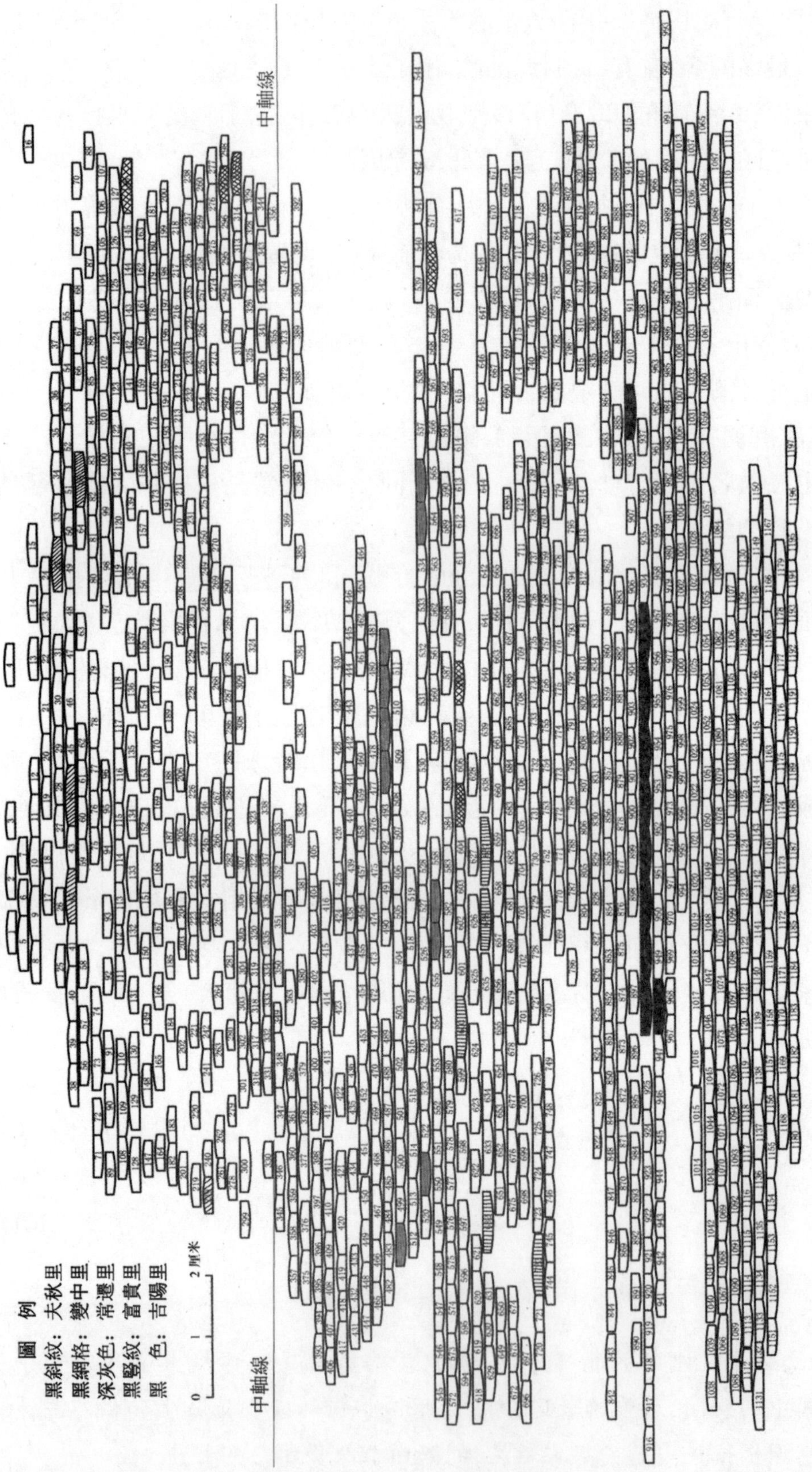

圖一:柒・圖42中各里結計簡所處位置示意圖

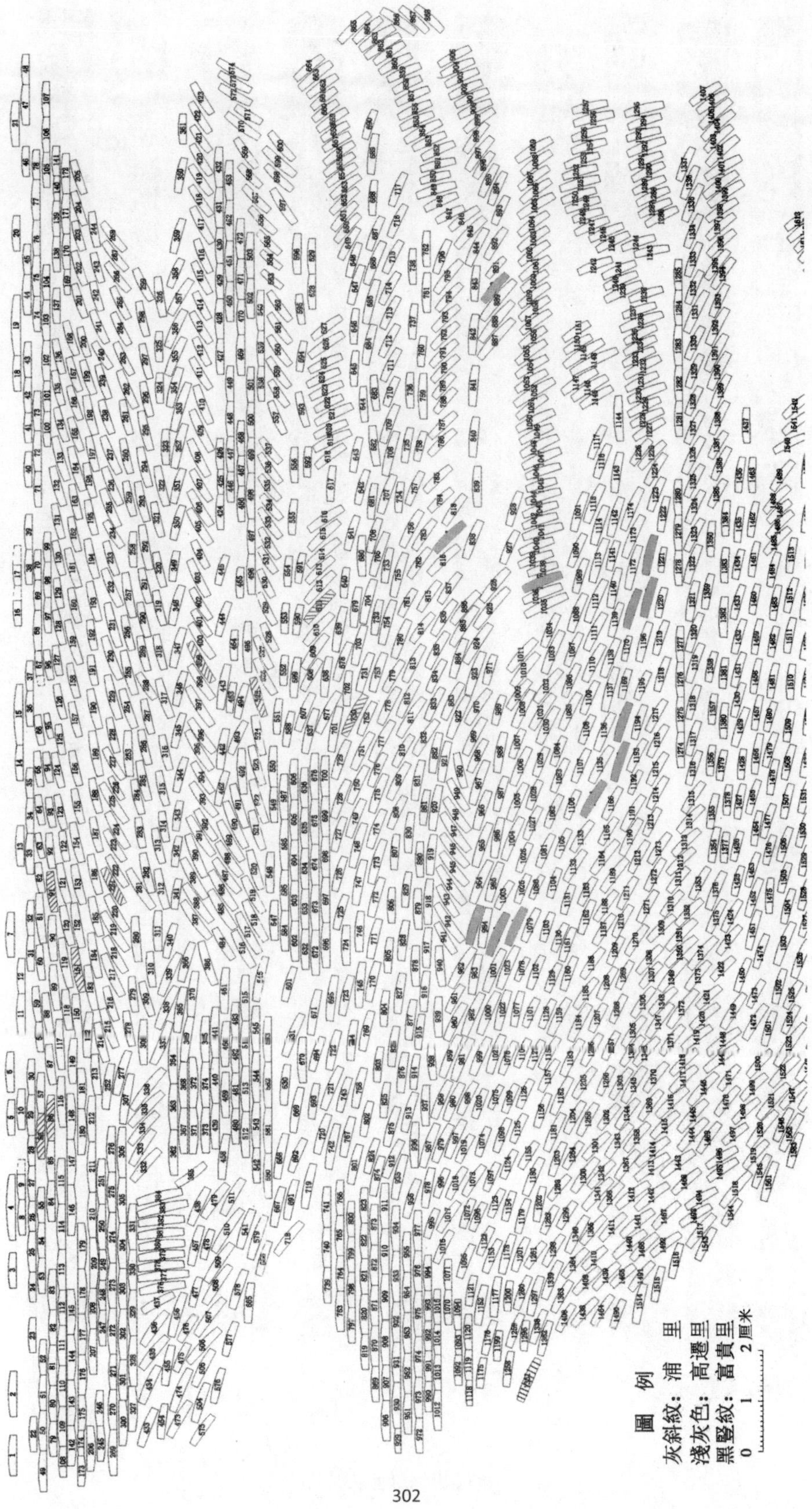

圖二：捌·圖5中各里結計簡所處位置示意圖

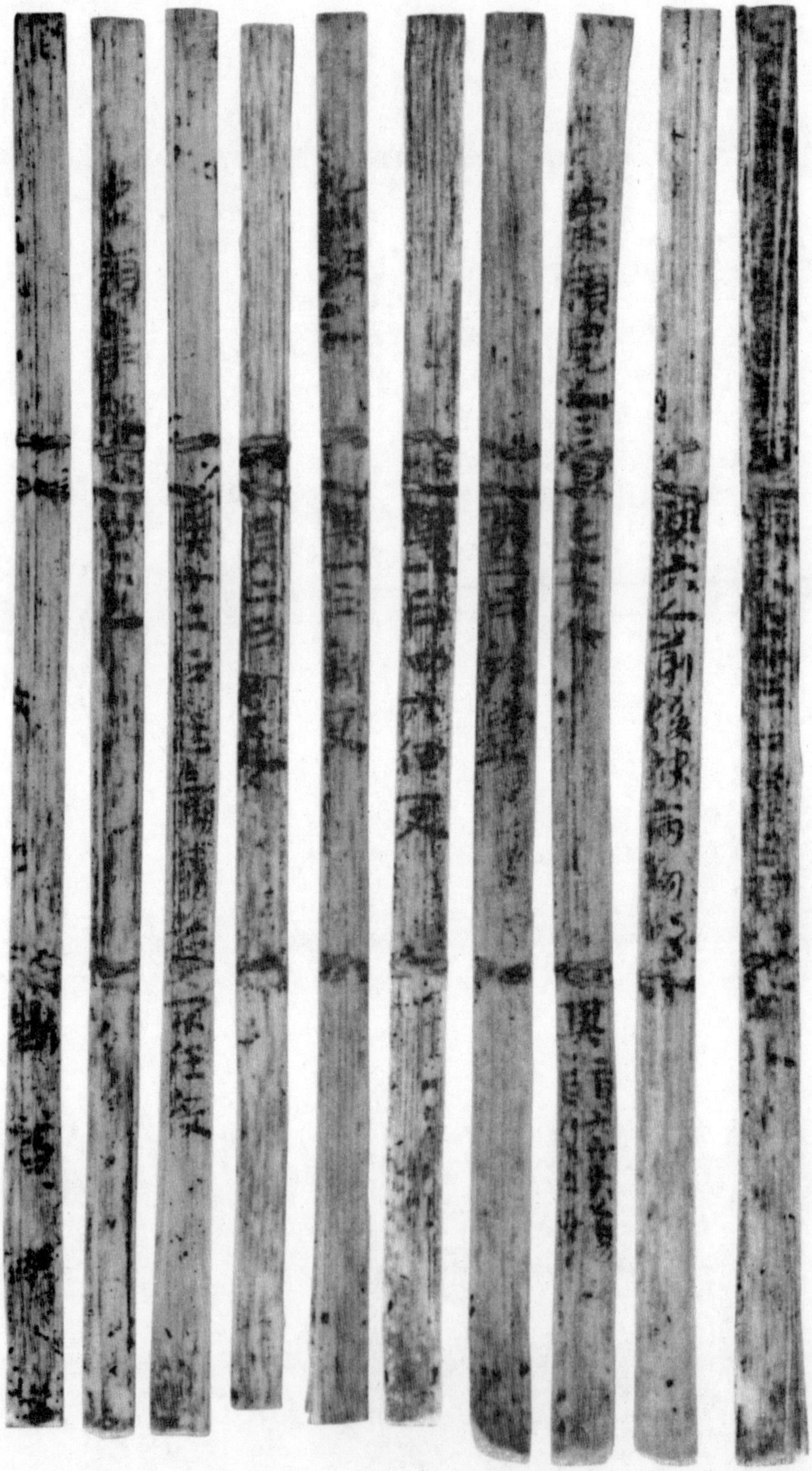

圖三:吉陽里結計簡復原圖

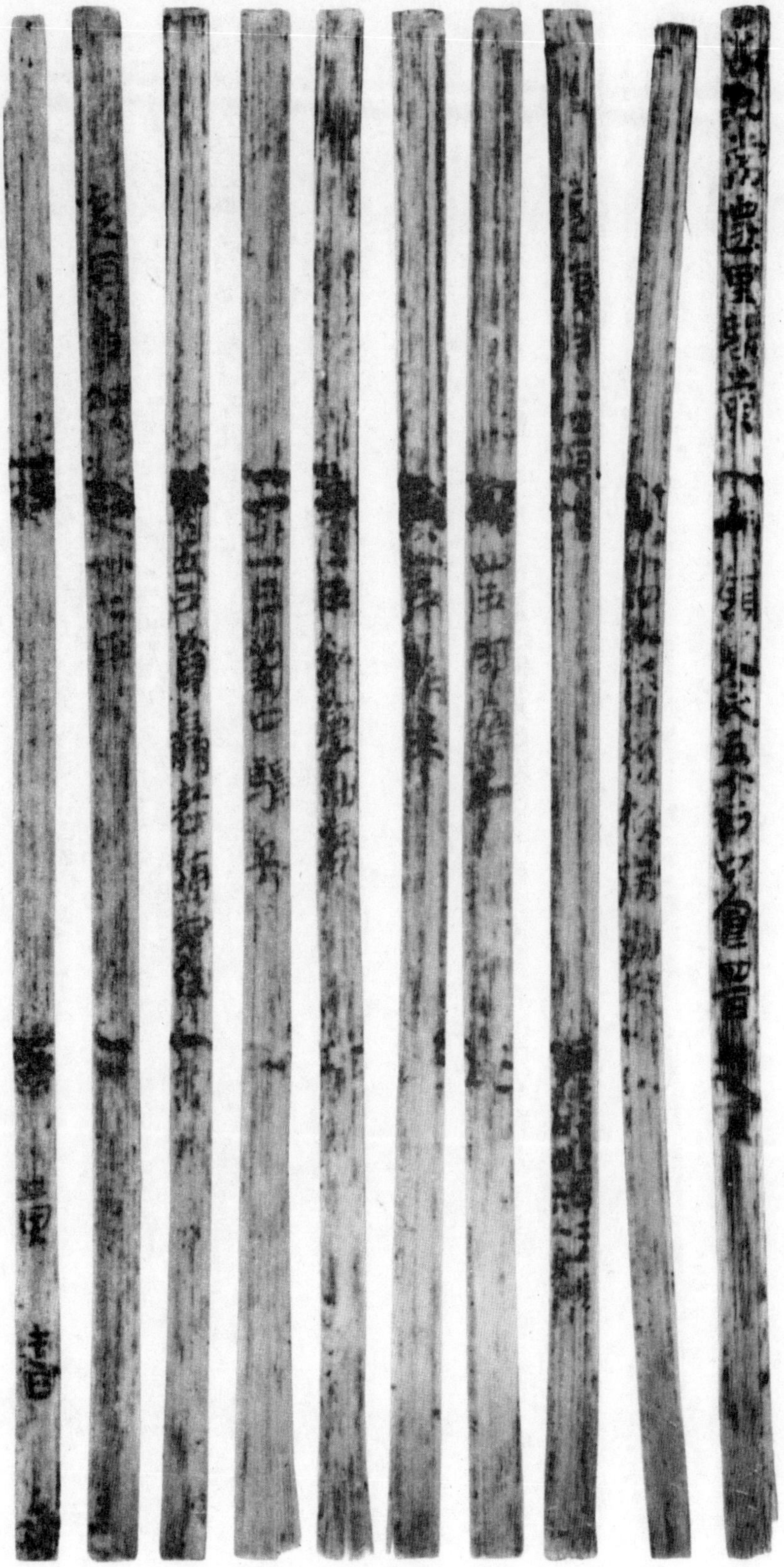

圖四:常遷里結計簡復原圖

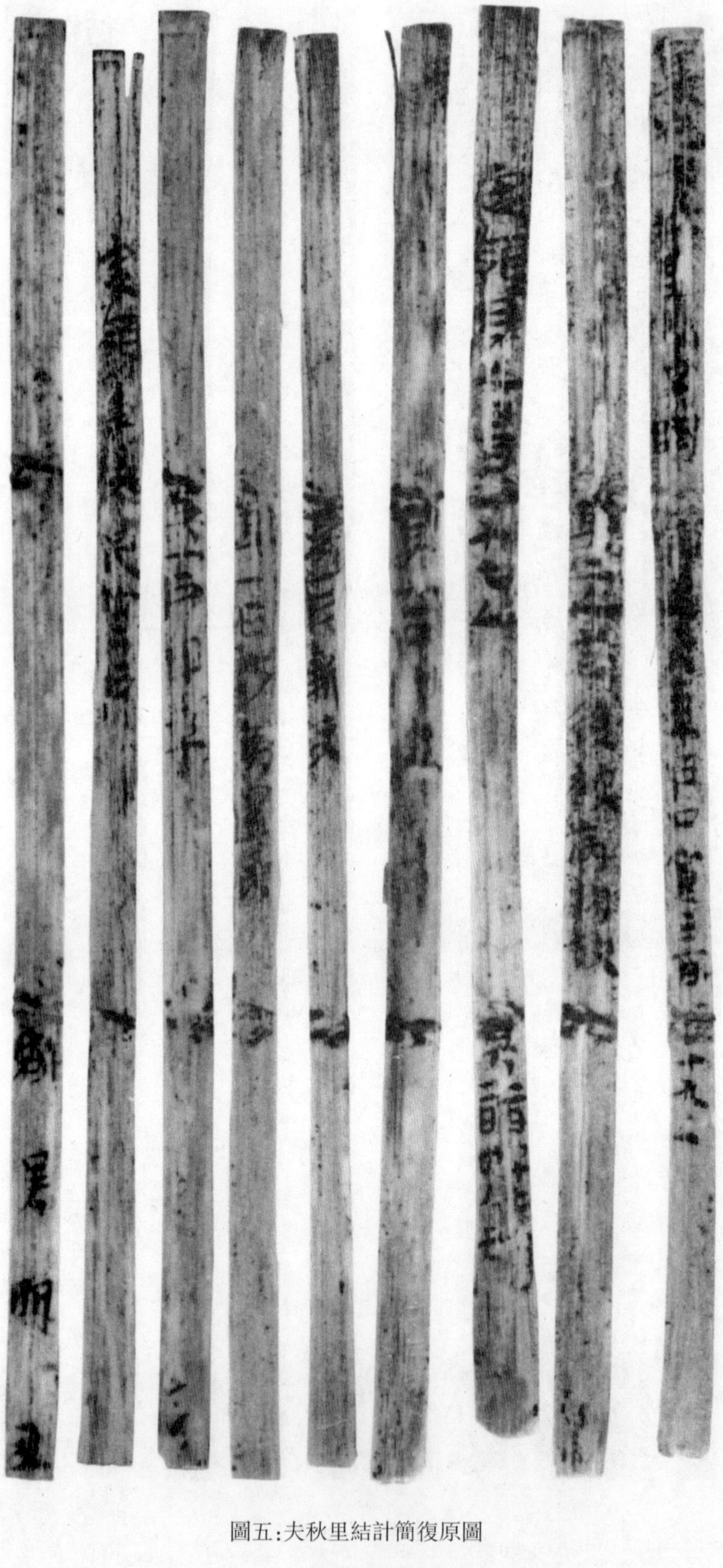

圖五:夫秋里結計簡復原圖

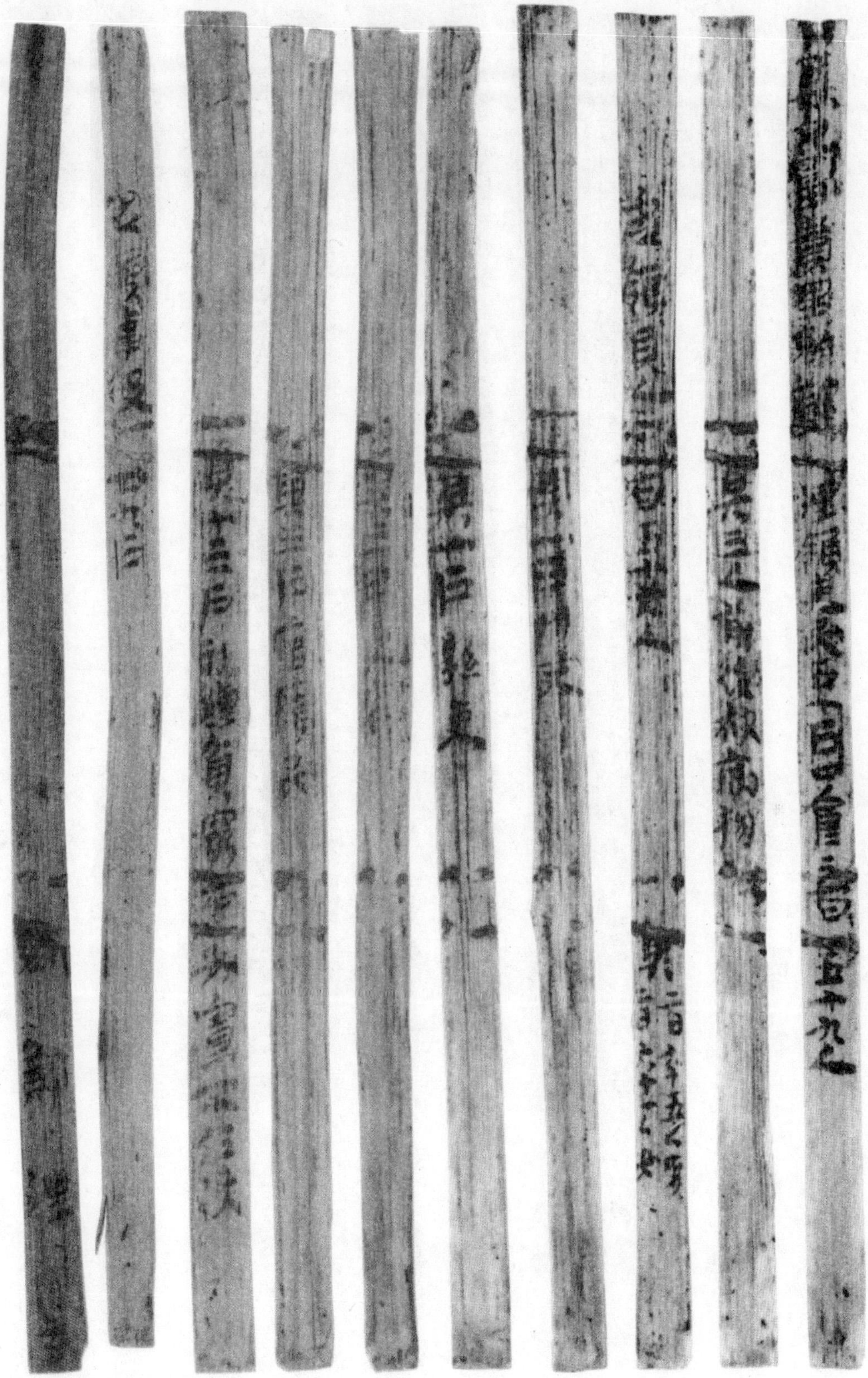

圖六:富貴里結計簡復原圖

圖七:變中里結計簡復原圖

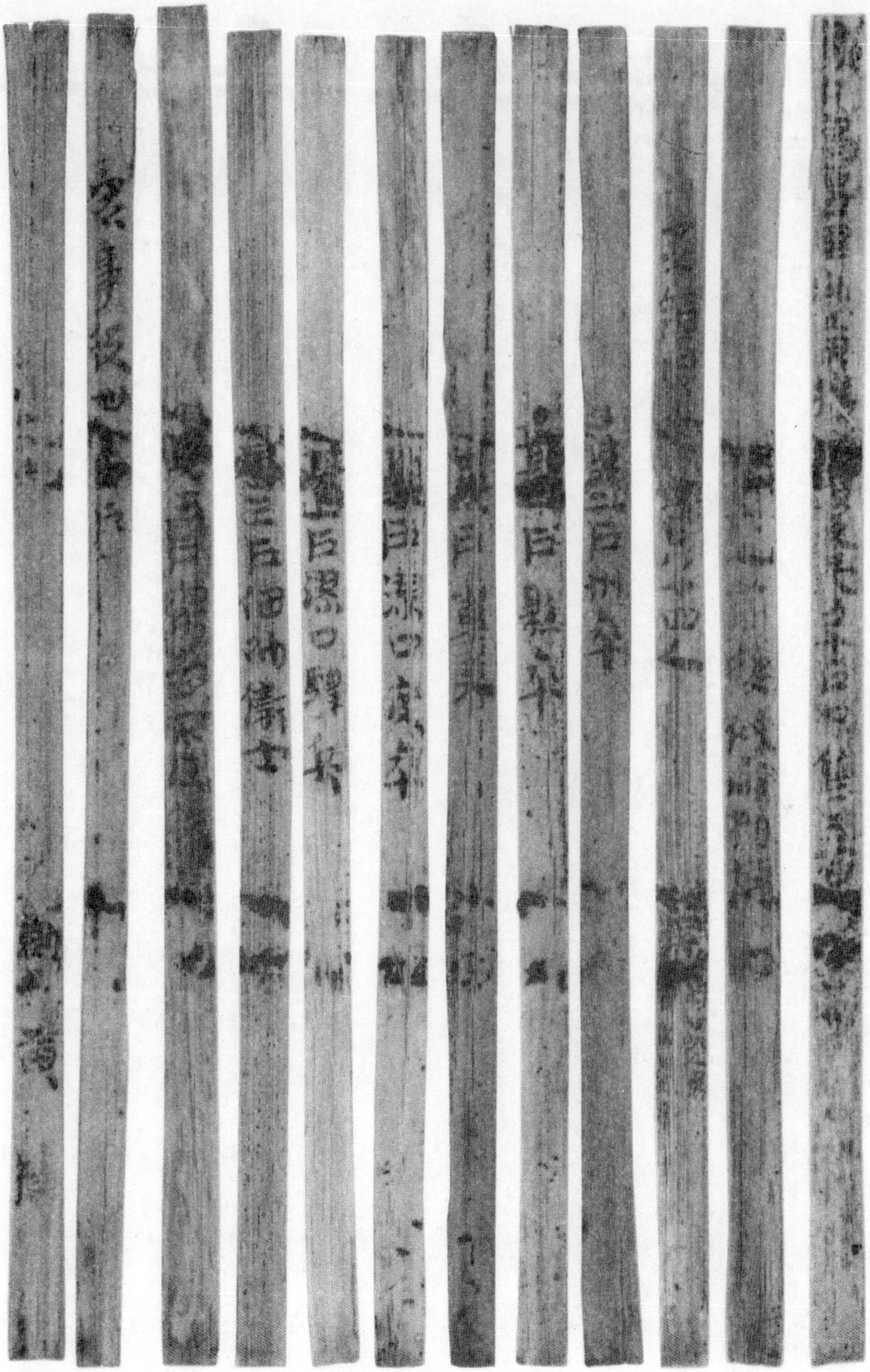

圖八:高還里結計簡復原圖

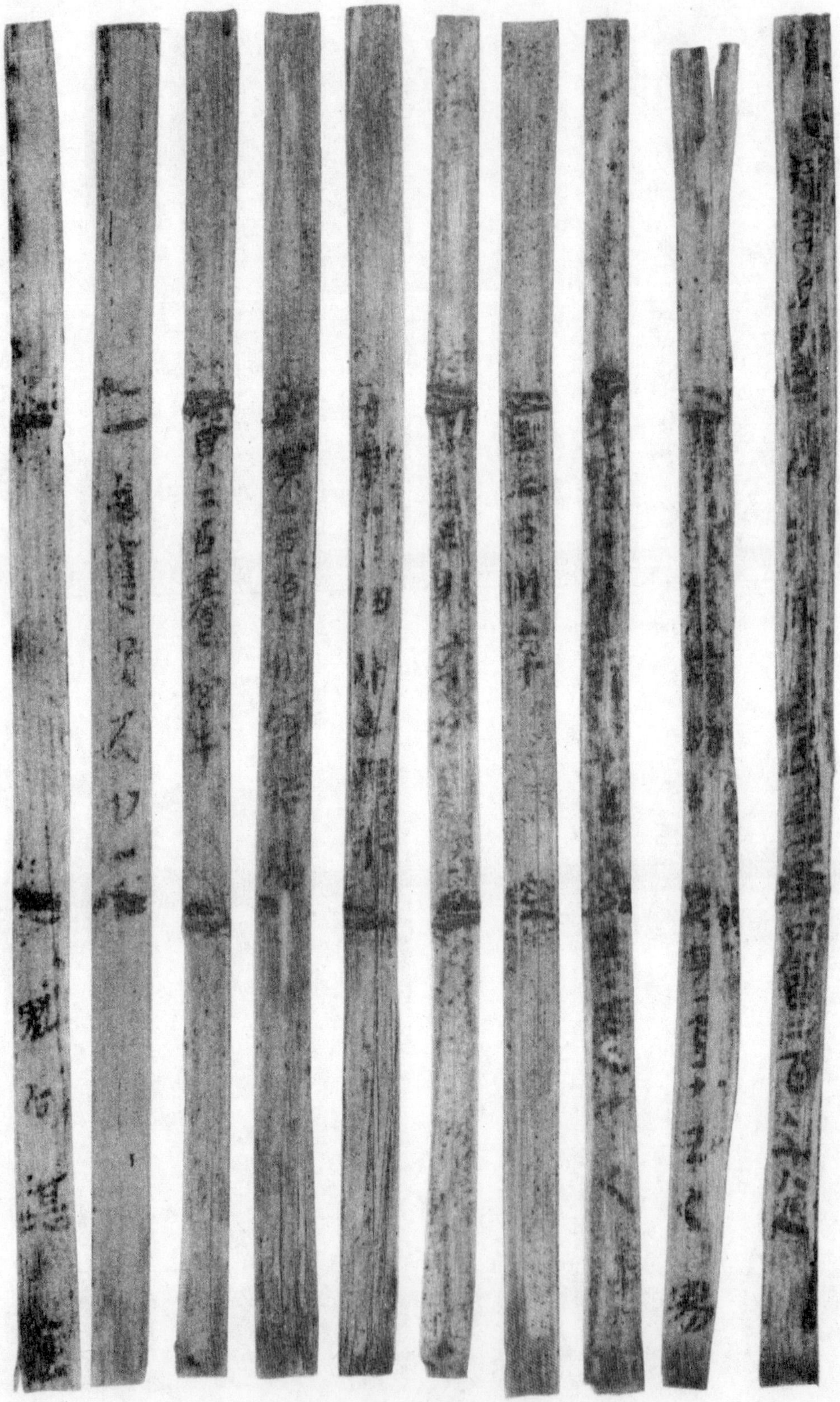

圖九:浦里結計簡復原圖

長沙走馬樓吴簡中的“限佃”名籍

[日]立命館大學　鷲尾祐子 著
中央財經大學外國語學院　劉峰 譯

序

中國古代專制國家爲其統治下的百姓製作名簿,掌握每人所屬的里、年齡、性别、爵位等基本信息。前漢興盛時期積累了多達六千萬人的龐大資料。可以説這些資料是國家對百姓進行人身控制的基礎。這種名簿是以“户”爲單位製成的,是瞭解當時的人及其生活家庭的重要綫索。1996 年湖南省長沙走馬樓出土的大量竹簡中,幾乎都是三國吴孫權統治時期的資料,包含大量普通百姓的名籍。[①] 這些竹簡有助於考察當時國家掌控百姓的制度及百姓的家族狀況等情況。

走馬樓吴簡有多種書式。學者們致力於研究書式的種類,以及各種書式又是怎樣組合起

① 在以往的研究論文中,這些資料被稱爲“民籍”“吏籍”“名籍”等。但就目前已經刊布至《竹簡叁》的資料來看,在標題簡等簡中,當時并没有出現“籍”的稱呼。關尾史郎在《長沙呉簡中の名籍について—史料群としての長沙呉簡・試論(二)—》(《唐代史研究》9,2006)一文中指出,參照《竹簡壹》,當時名籍的正確叫法不是“籍”,而是“簿”。但在各種研究論文中一般都稱爲名籍,故本文中也稱爲名籍。

來成爲一個簡册的。[①] 在多種書式中,以隸屬某鄉某里的所有吏民爲對象的調查記録明顯是存在數份的,如:

南鄉謹列嘉禾四年吏民户數(?)口食人名年紀簿(壹・9088)[②]

廣成鄉謹列嘉禾六年吏民人名年紀口食爲簿(貳・1798)

簡壹・9088與貳・1798應爲名籍的標題簡,二者均爲謹列了某鄉吏民的口食、人名、年齡的簿。這樣的標題簡散見於《竹簡壹》—《竹簡叁》中,由此可發現在竹簡出土的井中,存在多份普通吏民的名籍。

但這種普通人户的名籍之外,還存在一些特殊的百姓名籍。其中很多被稱爲"師佐籍",[③] 即在官營工場中勞動的手工業技術者的籍,其書式和記載内容與普通人户的書式不同,如:

觚慰師臨湘謝[患]年卅一　見(壹・5828)

鄧妻姑年廿九　見(壹・5822)

此外還有軍吏父兄的名籍等,如"模鄉謹列軍吏父兄人名年紀爲簿"(叁・3814),特别是《竹簡貳》中出現的限佃人户的籍。因爲大致能够確定是由哪些簡構成了該種名籍,故可將其作爲合適的資料來考察普通人户名籍之外的名簿。

谷口建速曾對限佃人户籍做過研究,并介紹了標題簡、鄉統計簡。[④] 另外,本文中討論的簡雖不易確定,但筆者還是要以户主簡、户的集計簡爲例進行討論。因爲編綴斷裂,簡與簡之間不相互連接,這導致難以確定構成同一名籍簡册的是哪些簡。故祇能先依據尺寸和書式相似程度等要素對既存的簡進行整理,依此來探討它們爲同一種類名籍的可能性。

筆者選擇整理限佃人户名籍簡,探究其書式,考察名籍中出現的限佃人户的特點,這麼做的理由之一是,在限佃人户名籍中出現的户存在顯著的特點。據此,可以從户的特點來考察限

① 對於《竹簡壹》中出現的名籍,王素、宋少華、羅新《長沙走馬樓簡牘整理的新收穫》(《文物》1999年第5期)分爲吏籍、民籍、師佐籍三類,但胡平生《從走馬樓簡"刑(創)"字的釋讀談到户籍的認定》(《中國歷史文物》2002年第2期)認爲將"吏籍"和"民籍"分開没有根據。另外《竹簡貳》刊布的資料證明,所謂吏籍的簡即是一般人户的簿(參見侯旭東《長沙走馬樓吴簡〈竹簡〉貳"吏民人名年紀口食簿"復原的初步研究》(《中華文史論叢》2009年第1期),現在已經不采用分爲吏、民籍的説法。在書式的研究上,汪小烜《走馬樓吴簡户籍初論》(《吴簡研究》第1輯,武漢:崇文書局,2004)嘗試復原名籍書式,安部聡一郎《長沙呉簡にみえる名籍の初步的検討》(《長沙呉簡研究報告》第2集,2004)根據書式對名籍簡進行分類,分爲户主簡、家族簡和口數簡,并討論了各分類中是按何種書式相互連接起來形成一個簿的。《竹簡貳》出版以後的研究中,侯旭東依據《竹簡貳》的示意圖嘗試復原名籍簡册。

② 簡號"壹・9088"指卷次和出版號,本文所引簡文均出自長沙文物考古研究所、長沙簡牘博物館、中國文物研究所、北京大學歷史學系走馬樓簡牘整理組編著《長沙走馬樓三國吴簡・竹簡》[壹][貳][叁],北京:文物出版社,2003、2007、2008。下同,不另出注。

③ 王素、宋少華、羅新:《長沙走馬樓簡牘整理的新收穫》,《文物》1999年第5期。

④ 谷口建速:《長沙走馬楼呉簡にみえる"限米"—孫呉政権の財政に関する一考察》,《三国志研究》第3號,2008。

佃的狀况。或者反過來,以其爲資料分析特定狀况下的家族結構。吴簡中出現了多種家族結構,但還不清楚爲什麼會存在這種多樣性。通過對特殊的限佃户進行考察,有助於分析家族結構多樣性存在的原因。

實際上,已有學者以吴簡爲史料來分析影響家庭規模的原因。于振波對家庭規模與經濟狀况之間的關係做出重要研究成果。于振波將各户分爲户貲五十、户貲一百至三百及户貲三百以上來統計口數,并提出户貲數額與户的規模之間存在某種程度的對應關係,規模較小的户其户貲額也較低,規模較大的户其户貲額也相對較高。[①] 不過,小林洋介不同意這一觀點。他與于振波同樣依據的是户的集計簡中出現的貲的附記。對於資産額與户的規模是否對應這一問題,小林認爲兩者間并不一定是絶對對應的。[②] 對於小林的反對意見,于振波也提到過對應關係并不是絶對的。總之,關於資産和家族規模之間的關係,學者間的觀點不同。本文將通過限佃户這一特殊的户來討論經濟狀况和家庭規模間的關聯性。

另外,選擇限佃户的另一個理由是,因爲這類户的特殊樣式,在通過名籍資料考察一般吏民户的特點時,需要對這一種類的名籍進行區分。限佃户簿的書式與其他鄉吏民户相關的簿(吏民簿)的書式大致相同,不易區别。本文嘗試整理這種不同於吏民簿的簿,并指出其他簡中也可能存在同樣的名簿,在使用吏民簿的時候,有必要明確區分類似的簿。

一　構成《竹簡貳》限佃人户口食人名簿的連記簡

走馬樓吴簡中出現的名籍簡中,有一支簡記載一人的書式,以及一支簡記載多人的書式(安部聡一郎稱之爲“連記簡”),[③]還不能確定是不是根據記載内容不同而分開書寫。[④] 現在衹能説對同樣内容的記述既有連記的,也有單記的。在《竹簡貳》示意圖及其前後相連的諸簡(簡貳・1536—2496)中,連記形式的書式連續出現。筆者曾提出這些簡的書式可進而再分成兩類。[⑤] 另外,簡貳・1535 之前也存在連記式的名籍簡。但與簡貳・1536 以後的連記簡相比,書式略有不同,且尺寸也明顯不同,可能不是同一批製作的。

數量超過十萬枚的竹簡被分類裝在 65 個盆中,同盆簡的出土位置應是相互接近的,所以同盆與否是判斷是否屬於同一簡册的重要綫索。簡貳・1—1535 是采集簡第 15 盆中的簡,該盆中出現的名籍書式基本上都是接下來將要介紹的書式,推定是同一種類的簿籍。

---

① 于振波:《從走馬樓吴簡看其時長沙民户的貧富差别》,《史學月刊》2008 年第 6 期。

② 小林洋介:《正倉院籍帳と長沙走馬楼三国呉簡》,《史観》第 153 册,2005。

③ 安部聡一郎:《長沙呉簡にみえる名籍の初步的検討》,《長沙呉簡研究報告》第 2 集,2004。

④ 鷲尾祐子:《長沙走馬楼呉簡連記簡の検討一家族の記録について》,《中国古代史論叢》7,立命館東洋史学会,2010。

⑤ 參見鷲尾祐子《長沙走馬楼呉簡連記簡の検討一家族の記録について》。

比如,簡貳·30、31、32是連續排列的相同書式的連記簡。根據谷口建速的實際測量記録,均爲長21.7-22.0cm、寬0.8cm(參照表1。簡貳·30據圖版測量長21.8cm,寬0.8cm)的簡,[①]應爲同一簿籍的一部分:

> 安陽里户人公乘孫陶年卅七　　妻大女思年廿六(貳·30)
>
> 富貴里户人公乘吴□年卅□　　妻大女汝年廿九(貳·31)
>
> 新造里户人公乘貿巡年卅二　　妻大女逴年卅(貳·32)

與《竹簡貳》示意圖中書式相同的簡出現在簡貳·1536之後,而與這裏列舉的簡書式相同的簡則散見於簡貳·1536以前(參見表1)。吴簡中出現的以户爲單位記載的名籍,在起始處記載户人(户主,即户的責任者),接下來記載其他成員,最後再使用一枚簡來記載户單位的集計。另外,前引諸簡(貳·30-32)及與此相同書式的諸簡都是在記載户人的起始處登記里名,標明户人并記載爵位(爵位衹出現了"公乘"一種,同時也有像簡貳·847那樣没有記載爵位的例子。現在還無法確定是漏記了爵位,還是確實没有爵位。參見表1)、姓名、年齡。接下來記載其他的成員,在記載成員的起始處標明與户人的關係。在相關竹簡上基本都是記爲"妻"(理由後述),妻又記爲"大女(屬成年女性)"(有一部分例外)。[②] 接下來與户人同樣記載姓名和年齡。記載户人的簡的書式如下:

> 里名+户人+爵位+姓名+年齡　　與户人的關係+表示是否成年的大小範疇+名+年齡

這是秦漢名籍的典型書式,[③]另外也是已出土的走馬樓吴簡中名籍書式裏最具普遍性的。吴簡吏民簿中出現的類似例子還有構成《竹簡壹》示意圖的諸簡的書式,如:

> 平陽里户人公乘朱碩年卅一筭一(壹·10246)
>
> 碩妻大女蚤年廿一筭一(壹·10247)

---

① 谷口建速編:《調查簡牘一覧表》,《長沙呉簡研究報告2008年度特刊》,2009。

② 秦漢代的名籍中,按十五歲以上爲大,不滿十五歲爲小分類。居延舊簡中有簡例,如:

永光四年正月己酉　　妻大女昭武萬歲里□□年卌二
　　子大男輔年十九歲
　　子小男廣宗年十二歲
槖佗呑胡燧長張彭祖符　　子小女女足年九歲
　　輔妻南來年十五歲　皆黑色(29.2)

釋文參見謝桂華、李均明、朱國炤《居延漢簡釋文合校》,北京:文物出版社,1987,下同,不另注。大致上,成爲大男、大女則被課以算賦,并全面負擔徭役。大、小的區别對應國家負擔的輕重。

③ 作爲漢代典型的名籍書式,居延漢簡中出現以下例子:戍卒梁國己氏顯陽里公乘衛路人年卅(50.16),記載某人的郡國、縣、里、爵位、姓名及年齡,即按照所謂的"名縣爵里"式名籍的書式。以鄉爲單位製作并報呈縣府時,應没有記載縣名。另外,以户爲單位記載名籍時,起始的户人多標記爲"户人"。

這個書式中,除記載了"筭"這一點之外,與相關諸簡的書式完全一致。另外,也存在未記載"筭"的走馬樓吴簡名籍的例子,除了不是連記這一點以外,與該書式一致:

宜陽里户人公乘烝靖年廿九(壹·5482)

靖母大女婢年五十四(壹·5457)

但也存在與吏民簿書式不同之處。在吏民簿中,疾病殘疾、負擔的職役、官吏等内容多爲追記在個人記述的末尾,如:

富貴里户人公乘胡禮年六十踵兩足(壹·14)

高遷里户人公乘文□年卌六筭一給縣卒(壹·10056)

宜陽里户人公乘郭像年廿九真吏(壹·9323)

但在有關諸簡中完全没有看到這樣的追記。

户人簡以外的書式中,如吏民簿還會記載數名户的成員,表1中列舉的與相關諸簡書式一致的簡中,衹有一枚簡可能記載了除户人及其妻以外的成員:

□大女奴年十七(貳·437)

相當於户的集計簡的書式爲"右某家口食×人",衹集計人數,如:

·右坑家口食二人(貳·2)

這種集計的書式在走馬樓吴簡吏民簿的集計簡中也有出現,如:

·右銀家口食二人　(壹·1619)

在吏民簿户的集計簡中,還有分别集計男女人數(如簡叁·4278:右平家口食五人　其 三人男 二人女)、訾(表示財産狀況,如簡壹·9461:右像家口食三人　中訾　五　十)、事及筭的(應是與算賦和徭役負擔有關,[①]如簡壹·10380:凡口三事二　筭二事　訾　五　十)。像該簡這般僅標記人數的是最簡潔的書式。另外,不衹是户集計,其他關於户人及成員的項目中也没有記載筭和資産狀況,附帶事項也没有。即這種書式是所有名籍中最爲簡潔的。此外,記載里、爵位、年齡、姓名等基本事項的書式是普通名籍的基本書式,僅記載這些内容,其他的均未記載,這反而成了其特點。

那麽相關諸簡是以誰爲對象做的調查記録?表1中將簡貳·1—1535號中相同書式的諸簡根據尺寸分爲1類、2類、3類和其他類。前面提到的簡貳·30-32屬於1類,這一類簡的殘

① 參見張榮强《吴簡中的"户品"問題》,《吴簡研究》第1輯,武漢:崇文書局,2004;于振波《"筭"與"事"》,《漢學研究》22卷第2期,收入其著《走馬樓吴簡續探》,臺北:文津出版社,2007。

存數量最多。但與此相同尺寸的簡中并未發現標題簡和集計全體的簡等,没有資料能提示是以誰爲對象進行的調查。2 類、3 類簡雖與 1 類的書式相同,但尺寸不同,難説是同一簡册,不過 2 類、3 類簡中則記述了調查對象。

2 類簡中有代表性的是圖版長 23.0cm、寬 0.9cm 的簡貳·292。雖然這衹是圖版上的尺寸,但還是能看出比 1 類長 1cm 以上。

宜陽里户人公乘李遺年五十　　妻大女妾年卌一(貳·292)

另外,3 類在圖版上的尺寸是長 23.7cm、寬 0.9-1.0cm(測量寬度時,除去了上端分裂處的闊口部分),實測後,如簡貳·37 長 23.6cm、寬 0.8-1.0cm,[①]在圖版上其尺寸比 1 類長 1.7cm,比 2 類長 0.7cm。

彈溲里户人公乘唐啓(?)年六十二　　中　　妻應年五十一(貳·37)

2 類、3 類簡均爲 10 枚左右,簡號也不是連續的,均爲單獨出土。但同類簡的尺寸和書式是一樣的,存在關聯性。這些名籍簡册的標題簡與 2 類、3 類諸簡尺寸相近,其中有以下内容:

小武陵鄉謹列嘉禾五年限佃□户口食人名簿(貳·9　圖版長 23.1cm,寬 1.1cm)

南鄉謹列嘉禾五年限佃人户口食人名簿☐(貳·1131　下部欠損,長度不明,寬 1.0-1.2cm)

這些簡都記載了"某鄉謹列嘉禾五年限佃人户口食人名簿"(1131 號有一字不明,但内容應相同)。依據《竹簡貳》示意圖中的例子,可判斷"某鄉謹列"是寫於簡册的起始處。[②] 另外,也存在以鄉爲單位的集計户口數的簡。

□集凡小武陵西二鄉新住限佃[客]卅四户口食卌一人故户中□(貳·35　圖版長 23.0cm、寬 1.2cm)

□□南鄉領限佃户二户口食六人故户(貳·427　圖版長 23.8cm、寬 1.0cm)

"集凡"是將名籍記載的内容分别按某種單位集計時使用的詞語。[③] 在按每個鄉集計户口數時,一般也是用"集凡"來導出人數,如簡壹·8482"·集凡樂鄉領嘉禾四年吏民合一百七十三户口食七百九十五人"。簡貳·35 是對小武陵鄉和西鄉兩個鄉的"新住限佃"的户口集計,簡貳·427 雖然起始處缺失,但依據記載的内容可看出是集計户口的簡。這些與標題和集計相關的 4

① 參見谷口建速編《2009 年 12 月調查簡牘一覧表》,《長沙呉簡研究報告 2009 年度特刊》,2010。

② 侯旭東:《長沙走馬樓吴簡〈竹簡〉貳"吏民人名年紀口食簿"復原的初步研究》。

③ 除了在鄉名籍的集計中,亦作爲記載集計師佐籍、州吏父子兄弟籍等各種籍的詞語而出現,如:集凡作部師佐□見□□[人]合[五][百]人(叁·2345)、集凡平鄉領州吏三人[父][子][兄][弟]合五人(叁·3032)。

枚簡中,簡貳·9、35 兩枚簡從長度來看與 2 類相關,簡貳·427 則與 3 類簡的長度近似。即 2 類、3 類的簡是以“限佃(客)”爲記載對象的名籍的一部分。1 類簡與這些簡書式完全相同,且簡號也接近,亦可看做是限佃的簡。

根據以上的探討,可推斷由上述諸簡構成的名籍簡册的結構如下。首先以“某鄉謹列嘉禾五年限佃人户口食人名簿”開始,繼而各户按户人、成員、户單位的集計順序記載,排列完全部各户的簡之後,再放置起始處寫“集凡”的以鄉爲單位集計户口數的簡。集計“新住”者和故户等内容的簡,也與鄉的集計簡相連。另外在與 2 類簡尺寸近似的簡中記述了以下内容:

其二户口食四人新民應[役]户(貳·241 圖版長 23.2cm、寬 0.9-1.0cm)

如果這也是與限佃人户相關的集計簡,那麽就存在作爲集計細目的“新民應役之户”的項目。

走馬樓吴簡的吏民簿多以里爲單位制作,有以“某里謹列”開始,以“右某里領里民×户口食×人”來集計一里的户口數。[①] 但在相關諸簡中并没有發現以里爲單位的標題簡和集計簡。這是因爲限佃的人數極少,如簡貳·427 中出現的南鄉限佃僅有兩户六人,甚至有的里連一個限佃的都没有,以里爲單位來製作的話没有意義。故可認爲這個簿在最初階段是以鄉爲單位來製作的。

另外,雖然同爲限佃的簿,爲何 1 類、2 類、3 類之間存在不同? 1、2、3 類諸簡中的里名其實有重複。比如 1 類簡貳·30 中記録的安陽里也出現在 2 類簡貳·104 中,1 類簡貳·75 中的宜陽里也出現在 2 類簡貳·292 中,1 類簡貳·84 中的吉陽里也出現在 3 類簡貳·1102 中。[②] 因此三類的區别并不是因爲鄉不同,各類簡中應是混有多個鄉的簡。從標題簡可推斷 2 類於嘉禾五年作成,標題雖是小武陵鄉,但存在歸南鄉管轄的里(參簡壹·1295)。另外,1 類與 2 類簡中有部分重複記載的里名,1 類并不是與 2 類同時作成的,即不是嘉禾五年的記載。1 類中有 14 個里名,一個鄉管轄多達 14 個里的可能性很低。[③] 僅在現存的 1 類諸簡中,可能包含至少兩個鄉或三個鄉,同時記載在尺寸相同的簡上。這樣的話,也有可能 2 類和 1 類是由縣來整理多個鄉的報告後再謄寫上的。

以上探討了記載“限佃”人户的簡册,所論述的記載書式與走馬樓吴簡中出現的其他吏民簿有諸多共同點。雖然没有什麽特别之處,不過其記載的對象是“限佃”人户這一特殊的户,那

---

① 比如在《竹簡貳》的示意圖中,出現了以廣成里爲單位的名籍簡册以及以廣成里起始的集計簡,如:[廣][成]里謹列[領]任吏民人名年紀口食爲簿(貳·1797)、右廣成里領[吏]民五十户口食二百九[十][□][人](貳·1671)。

② 根據下面的記述,1 類和 2 類中出現的宜陽里很可能是屬於南鄉,“入南鄉宜陽里調布一匹䋶嘉禾元年九月十四日大男□”(壹·1295)。

③ 高村武幸:《長沙呉簡にみえる郷》(《長沙呉簡研究報告》第 2 集,2004,收入氏著《漢代の地方官吏と地域社会》,東京:汲古書院,2008)根據走馬樓吴簡名籍的集計簡等指出,當時長沙附近的鄉,每鄉一般由 4-6 個里編成,人口在千人左右。

麽限佃又是什麽呢?

二　關於"限佃"

在第一節中討論了《竹簡貳》中限佃人户的名籍。記載了限佃人户的標題簡和集計簡在他處并未發現,通過《竹簡貳》的刊布纔首次發現存在一定數量被稱爲"限佃"的人。不過實際上"限佃"也散見於其他簡裏。其中最著名的例子就是1999年披露的木牘文書中出現的"限佃"。[①] 該木牘文書是廣成鄉勸農掾對同鄉内的州吏父兄子弟做的調查報告,州吏父兄子弟中的一人即是"限佃"。如王素所述,限佃在史籍中未見,另外"限佃"這兩個字當初被解釋爲"限田",這説明其在木牘中的意思并未搞清楚。王素還指出,吴簡中出現的限佃存在户與客,其中"客"經常是以"給限佃客"的形式出現。[②]

如上所述,之前雖然在重要資料中出現過,但"限佃"的相關研究還没有進展。不過蔣福亞着眼於租税種類和田地類别間的對應關係,通過與租税種類之一的"限米"間的關聯來展開對限田的研究,爲後續的研究開闢了道路。蔣福亞提出諸吏(官吏)耕作的是國有土地,這些强制性耕作的土地叫限田,繳納的地租被稱爲限米、米限,限田就是政府强制諸吏、郵卒、衛士等官府依附民耕作的土地。[③] 這一説法的依據之一是J22-2499中記録的納入州中倉庫的穀物明細。[④] 另外,根據《三國志·吴書·孫休傳》中的永安元年(258)詔書可説明諸吏須負擔限米。

> 詔曰:諸吏家有五人三人兼重爲役、父兄在都、子弟給郡縣吏,既出限米,軍出又從,至於家事無經護者,朕甚愍之。

根據以上記述可發現,記録個人租税繳納情況的《嘉禾吏民田家莂》中出現的租米、税米是從二年常限田、餘力田的收穫中繳納的。與此相對,限米則是另外的負擔,[⑤]是從其他種類田地的收穫中徵課,由吏等特殊身份者來負擔。但蔣福亞并未明確説明限米和限田間的關係。另外,蔣

① 長沙市文物考古隊、長沙市文物考古研究所:《長沙走馬楼J22發掘簡報》(《文物》1999年第5期)第三節"簡牘的狀况"之"(二)關於名籍内容的簡牘"介紹的例9,圖版4-1在有問題的地方注爲"限田",侯旭東《三國吴簡兩文書初探》(《歷史研究》2001年第4期)則將"田"改爲"佃"。

② 王素:《長沙吴簡勸農掾條列軍州吏等人名年紀三文書新探》,《魏晋南北朝隋唐史資料》第25輯,2009。

③ 蔣福亞:《〈嘉禾吏民田家莂〉中的諸吏》,《文史哲》2002年第1期。

④ 州中倉吏郭勳、馬欽、張曼、周棟起正月廿三日訖廿六日、受襍米三百卌八斛五斗八升。其十七斛九斗税米、其廿一斛五斗二升租米、其二十二斛五斗餘力租米、其二百卅二斛一斗一升八億錢米、其三斛五斗金民限米、其十二斛私學限米、其三斛四升佃吏限米、其廿斛三斗五升田畝布米、其十五斛七斗田畝錢米,正月廿六日倉吏潘慮白。長沙市文物考古隊、長沙市文物考古研究所《長沙走馬楼J22發掘簡報》第三節"簡牘的狀况"(一)例7,圖版25左。

⑤ 阿部幸信:《長沙走馬樓吳簡所見田種初探》(《嘉禾吏民田家莂研究—長沙吳簡研究報告》第1集,2001)提到了税田和税米,以及租田和租米的對應關係。

福亞的觀點與限米的争論有關,故本文綜理關於限米的相關研究。王素、宋少華、羅新提出限米是由吏、兵等非國家正户的户繳納的米。[①] 進而,于振波發展了這一限米非正户負擔説,提出限米是從屯田徵收來的租税。[②] 但是劉家軍否定了屯田説,提出屯田的限米與其他的限米之間存在區别,由“私學”(民間教育機構的學生[③])等繳納的限米與屯田間并無關係。[④]

學者們關於限米的研究是通過其負擔者,以及其徵收的田地種類這兩點來考察的。侯旭東又提出限米的納入者并不是非正户民,而是大男、男子,從繳納者的身份來分析限米的性質是困難的,同樣否定了屯田説。侯旭東進而論證了限米的含義與田地的性質有關,(租米、税米、限米等)納入的不同名目的米來源於不同類型或性質的田地。田家莂中出現的租米和税米的區别是由於田家耕作的田地屬性不同,耕作税田繳納的米爲税米,耕作租田繳納的米爲租米。郵卒限米、衛士限米、佃卒限米分别對應郵卒田、衛士田、佃卒田,這三種田向官府繳納的米稱爲限米。[⑤] 侯旭東雖然没有對徵收限米的田地種類做出明確解釋,但谷口建速根據貳·7605的記述解釋了限田和限米間的關係。

……租税褋限田百廿頃卅七畝二百

根據這一記述,租田、税田、褋田、限田是不同的,谷口指出被課以税米的田是税田,被課以租米的田是租田,被課以限米的田是限田。對相關身份職役者所課爲限米,很難説這是與屯田相關的收入,但被課以限米的身份、職役并不是非正户,而是在鄉里的名籍中有過登記的。[⑥]

綜合以上各種觀點,限米來源的田(限田)不同於田家莂中的二年常限田等耕地,負擔者是吏、郵卒、衛士等特定職役的人,或者是私學等特定身份的人。在國家的名籍中,他們是作爲獨立户登記的正户。谷口還提出限佃就是限田的耕作者,其根據如下。

●其四户給子弟佃客(貳·1981)

谷口指出子弟佃客是指耕作子弟之田(=被課以“子弟限米”的“子弟限田”)的客,被課以“限米”的“限田”不僅是由負擔者,也有由“佃客”(登記在鄉、里的名簿中)耕作的。[⑦] 前述簡貳·1981中提到由子弟供養佃客。雖然不能直接證明佃客就是限佃,但可能性還是很大的。另一方面,如之前所述,王素提出吴簡中出現的限佃存在(限佃)人户和(限佃)客,限佃客常以

① 王素、宋少華、羅新:《長沙走馬樓簡牘整理的新收穫》。

② 于振波:《走馬樓吴簡中的“限米”與“屯田”》,《走馬樓吴簡初探》,臺北:文津出版社,2004。

③ 王子今、張榮强:《走馬樓簡牘“私學”考議》,《吴簡研究》第2輯,北京:中華書局,2006。

④ 劉家軍:《論〈走馬樓吴簡〉中“限米”的性質》,《中國社會經濟史研究》2005年第2期。

⑤ 侯旭東:《走馬樓竹簡的限米與田畝記録——從“田”的類型與納“米”類型的關係説起》,《吴簡研究》第2輯,武漢:崇文書局,2006。

⑥ 谷口建速:《長沙走馬楼呉簡にみえる“限米”—孫呉政権の財政に関する一考察》,《三国志研究》3,2008。

⑦ 谷口建速:《長沙走馬楼呉簡にみえる“限米”—孫呉政権の財政に関する一考察》。

"給限佃客"的形式出現,作爲職役而接受供養。[1] 但是限佃客與限佃户是不同的,可以明確區分。比如第一節中提到的限佃名籍的集計簡中有以下記述:

□集凡小武陵西二鄉新住限佃客卅四户口食卌一人故户中□(貳·35)

如第一節所論,名籍的作成單位是鄉,這一集計中將兩個鄉的"新住限佃客"一同集計。目前還不清楚這枚簡是僅對限佃人户中新移居到鄉成爲限佃的客進行的集計,還是説限佃人户等同於限佃客?不過兩者出現在同一批製作的名籍中,無論是不是客,都作爲"限佃"來處理。

首先,爲了分析限佃人户、限佃客的語義,需要先分别探討限、佃、客。但對於《嘉禾吏民田家莂》中出現的二年常限田中的"限",學界觀點不一。[2] 另外,關於"限米"的相關研究中并没有特别討論過"限"的語義,[3]這是因爲現階段不易確定"限"的語義。但另外二者則不難解釋。佃原本是與"田"通用(《春秋左氏傳》昭公二十年《經典釋文》中述有"田本亦作佃")。但侯旭東指出其本義爲治田,即耕作田地。[4] 吴簡中的"佃"同樣也是指耕作,進而也使用"佃"指代從事耕作者。另一方面,指代常限田、限田等耕地時使用"田"字。吴簡中出現的"佃"與"田"在使用上存在區别。下例中可將"佃"理解爲耕作行爲。

幾畝不可佃、及…久溏波田當□悉令耕、列□(叁·7244)

用"佃"字指代從事耕作者的例子有"佃卒""佃吏""佃帥"等,爲數不少。對於此處例舉的三者,蔣福亞認爲這是指在屯田中與耕作活動有關係的人。[5] 但對於從事屯田作業的人員,如蔣福亞所指,有"屯田司馬""屯田掾"以及"屯田民""屯田兵"等冠以"屯田"字樣的例子,故有必要分析與冠以"佃"字的人之間的關係。在稍後的《華陽國志·後賢志·何攀傳》中,有把屯田兵稱作佃兵的例子,故有可能是冠以"佃"字來指代屯田的人。另外,谷口建速引用的前述"子弟佃客"也是冠"佃"字以指代從事耕作的人。谷口指出這應是耕作子弟之田的客。[6] 類似的例子還有"子弟限佃",如簡貳·2054"其三□□□子弟限佃限□"。文字有不明之處,不易解

① 王素:《長沙吴簡勸農掾條列軍州吏等人名年紀三文書新探》。

② 關於"二年常限",高敏《〈吏民田家莂〉中所見"餘力田"、"常限"田等名稱的涵義試析——讀長沙走馬樓簡牘札記之三》(《鄭州大學學報(社會科學版)》2000年第5期)認爲是指按畝徵收的税額兩年不變。于振波《走馬樓吴簡所見佃田制度考略》(《湖南大學學報(社會科學版)》2003年第6期,收入其著《走馬樓吴簡初探》)則提出"限"表示土地的限度額,二年常限指的是二年間土地的面積不變。

③ 宮川尚志《三国呉の政治と制度》(《六朝史研究　政治·社会篇》第三章第三節,日本学術振興会,1956)提出《三國志·吴書·孫休傳》永安元年詔書中出現的限米是"華覈傳中監督繳納的,帶有繳納期限的米"。多位學者指出與其他的負擔相比,限米較重。另外吴簡中限米的特點是向特定的職役和身份徵課,不過目前還不確定帶有繳納期限這個解釋是否適合吴簡"限米"的性質。

④ 侯旭東:《走馬樓竹簡的限米與田畝記録——從"田"的類型與納"米"類型的關係説起》。

⑤ 蔣福亞:《吴簡所見吴國前期民屯——兼論魏吴民屯的區别》,《中華文史論叢》2008年第1期。

⑥ 谷口建速:《長沙走馬楼呉簡にみえる"限米"—孫呉政権の財政に関する一考察》。

釋,因子弟與限佃之間没有"及"等表示并列意思的詞,故應是指子弟的限佃。其他還有簡貳·2125"□士限佃",這也應是耕作子弟名下某種田的職役。這些應與屯田無關,可能是與"佃客"(耕種非自己所有耕地以謀生之人)相關的詞語。[①] 走馬樓吴簡中出現的"佃"有時應是指耕作者,特别是佃耕者。

接下來討論"客"。根據唐長孺的論述,客原指外來者,從漢代以後纔出現指代隸屬者的例子。[②] 根據草野靖的觀點,債務勞動者、雇傭勞動者作爲主家家族以外的外來者,被稱呼爲"客"。[③] 另外也有因人身隸屬關係而爲主家從事奴職、僮役的人,被稱爲奴婢、僮僕。根據當時的事例,奴僕和客之間并没有嚴格的區别。在魏國的屯田中耕作的人被稱爲"屯田客",是因爲當時佃耕被稱爲田客、佃客。[④] 在魏晋南北朝時期,租牛客、佃客、浮客等佃耕者即被稱爲客。[⑤]

在走馬樓吴簡中,某客是一種怎樣的存在?出現最多的是"吏帥客",但還無法確定這究竟是指什麽人。[⑥] 此外還有"僮客"(如簡貳·3454。《竹簡叁》中亦存在多例)、"食客"(壹·7754)、"常限客"(簡壹·8396:思子男伸年六十常限客)、"衣食客"(簡貳·1842:衣食客成年十五刑右足,名籍中作爲表示與其他成員間關係的詞語,故爲依附於他姓户内者)。[⑦] 對於有功勛者,還出現了允許其擁有并免除其國家賦税的"復客"。[⑧] 以此來看,可能民間富裕人家個人所有的客名稱雜多。但客不衹是此類私家之客,還出現了國家之客,如"大常客(太常客)",如簡叁·8399"其一人大常客不應發遣"。長沙建有孫策之廟(桓王廟),[⑨]由掌管國家祭祀的太常官吏常駐以進行管理,其客應是供任太常之職者使役。即客應分爲被國家使役的客和依附於個人的客,兩者都是通過被他人使役而謀生。

從以上的討論中可以看出吴簡中出現的"佃"被用來冠以稱呼耕作者,客則是供國家機關或私人使役的人。另外,從典籍資料中發現二者都有被用來稱呼佃户的例子。原本佃有時被用來表示耕作,吴簡中也出現了這樣的例子。但如前一節中所舉南鄉之例(二户六人),每個鄉

---

① 濱口重國《唐の部曲·客女と前代の衣食客》(《山梨大学学芸学部紀要》1)指出"當時一般將佃户稱爲佃客或田客"。在《晋書·食貨志》《隋書·食貨志》中出現佃客。

② 唐長孺著,川勝義雄譯:《魏晋南北朝の客と部曲》,《東洋史研究》第40卷第2號,1981。

③ 草野靖:《唐律にみえる私賤民　奴婢·部曲に就いての一考察》,《重松先生古稀記念九州大学東洋史論叢》,九州大学東洋史研究室,1957。

④ 參見濱口重國《唐の部曲·客女と前代の衣食客》。

⑤ 參見《晋書·外戚傳·王恂傳》《晋書·食貨志》《通典·食貨七·丁中》。

⑥ 陳爽《走馬樓吴簡所見"吏帥客"試解》(《吴簡研究》第2輯,武漢:崇文書局,2006)認爲這是由管理屯田事務的低級官吏(屯吏)統管的屯田客。但其根據之一是限米與屯田間存在關聯,這就需要再深入討論。蔣福亞《長沙走馬樓三國吴簡中的"客"》(《中國經濟史研究》2006年第3期)提出這是由政府命令郡縣吏統管的客,是官客。他的依據是由吏帥客上繳限米這一點。蔣福亞提出如果是私客的話則不繳納限米,但實際是存在像"僮客限米"那樣,冠以私客(僮客)身份稱謂的限米。

⑦ 其他還有"適客"這種身份不明者,如簡叁·5978。因爲"衣食客"没有獨立的户,是在他姓的名籍中記載爲客,故這應是《隋書·食貨志》中出現的"客皆注家籍"這一東晋制度的雛形,參見蔣福亞《長沙走馬樓三國吴簡中的"客"》。

⑧ 《三國志·吴書·陳武傳》裴松之注引《江表傳》載:"權命以其愛妾殉葬,復客二百家。"

⑨ 參見王素、汪力工《走馬樓孫吴"桓王廟"簡與長沙"孫堅廟"》,《吴簡研究》第1輯,武漢:崇文書局,2004。

的限佃人户非常少,故不能把耕作的人都認爲是限佃人户。從與客連稱的例子中也可看出是特指被他人使役的佃户,故限佃人户、限佃客指的是耕作他人所有土地之人。另外,現階段還無法確認冠以限佃之限米是否存在,因限佃并非繳納限米的主體,并不擁有自己的土地。僮客等被使役的客應是指依附或人身隸屬於他人的貧困者。限佃人户也應是没有土地(不清楚是公田還是私田),被迫通過耕作他者所有土地以獲得收入之人。

限佃人户雖是耕作子弟等人之田,但應不是像"衣食客"那樣完全依附他人。谷口建速指出,如"給限佃客"所示,限佃客是由國家供給的,是一種被派遣的職役,在限佃和其所耕作的田地之間有國家介入。[①] 在魏晋時期,亦有國家作爲地主和佃耕者之間媒介的例子。比如曹魏的租牛客就由國家供給,《晋書·外戚傳·王恂傳》載:"魏氏公卿已下給租牛客户數各有差。"[②] 故相互之間可能存在關聯。

三　限佃户的特點

限佃人户、客是指没有自己田地(不確定是公田還是私田)的耕作者。其存在樣態與所謂的佃户類似,且由國家通過名籍,以户爲單位來掌控。其户的家族構成也有特點。請再次參照在第一節中引用過的南鄉的户口數集計簡以及小武陵鄉和西鄉的"新住"限佃客集計簡。

□集凡小武陵西二鄉新住限佃客卅四户口食卌一人故户中□(貳·35)

□□南鄉領限佃户二户口食六人故户(貳·427)

值得注意的是南鄉一鄉中居住的限佃户僅有兩户。根據兩枚簡的記述,可以確定限佃户每户的人口數非常少。南鄉的限佃户爲户均3人,小武陵鄉與西鄉的新住限佃客每户的平均人口數僅爲1.2人,且這一特點在各户的集計簡中也能發現。除"口食六人"(貳·65)、"口食五人"(貳·66)這兩個例子以外,在明確記録了每户人口數的38例中,口數不超過2人的達31例。

這與吴簡中出現的其他表示每户人口數的簡例相比是非常少的。于振波依據《竹簡壹》中出現的户單位集計簡計算得出每户平均人口數爲4.80人。[③] 參考《竹簡壹》到《竹簡叁》中出現的鄉和里的户口數集計簡也大致會得出同樣的結論:

·右高遷里領吏民卌八户口食一百八十人(壹·10229)

□遷里領吏民二百五十五户口一千一百一十三人收□□口筭錢合六萬二千一百一十

① 谷口建速《長沙走馬楼呉簡にみえる"限米"—孫呉政権の財政に関する一考察》。

② 在三國時代孫吴政權下,存在前述的"復客"這種被免除徭役的客,此外在《三國志·吴書·吕蒙傳》中記載吕蒙曾獲賜尋陽屯田六百人和官屬三十人。

③ 于振波:《走馬樓吴簡所見户與里的規模》,《走馬樓吴簡初探》,臺北:文津出版社,2004。

八錢(壹·9407)

·右吉陽里領吏民卅六户口食一百七十三人(壹·10397)

·集凡樂鄉領嘉禾四年吏民合一百七十三户口食七百九十五人(壹·8482)

右石門里領吏[民]十一[户]口食卌五人(叁·6073)

右高遷里[魁]番(?)□領吏民五十户父母妻子合二百五十七人(叁·4460)

基於這些集計簡來計算每户的平均人口數,人數較少的例子爲4.09,較多的則爲5.14人,總體平均爲4.8左右。即整體來看,可大致認爲標準的每户平均人口數爲5人左右。

與此相比,限佃户的每户平均人口數就顯得非常少,且户的人員結構也很有特點。這些口數幾乎都不超過兩人的家庭大多數由夫婦組成。參照表1中限佃人户簡的户人簡,除了户人爲單身家庭的户以外,所有都是户人與户人之妻連記,不存在連記子、兄弟、父母等妻以外人員的例子。即單身者以外的户大致都是由夫妻構成的。

是什麽原因造成他們的家庭人口數少、家族構成不完整,當時普遍存在的是大家族還是小家族,標準的家族結構應是怎樣的?日本學界一直對漢代的三族制家族的特點有争論。[①] 之後争論逐漸平息,學界認識到當時單個家族的平均人口數偏少,但因漢代産生了推崇大家族的倫理觀,研究的重心也開始轉向大家族化傾向的發展過程上。守屋美都雄指出,進入漢代,民衆間逐漸産生了希望家族聚合的意識,結果就是親族共同居住、共同支配財産的倫理價值觀愈發流行。[②] 當時由夫婦和孩子組成的核心家庭,與父母及兒子夫婦共同居住(三族制家族)形態爲代表的複合型大家族并存,也就是説無法總結出一個平均的、標準的家族構成。比如著名的陸賈之家就是核心家庭。陸賈將財産分配給五個兒子,然後自己在每個兒子家輪住十天(《史記·酈生陸賈列傳》),以此方式生活。陸賈兒子們的家庭是以夫婦爲中心的核心家庭。另一方面,當時流行的大家族的實例有前漢末期的樊重家。樊重的家族三世同堂,没有分家,通過嚴格的家訓來維持成員間的秩序,役使奴隸積累財富。據《後漢紀》建武十八年載:

重字君雲。家世温厚,三世不分財。重居家有法,子孫進見如吏。其治家,僮僕無遊手,身自隱親。故能殖其財,田至三百頃,資至巨萬。

樊重的家族是比所謂三族制家族更大的大家族,説明守屋描述的多樣化家族構成在當時是存在的。

走馬樓吴簡名籍裏的家族中也有這種情況。首先以典型的核心家庭爲例:

---

① 參見守屋美都雄《漢代の家族—その学説史的展望》,《古代史講座》6,学生社,1962,收入氏著《中国古代の家族と国家》,東洋史研究会,1968。

② 守屋美都雄:《漢代家族の形態に関する再考察》,《中国古代史研究》1,吉川弘文館,1960,收入氏著《中国古代の家族と国家》。

吉陽里户人公乘孫潘年卅五筭一(壹·10381)
潘妻大女蔦年十九筭一(壹·10382)
潘子女□年五歲(壹·10379)
凡口三事二　筭二事　訾　五　十(壹·10380)[①]

另外還有類似三族制家族的例子,即父母和兒子夫婦共同居住,如:

郡卒潘囊年廿三(貳·1708)
囊妻大女初年廿六　囊父公乘尋年六十一苦虐(?)病(貳·1696)
尋妻大女司年卌四踵(腫)右足　囊男弟公乘祀年十一(貳·1694)
·祀女弟□年二歲　尋好(姪?)子女陵年廿六(貳·1655)
·右囊家口食八人(貳·1697)

町田隆吉也舉了户人與其弟及寡嫂共同居住的例子:

東陽里户人公乘□贇年廿一筭一給縣卒(壹·10308)
贇男弟□年十九筭一(壹·10273)
贇寡婕大女是年廿二筭一(壹·10279)
是子男設年五歲(壹·10274)[②]

在當時的長沙郡臨湘國中確定存在這種多樣性的家族構成。[③] 那麽限佃户這種由夫婦構成的户與複雜的大家族相比,在人口數和家族構成上的差异是怎樣産生的?

有學者提出産生這一差异的原因之一是貧富差距。經濟條件與家族規模之間有關係,經濟富裕則容易成爲大家族,貧困的話則反之。渡邊信一郎提到"三世同堂的博陵崔氏直到遭遇連年饑荒這種危機時刻纔開始分家。由此看來累世同居的形態是發生在經濟上富裕,且重視傳統倫理生活的家族中的特殊現象"。渡邊由此指出富裕是形成并維持大家族的基礎條件之一。[④] 確實,在後漢時期存在大家族因貧困而導致分家的例子。

李充字大遜,陳留人也。家貧,兄弟六人同食遞衣。妻竊謂充曰:"今貧居如此,難以

① 這一名籍的諸簡出現在《竹簡壹》示意圖2中,整理小組將其作爲完整户籍的例子。

② 町田隆吉:《長沙呉簡よりみた「户」について—三国呉の家族構成に関する初步的考察—》,《長沙呉簡研究報告》第2集,2007。

③ 安部聡一郎《長沙呉簡にみえる名籍の初步的検討》(《長沙呉簡研究報告》第2集,2004)介紹了在《竹簡壹》名籍簡中出現的下列多種親族稱謂。祖母、父、小父、母、小母、伯父、叔父、叔母、從父、從小父、兄、兄子、兄子男、姊子男、弟、男弟、女弟、妻、大妻、小妻、妻父、妻母、妻兄、妻男弟、妻從兄、妻從男弟、捜、寡捜、寡奴、寡婦、弟寡婦、從兄、從男弟、從兄子男、子、子男、子女、姪子、姪子男、姪子女、女姪、從子、外姪子、外姪子男、男孫、外孫男、外男孫、聟。

④ 渡辺信一郎:《漢六朝期における大土地所有と経営》(上)(下),《東洋史研究》1974年第1-2期,收入氏著《中國古代社會論》第二部第四章《2世紀から7世紀に至る大土地所有と経営》,東京:青木書店,1986。

久安,妾有私財,願思分异。"(《後漢書·獨行列傳·李充傳》)

根據這一記載,兄弟夫婦同居的李充家已經窮到連外出時的衣服都没有,其妻計劃用手中的私財做本錢來維持夫妻的生活,提出了分家的意願。仁井田陞提出,同居同財會促進家族成員協同勞動,增加勞力,提高收益并能節約開支。[①] 分家的話則要分家産,會給農業經營帶來困難,但對於貧困者來説,很多時候同居并没有什麽意義,故貧困確實是導致家族分裂的契機。對於有一定資産的家族來説,分家在經濟上是不利的。但對因分家、家産分割導致連些許資産都没有了的家族來説,分家并不會帶來不利,且對於極端貧困的家庭來説,有時甚至除了分家以外别無生路。

而且早在前漢前半期,鼂錯即提到當時農民之中就有人因貧困而被迫出賣土地,陷入手無寸土的境地。

> 今農夫五口之家,其服役者不下二人,其能耕者不過百畝,百畝之收不過百石。春耕夏耘,秋穫冬臧,伐薪樵,治官府,給繇役。春不得避風塵,夏不得避暑熱,秋不得避陰雨,冬不得避寒凍,四時之間亡日休息。又私自送往迎來,吊死問疾,養孤長幼在其中。勤苦如此,尚復被水旱之災,急政暴賦,賦斂不時,朝令而暮改。當具有者半賈而賣,亡者取倍稱之息,於是有賣田宅鬻子孫以償責者矣。(《漢書·食貨志上·文帝時鼂錯之上奏》)

此農夫五人家族的具體結構不明,但從"養孤長幼""鬻子孫"等詞語中可看出并非僅提到了核心家庭。據鼂錯所言,當時的農夫家族全年無休的勞動也僅能勉强維持生活。一旦遇到灾害和臨時增税,就祇能變賣私財。若連私財都没有,則祇能被迫去借高利貸。如無法償還借債則要變賣田地住宅,甚至最後賣子孫。即變賣土地和子孫是貧困的農民彌補收入不足的最後手段。這就是前漢董仲舒所描述"富者田連阡陌,貧者無立錐之地"(《漢書·食貨志上》)。進入後漢,土地所有進一步集中化,大地主越來越多,出現了前述樊氏這類役使大量農業勞力來經營三百頃土地的大地主。[②] 土地集中導致産生大量失去耕地的農民。

限佃名籍中反映的是這些失地農民家庭的情況。他們之所以多爲夫婦二人,是因爲分家後過於貧困,如鼂錯上奏所述,鬻子女或者放弃生兒育女。[③] 家族成員祇剩夫婦二人後,就開始耕作别人的土地來維持生計。在後漢末期應劭的《風俗通義》中也記載有的夫婦在分家後没有

① 仁井田陞《中国の農村家族》,東京:東大出版会,1952。稲葉一郎《漢代の家族形態と経済変動》(《東洋史研究》1984第1期)提出以漢武帝時期爲界,開始流行多個家族同居同財的形態,這是因貨幣經濟發展停滯所致,百姓意圖通過生活合理化和家計共同化來抵禦生活風險,傾向於同居。

② 參見宇都宮清吉《僮約研究》,《名古屋大學文學部研究論集》5,1953,收入氏著《漢代社會経済史研究》,東京:弘文堂書房,1955。

③ "宋度遷長沙太守。人多以乏衣食,産乳不举。度切讓三老,禁民殺子,比年之間,養子者三千餘人,男女皆以'宋'爲名也"。《北堂書鈔》卷七五引謝承《後漢書》,周天游《八家後漢書輯注》,上海古籍出版社,1986。

了自己的土地,衹能在他人田地(此處以公田爲例)上從事農耕:

汝南戴幼起,三年服竟,讓財與兄,將妻子出客舍中住、官池田以耕種。(《風俗通義·過譽篇》)[①]

在限佃人户中還有爲謀生而離開原居所,移居到臨湘縣内某鄉的人(新住限佃客)。限佃户多爲夫婦二人家庭,没有土地且貧困,無法養活更多家人。這份名籍資料可以説在一定程度上支持了已有的觀點,即大家族存在的同時,還廣泛存在小規模家庭的理由之一是經濟原因。

在根據這一名籍來分析當時的家庭情况時,要注意的是多數家庭僅由夫婦二人構成。根據前述李充的例子,家族分裂時是以夫婦爲單位分裂的。另外根據漢初律令中反映的户的情况,夫婦是分家時的最小單位。[②] 當時的家庭以夫婦(和其未婚子女)爲一個單位,通過複數的夫婦單位的分裂與結合來實現家族規模的縮小或擴大。

夫婦自然是依婚姻禮儀進行的男女結合。在漢代以前就存在家庭源於一夫一妻結合的説法。"室"本來指居住的家("室猶居"《詩經·國風·唐風毛傳》),这里指代同居的家庭,也用来指妻。

人生十年曰幼,學。二十曰弱,冠。三十曰壯,有室。鄭玄注:有室、有妻也。妻稱室。(《禮記·曲禮》)

因爲通過娶妻構成了家庭,故可認爲這是稱妻爲室的理由。《易經·序卦傳》中對此説得很明確:

有天地然後有萬物。有萬物然後有男女。有男女然後有夫婦。有夫婦然後有父子。

結爲婚姻關係而開始夫婦關係,進而産生家族。婚姻是家族開始的説法在漢代也繼續存在。

庶人稱匹夫者,匹,偶也,與其妻爲偶,陰陽相成之義也,一夫一婦成一室。(《白虎通·爵篇》)

這一記述中提到一對夫婦成爲一室,故丈夫被稱爲匹夫。"匹"和"偶"都是指配偶者,都是指一對中的某一方。庶民被稱爲匹夫時,前提是他是夫婦中的丈夫一方。即該記述强調夫婦以室爲單位,且男大當婚實爲必然。

在當時的記述中,這種夫婦爲家庭構成單位的觀念,與夫婦爲耕作單位這一情况也是相關聯的。渡邊信一郎在農業生産耕作過程中考察勞動的組織形態。渡邊提出耕作爲二人一組進行(耦耕),漢代個體家庭中由兩名成年勞動者(大多是一夫一妻)組成耦。從組織上來看,農業

① 參見吴樹平《風俗通義校釋》,天津古籍出版社,1980。

② 參見鷲尾祐子《中国古代の専制国家と民間社会—家族·風俗·公私》第二章,立命館東洋史学会,2009。

經營是以一夫一妻兩名成年勞動者爲核心的,數人共同作業進行的小規模生産。① 渡邊也以《氾勝之書・區田法》爲例,提出夫婦一組亦爲農業生産勞動的基層組織。

丁男長女治十畝,十畝收千石。(《齊民要術・種穀》《氾勝之書》)

因夫婦是生産的基層單位,故漢代授民衆以耕地的記述中提到田地的授予對象是一夫一妻。

是故聖人制井田之法,而口分之,一夫一婦受田百畝,以養父母妻子,五口爲一家,公田十畝,即所謂什一而税也。(何休《春秋公羊傳解詁・宣公十五年》)

古者,設廬井八家,一夫一婦田百畝,什一而税,則國給民富而頌聲作。(《漢書・王莽傳中》始建國元年四月)

另一方面,喪偶者被稱爲鰥寡,需要他人扶助,②這也能説明夫婦既是生活的單位,同時也是農業生産的基層組織。但二人一組雖是農業生産所必需,那爲什麼不可以是兄弟或父子,而一定要是夫婦? 夫婦是基層組織這一觀點的一個强有力的依據是,其能繁衍、養育下一代,即未來負責生産的勞動力。

不過當時夫妻一方去世及離婚的現象常見,構成夫婦的一方經常更换。③ 無論是丈夫還是妻子,其配偶并非是不變的。但夫婦組合則長期作爲構建家族的基本單位,且當時社會中這一意識形態也廣爲流行。本文所討論的走馬樓吴簡限佃名籍中出現的、以夫婦爲主要構成人員的户的情況,反映出在當時夫婦既是農業經營的核心組織,又是家庭的基層單位。

結語

本文探討了長沙走馬樓吴簡《竹簡貳》中出現的限佃人户名籍,整理了構成名籍的諸簡,考察了其中出現的户的特徵。

限佃人户應是指耕種并非自己所有田地的佃農户,其每户的人口數多不超過二人。是否有耕地,以及經濟性因素會影響户的構成人數的多寡。二人的户基本是由夫婦構成,可見當時夫婦是家庭的基層單位,同時也是生産的核心組織。

限佃名籍是以連記的形式記載,書式是典型的名縣爵里的樣式,除了不像一般吏民通常名

---

① 渡辺信一郎:《古代中国における小農民経営の形成一古代国家形成論の前進のために一》,《歴史評論》第 344 号,1978,改訂收入氏著《中國古代社會論》第一部第一章《古代中国における小農民経営の形成》。

② “方春和時,草木群生之物皆有以自樂,而吾百姓鰥寡孤獨窮困之人或阽於死亡,而莫之省憂。爲民父母將何如? 其議所以振貸之。”(《漢書》卷四《文帝紀》,北京:中華書局,1962。)

③ 參見鷲尾祐子《走馬楼呉簡から見える家族の情況について一夫婦間の年齢差などから》,《長沙呉簡研究報告 2009 年度特刊》,2010。

籍那樣附帶記載諸多事項外,并没有什麼顯著特點。故需要確定標題簡和帳尾簡等,整理時也要注意出土狀況和尺寸等細節,不然可能與"吏民簿"混淆。構成這一名籍的簡均在《竹簡貳》的15盆,便於整體考察。但若和一般吏民的名籍簡混在一起時則不易區分。筆者嘗試通過名籍資料來分析長沙臨湘國中的家族狀況,爲此需要討論這些資料是以什麼爲對象做的調查。這一限佃人户名籍的特點是每户人口數非常少。如果與以一般吏民爲對象做成的名籍(《吏民簿》)(當然也包含限佃人户)混在一起的話,則會導致每户平均人口數的計算結果下降。

即雖然存在與《吏民簿》相似,或者看起來書式完全一樣的簡,也并不一定就是《吏民簿》。僅看一份簡是不能確定該簡是屬於何種簿的。在使用名簿的時候,還是需要通過整理來確定這是什麼簿。根據本文所論,確定名籍資料的性質有助於通過名籍來考察家族的情況。

追記

本文發表時,有意見指出拙論提出的限佃簿的簡會不會是由歲伍所領的吏民簡?

與這些簡的番號接近的諸簡中,確實存在與歲伍所領吏民的記述相關的簡。

a 右歲伍謝黄領吏民七十五户　(貳1105)

b 右歲伍番祇領吏民五十五户(貳619)

c 右歲伍巨力領吏民八十八户(貳519)[①]

這三枚簡以"右"開頭,應是相當於集計正文的帳尾簡,且前面的正文還有可能是吏民户的記述。但從與這些簡同簿的其他簡來看的話,很明顯這一推測并不妥當。凌文超對此已有論述,[②]其見解是妥當的。雖是贅言,但此問題實爲重要,筆者還是要再説明一下其與歲伍簡没有關係。

首先以與"右歲伍"諸簡可能是同一簿的簡爲例。d、e與以"右歲伍"開頭的帳尾簡g的簡號接近,尺寸和字迹類似,這種"領"開頭的d、e簡應是"右歲伍"帳尾簡的正文。

d 領郡卒二户下品(貳·614)

e 領應役民廿六户(貳·617)

f 其二户下品(貳·618)

g 右歲伍番祇領吏民五十五户(貳·619)

① 釋文修訂參見凌文超《走馬樓吴簡上中下品户數簿整理與研究——兼論孫吴的户等制》,《中國經濟史研究》2016年第1期。

② 凌文超:《走馬樓吴簡上中下品户數簿整理與研究——兼論孫吴的户等制》。

d、e 的書式相同,d、e、g 長度相近(22.5~22.7cm),e、f、g 的編綴痕之間的長度也相近(7.5~7.6cm),這四枚簡是同一個簿的一部分。a、b 簡以"領"字開頭,"領"被寫在簡的最上部。因爲從最上部開始記述,故可確定并非是 g 的明細簡,應爲正文。即"右歲伍"帳尾簡的正文是以"領"開頭的諸簡。

f 這種以"其"開頭的簡,很多是記載帳尾的細節,應該是接着"右歲伍"g 的。衹是五十五户中僅有下品二户,確實過少,這也可能是接着 e 的。此外,接着"右歲伍"簡,還有記載品别户數的簡。

h 右歲伍☐巨☐力領吏民八十八户(貳·519)

i 其廿八户下品(貳·521)

h、i 簡較短,長度爲 20.5~20.6cm,寬度相似(0.8~0.9cm),字迹相似。i 是 h 的明細。

以"領"開始的簡是"右歲伍"簡的正文,記載了擔任吏、卒等官職者以及從事歲月伍、鍛佐等特定徭役者的户數。

j 領郡吏三户(貳·565)

k 領歲月伍五户下品(貳·580)

l 領鍛佐一户下品(貳·836)

另一方面,記載"右歲伍"簡的品别户數的"其"簡,以及與其簡號相近、字迹類似的簡中存在該簿的標題簡。

m▨☐上☐中下品户數簿(貳·215)

n□户下品(貳·228)

m 上部缺失,應該是記述某種對象的品别户數的簿。

即包含"右歲伍"簡的這些簿以"……上中下品户數簿"爲標題,按職務和徭役的類别記載着歲伍管轄的吏民的詳細情況,并集計了其户品。以"領"開頭的吏卒、徭役、應役民的簡爲正文,以記載了誰爲管轄歲伍、負責的户數是多少的簡爲帳尾。因此,這些簡與記載各户信息的諸簡(拙論中按限佃户的簡處理)間并無關係。

(原文《長沙走馬楼呉簡にみえる「限佃」名籍について》,載《立命館文學》619,2010)

(譯文由凌文超審校)

籾山明著《秦漢出土文字史料の研究—形態・制度・社会—》評介

清華大學人文學院歷史系
出土文獻與中國古代文明研究協同創新中心　侯旭東

2015 年 12 月,創文社出版了現任東洋文庫研究員的籾山明先生的新作。這是繼《中國古代訴訟制度の研究》(京都大學出版会,2006)之後,作者的又一部力作。該書彙集了作者 1995 年至 2014 年二十年間發表的十一篇論文(二篇付篇的初刊時間則更早)。序章與後記之外,論文分爲三個部分,目録如下:

序章　出土文字史料研究の立場と方法

第一部　素材としての出土文字史料

第一章　刻齒簡牘初探——漢簡形態論のために(1995 年)

第二章　魏晋樓蘭簡の形態—封檢を中心として(2001 年)

第三章　簡牘・縑帛・紙——中國における古代書寫材料の變遷(2011 年)

第二部　制度と習俗の复元

第四章　里耶秦簡と移動する吏(2009 年,有大幅增改)

第五章　王杖木簡再考(2006 年,有增改)

第六章　長沙東牌樓出土木牘と後漢後半期の訴訟(2011 年、2013 年)

第七章　漢代結僤習俗考(2013 年)

第三部　居延漢簡研究の地平

第八章　漢代エチナ=オアシスにおける開發と防衛線の展開(2001 年)

第九章　日本における居延漢簡研究の回顧と展望——古文書學的研究を中心に(2012 年、2014 年)

付篇

第十章　爵制論の再檢討(1985 年)

第十一章　皇帝支配の原像——民爵賜與を手がかりに(1991 年)

あとがき

各篇論文原先独立發表,括號内爲初刊年份,前後相差近二十年,有些在收入本書時做過大幅度的修改,有的則基本保持原樣。本書每篇之後,作者都增加了"説明"(コメント),補充新資料,提示新的看法。各章主要見解如下:

序章概括各章内容之外,主要闡述了作者研究出土文字史料的基本立場。作者提出其出發點是"出土文字史料是因發掘出土的遺物",認爲"給予出土文字史料固有價值的是二個要素,一是傳遞消息物體的樣態,二是作爲遺物的背景。"(3-4 頁)"傳送體(搬送體——石上英一提出的術語)的分析不可等閑視之,毋寧説占據了研究的本質部分"(4 頁)。此外,作者强調了對出土文字史料進行情境性與關係性的分析,認爲"出土文字史料,要置入構成遺迹的關係性網眼中。史料持有的意義與價值,存在於這種關係性中。"(6 頁)指出衹研究文字遠遠不够,需要結合考古學,對作爲遺物的簡牘及其周邊開展精細的觀察。

第一部分的一至三章分别從形態的角度考察簡牘與紙。第一章圍繞西北漢簡中常見的簡側帶有人爲加工缺口的簡展開分析,涉及各種符、券書等多種簡牘。主要解決了三個問題:刻齒簡是如何製作的,刻齒的含義是什麽,刻齒的功能是什麽。作者利用 1981 年敦煌 D38 出土的 81D38:39 簡的内容與刻齒位置相反爲綫索,揭示了刻齒簡是如何製作出來的,"首先刻齒再像剖魚似的一剖爲二,分爲正背兩片",這種技法,稱之爲"刻齒→正背剖分"技法(23 頁)。作者借助居延與敦煌出土漢簡中的"出入錢穀衣物疏"文字中記録的數值與刻齒的對比,具體考證出了各種刻齒符號指代的數字,進而提出這類簡實際不是簿籍,而是券(31、32-33、34 頁)。契約類文書簡上出現的數值與各種形式的刻齒之間亦存在對應關係(38 頁),而刻齒所對應的數值,具有在契約的當事人之外也能够讀懂的普遍的規律性(40-41 頁)。作者看來,刻齒的主要用途主要是爲了防止竄改(35 頁)。

第二、三章圍繞從簡牘到紙這一歷史性的轉變展開,分别從微觀(第二章)與宏觀(第三章)進行了剖析。作者的基本看法是"中國古代書寫材料的變化:比起所謂的'從簡牘到紙'來,表現爲從'簡牘與縑帛'到'簡牘與紙'的變化,更接近實際",促成這一變化的,無疑是蔡侯紙出現的衝擊,具體説來,這一衝擊最早體現爲"紙"取代了"縑帛",而不是簡牘,這是作者最想强調的結論(113頁)。按照作者的研究,紙是古代絹文化的産物,其發明應該是從作爲織物的縑帛在不同地方獲得了啓發,是複數的人在複數的場所發明的。紙出現後與木簡"分栖共存"(棲み分け),簡牘使用在公文書、簿籍、葥上,與之相對,紙——除去极少數的簿籍——限定用在書信和書籍上。紙的普及亦始於書信與書籍,名實一致的紙是縑帛的代用品。蔡侯紙出現之前,作爲書寫材料的縑帛的用途限於書信與書籍。使用簡牘的書信和書籍隨着紙的普及而消失,使用簡牘的公文書和簿籍在紙普及後并没有消失。

第二章可以説是以魏晋時期樓蘭地區出土的封檢爲例,爲上述宏觀認識提供的一個具體例證。作者在對樓蘭出土的九件完整封檢進行細緻的類型分析之後,考察了封檢的規格、形態與書寫格式三者之間存在的對應關係,指出封檢的大小與形態相應地爲封緘對象所決定。大型封檢,用來封裝公文書,以郵行。書信則用紙來寫就,折叠後裝在"書函"中,這種書函背面有凸出部分(如LA出土的Ch.751)。上書"某某印信"的B型封檢則是加在袋(橐)類物品上的檢。作者還從魏晋時代的封檢追溯到西漢,認爲漢代存在兩種形狀的書信:1.加上封檢的木牘;2.裝入帛的封筒(信封)的帛書。書函型封檢的原型,能够到漢代的篋中去尋找。總體而言,書寫材料的紙的使用,始於書信與地圖,因需要的面積大,用紙方式承襲用帛方式。屬於縑帛的譜系,而非簡牘的譜系。

第二部分的四章則討論了頗爲不同的制度與習俗。第四章從里耶秦簡J1⑧135中出現的卒史入手,以重新解釋簡文中"不知所居"的"居"字爲突破口,將張家山漢簡《奏讞書》案例18與周家臺30號秦墓出土曆譜記録的行踪聯繫起來,指出卒史等不斷移動,一是職務上的幫助,二是監督縣的工作。監察上的職責是檢舉違法者,不及論罪,論罪要由縣承擔。卒史的職責應與秦代郡縣制的建立有關。

第五章較之2006年初刊稿,有大幅度修改。本文圍繞1981年甘肅武威農民所發現的"王杖詔書册"展開,認爲王杖詔書册是帶有一體性與關聯性而被編集的,其構成是蘭臺令及其有關文獻按照時間順序編列成的文獻。蘭臺令的編輯主體是御史中丞。將制詔作爲挈令著録的權限,全部爲涉及的機構所擁有。各機構不止整理既存的令,根據制詔産生新的令也是可能的。冠於挈令上的名稱,不是法令的所有單位或適用範圍,而是表示編集的主體。樂浪與北邊的地域名稱,是表示基於傳達、集聚到郡府的制詔,樂浪郡與河西四郡等作爲主體編集之事。因爲册書的全體,是由關於王杖的制詔和裁判例一度編入蘭臺令而構成的,尾題簡所説的"王杖詔書令在蘭臺第卌三"意爲"王杖詔書和蘭臺令第卌三",是并列的含義。王杖詔書册是帶有向郡國頒布性質的編纂物,雖然内含制詔但不是制詔,是官吏編集頒布的通告。借助這樣的通告,當時雖無統一的令典,但以律令爲準則的司法統一性可以確保。以王杖木簡陪葬的做法,則應置於由地方官來進行地域教化中的一環來考慮。

第六章通過分析長沙東牌樓東漢簡1001號木牘所記諍田糾紛的經過與處理,借助王符

《潛夫論》的描述,揭示了東漢督郵參與地方糾紛處理的背景。

第七章圍繞1973年河南偃師出土的東漢建初二年(77)"侍廷里父老僤約束石券"展開,將"禪""墠"與"僤"聯繫起來,對"僤"的含義做出新解,認爲"廣土""除地"是封禪的原型,同時也是催生結社"僤"的母體。僤乃基於需要而結成的人際結合,不是從社發展起來的,而屬於上古時代盟誓的譜系,結僤習俗恐怕是從盟誓習俗派生而來。

第三部分的二章研究的是居延漢簡及其研究史。第八章是全書最長的一篇,關注的是居延地區烽燧綫與緑洲開發的關係這一過去長期未被重視的問題。作者對邊塞上"部"與候長的職能進行了系統的整理,認爲應該稱爲邊境防綫的細胞的烽燧管理與監督組織,便是"部"。塞是邊境的防壁,位於漢帝國周邊和周邊各勢力接壤的地區,作者繼承市川任三的看法,證實了河北塞(甲渠塞下的番號隧)是防禦匈奴的前綫,實名隧(沿着河南道上塞)是承擔傳遞文書工作的郵亭。都尉府是烽火的最終接收地。對於匈奴入侵,就地處理是原則。傳遞軍情是"文書與烽火并用",前者詳細,後者快速。各有所長,組合運用。烽火有向塞内報警的功用,不止是向前方進行烽火聯絡。居延緑洲配屬了三個系統的機構:防衛系統(庫、城倉、候官)、行政機構(縣)、屯田系統(農官、延水),後兩個系統乃是前者保護的對象。從整個漢帝國的戰略角度看,額濟納緑洲的存在價值與意義是蠶食匈奴。本文末尾還對新疆樓蘭土垠遺址的性質進行了新的探討,認爲不應忽略是"居廬訾倉"的看法,且兼有驛舍的性質,推測距離都尉府與伊循城不遠。

第九章是對日本學界從古文書學角度研究居延漢簡的學術史梳理。作者概括了研究歷程與方法上的特點與問題,指出按照當年藤枝晃的説法"斷片系統化",旨在復原史料原有的關聯性,這是古文書學的基礎研究之一。作者所强調的是要超越過去從分類角度的文書學研究,因爲史料所具有的信息,不僅僅存在於每個文面與形態,也産生於史料與史料、史料與"場"的關聯性之中。日本古文書學研究的新動向是將文書視爲物體、動態性地把握,受其啓發,未來居延漢簡的研究要從以"文書取向"轉到"工作取向",提倡身臨文書"書寫、使用的現場"進行觀察。同時,廢弃簡牘的古文書學研究的方法論探討,無疑應該在中國古文書學領域内得到進一步的推廣。

付篇的兩篇論文是針對1961年西嶋定生提出的二十等爵制研究提出的不同解釋。第十章主要是對西嶋觀點與論證的反駁。根據史料,作者對西嶋立基的賜爵同時賜"女子百户牛酒"的看法提出質疑,將西嶋視爲賜與民爵和民間習俗相結合(鄉飲酒禮)的關係切斷,認爲爵制秩序,無論如何是皇帝與庶民之間成立的秩序,不一定有確定形成鄉里的社會秩序的意圖。進而從西周以來有關爵的傳統的角度,認爲賜爵表示與王權的距離。

第十一章則正面闡述作者對賜爵功能的看法。賜爵是期待奉仕,它所形成的,不是所謂的向同一集團歸屬意識的共同體的連帶感,而是相互認可的統屬關係(Herrschaft)下,因恩德而進獻奉仕的忠誠關係。賜爵而得的是負擔義務,不是市民權。因此,爲男子賜爵就不難理解。爲何民爵限於八級以下?則是因爲九級以上復除,不承擔徭役。賦予皇帝公權力,爲實現其組織的目的的一個手段是賜與民爵。賜與民爵反映的是,王權作爲德的頒布者的側面,同時作爲公共事業的組織者的側面的制度。

以上概括了本書的主要看法。下面簡要談談本書的貢獻與問題。

本書實際是本論文集,并非集中在某個具體問題,或特定領域,而是分散在三個專題之下,即便每個專題内部,各文之間内容上的關聯較弱。儘管如此,從思路上看,這些論文却帶有相當的内在一致性,可以説是形散而神聚。

作者在序章中提出的研究出土文字史料的立場與方法,在本書各篇的具體研究中得到充分體現。概括説來,一是將出土文字史料的物質形態與文字内容的研究恰當地結合,微觀研究精彩紛呈,且還能立基於此,對於秦漢魏晋時代,乃至中國古代史上一些重大問題提出新解,宏觀上亦頗有建樹。

作者通過對樓蘭出土封檢的精細觀察,將其與其他出土簡牘與紙質書信并觀,比照封檢與書信折痕的大小,確認這類封檢背面帶有突出的部分,當時稱爲"書函",且在文獻中找到相應的資料。在此基礎上,對從用簡牘到用紙這一漢魏時期影響至今的歷史性變動,提出了更具説服力的解釋。長期流行的看法是從簡牘到紙,簡潔明晰却將多樣的歷史簡單化,忽視了書寫材料的複雜性與變化的多種路徑。作者借助對樓蘭封檢及所封物品的考察,提出這一變化實際的途徑是從"簡牘、縑帛并用"到"簡牘、紙并用",紙最先取代的是縑帛,主要用來書寫書信,紙普及後并没有立即取代簡牘。爲把握這一曲折與複雜的變化,提供了新的思考方向,可以説是一個由微見著的精彩案例。

作者對刻齒簡製作方式的分析,以及刻齒方式與數值之間對應關係的確認,對出入錢穀衣物簡性質的重新定義,亦是如此。

二是作者身體力行,將研究從"文書取向"拓展到"工作取向",不再以文書學的研究爲目標,借助新的角度與問題,邁入歷史學層次,開闢了簡牘研究的新方向。本書諸文多數處理的主要資料雖是立足簡牘,但作者并未將其視爲孤立的文字資料,僅僅停留在分類集成復原上,而是一方面,如上所言,關注載體的物質特點,另一方面,則是將當時使用文書的各種人納入其中。這種視角的轉换,催生出許多新的問題,簡牘材料之間、簡牘與傳世文獻之間的聯繫被激活,進而呈現出更豐富的價值。

這方面最爲突出的研究是對移動的卒史與居延烽燧與緑洲關係的研究。關於卒史,學界并不陌生,亦不乏研究,但對其職責,很少能從實際政務運作中加以揭示。作者别具隻眼,將里耶秦簡、張家山漢簡《奏讞書》與周家臺30號秦墓出土的曆譜聯繫起來,展示了卒史作爲郡吏,在屬縣一級移動工作的實態,最後,則由小見大,觸及到秦朝郡縣制建立過程中,秩序如何維持以及秦末崩解時,卒史這類官吏的作用等。是自下而上,由微而著的範例。

同樣風格的還有對居延開發與烽燧防衛綫關係的研究。居延漢簡的研究已經開展了八十多年,成果豐富,但依然存在盲區,作者提出的烽燧綫保護的對象是什麽,就是其中一個。作者透過對部的職能、塞的含義以及傳遞烽火方式的全面梳理,對此做出了回答。當我們看到作者在層層遞進的考察之後,指出居延都尉官銜前面帶有“將兵護民田官”的稱號時,不能不對作者的分析感到嘆服。在此基礎上,作者還對西漢王朝在居延建立烽燧與屯田的意圖做了分析,從微觀細節的“深描”(thick description)躍升到國家的宏觀戰略,水到渠成,可以説是畫龍點睛之筆。

三是作者的分析頗爲縝密,注重資料産生、傳播到進入墓葬的全過程。王杖詔書册的研究,便是如此。不止是孤立地談論册書的構造,而是從制詔開始,討論到挈令的形成,以及爲何會從洛陽到了武威,最後進入死者的墓葬。透過這一册書,將諸多問題聯繫起來,爲我們勾勒出那個時代的豐富畫面。

析言之,上述成果的取得,根植於作者所强調的出土文字史料研究的情境性與關係性(6頁),即文字與遺物的關係、作爲遺物與其他伴生遺物的關係、與墓葬的關係、簡牘與紙的關係、簡牘與簡牘的關係、簡牘與使用者的關係,等。這種取向,作者曾概括爲簡牘的“生態的研究”,借用陸揚先生的話,就是將簡牘視爲“一種獨立而非孤立的史學考察對象”[①]加以研究。在複數的關係網絡中,從對簡牘文字的研究、文書學的研究逐步過渡到對人的研究與歷史的研究,更加精緻而多彩的歷史場景隨之呈現。這一過程中,亦可以借助簡牘的研究,聯繫傳世文獻,回應更多的重大問題。這應該説是未來簡牘研究的重要方向,籾山先生的工作爲此樹立了典範。

同時,作者反復强調的要實地考察原物,亦是取得上述成果的必要保證。從書中可以看到,作者曾經數次到收藏這些簡牘的大英圖書館、臺北中研院史語所等處觀察實物,一些遺址亦去過數次(332頁)。因爲刻齒均在側面,現有的照片難見其正面形狀,没有仔細反復的觀察與比對,不可能發現刻齒符號與書寫數字之間的對應關係。樓蘭的封檢與簡牘、書信之間的比對,没有目驗實物,同樣不會産生真實的感受。推定漢代居延縣的具體方位,以及揭示烽燧與屯田關係,均離不開實地踏訪獲得的現場感。

此外,本書各文無論在材料的分析,還是問題的提煉上均頗有分寸感。看似没有驚人之語,論證步步爲營,但又非就事論事,結尾多能延伸到大問題,言語不多,却頗堪回味,顯示了作者駕馭材料與問題的水準。

本書新意迭出,體現了日本秦漢魏晋簡牘研究達到的新高度。當然,在閲讀中,亦發現一

① 陸揚:《從墓志的史料分析走向墓志的史學分析》,《中華文史論叢》2006年第4期,126頁。筆者亦曾對這種“關係性思維”作過分析,見侯旭東《寵:信-任型君臣關係與西漢歷史的展開》,北京師範大學出版社,2018,10-21頁。

些疑問與問題,借此機會,向籾山先生與讀者請教。

除了一些可以補充的論著之外[①],第二、三章揭示的從簡牘—縑帛到簡牘—紙的變化,據現有資料,作者的分析頗有説服力,不過,畢竟殘留至今的實物資料極少,文獻中相關記述亦寥寥,是否能成爲定論,還需要經受更多資料的檢驗。此外,從秦到東漢,甚至三國,出土遺物中寫在簡牘上的書信與典籍更多[②],縑帛使用範圍、場合、地域以及與簡牘的關係,還有必要做更充分的研究。

第六章關於東牌樓簡中的訴訟案,能否用王符《潛夫論》中的描述來解釋?還有討論的空間。據《後漢書》本傳,王符平生活動範圍基本局限在洛陽與安定,見聞所及,恐怕不能説是很廣。筆下所述,能否認爲是全國的情況?考慮到當時的信息傳播方式與速度,可能主要是耳目所及的範圍内存在的現象,用來解釋頗爲遙遠的長沙郡臨湘縣,或許是有困難的。臨湘的情形,首先值得注意的是當地的狀況。比較《漢書·地理志》與《續漢書·郡國志》,西漢末年長沙國13縣,43470户,235825口,每縣平均3344户;東漢順帝永和五年(140)時長沙郡依然爲13縣,户數爲255854,口數爲1059372,每縣平均19681户。長沙郡的在籍户數增長了4.9倍,口數增長了3.5倍,呈飛躍式增加。這種情況下,人與土地之間的對比也會産生變化,可耕地變得稀缺而搶手,田産糾紛多發亦是自然。已刊的長沙五一廣場東漢簡中便已出現一些田地糾紛的記載(如例55,簡CWJ1③:325-2-5;例64,簡CWJ1③:325-4-38;例67,簡CWJ1③:325-4-49;例96,J1③:325-1-20[③]),此案在這種背景下去認識,可能更爲妥當。作者所揭示的督郵系統及其參與訴訟處理,就長沙郡而言,至晚安帝時便已出現。五一廣場簡中就多見部吏與督郵的身影(如例45,CWJ1③:325-1-103,永初元年,107年;例43,函封CWJ1①:111,永初二年,108年[④])。

此外,作者自言對秦漢一般人民的生活與人際關係,最底層官吏的日常活動,諸如此類的

---

① 如第270-278頁討論居延地區"部"的含義,和周振鶴的研究(《從漢代"部"的概念釋縣鄉亭里制度》,《歷史研究》1995年第5期,36-43頁)聯繫起來,恐怕會更好地理解"部"的地位與作用;第318-319頁關於"辟(壁)"的分析,可以參考王海《河西漢簡所見"辟"及相關問題》,《簡帛研究二〇〇八》,桂林:廣西師範大學出版社,2010,145-151頁;劉欣寧《居延漢簡所見住居與里制》,李宗焜主編《古文字與古代史》第3輯,臺北:中研院歷史語言研究所,2012,441-445頁。按照他們的研究,辟(壁)屬於縣以下的聚落或民居,與塢不同。

② 伊藤敏雄最近在整理三國吴簡中的木牘時,便收集了木牘中的書信,見《長沙呉簡中の木牘集成(2017年1月1日現在)》,收入《新出簡牘資料による漢魏交替期の地域社会と地方行政システムに関する総合的研究》,平成25年度—平成28年度科学研究費补助金(基盤研究A一般)研究成果報告書(課題番号25244033,研究代表者關尾史郎),2017年3月,120-121頁。

③ 紅外圖版與釋文分見長沙市文物考古研究所、清華大學出土文獻研究與保護中心、中國文化遺産研究院、湖南大學嶽麓書院編《長沙五一廣場東漢簡牘選釋》,上海:中西書局,2015,81、83、84、93、163、169、171、188頁。應該説這批資料是與作者的論著同時出版的,作者當時無法預知其内容。這裏不免有苛責作者之處。

④ 長沙市文物考古研究所、清華大學出土文獻研究與保護中心、中國文化遺産研究院、湖南大學嶽麓書院編:《長沙五一廣場東漢簡牘選釋》,76、75、155、153-154頁。

課題很感興趣,希望深入發掘秦漢國家與社會的基層面貌[①],這自然是對長期以來關注帝王將相與由上而下俯視衆生的研究取向的重要補充,值得稱許。這方面,作者受到增淵龍夫的影響,頗爲看重人際關係的結合,對"僤"的研究直接體現了這一點。作者對賜與民爵的研究,同樣帶有這樣的立場,在認識爵制上作者提出的"因恩德而進獻奉仕",似乎可以看作是增淵龍夫所說的"非血緣者之間的'恩惠授受'"的一種表現吧?這裏不能不對作者所依據的增淵龍夫的立場做些延展分析。提倡這種立場,產生的貢獻自不必言,但該立場影響下選擇的研究對象,以及對對象的解釋,却不無可酌之處。

如論者所云,增淵龍夫重視歷史的内部理解與内在把握貫穿整個研究生涯[②],他主要挖掘出漢代的任俠習俗、巫與"約",强調了它們無論在形成民間秩序,還是國家秩序方面的作用。這種思考固然啓發極大,仔細思考,這種想法恐怕未必真是來自中國歷史内部的理解,很可能與日本自身的歷史、文化特點,乃至增淵本人過去研究德國歷史的感悟有關。增淵所强調邑共同體崩解後產生的超越血緣與階層的新型人際關係結合,在秦漢時代,乃至後代,并没有那麽普遍。游俠活躍的戰國與西漢前期,是個頗爲特殊的時代,這些結合能否構成社會秩序的主幹與根基,不無疑問。

籾山先生借用杜正勝的提法,認爲必須着眼於古代"一種既非血緣關係、也非地緣關係"的人與人結合(255頁),筆者以爲,中國古代民間秩序的構成,血緣、地緣,或兩者的結合,恐怕仍是最普遍與基本的方式。能够脱離兩者的人際結合,并不多見,且往往存在於官場中[③]。本書第七章研究的"侍廷里父老僤",其構成方式實際也并没有脱離這兩個因素。文中提及的各種"僤"或"彈",多少都是如此,即便《後漢書·黨錮列傳》"序"記述的張儉等人"刻石立墠,共爲部党",按照朱并的揭發,"張儉與同鄉二十四人别相署號,共爲部黨",告發者亦被稱爲"張儉鄉人"[④],"同鄉(或同郡)"這一地緣因素在立墠上不能説没有發揮依托與紐帶作用。從歷史上看,人們相互結合的目的或需要可以有很多,但用來連結人們的方式,難以脱離血緣/姻緣與地緣。民間能超越兩者之外的其他人際關係結合方式,或許要到東漢末年以後出現與流行的道教、佛教組織中去尋找。尤其是佛教傳入後產生的寺院,可以説帶有超越血緣與地緣的性質,

① 作者的自我陳述,見蘇俊林、陳弘音整理,游逸飛文字校對《日本東洋文庫研究員籾山明:在簡牘學、古文書學、法制史與秦漢史之間》,《文匯學人》2017年2月3日。

② 中川学《新版中国古代の社会と国家》後記,東京:岩波書店,1996,569頁。

③ 祇有牽涉到朝廷的層面時才存在。如閻步克揭示出的東漢後期出現的"孝廉同年"現象(見所著《孝廉"同年"與漢末選官》,1999年初刊,後收入其著《樂師與史官——傳統政治文化與政治制度論集》,北京:三聯書店,2001年,209-225頁),以及科舉時代產生的"同年",與門生一座主關係,大致屬於此類,歷代朝廷上不時出現的各種"黨",有些亦是如此。但這些實際均無法脱離朝廷的制度運作,屬於寄生在國家制度上的現象,并非民間自發產生的。關於共同體理論與中國農村是否存在共同體,存在何種共同體的研究,可參旗田巍《中国村落と共同体理論》,東京:岩波書店,1973,特别是第3-19、35-49頁。

④ 《後漢書》卷六七《黨錮·張儉傳》,"同鄉"作"同郡",北京:中華書局,1965,2210頁。

而各種從事佛教活動的義邑、社邑,參與者之間在信仰之外,依然多半要通過血緣/姻緣或地緣來動員與組織。順時而觀,新的人際結合方式的出現與流行,未能動搖或取代傳統結合方式,衹是增加了一種新的結合方式。新舊交織并存,這或是中國歷史中恒久難變的特點之一吧。

以上是筆者拜讀此書後的一些粗淺看法,不當之處,還請籾山先生及讀者多多指教。

準備書評過程中先後得到莊小霞、阿部幸信、馬楠、佐川英治、張弢、祁萌、張琦等先生的惠助,謹此致謝!

本文壓縮後的日譯本刊發在《日本秦漢史研究》第18號(2017年11月),承蒙野口優先生翻譯,謹此致謝。這裏發表的是未經删節的完整版。

長沙五一廣場東漢簡牘整理研究論著目録（2010年至今）

北京師範大學古籍與傳統文化研究院　徐暢
北京師範大學歷史學院　高智敏

【説明】

2010年6至8月，一批數量巨大的東漢簡牘於長沙市中心五一廣場地鐵二號綫建設工地出土，是稱“五一廣場簡”；2011年，長沙市文物考古研究所組織人員對這批簡牘進行清洗；2016年7月完成工作，共清洗編號簡牘6859枚，無字竹、木殘片近萬枚。簡牘發現後，尤其是2013年正式考古發掘《簡報》公布之後，圍繞五一廣場簡的整理與研究也在逐步展開，涌現出相當數量的介紹及研究文章。

北京師範大學“京師出土文獻研讀班”的師生自2016年4月起對《發掘簡報》和《長沙五一廣場東漢簡牘選釋》中已刊布的簡牘進行會讀，同時收集已經書面、口頭發表的相關研究論著，由徐暢、高智敏編製成目。全部簡牘的整理工作尚在進行，研究工作方興未艾，我們的《論著目録》也在不斷增補中；本次公開發布，雖非定讞，於時下五一廣場簡及其他批次長沙出土簡牘的研究，庶幾有助。

【凡例】

一、本目録收集2010至2017年間有關五一廣場東漢簡牘的報導、介紹、釋譯及相關研究文章、專著、科研項目，分“圖版録文、考古資料”“論著、報導、介紹”“會議發表”“研究項目”四大類。

二、爲便於讀者檢索,"論著、報導、介紹""會議發表"兩類以論著作者姓氏爲綱,以姓氏字頭(包括日本作者)中文拼音 A、B、C、D……爲序;每位作者的論著,又以年月先後爲序;如果同一作者同年有多篇著作,分别用 a、b、c、d……表示。

圖版録文、考古資料

雷永利:《2010 年長沙五一廣場漢代古井(窖)考古發掘情況簡報》,《湖南省博物館館刊》第七輯,長沙:嶽麓書社,2011,121-123 頁+附圖。

長沙市文物考古研究所:《湖南長沙五一廣場東漢簡牘發掘簡報》,《文物》2013 年第 6 期,4-26 頁+附圖。

長沙市文物考古研究所、清華大學出土文獻研究與保護中心、中國文化遺産研究院、湖南大學嶽麓書院編:《長沙五一廣場東漢簡牘選釋》,上海:中西書局,2015。

《長沙五一廣場東漢簡牘書法特輯》,《中國書法》2016 年第 9 期,122-156 頁。

黄樸華主編:《長沙古城址考古發現與研究》,長沙:嶽麓書社,2016。

論著、報導、介紹

陳松長、周海鋒 2015:《"君教諾"考論》,長沙市文物考古研究所等編《長沙五一廣場東漢簡牘選釋》,上海:中西書局,2015,325-330 頁。

陳侃理 2016:《序數紀日的産生與通行》,《文史》2016 年第 3 輯,57-69 頁。

陳鳴 2017:《試析長沙五一廣場東漢簡牘所見"鬪傷"案》,馬聰、王濤、曹旅寧主編《出土文獻與法律史研究現狀學術研討會論文集》,廣州:暨南大學出版社,2017,96-104 頁。

陳偉 2013a:《五一廣場東漢簡牘校釋》,http://www.bsm.org.cn/(網址下略),簡帛網 2013 年 9 月 22 日首發。

陳偉 2013b:《五一廣場東漢簡牘屬性芻議》,簡帛網 2013 年 9 月 24 日首發。

陳偉 2016:《長沙五一廣場東漢簡牘 141、5 號試讀》,簡帛網 2016 年 2 月 8 日首發。

陳偉 2017:《五一廣場東漢簡 108、135 號小考》,簡帛網 2017 年 10 月 11 日首發。

程薇 2016:《五一廣場出土東漢簡牘的整理与研究前景》,《中國史研究動態》2016 年第 2 期,54-57 頁。

丁義娟 2017:《五一廣場簡 J1③:281-5 簡注釋小議》,簡帛網 2017 年 5 月 30 日首發。

董文强 2016:《兩漢簡牘書法及對現當代書法研究與創作的影響》,《書法賞評》2016 年第

4 期,27-30 頁。

飯田祥子 2014:《長沙五一廣場東漢簡牘 J1③:325-1-140 木牘の初步的整理》,http://www.aa.tufs.ac.jp/users/Ejina/note/note08(Iida).html,“中国古代簡牘の横断領域的研究”2014 年 7 月 21 日發布。

飯田祥子 2015:《湖南長沙五一廣場東漢簡牘 J1③:129 木牘譯注稿》, http://www.aa.tufs.ac.jp/users/Ejina/note/note11(Iida).html,“中国古代簡牘の横断領域的研究”2015 年 5 月 7 日發布。

高村武幸 2015:《後漢代の公文書と書信》,收入氏著《秦漢簡牘史料研究》,東京:汲古書院,2015,121-158 頁。

高智敏 2017:《論吴簡許迪案中的“考實竟”與“傅前解”》,《魯東大學學報》2017 年第 3 期,64-68 頁;修訂本同題,簡帛網 2017 年 6 月 22 日轉載。

關尾史郎 2017a:《五一広場漢簡・東牌楼漢簡中の白文書》,http://sekio516.exblog.jp/25822335/,2017 年 6 月 4 日發布。

關尾史郎 2017b:《五一広場漢簡中の君教牘》,http://sekio516.exblog.jp/25824390/,2017 年 6 月 5 日發布。

癸中 2015:《説“兩行”》,長沙市文物考古研究所等編《長沙五一廣場東漢簡牘選釋》,上海:中西書局,2015,331-337 頁。

何佳、黄樸華 2013:《東漢簡“合檄”封緘方式試探》,《齊魯學刊》2013 年第 4 期,44-47 頁;修訂本《試探東漢“合檄”簡》,長沙市文物考古研究所等編《長沙五一廣場東漢簡牘選釋》,上海:中西書局,2015,314-324 頁。

侯旭東 2014:《湖南長沙五一廣場東漢簡 J1③:264-294 考釋》,北京大學中國古代史研究中心編《田餘慶先生九十華誕頌壽論文集》,北京:中華書局,2014,113-119 頁;簡帛網 2014 年 6 月 6 日轉載。

侯旭東 2017:《湖南長沙走馬樓三國吴簡性質新探——從〈竹簡(肆)〉涉米簿書的復原説起》,長沙簡牘博物館編《長沙簡帛研究國際學術研討會論文集》,上海:中西書局,2017,513-520 頁。

黄樸華 2016:《長沙五一廣場東漢簡牘概述》,《中國書法》2016 年第 9 期,121-131 頁。

蔣成光 2012:《長沙五一廣場東漢簡牘現場提取保護方法》,《湖南省博物館館刊》第八輯,長沙:嶽麓書社,2012,554-559 頁。

蔣成光 2016a:《我所完成五一廣場東漢簡牘清洗工作》,http://www.cswwkg.com/contents/232/761.html,“長沙考古”2016 年 8 月 22 日發布。

蔣成光 2016b:《長沙市文物考古研究所對五一廣場東漢簡牘開展種質鑒定》,http://www.

csswwj.gov.cn/wwbh/kjbh/201611/t20161104_1594475.html,“長沙考古”2016 年 11 月 4 日發布。

李國斌 2010a:《五一廣場東漢簡牘發掘至古井 15 層疊壓的文化堆積清理完畢　將采取整體切割或分層揭取方法予以發掘保護》,《湖南日報》2010 年 8 月 7 日第 1 版。

李國斌 2010b:《五一廣場東漢簡牘移入庫房　簡牘總數還無法統計》,《湖南日報》2010 年 8 月 31 日第 6 版。

李洪財 2016:《五一廣場東漢簡的文字問題》,《中國書法》2016 年第 9 期,173-183 頁。

李均明 2013:《長沙五一廣場出土東漢木牘“直符”文書解析》,《齊魯學刊》2013 年第 4 期,35-37 頁。

李均明 2014:《東漢木牘所見一樁未遂報復案》,西北師範大學歷史文化學院、甘肅簡牘博物館編《簡牘學研究》第五輯,蘭州:甘肅人民出版社,2014,111-115 頁。

李均明 2016a:《東漢簡牘所見合議批件》,楊振紅、鄔文玲主編《簡帛研究二〇一六(春夏卷)》,桂林:廣西師範大學出版社,2016,256-264 頁。

李均明 2016b:《長沙五一廣場東漢簡牘考證八則》,柳立言主編《史料與法史學》,中研院歷史語言研究所會議論文集之十七,2016,103-134 頁。

李均明 2017:《東漢時期的候審擔保——五一廣場東漢簡牘“保任”解》,《湖南大學學報》2017 年第 5 期,1-4 頁。

李蘭芳 2017:《〈長沙五一廣場東漢簡牘選釋〉札記數則》,簡帛網 2017 年 5 月 2 日首發。

李松儒 2016:《長沙五一廣場“君教”類木牘字迹研究》,《中國書法》2016 年第 9 期,169-172 頁。

劉國忠 2011a:《清華聯手三家單位破解萬枚長沙東漢簡牘之謎》, http://news.tsinghua.edu. cn/publish/thunews/9648/2011/20110525103112532322480/20110525103112532322480 _.html,清華新聞網 2011 年 5 月 25 日發布。

劉國忠 2011b:《長沙出土東漢簡牘整理研究工作啓動》,《中國教育報》2011 年 6 月 5 日第 4 版。

劉國忠 2013:《長沙東漢簡所見王皮案件發微》,《齊魯學刊》2013 年第 4 期,41-43 頁。

劉國忠 2015a:《從長沙五一廣場 J1③:264-294 號木牘看東漢度田》,李宗焜主編《古文字與古代史》第四輯,中研院歷史語言研究所,2015,537-546 頁。

劉國忠 2015b:《五一廣場東漢簡王皮運送軍糧案續論》,李學勤主編《出土文獻》第七輯,上海:中西書局,2015,250-253 頁。

劉國忠 2017:《五一廣場東漢永初四年詔書簡試論》,《湖南大學學報》2017 年第 5 期,10-13 頁。

劉紹剛 2015:《隸屬八分的解體與行楷書的發展》,長沙市文物考古研究所等編《長沙五一廣場東漢簡牘選釋》,上海:中西書局,2015,294-313 頁。

劉紹剛 2016:《從五一廣場簡看書體演變中的幾個問題》,《書法》2016 年第 1 期,53-63 頁。

劉樂賢 2013:《長沙五一廣場所出東漢孫詩供辭不實案再考》,中國文化遺産研究院編《出土文獻研究》第十二輯,上海:中西書局,2013,270-279 頁。

劉樂賢 2015:《長沙五一廣場出土東漢王皮木牘考述》,《中山大學學報》2015 年第 3 期,52-61 頁。

劉釗 2015:《漢簡所見官文書研究》,吉林大學博士學位論文,2015。

羅小華 2015:《五一廣場東漢簡牘選釋七則》,簡帛網 2015 年 6 月 2 日首發。

羅小華 2016a:《讀〈長沙五一廣場東漢簡牘選釋〉札記》,簡帛網 2016 年 1 月 11 日首發。

羅小華 2016b:《〈長沙五一廣場東漢簡牘選釋〉所見酒價與酒具》,簡帛網 2016 年 1 月 12 日首發,收入長沙簡牘博物館編《長沙簡帛研究國際學術研討會論文集》,上海:中西書局,2017,521-525 頁。

羅小華 2016c:《〈長沙五一廣場東漢簡牘選釋〉所見奴婢價》,簡帛網 2016 年 1 月 14 日首發。

羅小華 2016d:《社科基金重大招標項目(15ZDB033)舉行開題論證會》,http://www.cswwkg.com/contents/225/702.html,"長沙考古"2016 年 4 月 1 日發布。

吕壯 2017:《尹灣漢簡〈武庫永始四年兵車器集簿〉所見"薰毐"試析》,楊振紅、鄔文玲主編《簡帛研究二〇一六(秋冬卷)》,桂林:廣西師範大學出版社,2017,239-247 頁。

馬力 2016:《長沙五一廣場東漢簡牘舉劾文書初讀》,李學勤主編《出土文獻》第八輯,上海:中西書局,2016,211-220 頁。

冉令江 2016:《長沙五一廣場簡牘隸書及其藝術風格》,《中國書法》2016 年第 10 期,106-112 頁。

孫濤 2017a:《長沙五一廣場東漢簡牘"栱船"釋義補正》,簡帛網 2017 年 4 月 24 日首發。

孫濤 2017b:《讀〈長沙五一廣場東漢簡牘選釋〉札記兩則》,簡帛網 2017 年 5 月 7 日首發。

孫濤 2017c:《釋五一廣場漢簡第 22 號簡"滓丘"》,簡帛網 2017 年 12 月 16 日首發。

孫兆華 2016:《五一廣場東漢簡牘直符户曹史盛舉劾文書釋文訂正》,簡帛網 2016 年 10 月 19 日首發。

譚書婧 2016:《全國專家齊聚貴陽孔學堂——萬枚東漢簡牘啓動釋文審定》,《貴陽晚報》2016 年 11 月 12 日第 2 版。

王玲 2013:《五一廣場東漢簡牘學術研討會在長沙召開》,《中國文物報》2013 年 10 月 9 日第 2 版。

王朔 2017:《讀〈長沙五一廣場東漢簡牘選釋〉札記二則》,陳偉主編《簡帛》第十四輯,上海古籍出版社,2017,185-194 頁。

王素 2017:《“畫諾”問題縱横談——以長沙漢吴簡牘爲中心》,《中華文史論叢》2017 年第 1 輯,121-136 頁。

王曉光 2013:《論新出長沙五一廣場簡牘墨書及相關問題》,《書法叢刊》2013 年第 5 期,18-24 頁。

王曉光 2016a:《秦漢簡牘具名與書手研究》,北京:榮寶齋出版社,2016。

王曉光 2016b:《東漢中葉隸書墨迹標杆之作——試析五一廣場簡牘墨書及相關問題》,《中國書法》2016 年第 9 期,132-168 頁。

王曉光 2016c:《從新出土漢簡看西漢隸書成熟及東漢新體發展》,中國文化遺産研究院編《出土文獻研究》第十五輯,上海:中西書局,2016,411-422 頁。

王彦輝 2017:《聚落與交通視閾下的秦漢亭制變遷》,《歷史研究》2017 年第 1 期,38-53 頁。

王子今 2014:《長沙五一廣場出土待事掾王純白事木牘考議》,陳偉主編《簡帛》第九輯,上海古籍出版社,2014,293-300 頁。

魏斌 2014:《古人堤簡牘與東漢武陵蠻》,《中研院歷史語言研究所集刊》第 85 本第 1 分,2014,61-103 頁。

吴雪飛 2015:《長沙五一廣場東漢木牘相關法律用語探析》,徐世虹主編《中國古代法律文獻研究》第九輯,北京:社會科學文獻出版社,2015,187-199 頁。

吴雪飛 2017:《長沙五一廣場簡牘法律用語續探》,中國文化遺産研究院編《出土文獻研究》第十六輯,上海:中西書局,2017,305-318 頁。

吴婷、郭瀟雅 2010:《長沙發掘萬枚簡牘　再現東漢早期歷史》,《中國社會科學報》2010 年 7 月 8 日第 1 版。

夏笑容 2013:《“2013 年長沙五一廣場東漢簡牘學術研討會”紀要》,《文物》2013 年第 12 期,90-92 頁。

徐鵬 2014:《長沙五一廣場 J1③:169 號木牘“禹度平後落去”考釋》,咸陽師範學院、中國秦漢史研究會編《秦漢研究》第八輯,西安:陝西人民出版社,2014,214-217 頁。

徐暢 2016:《走馬樓簡所見孫吴“鄉勸農掾”的再研究——對漢晉之際鄉級政權的再思考》,《文史》2016 年第 1 輯,23-50 頁。

徐暢 2017a:《走馬樓簡牘公文書中諸曹性質的判定——重論長沙吴簡所屬官府級别》,《中華文史論叢》2017 年第 1 輯,179-218 頁。

徐暢 2017b:《長沙出土簡牘中的“丞掾”》,《文物》2017 年 12 期,70-78 頁。

楊然、王曉光 2015:《漢代的"書佐"與簡牘書寫》,《書法》2015年第6期,82-85頁。

楊小亮 2013:《"本事"簽牌考索》,《齊魯學刊》2013年第4期,48-50頁。

楊小亮 2015:《略論東漢"直符"及其舉劾犯罪的司法流程》,徐世虹主編《中國古代法律文獻研究》第九輯,北京:社會科學文獻出版社,2015,176-186頁。

楊小亮 2017:《〈五一廣場東漢簡牘選釋〉釋文補正》,季學勤主編《出土文獻》第十輯,上海:中西書局,2017,260-275頁。

姚遠 2015:《長沙五一廣場東漢簡牘釋譯》,王沛主編《出土文獻與法律史研究》第四輯,上海人民出版社,2016,260-340頁。

姚遠 2016:《東漢内郡縣法官法吏復原研究——以長沙五一廣場東漢簡牘爲核心》,《華東政法大學學報》2016年第4期,55-65頁;又載王沛主編《出土文獻與法律史研究》第五輯,北京:法律出版社,2016,135-161頁。

伊强 2013:《湖南長沙五一廣場東漢簡牘札記》,簡帛網2013年7月16日首發。

伊强 2016:《小議長沙五一廣場東漢簡牘中的"解止"》,簡帛網2016年12月21日首發。

伊强 2017:《〈光和四年石表〉文字考釋及文書構成》,《四川文物》2017年第3期,47-54頁。

鷹取祐司 2017:《肩水金関遺址出土の通行証》,收入其主編《古代中世東アジアの関所と交通制度》,東京:汲古書院,2017,175-355頁。

邢義田 2016:《漢晋公文書上的"君教諾"——讀〈長沙五一廣場東漢簡牘選釋〉札記之一》,簡帛網2016年9月20日首發。

張朝陽 2016:《長沙五一廣場東漢簡札記:交阯人資料初考》,http://www.gwz.fudan.edu.cn/Test/Web/Show/2818,復旦大學出土文獻與古文字研究中心網站2016年6月6日首發。

張焯軒 2017:《讀〈長沙五一廣場東漢簡牘選釋〉札記——以CWJ1①:113及CWJ1③:172木兩行爲中心》,簡帛網2017年8月9日首發。

趙平安、羅小華 2013:《長沙五一廣場出土J1③:285號木牘解讀》,《齊魯學刊》2013年第4期,38-40頁。

趙平安、許可 2015:《長沙五一廣場東漢簡牘文字初探》,長沙市文物考古研究所等編《長沙五一廣場東漢簡牘選釋》,上海:中西書局,2015,267-293頁。

曾磊 2017:《長沙五一廣場簡識小(五則)》,長沙簡牘博物館編《長沙簡帛研究國際學術研討會論文集》,上海:中西書局,2017,513-520頁。

朱德貴、齊丹丹 2015:《長沙五一廣場東漢簡牘所見若干經濟史料初探》,楊振紅、鄔文玲主編《簡帛研究二〇一五(春夏卷)》,桂林:廣西師範大學出版社,2015,184-200頁。

朱德貴 2016:《長沙五一廣場東漢簡牘所見商業問題探討》,《中國社會經濟史研究》2016

年第4期,8-25頁。

莊小霞2015:《長沙五一廣場出土東漢司法簡牘語詞匯釋五則》,《簡牘學研究》第六輯,蘭州:甘肅人民出版社,2015,39-44頁。

莊小霞2016:《長沙五一廣場東漢簡牘CWJ1①:86簡所載"艾"釋義獻疑》,簡帛網2016年5月9日首發。

會議發表

陳松長2013:《長沙五一廣場東漢簡"解書"例説》,"2013年長沙五一廣場東漢簡牘學術研討會"(湖南長沙),2013年9月21日發表。

高村武幸2015:《長沙五一広場漢簡と簡牘研究》,新出科研主催國際シンジポウム"後漢·魏晋簡牘研究の現在"(東京),2015年9月20日發表。

廣瀬薫雄2017:《長沙五一廣場東漢簡牘中所見"山徒"小議》,"2017年中國社會科學論壇(史學):第六届中國古文書學國際研討會"(北京),2017年8月10日發表。

雷長巍2016:《走馬樓吴簡所見交州與長沙的交通》,北京師範大學古籍與傳統文化研究院"文本·思想·史事——漢唐歷史文獻工作坊"(北京),2016年12月3日發表。

李均明2017a:《長沙五一廣場東漢簡牘"劾"與"鞫"狀考》,"2017年中國社會科學論壇(史學):第六届中國古文書學國際研討會"(北京),2017年8月10日發表。

李均明2017b:《長沙五一廣場東漢簡牘所見身份認定述略》,"書於竹帛——中國簡帛文化展暨中國簡牘學術研討會"(山東濟南),2017年9月25日發表。

黎明钊2016:《長沙五一廣場出土簡牘中的辭曹》,"中國簡帛學國際論壇2016"(香港),2016年12月13日發表。

黎明釗2017:《長沙五一廣場東漢簡牘的幾枚簡牘》,"中國簡帛學國際論壇2017"(湖北武漢),2017年10月10日發表。

马增荣2016:《漢代直符制度試探》,"中國簡帛學國際論壇2016"(香港),2016年12月12日發表。

水間大輔2016:《長沙五一広場東漢簡牘より見た県·郷·亭の司法機能》,早稲田大学東洋史懇話会第41回大会(東京),2016年3月19日發表。

藤田勝久2016:《後漢三國呉の長沙郡と文書行政—長沙の五一広場後漢簡牍と長沙呉简—》,日本長沙呉簡研究會例會報告(東京),2016年10月1日發表。

徐世虹2017:《秦漢"鞫"文書譾識——以湖南益陽兔子山、長沙五一廣場出土木牘爲中心》,"中國簡帛學國際論壇2017"(湖北武漢),2017年10月10日發表。

張朝陽 2016a:《長沙五一廣場東漢簡所見交阯客商債務糾紛初考》,第六届"出土文獻與法律史研究"暨慶祝華東政法大學法律古籍整理研究所成立三十周年學術研討會(上海),2016年11月12日發表。

張朝陽 2016b:《長沙五一廣場東漢簡所見交阯——長沙商道》,"中國簡帛學國際論壇2016"(香港),2016年12月13日發表。

周海鋒 2017:《長沙五一廣場東漢簡所見鄉官考略》,"南方簡牘與古代中國"青年論壇第一期(湖南長沙),2017年12月22日發表。

研究項目

日本学術振興会科学研究費資助項目"新出簡牘資料による漢魏交替期の地域社会と地方行政システムに関する総合的研究"(2013—2016、基盤研究 A,课题番号 25244033,研究代表者關尾史郎)。

(中國)國家社會科學基金重大招標項目"五一廣場出土東漢簡牘的整理與研究"(2015,項目號 15ZDB033,首席專家李學勤)。

(中國)國家社會科學基金一般項目"長沙新出簡牘所見東漢基層司法運作研究"(2017,主持人姚遠)。

附記:論著搜集及目録編定,得到安部聰一郎、侯旭東二位先生的惠助,謹致謝忱!

徵稿簡約

一、本刊作爲中國社會科學院簡帛研究中心的專業性學術刊物，歡迎與下述内容相關的論文投稿：

1.出土簡帛的辨識、考證；2.根據出土簡帛考辨史實，研究中國古代的各種制度、思想文化以及社會發展狀況；3.有代表性的國外簡帛研究譯文；4.簡帛研究綜述；5.簡帛研究論著評論；6.簡帛研究論著索引；7.簡帛學理論與方法的總結、探討。

二、本刊提倡嚴謹的學風，堅持"百花齊放、百家争鳴"的方針，堅持相互尊重的自由討論。本刊發表的文章均不代表本刊意見，由作者文責自負。

三、本刊祇接受首發投稿。已在正式出版物和網絡上刊發者，均不視爲首發。

四、來稿請提交一份文本稿，一份電子文稿（電子郵件或磁盤）。

五、本刊實行雙向匿名專家審稿制度。稿件中請勿出現作者個人信息。有關作者姓名、單位、聯繫方式等，請另紙提供。

六、本刊對刊登的稿件擁有爲期兩年的專有版權。作者如有异議和特殊要求，請於投稿時聲明。請勿一稿兩投。

七、本刊處理來稿期限爲60個法定工作日。逾期未接到通知，作者有權對自己的稿件另行安排。因本刊經費緊張，來稿一律不退，請作者自留底稿。

八、來稿請寫明作者真實姓名(發表時筆名聽便)、工作單位、職稱或職務、通訊地址、郵政編碼、電話號碼和電子郵箱，以便聯繫。

來函請寄：

北京市建國門内大街五號　中國社會科學院歷史研究所戰國秦漢史研究室

曾磊　收

郵編：100732

電子郵件請寄：jbyj2005@126.com